KB069143

본 역서는 2009년도 정부재원(교육부 학술연구조성사업비)으로 한국연구재단의 지원을 받아 연구되었습니다(NRF-2009-362-B000011).

중국의 정책결정

지도자, 구조, 기제, 과정

국민대학교
중국인문사회연구소
번역총서 · 7

중국의 정책결정

지도자, 구조, 기제, 과정

자오젠민 趙建民 저
서상민 · 이광수 역

學古房

《中國決策 : 領導人 · 結構 · 機制 · 過程》
Copyright © 2013 Wu-Nan Book Inc.
All rights reserved

Korean copyright © 2018 by 學古房HAKGOBANG
Korean language edition arranged with Wu-Nan Book Inc.
through Lingking-Asia International Culture Communication Inc.

이 책의 한국어판 저작권은
연아 인터내셔널과 Wu-Nan Book Inc.를 통한
학고방과의 독점계약으로 한국어 판권을 학고방에서 소유합니다.
저작권법에 의하여 한국 내에서 보호를 받는 저작물이므로
무단전재와 복제를 금합니다.

졸저『중국의 정책결정 : 리더, 구조, 기제, 과정』한국어판의 출판에 즈음하여, 먼저 한국 국민대학교 중국인문사회연구소의 서상민, 이광수 두 사람의 열정과 노력으로 이 책을 순조롭게 번역을 마친 것에 대해 감사를 표한다. 번역과정에서 겪었을 여러 어렵고 힘들었을 부분은 내가 집필할 때 경험했던 고난에 비해 전혀 뒤지지 않았으리라고 본다.

중문판이 출간된 지 4년이 지났다. 그러나 중국의 대내외 정책환경은 이미 거대한 변화가 발생했다. 경제력과 군사력이 빠른 속도로 부상하였고, 중미 두 강대국은 일부 영역에서의 경쟁은 점차 격해지고 있으며, 더구나 시진핑 개인의 특별한 인격적 특징이 더해지면서 고위층 엘리트 정책결정에서 상이한 면모가 나타났다.

첫째, 정책결정 환경의 변화이다. 시진핑이 정권을 잡기 이전에 국제금융위기가 발생하였고 미국 주도의 국제금융질서에 커다란 변동이 생기면서 미국모델에 대한 균열이 나타났다. 다른 한편으로 20세기 90년대 시작된 세계화(全球化)는 정보혁명과 함께 자본, 인력의 신속한 이동을 가져오면서 새로운 경제발전의 여지를 조성했다. 하지만 동시에 빈부격차문제의 확대와 중국 본토의 문화정체성에 대한 문제를 초래했다. 영국의 유로 탈퇴 움직임과 미국 대선에서의 트럼프 당선은 서구식 민주정치 시스템에 대한 위기를 반영하는 것으로 인식되면서, 시진핑이 통치하는 중국에게는 미국 중심의 패권에 도전하는 기회를 제공했다. '일대일로'전략의 제안으로 아시아

인프라투자은행(AIIB)과 실크로드 기금을 설립하고 또한 남중국해 군사기지 건설 등 모두 전략적 안보 측면에서 중국이 더 이상 미국의 패권통치에 안주하지 않겠다는 것을 보여준다. 국내정치에 있어서는 2013년 말 개최된 18기 3중전회에서 시진핑은 전방위적인 개혁을 강력하게 추진하였는데 이는 더욱 커다란 권력기반을 필요로 하면서, 기존의 국가 - 사회관계의 충돌이 발생하고, 이데올로기 분야와 학술 분야에 대한 압력이 생겨나고 있다.

둘째, 정책결정환경의 변화는 정책결정체제의 변화를 초래한다. 시진핑 총서기의 통치를 통하여 중앙집권적 경향이 분명하게 드러나고 있다. 일반적으로 시진핑은 마오쩌둥 이후 최대 권력을 지닌 지도자로 평가된다. 2016년 10월 개최된 중공 제18기 6중전회는 정식으로 시진핑을 '공산당의 핵심'이라는 가장 높은 지위를 확정했다. 중앙정책결정 체제 위에서 시진핑은 당내 고위층 영도소조를 관할하고 있고, 만약 2017년 1월에 설립한 중앙군민융합위원회(中央軍民融合委員會)를 포함하면, 시진핑은 일찍이 누구도 갖지 못했던 12개 영도 직책을 보유하였는데 이는 이전 두 지도자 장쩌민과 후진타오에 비해 3배 이상 많은 것이다. 또한 중앙국가안전위원회, 중앙전면심화개혁 영도소조, 중앙온라인안전정보보화 영도소조, 중앙군민 융합발전위원회 등 일부 소조들은 모두 권한이 방대하거나 집중된 핵심적 정책결정기구이다. 중앙 영도 소조의 증가와 반부패 투쟁의 강력 추진은 원래의 정치국 및 상무 위원회를 핵심으로 하는 고위층 정책결정 시스템에 실질적인 변화를 발생시켰다.

셋째, 권력이 중앙으로 집중되고, 거기에 공산당 간부의 부패 척결이 지속되면서 지방 통치자들의 권한이 위축되고, 여러 지방에서 통치력 약화 경향이 나타났다. 하지만 특이한 것은 경제 성장이 도리어 지방이 중앙의 정책결정에 참여하는 정도를 강화시키도록 작용했다는 것이다. 지방의 공동 발전을 추진하기 위하여 중앙정부는 국가급 도시 개발전략을 조성함으로써 특정지역의 발전잠재력을 향상시켰다. 중국지수연구원(中國指數硏究院)이 2017년 발표한 보고서에 의하면, 징진지(베이징, 텐진, 허베이), 장강삼

각주, 주강삼각주, 장강 중류지역, 스촨총칭 등 5대 슈퍼급 도시지역이 면적
으로는 전체의 11% 정도에 불과하지만, 인구는 오히려 전체의 40%를 차지
할 정도로 매우 많으며, GDP 총액 또한 전체 규모의 55%를 점하면서 무려
41조위안(인민폐)에 이르고 있다고 지적한다. 따라서 지방차원의 대형 경제
협력지역의 부상은 중앙의 집권 강화라는 제도적 설계와는 충돌하며, 중앙
과 지방 사이의 관계를 변화시킬 수 있고, 더 나아가서는 지방 내부의 정책
결정과정에도 영향을 줄 수 있다고 분석했다.

　넷째, 공적 영역인 중앙과 지방의 정책결정체계에 변화가 발생하면서 개
인적 영역 역시 과거에 없었던 새로운 현상이 발생했다. 이른바 중국 IT
거대기업의 삼두마차인 BAT(Baidu, Alibaba, Tencent)는 이미 빠른 속도로
세계 유명기업이 되었다. 일본 문부과학성 산하 과학기술진흥기구의 2017
년 보고에 따르면, 세계 과학기술영역에서 논문발표의 양과 질을 평가한다
면 중국과 미국이 경쟁하고 있다는 것이다. 중국은 컴퓨터과학, 수학, 화학,
재료 과학, 공학 4개 분야에서 우위를 보이고, 미국은 물리학, 환경 및 지구
과학, 기초생명과학, 임상의학 등 4개 분야에서 우위에 있다. 이러한 기초과
학 연구는 많은 경우 국가가 주도한다. 그러나 공유제경제가 중국 GDP의
20%를 점하는 것에 그치며, 거대한 국유기업이든 혹은 날마다 성장하는 사
영경제이든 상관없이 모두 정책결정과정에서 과거에 없었던 영향들이 발생
했다. 또한 중국인터넷정보센터(CNNIC)의 보고에 의하면, 2016년 중국 핸
드폰 사용자가 7억 명에 이르면서 총인구의 절반이며, 이 가운데 모바일
인터넷을 사용하는 인구가 95%이고, 온라인을 사용하는 비율이 7억 3천만
명에 이르고, 이 중 모바일 실시간 방송을 사용하는 경우가 47.1%로써 인터
넷, SNS 등 온라인 공간에서 표출되는 대중의 여론 동향 역시 소홀히 할
수 없을 것이다.

　마지막으로 향후 중국경제는 반드시 세계경제와 더욱 밀접하게 결합할
것이고, 규칙을 결정해야하는 역할도 더욱 강하게 요구받을 것이다. 따라서
정책결정과정은 반드시 더욱 더 많은 이익충돌 현상과 협력에의 요구가 나

타날 것이다. 초강대국으로서 중국은 정책결정에 있어서 더욱 국제사회에서의 역할과 책임을 고려해야 한다. 세계화는 향후 중국의 정책결정자들에게 통치의 합법성과 시스템의 보완을 고민하도록 요구할 것이며, 지방차원의 경제능력의 성장과 경제단위의 형성은 지방의 자립성을 크게 성장시킬 것이며, 이는 기존의 중앙-지방 정책결정모델을 변화시킬 것이다. 엄청난 규모로 싱장하고 있는 중산층 또한 앞으로 디 많은 정치참여를 요구할 것이다. 한마디로 정책결정시스템의 다원화는 중국이 반드시 직면하게 될 과제가 되었다.

중국의 빠른 속도의 경제성장과 국력의 증대는 지난 30여 년간의 세계화의 커다란 특징 가운데 하나이다. 향후 국제사회에 미치는 영향이나 체제 내부의 변화 모습에 상관없이, 속도는 더욱 빠르고, 정책결정과정도 더욱 다원적으로 변화 할 것이다. 앞으로 학계의 더욱 많은 관심과 연구가 필요하다. 한글판의 출판을 앞두고 짧은 글이나마 격려의 의미를 담고자 한다.

타이베이에서 자오젠민

2018년 7월 28일

| 韓文版序言 |

　　拙著《中國決策: 領導人·制度·機制·過程》韓文版即將上市, 首先要感謝韓國國民大學中國人文社會研究所的徐尚珉和李光洙兩位教授, 在他們不眠不休的努力下, 順利完成本書的翻譯, 期間所受的煎熬和挫折, 相信不亞於原書的撰寫.

　　本書韓文版完成於中文版三年後, 但中國的內外政策環境卻已發生巨大變化, 經·軍國力的快速崛起, 中美兩強在某些領域的相爭趨於白熱化, 加上習近平個人的特殊人格特質, 使得高層精英決策出現不同的面貌.

　　首先, 是決策環境的變化.

　　習近平上台前, 正巧發生全球金融風暴危機, 美國主導的世界金融秩序發巨幅震動, 美國模式出現雜音. 另一方面, 上個世紀九十年代開啟的全球化, 固然帶來資訊革命和資金·人員的快速流動, 創造了空前的經濟利基, 但卻也造成貧富差距擴大以及本土文化認同的問題, 英國脫歐和美國大選川普出線, 進一步反映了西方民主治理的危機, 給予習近平統治的中國, 以挑戰美國霸權的機會, 「一帶一路」戰略的提出, 亞洲基礎設施投資銀行·絲路基金的設立, 以及南海填海造陸, 顯示在戰略安全方面, 中國不再安於美國的霸權統治. 在內政方面, 在2013年底舉行的十八屆三中全會上, 習近平強勢推動全方位改革, 此一攻勢戰略, 需要更大的權威支撐, 衝撞既有的國家社會關係, 意識形態和學界的空間受到壓縮.

決策環境的變化導致決策體制的變化，在習總書記的領導下，中央集權的傾向明顯．一般認為，習近平是自毛澤東以來權力最大的領導人，2016年10月召開的中共十八屆，正式確立了「習核心」的地位．在中央決策體制上，習偏好黨內高層領導小組，若含2017年一月成立的中央軍民融合委員會，習一共擔任空前的12個領導職務，比他前兩任領導人 —江澤民和湖景濤— 數量多出三倍，有些小組譬如中央國家安全委員會・中央全面深化改革領導小組・中央網絡安全和信息化領導小組・中央軍民融合發展委員會等，都是權力極為龐大的決策核心．中央領導小組的繁延，加上反腐的清掃，使得原來以政治局以及其常委會為核心的高層決策，發生實質的變化．

權力向中央集中加上反貪，壓縮了地方諸侯的自主權，許多地方出現執政弱化的傾向，但弔詭的是，經濟實力的提升，反而使得地方參與中央決策的力度加大，為推動地區協同發展，大陸近年來透過組建國家級城市群，提升特定區域的發展潛力，中國指數研究院在2017年發布的報告指稱，由京津冀・長三角・珠三角・長江中游・成渝構成的五大超級城市群，面積雖僅占大陸的11%，但人口卻達全大陸的40%，GDP總值占大陸的55%，達41兆人民幣，地方經濟協作區的崛起，勢將衝擊中央集權的制度設計，改變中央與地方關係的運作現況，甚至地區內部的決策生態，也將受到影響．

在公部門領域的中央和地方決策體系發生變化之際，私部門也出現前所未見的作用，強大的BAT(百度・阿里巴巴・騰訊)已快速成為全球知名企業．根據日本文部科學省下屬的科學技術振興機構2017年的報告，若以科技論文發表的數量與品質而言，全球科技出現兩強爭霸的局面，中國在電腦科學與數學・化學・材料科學・工學等四個領域領先，美國則在物理學・環境與地球科學・基礎生命科學・臨床醫學等四個領域稱霸，這些基礎科學研究多由國家主導，但公有制經濟只佔中國GDP約兩成，不論是巨碩的國有企業，或是日漸壯大的私營經濟，都將對決策過程發生前所未見的影響．根據中國互聯網絡信息中心(CNNIC)的報告，2016年中國手機使用人數接近七億，約為總人口的一半，其中使用手機上網的人口佔95%，使用網路的人高達七億三千萬，其中使用網路直播的佔了 47.1%，這些人表達的網路民意，也不可能被忽視．

最後，未來中國經濟勢必和全球經濟更加緊密結合，規則訂定的角色更加突出，因此，決策過程勢必體現更多的利益衝突和協調．作為超級強權，中國決策必然有更多的國際權力和責任的考慮，全球化的衝擊，也將使得中國的決策階層更加在意統治的合法性和體系的穩定，地方經濟實力的凸出和經濟體的形成，將大大的提升其自主性，因而改變原來中央和地方的決策模式，龐大的中產階級也將要求更多的政治參與，一言以蔽之，決策體系的多元化，是中國必須面對的課題．

中國快速崛起，是過去三十餘年全球化的主要特徵，今後不論是對國際社會的影響，或是體制內的變化，速度都將加快，決策過程也將更加多元，需要更多學界同仁共同貢獻心智．

值此拙作韓文版即將上市之際，僅以此短文共勉之．

趙建民 謹識於台北

2018年 7月 28日

12

■ ■ 목차

14

제1장
중국공산당의 정책결정과정

일찍이 서구의 중국 정책결정연구는 전체주의 정당(極權政黨)을 중심
으로 하여 합리주의 모델과 권력모델 등의 경로를 밟아 오며 개발되었
다. 개혁개방 이후에는 정책결정자의 수가 증가하면서, '권위분절화(權
威脆片化)' 이론이 등장하여 권위의 단절을 강조하고 정책입안 과정이
분산적이며 길어졌다고 파악하고 있다. 이 책은 '포스트 당국가체제(後
黨國體制)'가 갖는 거시구조와 지도자 그리고 제도와 비제도 등의 요소
로 인한 중국 고위관료들의 정책결정 과정, 매카니즘에 대해 논하고자
한다. 동시에 공식 제도와 비공식 제도 간, 당과 정부 간 그리고 여러
시기 지도자의 역할변화 및 다양한 의제의 정책결정 과정 등을 결합한
'상황정책결정모델(情境決策模式)'을 제기하고자 한다.

제1절 국가의 정책결정 관련 이론

정치는 국가의 자원 분배과 관련되어 있다. "누가에게 얼마만큼 어떻게 결정할 것인지? 어떤 과정을 거칠 것인지?" 하는 문제는 자연스럽게 정치학계의 최대 관심사항이 되었다. 기원전 400년 고대 그리스의 역사학자 투키디데스(Thucydides)는 자신의 고전적 저서인 『펠로폰네소스 전쟁사』(*Peloponnesian War*)에서 고대 그리스의 도시국가들이 전쟁, 평화, 연맹 등과 관련된 문제를 결정할 때 상황에 대해 매우 정확하게 파악하고 있다는 것을 발견하였다. 투키디데스는 당시 정책결정자들이 당면하는 구체적인 문제 상황과 그들이 처해 있는 환경 뿐만 아니라 그들의 심리적 공포와 영예 등 요소까지 분석함으로써 정책결정 연구의 선도적 역할을 하였다.

이러한 고전적 정책결정 연구방법은 경제학과 기업관리의 영향을 받았다. 이는 유럽 고중세의 계몽주의 운동 이후 인간의 고유한 이성관을 계승하고 있다. 인간에 대한 이성적 사고는 제러미 벤담(Jeremy Bentham)의 공리주의(utilitarianism)로 나타났는데, 인간은 선택에 앞서 모든 선택사항을 효용(utility)과 개연성(probability)에 대해 이성적으로 평가하여 최상의 선택을 하려고 한다는 것이다.[1]

현재까지 정치학계에서 정책결정에 대한 가장 대표적인 연구는 그래햄 앨리슨(Graham T. Allison)의 『의사결정의 본질』(*Essence of Decision*)라는 책을 꼽을 수 있다. 앨리슨은 쿠바 미사일위기 사례를 연구하

---

1) David Singer, "Inter-nation Influence: A Formal Model," *American Political Science Review*, vol. LXII(June 1963), p.424; Bruce M. Russett, "The Calculus of Deterrence," *Journal of Conflict Resolution*, vol. VII(June 1963), pp.97-109.

면서 세 가지 정책결정모델을 제안하였다. 그 중 첫 번째는 합리적 행위
자모델(rational actor model)이다. 그는 이 연구를 통해 대다수 정부의
정책결정은 의식적이던 무의식적이던 모두 고전경제학에서 말하는 행
위자와 같이 합리적 모델에 따라 정책결정을 한다는 가설을 증명하였
다. 그의 합리적 행위자모델은 국가를 단일의 합리적인 행위자라고 간
주한다. 그리고 이런 국가가 정책을 결정할 때는 다양한 정책목표와 이
해관계를 합리적으로 고려한다는 것이다. 또한 공리주의 하의 "합리적
인 인간"은 각 선택사항을 평가하여 자신의 이익이 최대화되는 최상의
방안을 선택한다. 이것을 놓고 봤을 때 정책결정과정은 목표설정과 선
택을 포괄하는 행위이다. 따라서 정책결정론은 목표, 선택사항, 이익과
손해의 결과, 선택결정 등의 핵심 개념과 관련이 있다고 할 수 있다.[2]

합리적인 행위자모델은 서구의 계몽주의의 영향으로 인한 이성적 인
간이라는 낙관적 인간관에 기반한다는 긍정적인 면도 있으나, 고전주의
자유경제학으로부터 비판과 의심 역시 적지 않게 받았다. 이들 비판에
따르면 국가를 단일한 합리적인 행위자로 보는 것은 정부 정책결정 과
정을 과도하게 간소화시켰을 뿐 만 아니라 실제에도 부합하지 않으며,
정부는 당면한 문제를 처리할 수 있는 충분한 정보와 선택사항을 갖지
못하며 그리고 단일한 목표만을 고려할 수도 없다는 것이다.

합리적 행위자모델에 대하여 가장 강력한 비판은 유명한 경제학자이
면서 정부관리학자인 허버트 사이먼(Herbert Simon)으로부터 나왔다.
그는 정책결정자들이 충분한 정보를 가질 수 없을 뿐만 아니라 제한된
시간 안에서 모든 선택사항에 대하여 평가한다는 것은 불가능하다고 주

---

2) Graham T. Allison, *Essence of Decision: Explaining the Cuban Missile Crisis*(Boston: Little, Brown and Company, 1971). Allison은 1999년 두 번째 판에서 다른 여러 사례를 추가하였다.

장했다. 그에 따르면 보통의 정책결정자들이 대부분 정보와 선택사항이
충분하지 않은 상황에서 미리 정해 놓은 목표에 부합하는 방안을 찾게
된다고 한다. 그러므로 정부의 정책결정은 '충분한 합리성'이 아닌 '제한
적 합리성(bounded rationality)'에 따른 결정이 될 수밖에 없으며 그러한
결정의 최종결과는 '최적의 선택(optimizing)'이라기보다 '만족할만한 수
준의 선택(satisfying)'이 될 수밖에 없다고 주장했다.[3] 국가 간 갈등을
연구해 온 토마스 쉘링(Thomas C. Shelling) 역시 사이먼과 유사한 의견
을 제기하고 있는데 쉘링은 정책결정자들이 최대한 합리적이어야 하지
만 실제로는 충분할 정도의 합리성을 갖는 것은 거의 불가능하다고 본
다.[4] 이와 같은 자유주의자와 다원주의자들의 비판에 대하여 앨리슨은
『의사결정의 본질』을 수정하여 재출판하면서, 합리적 행위자모델이 시
대에 다소 뒤떨어져 있음을 일부 인정하기도 했다.[5]

그래햄 앨리슨이 제시한 두 번째 정책결정모델인 '조직과정모델
(organizational process model)' 혹은 '조직행위모델(organizational be-
havior model)'은 합리적 행위자모델에서 제기한 행위와 선택 등과 같은
개념을 이어받고 있다. 그러나 정부조직의 활동이라는 측면에서 정책결
정 과정과 관련한 다른 결론을 내놓고 있는데, 조직행위모델에서 정부
조직은 반(半) 자율적인 조직의 집합체로서 각 조직의 기능이 다르고

3) Phil Williams, Donald M. Goldstein, and Jay M. Shafritz, *Classic Readings of
International Relations*, 2nd edition(Belmont, CA: Thomson Wadsworth, 1999),
p.142.

4) Thomas C. Shelling, *The Strategy of Conflict* (NY: Oxford University Press, 1963),
pp.15-19.

5) James E. Dougherty and Rebert L. Pfaltzgraff, Jr., *Contending Theories of
International Relations: A Comprehensive Survey*, 5th edition(NY: Addison Wesley
Longman, Inc, 2001), p.571.

서로 분산되어 있다. 그리고 세분화한 하부조직들로 구성되어 있기 때문에 각 조직들은 자신의 우선순위에 대한 인식에 따라 가장 긴박한 문제부터 해결하려고 한다고 본다. 중대한 재난이 발생하지 않는 한 장기적인 계획을 짜려 하지 않는다. 규칙과 절차에 따라 움직이는 조직문화의 특징으로 인하여 습관적으로 표준 작업절차에 따라 행동한다. 그렇기 때문에 비상사태 발생시에도 조직을 빠르게 변화시키는 것은 불가능하다. 한편 대단히 중요한 정책결정 사항을 처리할 시기에도, 관료들이 그런 정책결정을 내릴만큼 충분한 권한을 갖고 있지 않기 때문에 항상 자신보다 상위에 있는 고위급 관료의 협력을 구하게 된다. 고위급 관료라 하지만 그는 불행하게도 조직행위에 대해 잘 파악하고 있지 못함에 따라 결정된 업무를 마무리할 수 있는 자원이 항상 부족할 뿐만 아니라 담당기관의 협조를 구하는 일도 잘 해내지 못하는 경우도 발생한다.[6]

앨리슨이 제시한 세 번째 정책결정모델은 '정부 또는 관료정치모델(governmental or bureaucratic politics model)'이다. 이 모델은 조직행위모델에서 파생됐지만 조직행위모델과는 매우 큰 차이가 있다. 관료정치모델에서 정부의 고위관료는 정책결정과정을 좌지우지하는 권한이 없다. 그리고 정책행위를 위한 부처 간 일치된 협력 또한 이루어지지 않는다. 이 모델에 대해 긍정적인 입장을 가진 사람들은 정책이라는 행위가 수많은 목표와 생각들이 불일치하는 상황 속에서 경쟁관계에 있는 관료조직들이 존재할 가능성이 크고, 그들 간의 일정한 거래와 갈등을 통하여 하나의 정책이 형성된다고 주장한다. 또한 정책입안 과정도 합리적일 수 없는데, 정책은 정부부처의 수장들 사이에서 줄다리기(pulling and hauling)의 결과를 통해 만들어지기 때문이라고 생각한다. 그러므

---

6) Allison, *Essence of Decision*, p.67.

로 정책산출은 단일하지 않고 원래 계획되었던 것과는 완전히 다른 많
은 다양한 정책들의 조합이라 할 수 있다. 이는 관료체계의 일치한 합리
주의적 정책결정 관점, 관료조직이 표준 절차에 따라 작업하는 기계식
정책결정과정과도 다르다. 관료들 간의 권력과 정치적 고려를 강조한
다. 따라서 결과적으로 정책의 산출은 국민들로부터 신뢰를 얻지 못한
다. 국민들에게 정책결정자 간의 정치에 의해 만들어진다는 생각을 들
게 한다.[7]

　합리적 행위자모델처럼, 조직행위모델과 관료정치모델도 비판을 많
이 받아 왔다. 비판자들은 조직행위모델과 관료정치모델이 중복되는 부
분이 많을 뿐만 아니라, 위기상황 시 정책결정을 할 때 관료시스템은
단일한 행위자로서 행동하지 못했고 위기에 대한 반응도 평소와 많이
다르게 나타났다고 주장한다. 데이비드 월치(David A. Welch)의 연구에
따르면 조직행위모델과 관료정치모델로는 쿠바 미사일위기를 완벽하게
설명할 수 없다고 본다. 왜냐하면 표준 업무절차가 정해진 관료시스템
으로 긴박한 위기상황에 대응할 수 없었다. 그 뿐만 아니라 위기가 발생
한 시점에서 군 관료시스템은 표준적 업무 절차조차에도 충실히 따르지
못했다고 주장한다.[8]

---

7) Graham Allison and Philip Zelikow, *Essence of Decision: Explaining the Cuban Missile Crisis*, 2nd edition (NY: Longman, 1999), pp. 255-258.
8) David A. Welch, "The Organizaional Process and Bureaucratic Politics Paradigms: Retrospect and Prospect," *International Security*, vol. 17, no. 2(Fall 1992), pp. 112-146.

제2절 당국가의 변화와 중국의 정책결정

마오쩌둥의 지도 하 1949년 성립한 중국공산당 정권은 인류 역사에서 새로운 통치방식을 만들어냈다. 정치적으로는 그 전례를 찾아 볼 수 없는 독재체제, 경제적으로는 중국 수천 년 사유제 경제 역사를 종결짓는 집단주의의 공유제를 채택하였다. 또한 중국공산당 정권은 대내적으로 중국 전통문화를 철저히 배격했고 대외적으로는 공산주의 이데올로기 확산에 집중하였다. 서방학자들은 중국의 이러한 정치체제를 '전체주의 모델(極權主義模式)'이라 규정한 바 있다. 이른바 '당국가체제(黨國家體制)'인 것이다. 인류역사에서 수많은 독재정권들이 있었다. 그 중 전체주의적 독재는 인민에 대한 통제가 가장 엄격할 뿐만 아니라 절대적 형태라고 할 수 있다. 일반적으로 전체주의적 독재는 세 가지 핵심개념을 포함하고 있는데, 첫째, 일원화된 권력중심(一元化勸力中心), 둘째, 고유의 이데올로기(意識形態) 그리고 셋째, 선동적 대중운동(群衆運動)이다.[9] 마오쩌둥 시기의 중국공산당 정권은 이러한 통치방식과 정확히 부합한다. 쑤샤오즈(蘇紹智)는 이를 두고 "높은 수준의 전체주의(高水平極權主義)"라고 부르고 있다. 그 이유는 마오쩌둥 정권의 핵심이 '전권정당(全權政黨)', 즉 당, 정, 군, 법, 경제, 문화, 이데올로기 등 인민과 관련되는 모든 영역을 통괄하고 있기 때문이다. 바로 '일당독재(一黨專政)'라는 의미이다. '전권정당'의 통치 아래 국가는 인민 생활의 모든 영역까지 통제하여 사회 영역에는 공적 공간이 존재하지 않고, 압제하의 개개인은 '원자화' 경향이 나타난다.[10]

---

9) 趙建民, 『威權政治』, (臺北: 幼獅文化事業公司, 1994), p.123.
10) 蘇紹智, 『中國大陸政治體制改革硏究』, (臺北: 中國文化大學出版部, 2001), p.31.

마오쩌둥 통치 시기, 당과 국가는 강력한 결단력을 지니며 비록 일체화된 관리 및 통제 기제가 도처에 존재했지만 정책결정 유형 상 다양한 형태가 출현하였다. 첫 번째 유형은 당국가체제가 견고하고 중앙정부의 통제력이 강한 '일원화(一元化)' 통치로써 정책결정력이 강력하고 명확하여 그 누구도 감히 최고지도자의 지위에 도전할 수 없었다. 이를 "마오지휘(Mao in Command)" 모델이라 한다. 두 번째 유형은 고도로 통제되어져 있는 '제한적 다원(有限多元)' 모델이다. 다양한 목적, 부문, 지방 등으로 인해 당정기구들이 특정 시점에 여러 형태의 발언권을 얻을 수 있는 유형이다. 예를 들어 '대약진' 시기 중국공산당이 지방정권에게 많은 권력을 넘겨주었는데 이 시기 마오의 대다수 중요정책들은 지방 간부와의 면담 장소에서 선포되기도 했다, 또한 문화대혁명 기간에는 다양한 파벌과 단체의 경쟁 및 갈등으로 인해 겉으로 보기에는 무질서했지만, 하나의 통제가능한 대규모 선동적 대중운동이 존재하여 각 단체들은 다양한 채널로 정책관련 메시지를 최고층을 향해 표현하였다. 물론 대중운동을 관리하고 통제하는 기제가 작동하고 있었다. 세 번째 유형은 관료시스템에 의한 정책결정과정의 작동이다. 일상적이지는 않지만 가끔 큰 기능을 발휘하고는 했다.

1980년대 개혁개방정책은 중국의 정권시스템을 바꿔 놓았다. 기본적으로 3가지 내외의 큰 흐름이 당국가체제의 변화,[11] 고위관료의 정책결정 형태와 과정, 참여자 및 영향요소 변화를 만들어 냈다. 첫 번째 변화는 시장화 흐름이다. 원래 시장화는 당국가체제의 제도와 문화가 딛고 있는 기초를 와해시켜 다원화 세력에게 유리한 조건을 조성하였다. 지

---

11) 관련 연구는 다음을 참고. 徐斯儉·吳玉山 編, 『黨國蛻變: 中共政權的菁英與政策, (臺北: 五南, 2007); 趙建民, 『威權政治』, 第8章.

방으로 권한을 이양하는 "방권양리(放權讓利)" 개혁흐름은 지방정부에게 더 많은 정책결정권과 자율권을 주었다. 가끔은 중앙의 법령에 도전할 정도의 지방권한은 더 이상 단순한 상명하달식의 "일조편식(一條鞭式)"은 아니었다.

시장개방은 경제 및 비경제적 영역에서의 공공의 공간을 확대하였을 뿐만 아니라, 다양한 사회단체들이 우후죽순처럼 출현하면서 시민사회 형성의 기초를 마련하였다.[12] 이익을 중심으로 하는 사회경제 발전은 다양한 이익단체들, 특히 전략산업에 종사하는 석유, 광산, 원자력, 국방공업의 대형 국유기업 및 대형 국유은행에게 많은 기회를 제공하였다. 이들 업체들은 이제 국내정치뿐만 아니라 외교정책에 있어 상당한 영향력을 발휘하게 되었다.[13] 국유자산 관리책임자, 대형국유기업 책임자, 정책결정권이 있는 금융중계 및 해외중국투자기구의 책임자들은 새로운 권력그룹을 형성하였고,[14] 지방세력, 당국가체계 내의 다양한 부문 및 단체들도 적극적으로 정책결정에 참여하여 더 많은 이익과 자원을 획득하였다.

지방정부 역시 중앙정부의 정책결정과정에서의 발언권도 대폭적으로 증가하였다.[15] 이러한 현상 때문에 최고지도자는 반드시 풍부한 지방근

---

12) Timothy Brook and B. Micheal Frolic, eds., *Civil Society in China* (Armonk, NY: Sharpe, 1997): Renecca R. Moore, "China's Fledging Civil Society: A Force for Democratization?" *World Policy Journal* (Spring 2001), pp.56-66.

13) Linda Jakobson and Dean Knox, *New Foreign Policy Actors in China*, SIPRI Policy Paper no.26,(Stockholm International Peace Reseach Institution, September 2012), p.24.

14) 趙建民,「中共勸力轉移與未來政治民主化問題」, 曾建元 編, 『東亞自由化, 民主化與區域和平: 中國民運民主臺灣之旅紀實』, (臺北: 唐山, 2004), p.190.

15) 18대의 경우 정치국위원 25명 중 지방수장은 총 6명이다. 쑨춘란(孫春蘭)-톈진(天津), 쑨쩡차이(孫政才)-충칭(重慶), 장춘셴(張春賢)-신장(新疆), 후춘화(胡春華)-광

무 경력을 갖추어야만 했다. 이렇듯 시장화는 대형국유기업의 정책결정 참여 기회를 증가시켰고 대중매체 또한 자체 경쟁으로 인해 공권력에 대한 감시능력도 증대됨에 따라 정부는 정책결정과정에서 민간의 다양한 의견을 청취해야만 하게 되었다.

두 번째 흐름은 국제화 추세이다. 국제사회와의 밀접한 연계는 더 많은 정부부처들을 정책결정과정에 참여하도록 했다. 정책결정은 이제 더이상 외교부문이나 정부 고위 관료들에게만 국한되지 않았으며, 대외투자의 증가로 인해 해외투자, 차관, 무역 등과 관련된 다양한 대형국유기업이 정책결정과정에 영향을 미칠 수 있는 기회를 확대되었다.

마지막 세 번째 흐름은 정보혁명이다. 수많은 네티즌(중국의 인터넷 사용자 수 이미 5억 명 초과)의 출현으로 인해 네티즌의 정치참여가 점점 활성화되었으며, 국내정치나 외교 이슈에 대한 적극적으로 의견표출이 가능하게 되어 시민사회발전 격동시켰다.[16]

이 세 가지 흐름은 기존의 정책결정 기제와 과정에 거대한 영향을 미쳤다. 다음의 세 가지 방면으로 나타났다. 첫째, 정책결정이 더 이상 중앙정부가 통제하는 일사불란한 "일조편식"은 아니게 되었다. 과거 모든 정책결정은 주관 기관이 있었다. 다양한 경로를 거쳐 유입된 정보와 요구는 단일한 경로를 통하려 상부로 보낸 후, 그 정보와 요구의 특성에 따라 정책결정 수준을 구분하였다. 하지만 다원적인 정치참여의 결과로 인해 권위는 분절화 되었고(fractured authority), 당국가의 통제력은 약

동(廣東), 귀진룡(郭金龍)-베이징(北京), 한쩡(韓正)-상하이(上海).

16) Guobin Yang, "The Internet and Civil Society in China: Co-evolutionary Dynamics and Digital Formation," Lowell Dittmer and Guoli Liu, eds., *Domestic Politics in Transition: China's Deep Reform* (Oxford: Rowman & Littlefield, 2006), p.303-318; Guobin Yang, *The Power of the Internet in China: Citizen Activism Online* (NY: Columbia University Press, 2009)

화되었다. 예를 들면, 외교정책 영역에서 경제무역부, 국가발전개혁위
원회(國家發展改革委員會), 중앙은행 심지어 인민해방군까지 새로운 정
책결정 참여자가 되었다.17) 이에 따라 정책결정과정에서의 합의가 더
절실해졌고 정책결정은 더 어려워지게 되었다.

   둘째, 시민사회가 점차 발전하면서 다원화된 정책결정 방식을 필요하
게 되었다. 국가는 비록 여전히 사회보다 역량이 강하지만 인민의 요구
를 분출하는 통로가 급격히 증가함에 따라 기존의 '국가 – 사회' 관계 및
정책결정 방식이나 과정이 변화되었다. 셋째, 정책결정은 더 이상 지시
와 명령, 복종의 상하관계가 아닌 수평적 연결에 따른 정책결정도 중요
해졌다. 중앙과 지방의 "티아오 – 콰이(條塊) 관계"는 크게 변화하였고,
서로 다른 층차에서 지방정부 간의 맺고 있던 "콰이 – 지(塊際) 관계" 역
시 변화가 발생했다. 최근 몇 년간 중국에서는 횡적인 정책결정 사례인
'경제협작구(經濟協作區)'의 개념도 나타났다.18)

---

17) Jakobson and Knox, *New Foreign Policy Actors in China*, pp.48-49.
18) 중국은 1958년 '대약진' 시기 권력을 하부에 이양(權力下方)했고, 1970년에도 다
    시 권력을 하방했다. 이 시기 정책시행에 대한 통일적 관리를 위해 지방 지방에서
    출현한 '협작구(協作區)' 현황과 관련해서는 다음을 참고. Yingyi Qian, "The
    Process of China's Market Transition, 1978-1998: The Evolutionary, Historical, and
    Comparative Perspective," Dittmer and Liu, eds., *Domestic Politics in Transition*,
    pp.244-246. 최근 중국공산당은 수평적 협력의 중요성을 인식하고 '협작구' 개념
    을 다시 들고 나와 지방 간 수평적 경제협력에 활용하고 있다. 1992년 상하이와
    장쑤 등 14개 인접성시를 묶어 '장강삼각주14개 성시협력판공실 주임연석회의'
    (長江三角洲十四城市協作辦)를 구성한 바 있다.

제3절 중국의 정책결정 관련 학계 연구

서방학계의 중국 정책결정에 대한 연구는 앞서 기술한 학계 환경의
영향을 크게 받았다. 초기 연구는 전체주의 정당을 중심으로 하여, 구소
련 독재자 스탈린이 만든 중앙집중적 계획경제, 마오쩌둥의 개인권위
및 고도의 선동적 대중운동과 폭력성 등 추가적 내용을 포함하고 있다.
미국의 바네트(A. Doak Barnett)는 『공산주의 중국의 간부, 관료체계와
정치권력』(Cadres, Bureaucracy, and Political Power in Communist
China)이란 책에서 인터뷰자료를 통하여 공산당이 정부에 대한 침투와
통제과정을 기술하였고,[19] 루이스(John Lewis)는 『공산주의 중국의 지
도계층』(Leadership in Communist China)이란 책에서 중국 공산당 구조
와 이데올로기에 대하여 상세하게 서술을 하였다.[20] 또한 셔먼(Franz
Schurmann)은 그의 대표작인 『공산주의 중국의 이데올로기와 조직』
(Ideology and Organization in Communist China)에서 공산당 및 마르크
스-레닌주의 이데올로기의 중국사회 침투과정과 함께 혼란했던 중국
의 성공적 통일에 대해 설명하였다.[21]

대만학자들은 비록 "전체주의 모델"이란 용어를 사용하지는 않았지
만, 그들의 연구성과를 살펴보면 실질적으로 전체주의 모델에 가깝다는
것을 알 수 있다. 대만의 연구는 대부분 마오쩌둥 시기의 전체주의 체계

---

19) A. Doak Barnett, *Cadres, Bureaucracy, and Political Power in China* (NY: Columbia University Press, 1967).

20) John W. Lewis, *Leadership in Communist China* (Ithaca: Cornell University Press, 1963).

21) Franz Schurmann, *Ideology and Organization in Communist China*, 1st edition (Berkeley: University of California Press, 1966).

하에서의 정치적 분쟁, 대중운동, 폭력성 등에 집중하여 다루고 있다.[22]
마오쩌둥 시기에 대한 연구 중, 전체주의 모델에 따른 연구의 특징 중
하나는 그 "외래성(外來性)" 논의이다. '외래성론'에 따르면, 중국의 전체
주의는 서양의 마르크스 - 레닌주의 이데올로기 하의 마오쩌둥 정권의
지배적인 행위모델이 되었으며, 이러한 서양으로부터 유입된 이데올로
기로 인해 평화를 사랑하는 중국인들이 참혹하면서 거센 파도를 만나게
되었다고 설명한다. 서양 학계의 수많은 중국과 관련된 연구 중 유일하
게 다른 연구성과를 제출한 학자가 있는데, 루시앙 파이(Lucian Pye)와
그의 제자인 리처드 솔로몬(Richard Solomon)이다. 파이와 솔로몬에 따
르면 마오쩌둥은 전력을 다하여 중국의 '봉건전통'을 제거하려고 노력했
지만 중국공산당 정권은 여전히 중국문화를 근간으로 작동했다고 본다.
특히 중국문화의 정수라고 할 수 있는 관계연결망(關係網絡), 부권(父
權)의 지도와 통제 및 통치자와 피통치자 간의 후원 - 추종관계(扈從關
係, patron-client), 동란에 대한 두려움 등은 마오쩌둥 정권에서도 하나
하나 나타났다. 하지만 이러한 문화를 근간으로 한 정권도 쉽게 붕괴하
기 마련이다.[23]

문혁시기 고위층 관료들의 파벌투쟁과 각지에 나타난 집단계급투쟁
과 충돌 등의 현상은 전체주의 모델 하의 중국공산당에 의한 일원화 통
치와 고도의 권력집중의 가설을 철저히 분쇄했다. 마오쩌둥이 문화를
근간으로 하는 정치를 중요시하거나 부정했다는 점은 파이의 "문화연구

---

22) 趙建民, 「臺灣對中國大陸政治研究之回顧」, 『'95年中國研究討論會論文集』, (臺
   北: 國立政治大學中國大陸研究中心, 2007年 12月), p.1-13. 참고
23) Lucian Pye, *The Spirit of China Politics* (Cambridge, Mass: MIT Press, 1968);
   Richard Solomon, *Mao's Revolution and the Chinese Political Culture* (Berkeley,
   LA: University of California Press, 1971).

경로"의 정확성을 입증하는 것이며, 학계의 중국연구방법에 대한 새로운 검토의 필요성을 제기하고 있다. 또한 중국정치에 대한 이해는 반드시 중국의 전통문화와 지식에 기초해야 하는 동시에, 파벌과 같은 비공식 조직의 역할을 중요하게 여겨야 한다는 점 역시 보여주고 있다. 문혁과정에서의 정쟁과 갈등은 전체주의 모델에서 말하고 있는 압도적 주도성이나 사상체계와 이데올로기적 지배를 받지 않았다는 점이다. 그리고 지도부 내의 모순과 충돌도 전체주의 모델의 '일조편식'의 수직적인 통치형태로 해석할 수 없음을 보여줬다. 국가와 사회의 관계는 단순히 일방적인 통제와 피지배라고 간단히 말할 수 있는 것이 아니었다. 따라서 중국관련 연구는 새로운 연구방법의 도입이 시급했다.

　문혁과정의 정치는 과거와 다르게 작동했기 때문에, 학계에서는 중국연구에 대한 방법을 다시 검토해야 했다. 문혁기간 여러 지방에서 다양한 단체들이 생겨났으며 이들 간의 첨예한 대립이 발생하였다. 이런 영향으로 인해 중국정치의 새로운 연구경향이 생겨났는데 바로 그룹연구방법이다.[24] 70년대 서양의 중국의 정책결정 관련 연구는 앞서 서술한 바와 같이 정책결정이론의 영향을 받아 몇 가지 새로운 창조적이면서 영향력 있는 연구경로를 제시하였다.

1. 합리모델(Rational Model)

　중국공산당 정권의 정치경험에서 도출한 전체주의 모델에서 본다면 중국의 정책입안과정은 일원화되고 있고 수직적 명령의 결과이다. 그러

---

24) Chien-min Chao, "A Critique of the 'Interest Group Approach' to Communist Chinese Studies," *Issues & Studies* (Feburary 1986), pp.12-28.

나 합리론자는 이를 받아들일 수 없다. 그들은 정책입안과정을 분석하면서 중국지도자들은 정책을 결정할 때 그 정책이 국가경제에 대한 영향, 외적인 환경변화 및 중국 내의 반응 등에 대해 매우 중시하고 있다고 주장했다. 또한 과거 비슷한 이념을 가진 정책결정집단들이 존재했기에 중국이 당면한 문제를 해결하기 위한 정책을 만들어 낼 때 다양한 선택사항을 평가하고 고려하였다. 그리고 각 그룹 간의 보조를 맞춰가면서 국가이익을 최우선으로 하여 정책을 결정할 수 있었다. 따라서 합리론자들은 중국에서의 정책산출과정이 합리적인 논쟁과 국가이익에 대한 충분한 고려 그리고 체제 내의 다양한 집단 간의 협력과 협조 등에 의한 과정의 산물이라고 결론을 내렸다. 이런 관점을 대표하고 있는 학자는 바네트(A. Doak Barnett)이다. 그는 1974년 출판한 책인 『불확실한 경로』(*Uncertain Passage: China's Transition to the Post-Mao Era*)에서 중국지도자들은 그들이 처한 환경이나 문제에 대해 합리적으로 반응한다고 주장하고 있다.[25]

해리 하딩(Harry Harding)은 비슷한 연구 경로를 통하여 중국지도자가 다양한 조직구조와 작동방식을 통해 자신의 통제력을 부단히 강화하려 하였으며 관료시스템의 '합리화'가 바로 그 중 하나였다고 인식한 바 있다.[26]

합리모델에 따른 중국정치발전 연구는 분명 정치학계의 정책연구에서 제기한 바 있는 합리적인 연구방법의 영향을 받았다. 이러한 새로운 연구경향은 해외학계의 중국연구의 새로운 연구방향에 따른 것이지만 중국에 이를 적용하는 데에는 어느 정도 한계가 존재한다. 그 이유는

---

25) A. Doak Barnett, *Uncertain Passage* (Washington, D.C: Brookings Institution, 1974).

26) Harry Harding, *Organizing China* (Stanford, Cal: Stanford University, Press, 1981).

정책결정에 있어서 합리성은 반드시 두 가지 중요한 항목이 전제되어야 한다. 첫 번째는 충분한 시간과 정보만이 정책의 합리적 선택을 보장한다는 점, 두 번째는 이해득실과 우선순서를 명확하게 하고 선택사항을 합리적으로 선택할 수 있어야 한다는 점이다. 그러나 중국에서의 대부분의 정책은 실제 최고지도자 손에서 결정되기 때문에 위의 두 가지 전제사항이 반드시 고려되고 있지는 않는다.

2. 권력모델(Power Model)

문화혁명 시기 중국공산당 고위층 사이에서 벌어진 권력갈등은 지도자나 파벌지도자의 권력장악에 대한 생각이나 권력쟁탈 과정에서 발생했다. 개인 또는 파벌의 권력이나 이익만을 강조하였기 때문에 국가이익과 관련되어 있지는 않았다. 이러한 이유로 정책입안이나 정책 변화또한 합리적으로 진행되었다고 할 수 없다. 프레드릭 맥파거(Frederick MacFarquhar)와 파이는 이러한 측면에서 문제를 제기하기 시작했다. 먼저 맥파거는 문화혁명의 기원을 중국정부 내 두 개의 노선 투쟁뿐만 아니라, 권력투쟁도 문화혁명의 요인이 되었다고 주장했다.[27] 한편 파이는 비록 중국정치의 기본 동력이 '같은 것을 찾아가는 것'을 의미하는 "구동(求同)"에 있는 것은 사실이지만, 중국정치권 내의 파벌은 "구동"의 정치활동 원칙을 심각하게 훼손했다고 본다.[28]

이와 같이 권력이나 파벌과 관련한 연구경향은 홍콩과 대만의 중국정

---

27) Roderick Macfarquhar, The Origins of the Cultural Revolution, 2 vols. (NY: Columbia University Press, 1974 and 1983).

28) Lucian Pye, The Dynamic of Chinese Politics (Cambridge: Oelgeschlager, Gunn, and Hain, 1981).

치학계가 좋아하는 연구주제이다.[29] 파벌론에 입각한 연구주제는 아래 몇 가지를 포함한다. 첫째, 중국공산당 내부의 투쟁은 권력투쟁인가? 노선투쟁인가? 둘째, 파벌은 어떻게 형성하고 분류되며 어떻게 작동하는가? 셋째, 파벌 간 교류는 어떻게 이루어지는가? 넷째, 중국공산당 내부의 두 가지 노선투쟁의 역사적 배경, 과정, 영향은 무엇인가? 다섯째, 고위 지도자와 파벌 간의 관계는 어떠하며, 파벌을 어떻게 지도했나? 70년대 서방학계의 권력과 파벌 모델이 다소간 이러한 대만학자의 영향을 받았다 해도 과언이 아니다. 하지만 파벌론의 한계를 지적하자면, 대만학자들이 비록 중국 정치변화의 핵심을 파악하고 있기는 하지만 이론적 구성력이 여전히 부족하다는 점이다. 관련된 많은 연구결과는 역사적 사실과 사건의 묘사에 그치고 있으며 연구의 결론 또한 권력투쟁이라는 측면에 치우쳐 진일보한 이론화 작업을 진행하지 못하였다.

3. 관료정치 및 분절화된 권위주의 모델

정치학계에서는 관료정치 정책결정이론의 영향을 받았다. 70년대 중국정치학계에서는 합리모델과 권위모델을 결합하려는 움직임이 있었고, 문화혁명의 시기의 중국사회에 대한 새로운 인식이 더해지면서 일부 학자들은 새로운 모델을 고안해내기 시작하였다. 이들에 따르면, 1950년대 말 이후 대약진과 70년대 초반 상황처럼 중국사회는 긴 기간 분권적 통치가 이루어졌으며, 세포처럼 분절적 사회(cellular society)의 양상을 띠게 되는 단절된 조직형태가 출현했다고 주장한다. 적어도 경제정책결정에서 지방이 중앙의 명령과 상의하달을 거부할 수 있었다는

---

29) 郭華倫, 『中國問題論叢』, (臺北: 國立政治大學國際關係研究中心, 1976); 趙建民, 「臺灣對中國大陸政治研究之回顧」, pp.1-13.

것이다. 이러한 학술적 배경 하에서 케네스 리버살(Kenneth Lieberthal)
과 마이클 옥센버그(Michel Oksenberg)는 중국 내에서의 정책결정의 구
조와 과정에 대한 세밀한 연구를 진행하였다. 그들은 중국의 에너지자
원(석유, 매탄, 수력 등을 포함)과 관련된 정책결정과정을 연구하면서
현지조사를 통해 '분절화된 관료주의모델'을 제시하였다.[30] 그들은 개
혁개방 이후 중국정치체계는 피라미드식 권력구조의 최상층을 제외하
고 "권위의 분절화" 경향이 나타났으며 정책결정과정에서 관련 기관의
동의를 반드시 획득해야만 했다고 주장하였다. 그러나 동급의 관료조직
간 연락과 교류가 결여되어 있어 어느 한 기구도 완전히 전체적인 정책
결정의 과정과 흐름을 장악하지 못했다고 분석하였다. 80년대 이후에는
분세제개혁을 이루어짐으로써 지방정부는 제도적으로 안정된 재원을
확보할 수 있어 상급기관의 정책요구에 대응하여 더 많은 자주성을 획
득할 수 있었다.[31] 또한 하급기관의 정책책임자들이 정책실패에 따른
징벌의 위험을 이전에 비해 적게 받게 됨에 따라 경제정책결정에서 보
다 강하게 자원의 배치를 주도할 수 있었다.

　1980년대 이후 중국의 경제개혁의 중심은 권력하방이라고 할 수 있
다. 이와 관련해 학계에서는 권력집중이나 분권과 관련하여 세 가지 차
원에서의 논의가 이루어졌다. 첫째, 가치정합문제, 둘째, 자원과 권력분

30) Lieberthal and Oksenberg가 "권위의 분절화된 구조"라는 용어를 사용했다. 다음
　　을 참고. Kenneth Lieberthal and Michel Oksenberg, *Policy Making in China:
　　Leaders, Structures, and Processes* (Princeton, NJ: Princeton University Press,
　　1988), p.22. 그리고 Lieberthal and Lampton이 "분절화된 권위주의 모델"이라는
　　개념을 사용했는데 다음을 참고. Kenneth Lieberthal and David M. Lampton, eds,
　　Bureaucracy, Politics, and Decision Making in Post-Mao China (Berkeley, CA:
　　University of California Press, 1992), p.11.
31) Lieberthal and Lampton, eds., *Bureaucracy, Politics, and Decision Making in
　　Post-Mao China*, p.8.

배문제, 셋째, 정책결정과 집행문제 등이다. 그러나 앞에서 언급한 분절
화된 권위주의모델에서는 이 세 가지 차원에서 생겨나는 중국의 정책결
정과 관련된 문제를 대단히 만족스럽게 파악해 낼 수가 있다.[32) 리버살
과 데이비드 램튼(David M. Lampton)이 공동으로 집필한『마오 이후
중국의 관료, 정치, 정책결정』(*Bureaucracy, Politics, and Decision Making
in Post-Mao Chian*)에서 다루고 있는 정책영역은 좀 더 광범위하다. 그
들은 군사, 교육, 인사, 경제 네 가지 영역에서의 관료체계 작동을 포함
하여 '분절화된 관료주의모델'의 해석을 확대하려고 하였다.[33)

"권위분절화(脆片化)"이론에서는 중국지도부의 합리적 정책결정능력
을 부정하지 않지만 "세포형 사회"라는 개념을 끌여들어 관료권위주의
적 작동방식에 결합시킴으로써 세 가지 측면에서 중국의 정책결정과정
을 분석하였다. 그 연구의 특징은 다음과 같다.[34)

첫째, 정책형성은 독단적이지 않고 입안과정에서 컨센서스에 도달하
는 것이 대단히 중요했다.

둘째, 관료체계 내 각 기관 간은 교류가 부족했으며, 각 기관 간 협력
및 경쟁이 진행됨으로써 정책결정과정은 길고 점진적으로 이루어졌다.

셋째, 중국의 경제개혁 및 지방분권의 결과, 지방의 자원이 풍부해지
고 각 정책상황이 좋아졌지만 동시에 중앙정부의 정보파악능력도 제고
되어 지방과의 정책절충과정에서 중앙은 여전히 유리한 지위에 있었다.

---

32) Lieberthal and Oksenberg, *Policy Making in China: Leaders, Structures, and
    Processes*, p.22.; Lieberthal and Lampton, eds., *Bureaucracy, Politics, and Decision
    Making in Post-Mao China*, pp.7-8.
33) Lieberthal and Lampton, eds., *Bureaucracy, Politics, and Decision Making in
    Post-Mao China*, p.20.
34) Lieberthal and Lampton, eds., *Bureaucracy, Politics, and Decision Making in
    Post-Mao China*, p.11.

넷째, 분절화 관료주의모델은 부(部), 위(委), 성급에서 가장 심하게 나타나지만, 부나 위급 이상이나 성급 이하의 정부기관에서의 관료조직 내 권력은 여전히 집중적이었으며 자원배분에 있어서도 '분절화 관료주의적' 협상방식으로 진행되지 않았다.

다섯째, 중국의 관료계층체계의 특징을 감안하여 중국의 정책결정을 고려할 때에는 아래 지도체계를 반드시 포괄하여 살펴봐야 한다.[35]

- 핵심그룹(중앙정치국 및 그 상무위원회)은 25명에서 35명으로 구성되며 이들은 각 정책에 대하여 명확한 정책의도를 전달한다.
- 제2계층은 핵심집단의 참모[幕僚], 당내 각종 영도소조, 연구실 등을 포함한다.
- 제3계층은 국무원의 여러 부처로 구성된 부와 위원회를 포함한다.
- 제4계층은 정책집행을 담당하는 국무원 각 부와 위원회를 포함한다.
  이하는 이 정책결정과정을 간략하게 설명한 것이다.

(1) 컨센서스 형성

수잔 셔크(Susan Shirk)는 에드워드 롤러(Edward E. Lawler)의 조직이론개념을 차용하여 정책결정에서의 "예외관리" 원칙(management by exception)을 제시한 바 있다. 80년대 이후 중국의 경제정책결정은 국무원이 관리하게 되었다. 반면 당이 정책방향 설정에만 관여하게 되면서 국무원상무위원회가 경제정책결정의 중요 지점이 되었다. 중국의 관료계층구조 하에서 각 기관들은 공동의 정책인식이 형성된 다음에서야 정

---

35) Lieberthal and Oksenberg, *Policy Making in China: Leaders, Structures, and Processes*, p.22.

책을 입안할 수 있었다. 이러한 상황에서 상급기관들은 이미 형성된 공통인식을 통하여 결정된 정책을 쉽게 바꾸지 않았다. 만일 예외적인 상황이 발생이 발생하여 컨센서스를 형성하지 못할 경우, 상급기관과 상의해 바꿨다. 이러한 과정을 거치고도 합의에 이루지 못하게 되면 당중앙에게 그 결정권을 넘기거나 정책방안을 보류하였다.36) 린다 자콥슨(Linda Jakobson)은 최근 중국공산당의 대외정책과 관련한 연구에서 대외정책결정과정에서는 유효한 컨센서스 형성이 반드시 필요했다고 주장한 바 있다. 이렇듯 컨센서스를 찾아 가는 정책활동방식은 각급 정책결정계통에 적용되어야 했으며, 최고 지도자들의 집단지도에도 예외가 아니었다고 주장한 바 있다.37)

"권위분절화"이론이 기여한 것 중 다른 하나는 "평행적 정책결정(平行決策)"의 중요성을 인정한 것이다. 정책에 대한 컨센서스 형성에 있어 수직적, 수평적 측면을 모두 포함하여 정책결정과정을 파악하려고 했다는 점이다. 예를 들어 싼샤댐 건설과 관련한 정책결정과정을 살펴보면, 중앙정부 차원에서의 부와 위원회는 창장유역계획판공실(현 창장수리위원회), 수력전기부, 교통부, 국가계획위원회, 국가과학기술위원회(현 과학기술부), 재정부 등이 포함되어 있으며, 지방 차원에서는 충칭시, 쓰촨성, 후베이성, 상하이시 등이 이 결정과정에 참여했다.38)

---

36) Susan L. Shirk, "The Chinese Political System and the Political Strategy of Economic Reform," in Lieberthal and Lampton, eds., *Bureaucracy, Politics, and Decision Making in Post-Mao China*, p.68.

37) Jakobson and Knox, *New Foreign Policy Actors in China*, pp.17-18

38) Lieberthal and Oksenberg, *Policy Making in China: Leaders, Structures, and Processes*, p.283 참고. 바넷(A. Doak Barnett)의 *The Making of Foreign Policy in China*가 시간상 가장 먼저 나온 책이지만 방법론이나 내용은 앞의 책과는 다르다.

(2) 정책결정과정의 분산, 장기화 그리고 일상적 분기

"권위분절화"모델에서는 중국의 정책결정과정이 한 번에 목표에 도달하는 것은 아니며, 하나만의 정책이 결정되는 것이 아닐 뿐만 아니라 세트로 묶인 정책들 간의 조합(policy mix)이 만들어진다고 주장한다. 예를 들면 에너지자원정책의 경우 전국적이며 체계적인 에너지발전정책은 존재하지 않는다. 몇 가지 원칙적 지시에 불과한 경우가 많다. 이러한 원칙들이 구체적인 정책으로 언제 만들어질 것인지를 판단하는 것은 쉽지 않다. 싼샤댐 건설과 관련한 긴 정책결정과정을 보면, 5개의 핵심 문제가 아직 해결되지 않은 상태로 남아있다.

- 싼샤댐이 홍수방지라는 단일한 기능을 목적으로 하는가? 아니면 다기능인가?
- 댐의 높이는 얼마인가? 저수위 시 최대 정상적 수량(水量)은 얼마나 되는가?
- 비용지출문제
- 진흙과 모래 처리 문제
- 기타 사용된 기술상의 문제

(3) 관료체계 내부의 협조

정책집행은 상의하달식이 아니라 반드시 관료체계 내부의 다양한 층의 구성원 간 협력으로 이루어진다. 그 이유는 다음과 같다.

- 하층 관리들은 불분명한 명령에 대해서 신경 쓰지 않고 항상 듣지 않았던 것처럼 하려 한다.
- 지방이 활력을 잃을까 우려하기 때문에 경제체제개혁을 통해 지속적으로 지방에 권한을 분배하고자 한다.
- 정책추진을 순조롭게 진행하기 위해 고위관료들은 지방정부와 적

극적인 협상을 시도 한다.

리버살와 옥센버그는 싼샤댐을 예로 들어 1950년대부터 1986년까지 중국대륙 에너지정책의 정책결정과정을 분석하면서 다음과 같은 결론을 내놓은 바 있다.[39]

- 처음부터 싼샤댐건설 관련 정책결정과 관련한 부처간 협조가 부족했으며, 여러 부처의 고위관료들이 싼샤댐건설과 관련해 다양한 평가를 제시했다.
- 싼샤댐의 정책결정은 대약진과 같은 환경변화와 5개년 경제계획과 같은 정책순환에 따라 조정이 필요했다.
- 고위관료들은 관료체계의 핵심이익을 지키고자 했고, 자신이 피해를 당하지 않으려 했다.

이 과정에서 각 영역, 여러 세력들 간 이루어진 절충(折衷)과 흥정이 잘 나타난다. 램튼은 거저우(葛洲)댐 건설과정을 연구하면서 각 부처와 세력 간 이러한 예산의 흥정과정을 긴장감 있게 잘 설명하고 있다. 램튼에 따르면, 거저우댐 건설과정에 참여한 정책결정 참여자들은 댐의 높이에 대해 논쟁했다. 내륙운송을 책임지는 있는 교통부는 댐건설에 수리전력부의 예산이 들어가기 때문에 높은 댐을 건설하는 방안을 줄곧 견지하였다.[40] 또한 후베이성의 한장(漢江)은 자주 수해가 발생하는 곳인데, 1958년 국무원은 단장커우(丹江口)댐을 건설하기로 결정했지만 댐의 높이, 댐의 기능(관개시설, 홍수방지시설, 발전시설), 주민 이전 등과 관련된 문제 때문에 협상과 조정과정이 길어졌다. 마침내 1965년에

---

39) Lieberthal and Oksenberg, *Policy Making in China: Leaders, Structures, and Processes*, p.270.
40) Lieberthal and Lampton, eds., *Bureaucracy, Politics, and Decision Making in Post-Mao China*, p.41.

야 댐의 높이를 152m로 결정하였지만 그 다음 해인 1966년에 162m로 다시 바꾸었다. 결국 수위는 152m를 유지하기로 했다. 이 댐의 건설로 인해 후베이성이 전력과 홍수예방 혜택을 받게 됨에 따라 댐 건설로 인해 이주해야 할 8만 명의 허난성 인구를 후베이성이 받아들였다.[41)

이와 같이 마오쩌둥 시기에도 정책결정은 각 기관과 부처 간 타협을 거쳐야 했다. 1980년대 재정개혁 과정에서 새로운 생산책임제(包干) 정책이 나오면서 중앙과 지방의 가격경쟁, 그리고 지방과 기업 간 이익비율을 더 높이기 위해 각 부처 간들은 전력을 다하여 협상에 뛰어들었던 사례도 있다.

비록 정책결정과정 연구를 활용하여 구성되었다 할지라도 "권위분절화"모델은 중국정치학계가 문화혁명 이후의 중국, 특히 80년대 개혁개방정책 이후 중국연구방법과 이론연구의 반성과 혁신을 대표한다는 점에서 중국연구의 기여한 바가 크다. 이 모델은 전체주의모델을 철저하게 뒤집고 중국연구의 새로운 방법론으로 정립되었다. 연구성과라는 측면에서 본다면, "권위분절화"모델은 이른바 "패러다임전환(典範轉移, paradigm shift)" 효과를 거두었다고 할 만 하다. 물론 이 모델에 대한 비평과 수정의 목소리도 잇따라 등장했다. 리버살과 램튼은 "권위분절화"모델이 갖는 해석력을 확대하기 위해 에너지자원 영역으로부터 군사, 교육, 인사 및 경제 영역까지 넓히고자 했으며, "권위분절화" 모델 일부분을 수정해야 할 필요성을 제기하기도 하였다. "권위분절화" 모델에 대한 비판적 의견은 아래 두 가지로 정리할 수 있다.

---

41) Lieberthal and Lampton, eds., *Bureaucracy, Politics, and Decision Making in Post-Mao China*, pp.45-46.

① "권위분절화"모델은 중앙의 능력을 과소평가했다.

자오쒀이셩(趙穗生)과 햄린(Carol Lee Hamrin)에 따르면, '분절화된 관료주의모델'은 중국의 전체주의 체제에서 시장경제체제로 전환 상황에서 관료체제가 겪었던 혼란 상황을 파악하는데 도움을 주었다고 평가한다. 1980년대 중국공산당의 정책결정은 확실히 일인독재에서 과두적 집단정책결정으로 전환했고, 컨센서스 형성의 필요성이 제기되었다. 그러나 90년대에 들어오면서 중국의 당국가체제는 이미 철저하게 상업화되었다. 관료자본주의가 출현하게 되면서 협상과 분쟁이 정책결정과정에 포함될 수 밖에 없었다. 따라서 90년대의 정책결정과정은 1980년대와는 사뭇 달라졌다고 이들은 보고 있다.[42] 1980년대 직접 개혁과정에 참여한 경험이 있는 우궈광(吳國光)과 천이쯔(陳一諮) 역시 중국의 정책은 이제 더 이상 한 명의 독재자 명령으로 결정되는 것이 아니라고 주장했다. 기본적으로 정책결정자 간 컨센서스를 형성하고 다수의 지지를 얻어 정책저항을 최소화하려 했으며, 면대면의 협의가 아니라 언제나 공문(公文)을 통해 정책결정과정이 진행되어지는 "공문정치(documentary politcis)"에 가깝게 바뀌었다. 이러한 과정에서 정책영도 소조 또는 초안기초 소조 등이 구성되어 정책방안이 마련되었다. 그리고 이 방안과 관련한 토론이 이루어졌다. 관련 정책을 둘러싼 토론과정은 실제로 권력과 자원경쟁으로 가득 차 있었다. 협상은 찾아보기 힘들고 도리어 설득이나 위협이 더 많았다.[43]

---

42) Carol Lee Hamrin and Suisheng Zhao, "Introduction: Core Issues in Understanding the Decision Process," in Hamrin and Zhao, eds., *Decision-making in Deng's China: Perspective from Insiders* (Armond, NY: M.E Sharpe, 1995), pp.xxxvii-xliv.

43) Guoguang Wu, "'Documentary Politics': Hypotheses, and Case Studies," in Hamrin and Zhao, eds., *Decision-making in Deng's China: Perspectives form Insiders*, pp.24-38.

이들에 의하면, "권위분절화" 모델은 당국가체제 하에서의 중앙권력이 약화되는 과정에서 국가가 담당하는 역할까지는 제대로 파악해 내지 못하고 있고, 중앙정부 역할을 과소평가했다고 비판한다. 그러면서 이들은 '권료권위주의 모델(bureaucratic authoritarian model)'를 통해 80년대 이후 중국의 정치권위변화를 해석하자고 제안했다. 그 이유로 중국공산당의 통치는 여전히 상명하달식이며, 당의 명령 역시 주요 성책설정의 근간이 될 뿐만 아니라, 협상이나 교섭은 당에 의해 이루어지는 관료체계 내 과정이기 때문이라는 것이다.

"권위분절화"모델 비판자들은 마오 이후 시기 중국은 여전히 중앙집중적이라고 평가한다. 그 근거로 당국가체제 내의 중앙정치국상무위원, 그리고 일부 은퇴했지만 여전히 영향력을 행사하고 있는 원로 등을 포함한 당내 최고위지도자들은 모두 독단적인 권력을 가지고 있기 때문이라고 주장한다. 비록 형식적으로는 권력이 개인독재에서 과두통치로 전환했지만, 개인독재와 과두통치라는 이 두 가지 방식의 통치는 서로 교차하여 순환되고 있다고 본다. 최고위 지도자는 중요한 인사임면권을 가지고 있을 뿐만 아니라 이들은 수시로 정책결정에 간섭할 수 있고 관료체계 내 권력계층관계에서 여전히 절대적인 위치에 있다. 반면 최고지도자 그룹 간에는 갈등관계가 유지되고 있다.[44]

그 밖에 관료체계 내의 부문주의(部門主義, compartmentalization)는 정책결정권을 가지고 있는 당내 여러 영도소조에 경사되어 있다. 따라서 반드시 각 부문 간 정책을 조정하여야만 하나의 정책을 결정할 수 있도록 되어 있으며, 아울러 이러한 당내 영도소조와 군사, 정법 계통의

---

44) Yan Jiaqi, "The Nature of Chinese Authoritarianism," in Hamrin and Zhao, eds., *Decision-making in Deng's China: Perspectives form Insiders*, p.xxx.

정책결정기제는 개인권력의 영향을 여전히 받게 된다.[45]

　② **90년대 후의 정책결정은 다원화, 전문화되었다.**

　개혁개방 이후 중국의 정책결정과정은 다원화와 전문화의 경향이 나타났다. 완전히 권력과 이익이 교환되는 과정은 아니었다. 이와 관련해 햄린과 자오쑤이성이 지적한 바 있다. 램튼은《중국의 외교와 안전전략》(*The Making of Chinese Foreign and Security Policy in the Era of Reform, 1979-2000*)에서 중국의 WTO 가입를 사례로 정책결정과정을 연구하였다. 그는 여기에서 "권위분절화"모델을 간단히 언급하면서 중국의 정책결정환경이 변했다고 하면서 다원화, 전문화 그리고 분권화 경향이 나타났다고 주장한 바 있다.[46]

　첫째, 과학기술, 경제, 지역(대만 포함) 및 글로벌사무 등에 관여하는 대외 정책영역은 특화와 전문화 추세가 뚜렷하게 나타났고, 정책은 외교부 홀로 독단적으로 결정할 수 있는 것이 아닌 것이 되었다고 지적하였다. 전략부문에 있어서도 국내외 싱크탱크의 연구성과를 중요시 하고 국제경제무역과 금융과 관련해 인원과 기관의 전문적 분업이 뚜렷하게 나타났다. 이렇듯 정책과정에서의 전문가화(professionalization), 특화(specializaion) 및 관료체계의 분업화(differentiation)은 중국외교정책의 중요한 발전이라고 할 수 있으며, 이는 1980년대 초 자오쯔양 총리 시 국무원 하에 여섯 개의 정책연구중심이 설립되었는데 이것이 정책 전문

---

45) Hamrin and Zhao, "Introduction: Core Issues in Understanding the Decision Process," p.xxxvii.

46) David M. Lampton, "China's Foreign and National Security Policy-Making Process: Is It Changing and Does It Matter?" in David M. Lampton, ed., *The Making of Chinese Foreign and Security Policy in the Era of Reform, 1979-2000* (Stanford, Cal: Stanford University Press, 2011), pp.9-10.

화라는 고려 하에 추진된 것이라고 할 수 있다.[47]

둘째, 조합적 다원화(coporate pluralizaion) 개념을 제시하였다.[48] 정책형성과정에 참여하는 조직, 단체, 그리고 개인이 증가했고 정책을 제정할 때 거의 모든 중앙부처가 여기에 참여할 권한이 있었다. 부와 위원회 간 조정은 "권위분절화" 모델에서 체계내부의 소통결여 시에 이루어진다고 하고 있으나, 이 시기에 들어와서는 조정을 담당하는 부와 위원회를 총괄조정하는 영도소조의 수량은 증가하여 체계적으로 이루지고 있다고 주장했다. 심지어 민간단체도 외교정책결정에 참여할 수 있게 되었다.

셋째, 정책결정의 분권화는 국제경제와 무역 영역에서 뚜렷하게 나타났다. 그러나 고위급 외교나 국가안전 방면에서는 여전히 그렇지 못하였다. 한편 성급지방정부의 외교관련 정책결정의 참여정도가 제고되었다. 예를 들어 1984년 서남 7개 성시자치구는 과도하게 연해지역 중심의 경제발전전략을 견제하고 해당 지역의 투자확대를 위하여 경제협작회를 조직하여 중앙의 정책결정에 영향을 주려고 시도했다. 성급지방정부의 외교관련 두 번째 사례로 한국과 중국이 1992년에 정식으로 외교관계를 수립하였는데 랴오닝과 산둥 두 성 정부는 1988년에 이미 중앙정부의 묵인 하에 우선적으로 한국의 무역단체방문단을 첫 번째로 유치하여 수교이전에 남한과 경제무역관계를 수립하였다. 세 번째 사례는

---

47) Suisheng Zhao, "The Structure of Authority and Decision-Making: A Theoretical Framwork," in Hamrin and Zhao, eds., *Decision-making in Deng's China: Perspective from Insiders*, p.242.

48) David M. Lampton, "China's Foreign and National Security Policy-Making Process: Is It Changing and Does It Matter?" p.12. "조합적 다원화"(Corporate pluralization" 과 햄린(Hamrin)과 자오(Zhao)의 "관료적 다원주의"(Bureaucratic Pluralism) 개념은 서로 비슷하다.

지린성이 1980년대 이후 부단히 중앙에게 요청하여 중국, 러시아, 남한
과 북한, 일본, 몽골을 포함한 '도문강개발계획'을 수립한 것이었다.[49]

4. 비공식조직모델

합리적 정책결정 모델의 논리는 관료구조 모델과 유사하다. 두 모델
모두 광의의 의미로 제도연구 경로로 귀납할 수 있다. 하지만 조직학에
서 말하는 비공식조직 이론과 신제도주의의 영향을 받았고 거기에 문혁
시기의 정치동원 및 비공식조직이 주는 영향을 인하여 중국정치와 관련
한 비공식조직 연구 경로는 공식제도를 보완하는 기초적인 권력모델로
써 70년대 중반에 빠르게 진행되기 시작하여 중국학의 중요한 연구경로
중 하나가 되었다.

디트머(Lowell Dittmer), 골드스타인(Avery Goldstein), 나단(Andrew
Nathan), 저우당(鄒讜, Tsou Tang) 등 학자들은 인적요소(personalistic)
가 중공 고위층 정치에서 여전히 중요한 역할을 하고 있다고 주장한다.
즉 파벌 같은 비공식조직이 권력작용의 큰 공간을 제공하고 있다는 것
이다. 나단은 중국정치에서는 상하관계 하의 보호-시종관계(恩侍關系,
patron-client relationship)가 쉽게 발견되는데 이를 '파벌'이라고 규정했
다.[50] 한편 디트머는 비공식이란 한 단어에 초점을 맞추고 있다.[51] 쩌

49) Peter Cheung and James Tang, "The External Relation of China's Provinces," in
Lampton ed., *The Making of Chinese Foreign and Security Policy on the Era of
Reform, 1978-2000,* pp.91-122.

50) Andrew J. Nathan and Kellee S. Tsai. "Factionalism: A New Institutionalist
Restatement," *The China Journal,* no.34(July 1995), pp.157-192.; Lowell Dittmer
and Yu-Shan Wu. "The Modernization of Factionalism in Chinese Politics," *World
Politics,* vol.47(July 1995), pp.467-494.; Lowell Dittmer, "Patterns of Elite Strife

우탕은 나단의 파벌개념, 디트머의 비공식정치(informal politics) 관련 설명, 그리고 골드스타인의 문혁시기 파벌균형관을 결합하여 절충적인 관점을 도출해 냈다. 그는 문혁을 예로 들면서, 어떤 파벌이 정권을 장악할 때 자연스레 많은 사람들이 편승하며 대립된 파벌도 마찬가지로 같은 현상이 나타나면서 파벌 간 일정한 권력균형(balance-of-power)이 나타났다고 주장한다. 쩌우는 미국의 선거과정에서 출현한 개념을 차용하여 정치행동단체(political action group) 이론을 제기하고 중국 엘리트 정치를 분석하기 위한 분석도구로써 활용했다. 그에 따르면 권력사다리의 가장 꼭대기에는 마오쩌둥이 있고, 그 아래는 다양한 이념적 차상위 그룹, 예를 들어 린뺘오파, '사인방(四人幇)' 등이 있으며, 마오쩌둥과 저우언라이의 관계는 기본적으로는 "권력협조관계(勸力協調關係)"였다고 주장한다.[52] 디트머와 우위산(吳玉山)은 최근 파벌이론에 대해 약간의 수정을 가하였다. 그들은 중국정치에서 파벌 구성원들 간 결합은 더 이상 정치적 '안전'이 최우선 목표가 아니며, 정치적 자원과 직책의 경쟁을 위해 파벌이 형성된다고 주장한다. 디트머와 우위산에 따르면 파벌은 여전히 정책결정에 크나큰 영향을 미치고 있으며, 파벌 연구는 현재까

and Succession in Chinese Politics." *The China Quarterly*, no.123(September 1990), pp.405-430.; Andrew J. Nathan, "A Factionalism Model for CCP politics," *The China Quarterly*, no.53(January-March 1973), pp.34-66.; Lowell Dittmer, "The Changing Shape of Elite Power Politics," *The China Journal*, no.45 (January 2001), pp.53-67.

51) Dittmer and Wu. "The Modernization of Factionalism in Chinese Politics,", pp.467-494; Lowell Dittmer, "Patterns of Elite Strife and Succession in Chinese Politics," pp.405-430; Lowell Dittmer, "The Changing Shape of Elite Power Politics," pp.53-67.

52) Tang Tsoum "Prolegomenon to the Study of Informal Groups in CCP Politics," *The China Quarterly*, no.65(January 1976), pp.98-114.; Tang Tsou, "Chinese Politics at the Top: Factionalism or Informal Politics? Balance-of-Power Politics or a Game to Win All?," *The China Journal*, no.34(July 1995), pp.95-156.

지도 중국 고위정치엘리트 연구의 가장 유력한 연구경로라고 지적한다.[53]

대만과 홍콩의 중국연구학자들은 오랜기간 비공식조직모델을 즐겨 활용해 왔다. 그 이유는 마오쩌둥 본인도 "당 내에는 분파[派]와 파벌[山頭]이 있다"고 한 바 있고[54] 중국공산당 내에서 열 번의 노선투쟁이 있었다고 인정한 바가 있기 때문이다.[55] 대만학자인 궈화룬(郭華倫)은 당 내 투쟁은 곧 파벌투쟁이며 투쟁의 최종목적은 당의 지도권 쟁취라고 하였다. 즉 권력이 첫 번째고, 노선은 그 다음이다라는 것이다.[56] 마오쩌둥도 문혁 시기에 권력투쟁을 높이 외쳤다. 문혁 이후에도 중국정치는 어느 정도 파벌정치의 특징을 가지고 있다. '사인방'과 화궈펑 - 덩샤오핑 간의 권력투쟁, 개혁파와 범시파의 쟁론 등을 예로 들 수 있다. 개혁개방 이후에도 파벌투쟁은 멈추지 않고 80년대에서 90년대까지 지속되었는데, 개혁파와 보수파 간의 소유권, 사회주의 시장경제, "성자성사(姓資姓社)" 등을 둘러싸고 논쟁이 발생하였다.[57] 오늘까지도 중국공산당 고위층 내에서의 권력작용과 권력계승은 여전히 파벌의 영향을 받고 있는 듯 하며 태자당, 공청단파, 상하이방 등 파벌개념이 중공 엘리트연구에서 자주 등장하고 있다.

---

53) Lowell Dittmer and Yu-Shan Wu. "Leadership Coalitions and Economic Transformation in Reform China: Revisiting the Political Business Circle," in Dittmer and Liu, eds., *China's Deep Reform: Domestic Politics in Transition*, pp.49-55.

54) 「在八屆十一中全會上的講話」, 『毛澤東思想萬歲』第一輯, (臺北: 中華民國國際關係研究所, 1974), pp.651-653; 「在鄭州會議上的講話」, 『毛澤東思想萬歲』第二輯, (臺北: 中華民國國際關係研究所, 1974), p.46.

55) 중국공산당이 1972년에 공포한 「中發(1972) 12號」 문건 「毛澤東在外地巡視期間同沿途各地負責同志的談話紀要」, 『中共機密文件彙編』, (臺北: 國立政治大學國際關係研究中心, 1978), pp.31-37.

56) 郭華倫, 『中共問題論集』, p.304.

57) 馬立誠·凌志軍, 『交鋒: 當代中國三次思想解放實錄』, (北京: 今日出版社, 1998).

제4절 중국연구의 패러다임 전환

개혁개방 이후 중국은 예전과는 전혀 다른 발전노선을 추구하였으며, 새로 도입된 시장기제는 기존의 사회관리체제를 무너뜨렸다. 이러한 상황 하에서 이전에 볼 수 없었던 중국학 연구주제들이 생겨났다. 경험적 연구방법이 도입됨에 따라 자료수집에 있어 편리해졌을 뿐만 아니라 새로운 연구경로와 방식이 우후죽순 마냥 나타났다. 이는 연구의 새로운 장을 열어 주고 우리의 시야를 확대시켜 주었지만 동시에 다양한 문제도 잇따라 발생하였다.[58]

첫째, 과거 학계에서 유행했던 전체주의 모델의 당국가체제에 대한 거시적 분석, 제도와 구조의 작동, 영도자의 통치력, 이데올로기 등이 연구중점이었다. 중국 정치와 경제 질서의 변화로 인해 중국공산당의 주체적 역할을 변화되었기도 했지만[59] 중국연구는 경험성 연구의 영향을 받아 최근의 학술연구성과는 대부분 범위가 작은 미시적 아젠다를 다루고 있다. 따라서 당국가 체제의 거시적 측면에 대한 분석이 부족한 느낌을 들게 한다.

둘째, 80년대 이후 중앙지도부의 엘리트제도화 정도가 점차 증가하였으며 혁명세대의 권위와 인치적 색채도 변화하면서 관련연구의 영향력

---

58) 이 부분의 의견은 다음에 따른 것이다. Lowell Dittmer and William Hurst, "Analysis in Limbo: Contemporary Chinese Politics Amid the Maturation of Reform," Dittmer and Liu, eds., *China's Deep Reform*, p.25.

59) David Shambaugh, *China's Communist Party: Atrophy and Adaptation*, (Washington: Woodrow Wilson Center Press, 2008); Bruce J. Dickson and Chie-min Chao, "Introduction: Remaking the Chinese State," in Chao and Dickson, eds., *Remaking the Chinese State: Strategies, Society, and Security* (London and NY: Routledge, 2001), p.2.

도 상응하여 약화되었다. 권력계승의 제도화[60]와 지도자 개인사에 대한
연구에 집중하면서[61] 연구방법상 엘리트그룹의의 개인적 배경, 즉 나
이, 교육수준, 출생지와 근무지, 특기 등 엘리트의 세대 경향성을 찾아
내는 연구가 다수를 차지하고 있다.[62]

  셋째, 분권과 권력이양 정책에 따라 다양한 정부부문과 지방정부에
더 많은 활동공간을 주어졌지만, 과거 중앙집중권력통치 모델을 유지하
면서 지방분권통치를 실행함으로써 "티아오 - 타아오(條-條)"와 "콰이 -
콰이(塊-塊)"의 협력문제가 발생하였고[63] 수많은 과거 중앙의 권한 안
에 속한 문제들이 지방으로 전이되었다.[64] 예를 들면 80년대에 추진한

60) Alice L. Miller, "Institutionalization and the Changing Dynamics of Chinese Leadership Politics," in Cheng Li, ed., *China's Changing Political Landscape: Prospects for Democracy* (Washington D.C.: The Brookings Institution, 2008); Joseph Fewsmith, "The 18th Party Congress: Testing the Limits of Institutionalization." *China Leadership Monitor*, no.40 (2013).

61) Willy Wo-Lap Lam, The Era of Jiang Zemin (Singapore: Prentice Hall, 1999); 矢板明夫 著, 黃怡筠 驛, 『習近平: 共産中國最弱勢的領導』, (臺北: 天下, 2012).

62) "Will China's 'Lost Generation' Find a Path to Democracy?" in Cheng Li, ed., *China's Changing Political Landscape: Prospects for Democracy*, pp.98-120; Chen Li and Lynn White, "The Sixteenth Central Committee of the Chinese Communist Pary: Emerging Pattern of Power Sharing," in Dittmer and Liu, eds., *China's Deep Reform*, pp.81-118; 寇健文, 『中共菁英政治的演變: 制度化與權力轉移 1978-2004』, (臺北: 五南, 2004); Chien-min Chao and Chun-Chih Chang, "Specialization, Autonomy and Legislative Capacity in a Rubber Stamp Legislature: The Case of China," paper delivered at the 22nd World Congress of Political Science held by the International Political Science Association, July 8-22, 2012, Madrid, Spain.

63) 趙建民, 「地方主義」, 『當代中共政治分析』, (臺北: 五南, 1997), pp.287-308; Chien- min Chao, "T'iao-t'iao versus K'uai-k'uai: A Perennial Dispute Between the Central and Local Government in Mainland China," in Bih-Jaw Lin and James T. Myers, eds., *Forces for Change in Contemporary China* (Taipei: Institution of International Relations, 1992), pp.158-170.

64) Jae Ho Chung, "Reappraising Central-local Relations in Deng's China: Decentralization, Dilemmas of Control, and Diluted Effects or Reform," in Chao

"부엌을 나눠 밥을 지어 먹다(分灶吃飯)"라는 재정제도는 지방에게 재정 자주권을 주었다. 지방이 중앙에게 어느 정도의 금액을 납부하고 나서 조금의 세금을 보류할 수 있는 동시에 자주적으로 투자항목을 결정하고 대외무역 이외에 자유로운 자원배분 권한이 있었다. 이는 지방의 자주 성을 대폭 제고하였으며 그 이후 보통 각 지방은 금융기능을 확장하고 고성장 경제발전정책을 채택하게 된다. 한 순간에 지방보호주의 경제가 날개를 달게 된 것이다. "돌다리를 두드려 가며 강을 건너다(摸著石頭過 河)"라는 신경제발전전략과 관련한 많은 정책들이 지방에서 시험을 끝 난 후에 전국적으로 추진하는 것을 의미한다. 예로 농가책임생산제, 농 촌자치선거, 향진기업 등은 여러 지방에서 다양한 모델로 발전하였다. 이는 지방 간 차이를 비교 연구하는 매력을 배가시켰다.[65]

이렇듯 정치경제상황의 변화는 학계연구에 있어 패러다임 전환에 영 향을 주면서 지방거버넌스 연구가 수준 높은 연구로 도약할 수 있도록 하였다. 또한 80년대에 점차 기층선거를 발전하고 정치민주화를 강조하 는 분위기 하에서 관련 연구가 활발하게 진행하게 되었다. 향, 진, 현, 성급 정치연구들도 잇따라 이루어졌다.[66] 그리고 지방의 조합주의적 정

---

and Dickson, eds., *Remaking in Chinese State*, pp.46-75.

65) Bruce J. Dickson and Chie-min Chao, "Introduction: Remaking the Chinese State," in Chao and Dickson, eds., *Remaking the Chinese State*, pp.1-16; 尹冬華 編, 『從管理到治理: 中國地方治理現況』, (北京: 中央編譯局, 2006); 徐勇, 『鄕村治理 與中國政治』, (北京: 中國社會出版社, 2003).

66) Zhiyue Bo, *Chinese Provincial Leaders: Economic Performance and Political Mobility since 1949* (Armonk, NY: Sharpe, 2002); Peter T.Y. Cheung, Jae-Ho Chung, and Zhimin Lin, eds., *Provincial Strategies of Economic Reform in Post-Mao China: Leadership, Politics, and Implementation* (Armonk, NY: Sharpe, 1998); 榮敬 本 等, 『從壓力型體制向民主合作體制的轉變:縣鄕兩級政治體制改革』, (北京: 中央編譯出版社, 1998).

치경제권력구조 하에서 만들어진 지방거버넌스 영향에 대한 학계의 관심을 끌게 되면서[67] 중앙정부 차원에서의 거버넌스에 대한 연구는 오히려 다음 순위로 밀리게 되었다.

연구방향, 연구주제 및 방법론의 전환은 중국연구 학계에게 새로운 분위기를 조성했지만, 비판의 목소리 또한 이어졌다. 앞에서 이야기했던 중국연구의 4가지 모델은 대략 제도주의학파와 비제도(비공식조직)학파로 다시 나누어 볼 수 있는데, 양 학파는 각자 장점도 있지만 한계도 분명하다. 이들 학파들에 대한 학계의 새로운 평가가 시도되었다. 대표적으로 자오쑤이성의 경우 설득력 있는 대형이론을 제시하였다.[68]

자오쑤이성은 개혁개방 이후 중앙정부의 부와 위원회 그리고 지방정부의 정책결정권한의 확대라는 사실에 대해 거부하지는 않는다. 그런데 이런 결과를 조성한 구조적 요소가 "권위분절화"모델에서 말하는 관료의 내부적 단절이라고 인식하고 있지는 않다. 그는 덩샤오핑이 정권을 장악한 후 개혁에 대한 당중앙권위의 저항력이 점차 강화되면서 계층적 권위(hierarchical line of authority) 상황이 나타났다고 주장한다. 덩샤오핑이 중요한 정책을 결정할 때 당내 몇 명의 원로와 협의했다. 개인중심이 강한 다원주의라고 할 수 있는 "개인 다원주의(individual pluralism)", 즉 과두적 원로정치 특징을 보였다는 것이다. 그러나 최고위층 보다 상대적으로 낮은 층위에서는 일상적 및 기술적 차원에서 정책결정 하위제도에 맡겨 처리되었다. 이렇듯 이 시기에는 제도가 다원화되는 "제도

---

67) Jean C. Oi, *Rural China Takes Off: Institutional Foundations of Economic Reform*, (Berkeley, Cal: Univ of California Press, 1999); Jean C. Oi and Andrew G. Walder, *Property Rights and Economic Reform in China* (Stanford, Cal: Stanford University Press, 1999)

68) Hamrin and Zhao, eds., *Decision-Making in Deng's China: Perspectives from Insiders*, p.236.

적 다원주의(institutional pluralism)" 경향이 생겨났다. "개인 다원원주의"는 독재와 과두의 정치순환으로 나타나고, "제도적 다원주의"는 점진적 정책결정제도화로 이어졌다.[69] "개인 다원주의" 권력은 개인이나 비제도로부터 연유한다. 따라서 일인 지도자는 전체 국면을 파악할 수 없을 뿐만 아니라 자신의 정책선호로 인한 정치적 갈등과 경쟁이 나타나기 마련이다. 즉 덩샤오핑이 천원이나 기타 원로의 도전을 맞이해야 했다 점에서 알 수 있다.

반면 "제도적 다원주의" 권력은 반드시 제도에 의존해 얻어야만 한다. 이는 80년대 젊은 정치지도자인 후야오방, 자오쯔양의 상황을 생각하면 된다. 마오쩌둥 시기에는 마오쩌둥 자신의 개인적 특징, 그리고 그가 혁명전쟁 과정에서의 누렸던 절대적 지위로 인해 개인화된 권위를 만들어졌다. 이렇듯 비제도적인 요소인 개인적 권력과 장기간의 주석 및 군위주석이라는 제도적 권위가 상호작용하면서 마오쩌둥 시기 절대적인 권력위계를 만들어졌다는 것이다. 그러나 덩샤오핑 시기는 다르다. 이 두 가지 권위는 점차 분리되었다. 영향력 있는 몇 명의 원로들이 정책결정의 중요한 역할을 담당했고, 제도적 권위를 가진 지도자들은 정책결정과정에서 부차적인 역할로 전락하였다.[70]

"개인 다원주의"는 고도의 인치적 색채를 보인다. 권력행사는 장기간 형성되어 축적된 관계망을 통해 이루어진다. 덩샤오핑과 천원 간의 권력투쟁은 바로 이런 성격을 보여준다. 반면 최고권력 바로 아래에 위치한 중하층 관료체계는 고위층의 인치적 색채의 영향으로부터 벗어날 수 있었다. 제도화 수준이 높아지고 당정분리와 행정분리 추세가 점차 확

---

69) Hamrin and Zhao, eds., "Introduction: Core Issues on Understanding the Decision Process," p.xxxvi..
70) Zhao, "The Structure of Authority and Decision-Making," p.234.

대됨에 따라 중앙정부의 부와 위원회, 지방정부는 경제, 외교영역에서의 제도적으로 정책결정자주권이 확대되게 되었다.[71]

또 다른 측면에서 보면, 정책결정은 의제에 따라 변하기도 한다. 즉 정책이 정치를 결정하기도 한다. 예를 들면 경제영역의 관료제 내부에서 정책결정은 자원을 둘러싼 경쟁과 협상과 관련되어 있어 분산적 분절화된다. 미디어, 교육, 문화, 과학기술, 이데올로기와 같은 비교적 인치적 경향이 강한 영역에서도 다원적 정책결정 경향이 나타나기는 하지만, 파벌경쟁이라는 정치적 환경 속에서의 이들 영역의 정책결정은 여전히 소수의 고위지도자(비제도적 요소)에 의해 독점되고 있다. 더욱이 치안과 군사 등 국가의 안전 의제와 관련된 정책결정의 경우 여전히 고위지도자에게 고도로 집중되고 있으며 외교영역과 중대전략과 정책 역시 소수의 고위층에게만 결정권이 있다. 반면 대외경제, 문화관계 등과 관련된 낮은 수준의 정책결정은 제도화에 따라 이루어진다.[72]

중국내 학자들의 연구 역시 중국의 정책결정이 점진적으로 전문화와 다원화의 길로 발전하고 있다는 점을 지지했다. 중국에서 네티즌은 빠르게 증가하였다. 2012년 10월 현재 중국의 네티즌 수는 이미 5억에 달했으며 인터넷 보급률도 38.3%였다.[73] 하오위판(郝雨凡)과 린쑤(林甦)의 『중국외교정책: 개방과 다원의 사회요소 분석』(中國外交政策: 開放與多元的社會因素分析)에서 인터넷이 외교에 대한 영향을 제기한 바 있다. 물론 민주주의 국가인 일본과 미국 외교는 인터넷의 영향을 크게 받는다. 2003년 7월, 중국의 애국주의 성향 네티즌은 징후고속철도(京滬高鐵) 건설과 관련해 일본과의 계약을 반대했다. 2주 동안에 10만 명

---

71) Zhao, "The Structure of Authority and Decision-Making," p.237.

72) Zhao, "The Structure of Authority and Decision-Making," p.240.

73) 中國互聯網絡信息中心 http://www.cnnic.cn/hlwfzyj/jcsj/

이 넘는 네티즌이 이를 지지했다. 또한 그 이전 2001년 4월에 중국과 미국의 전투기가 남중국해 상공에서 충돌했을 때에도 인터넷상 중국의 네티즌 반응이 중국전체를 뒤덮었다.[74] 이러한 네티즌들의 여론이 외교 정책에 영향을 미치지 않을 수 없다. 인대대표와 정협위원와 같은 공공 인물이 매년 양회기간에 인터넷 커뮤니티, 개인 블로그에 민주 등 공공 의제와 관련된 토론 및 관련 의제의 인터넷 투표와 의견 모집 능 역시 정부의 정책결정과정에 영향을 미친다.[75] 자오촨성(趙全勝)은 자문그룹, 정부 내 정보채널, 각종 회의와 공공정책토론, 비정부조직, 체제 외 토론회, 해외학자, 전문가그룹 등을 포함한 외부의 7개의 통로가 정책결정 중심과 연결되어 있다고 주장한 바 있다.

제5절 상황정책결정모델

중국과 관련된 정책결정 과거 연구는 아래와 같이 전반적으로 개괄해 서술할 수 있다. 첫째, 일원적 제도구조가 다원적 제도구조(비공식조직 포함)로 전환하고 있으며 정책결정의 분석대상과 범위도 확대되었다. 둘째, 인물중심에서 점차 제도중심으로 바뀌었다. 셋째, 중국사회에 대한 관리통제가 느슨해지면서 정책결정도 단일 모델에서 다원 정책결정 모델로 전환되고 있으며 전체주의적 독재에서 권위주의적 독재로의 전

---

74) 郝雨凡·林甦 編,『中國外交政策: 開放與多邊的社會因素分析』(北京: 社會科學文獻出版社, 2007), pp.144-146.
75) 盧劍峰,「網絡參與的意義與局限: 政府決策的視域」, 李凡 編,『中國基層民主發展報告 2011』(北京: 世界與中國研究所, 2011), pp.212-213.

환과 시장경제로의 전환이 정책결정환경 변화와 연계되어 작동하고 있다. 분석 차원에서도 과거와 다른 중국연구방법 상 특징을 보여준다. 미시적 측면과 하위시스템 연구는 중시되었지만 체제 전반이나 중앙엘리트에 대해서는 중시하지 않고 있다. 이러한 점들을 감안하여 본서는 "포스트 당국가체제(後黨國體制)"의 거시적 구조, 지도자, 제도화 및 비제도화 요소 등을 중심으로 하여 중국의 최고위층의 정책결정 과정과 기제를 연구하고 검토함으로써 관련 연구가 갖는 부족한 점을 보완하고자 한다.

실질적으로 80년대 이후 중국의 당국가체제의 전형에 대해 많은 사람들이 관심을 보여 왔다. 중앙계획경제가 시장경제로 전환이 이루어졌으나 일당독재 통치방식을 지속적으로 유지하고자 했을 때 환경에 대한 적응과정에서 일정한 모순이 발생하게 되고 혼란을 겪게 된다. 이러한 상황을 설명하는데 있어 학계에 다양한 시각이 있었다. 어떤 학자는 중국의 불완전한 정치경제개혁이 새로운 권위적 통치와 결합되고 그 과정에서 소수의 통치계층이 이득을 취득하게 됨으로써 '전환의 함정' 위기에 빠질 가능성이 높아진다고 진단했다.[76] 또 어떤 사람은 당국가체제의 역사적 유산으로 인해 당국가체제가 갖는 전형적인 어려움으로 과도기적 상황을 설명하기도 한다.[77] 한편에서는 1990년대 말 이후에 많은 개혁조치들, 예를 들어 국무원의 기구간소화, 군의 기업활동 금지, 재정, 사법, 검찰체제의 개혁 등이 성과로 인해 중앙의 권위가 도리어 강화하였다고 주장하기도 했다.[78]

---

76) Minxin Pei, *China's Trapped Transition: The Limits of Developmental Autocracy* (Cambridge, Mass.: Harvard University Press, 2009).

77) Chien-min Chao, "The National People's Congress Oversight Power and the Role of the CCP," *The Copenhagen Journal of Asian Studies*, no.17(2003), pp.6-30.

계획경제에서 시장경제로의 전환으로 인해 많은 연구주제들이 새롭게 출현하였는데, 체제전환의 동력과 영향을 분석하는 연구주제들이 많았다.[79] 그런데 전환기 당국가체제 핵심인 당정구조의 전환과 기능의 변화 등 문제에 대하여 다루지 않고 연구아젠다도 분산되어 있고 체계화되지 있지 않다. 반면 예를 들어 자오젠민(趙建民)의 체제전환 과정과 관련된 연구를 보면, 80년대 이후 전국인대는 정책평가, 법률집행과 감찰 등 새로운 권한이 추가되었고 위원회와 공청회 등 제도가 출현하게 되면서 전국인대의 입법기능이 향상되었기 때문에 당의 역할도 변화할 수 밖에 없었다고 주장한다. 중국공산당은 입법에 직접 간섭하는 것이 아니라 당과 정부 그리고 입법기관이 연석회의를 통해 협의하는 과거와 다른 형식의 새로운 행정, 입법과 당위원회 간의 삼각관계를 형성했다고 주장하고 있다.[80] 공산당에 의한 사회경제에 대한 관리통제는 느슨해졌지만 자신의 합법적 지위와 권위를 강화함으로써 새로운 형식의 당정구조를 형성해 나갔다는 것이다.[81]

이상의 여러가지 연구발전 과정을 보면, 중국연구가 더 이상 단일한 경로로 설명할 수 있는 것이 아니라는 것을 보여준다. 이러한 점을 감안하여 본서는 "상황정책결정모델"을 제기하여 다양한 정책상황에 맞는 분석구조를 제공하려고 한다. 그 이유는 아래와 같다.

---

78) Dali L. Yang, *Remaking the Chinese Leviathan: Market Transition and the Politics of Governance in China* (Stanford, Cal.: Stanford University Press, 2004).

79) 徐斯儉·吳玉山 編, 『黨國蛻變: 中共政權的菁英與政策』(臺北: 五南, 2007)

80) Chao, "The National People's Congress Oversight Power and the Role of the CCP," pp.6-30; 趙建民·張淳翔, 「從群衆路線到有限多元: 中國大陸立法廳證制度之發展」, 『中國大陸研究』(2007年 12月), pp.31-55.

81) Dickson and Chao, "Introduction: Remaking the Chinese State," in Chao and Dickson, eds., *Remaking the Chinese State*, pp.1-16.

첫째, 중국은 땅이 넓고 인구가 많은데 경제사회에 대한 통제력이 약화된 후 상황은 더욱 복잡해졌다. 하나의 현상을 단일한 모델로 일반적으로 설명하기 어렵기 때문에 다양한 상황에 맞는 해석방안을 제기해야 한다. 이에 대해 학계 내에서 중국정책결정은 아젠다의 성격에 따라 해석방법 역시 조정되어야 한다는 필요성이 제기되었다. 학계에서 이미 발표되고 발전되어 온 모델들은 종종 단일한 현상에 대한 분석모델이었으며, 모델들 간 연계가 부족하여 거시적 차원에서의 분석이 결여되었다는 지적이 있다. 예를 들어 전체주의 모델은 물론 마오 시기의 독재통치를 해석해 줄 수 있었지만 마오 통치 27년 동안 당내 논쟁은 지속적으로 이어져 왔다 점을 놓치고 있다. 일반인들은 50년대에 정권이 가장 안정적이었다고 인식하지만 사회주의 발전노선과 속도와 관련된 문제, 농촌합작화 문제, '반모진(反冒進)' 정책의 수정 등과 관련된 문제들은 모두 당내 중대한 논쟁을 거쳤다.[82] 60년대 수정주의와 중국문화의 개조 등과 관련된 정책을 둘러싼 분쟁과 파벌대립의 사례들 역시 전체주의모델만으로 설명할 수 없다. 이런 시각에서 본다면 마오 시기의 최고위층 정책결정은 고위층 일인의 명령과 하위관료들의 복종만으로 형성된 간단한 기제가 아니다. 뿐만 아니라 시기 시기마다 마오의 정책결정과정에서의 역할이 달랐다. 이 시기와 관련된 정책결정 관련연구는 반드시 각 시기에 상응하여 조정될 필요가 있다. 마오 이후 시기의 복잡한 중국상황 하에서는 더 말할 것도 없다.

둘째, 학계에서 그 동안 제기한 이론과 모델은 대부분 서방의 사례를 연구소재로 삼았다. 예를 들어 앨리슨의 정책결정연구는 미국이 쿠바미

82) 薄一波, 『若干重大問題決策與事件的回顧』(上, 下) (北京: 中共中央黨校出版社, 1991, 1993); 林蘊暉·范守信·張弓, 『1949-1989年的中國: 凱歌行進的時期』(河南: 人民出版社, 1989) 참고.

사일위기를 처리할 때 경험에 기초하고 있으며 정책결정의 합리적 경로
와 관료주의모델은 전체주의모델이 성행했던 시기 서방의 정치경험에
서 형성된 것이다. 이런 이론과 모델은 물론 참고할 만한 가치가 있지만
중국에 적용할 경우 항상 부족한 점이 많다. 예를 들어 당국가체제 하에
서의 당역할을 무시하는데 실제로 중국공산당체제 하에서 관료시스템
은 정책결정과정에서 잘 작동하지 않으며 중대한 정책결정의 경우 관료
시스템은 정책집행 문제로만 보통 처리된다.

앞에서 지적한 이론과 모델 적용에서의 적실성의 결여와 관련해 본서
에서는 한편으로 정책결정환경 분석은 시간, 각 지역의 상황에 맞는 적
합한 방법을 찾아야 한다는 자오쑤이성의 지적에 동의하고, 동시에 80
년대 "개인 다원주의"의 정책결정과정 분석방식(본서 제2장과 제3장 참
고)에 인정하고 동의한다. 더 나아가 경제영역에서의 정책결정은 분산
적이었으며 국가안전과 관련된 의제에서는 집중적인 방식으로 발전해
온 추세(제5장 참고)를 검토하고 인정한다. 이에 기초하여 본서는 중국
공산당 고위층 정책결정과정을 "상황모델(情境模式)"이라는 모델을 제
시하고 있다. 구체적으로 본서에서 주장하는 바는 다음과 같다.

1. 공식제도와 비공식제도의 정합

공식제도는 중국공산당의 정책결정과정에서 무시할 수 없는 중요한
위치를 지닌다. 본서는 우선 중공 최고지도자 제도의 변화와 시기별 정
책결정의 성격, 그리고 시기별 특별 제도의 기능의 증가와 감소에 대하
여 다루고자 했다. 예를 들면 마오가 1950년대 후반 지방당위원회 서기
와 정치국 확대회의를 특별히 중시했던 점, 1960년대 중앙공작회의가
갖는 특별한 지위 등 공식제도에 대해 분석했다(제2장). 그리고 3개의

최고위 정책결정기관인 중앙정치국, 정치국상무위원회와 중앙서기처 간의 기능의 변화에 대해 검토하고(제3장) 이와 동시에 비공식조직의 활동을 같이 고려하면서 적절한 해석을 제시하였다. 예를 들면 공식조직과 비공식조직의 정책결정방식에 차이를 두었던 마오의 역할, 각 시기의 구조적 특징과 정책결정 참여자관계망 그리고 마오 개인의 역할 등을 결합하여 마오 시기 제도와 비제도적 특징이 상호 연결된 중국 고위정치엘리트의 정책결정구조를 파악하고, 정치엘리트 간의 소통과 이것의 정책결정과정에서의 관련성(제2, 3, 4장)에 대한 분석했다. 아울러 공식과 비공식권력이라는 측면에서 "2선 정책결정(二線決策)" 분업 상의 권력구조 및 정책입안과정(제5장)을 탐색하고 검토하였다.

2. 당정제도의 정합

전체주의모델이 적용될 수 있는 1950년대 중국 당국가체제의 정책결정 상 특징은 당이 모든 것을 관리하는 것이다. 이러한 원칙은 1953년 이후에 더 뚜렷하게 나타났다. 그러나 다른 요소들이 중공 고위층의 정책결정을 좌우했다는 점을 간과해서는 안 된다. 학계의 관련된 연구에서도 물론 당의 정책결정과정 상의 활동과 최고지도자의 역할에 대해 논의하기도 하였으나 가장 중요한 정책결정관련자인 마오쩌둥의 역할 변화와 당내 고위정책결정기관 및 정부간의 상호관계에 대해서는 합리적인 해답을 제공하지 못하였다. 본서는 다양한 시기 마오의 역할변화(제2, 3장)를 분석하고 정책결정의 다양한 영향요소와 특징에 대한 정리를 시도하는 한편, 당내부의 다양한 기관의 정책결정기능의 변화(제3장), 동시에 당과 정부의 각 기관의 시기별 역할 변화에 대해 고려했다. 예를 들어 1950년대 초에 이미 출현했던 당과 정부의 정합에 관한 정책

결정개념과 기제인 "이당영정(以黨領政)"이나 "당정분업(黨政分工)" 등
의 간단치 않은 정책결정모델에 대해 검토하고 있다(제7장 참고).

3. 결정가능아젠다의 정합

본서는 중공의 고위정책결정은 아젠다의 성질에 따라 다양한 변화를
가진다고 간주한다. 예를 들어 경제무역영역에서 정책결정은 국무원에
게 맡겨 처리할 수 있기에 성, 부급 단위도 여기에 참여할 수 있다. 그러
나 국가의 중대한 안전이익에 관한 정책결정, 예를 들면 칭짱철도의 건
설 같은 정책결정은 반드시 최고위층에게 넘겨 결정되기 때문에 지방이
협상할 수 있는 공간이 생기지 않는다(제5장 참고).

4. 행위자와 제도의 정합

중국 고위엘리트의 정치활동은 점진적으로 제도화되어 가고 있다. 그
러나 본서는 중국의 정책결정환경이 반드시 인치(人治)에서 제도화로
가는 직선적인 형태가 아니라 서로 침투하면서 발전되어 가는 복잡한
과정이라고 본다. 전체주의 독재통치는 반드시 '탈제도화(除制度化)'[83]
라고는 할 수 없다. 예를 들면 50년대 초 중국의 지도자와 제도는 동시
에 권위가 있었다(제7장 참고). 비록 마오 개인숭배가 극에 달했지만
제도는 여전히 작동을 하고 있었다. 그런데 제도의 발전과정에서 안정
된 환경을 필요로 한다. 그렇지 않으면 (50년대 말 국가주석과 문혁시기
의 중앙문혁소조와 같이) 제도의 기능약화와 신제도의 출현이 불가피하

---

83) 趙建民, 『威權政治』 참고.

다(제3장 참고). 그러나 제도는 중요하다는 점을 다들 부정하지는 않지만 이는 전체주의모델로 중국정치를 연구하는데 종종 나타나는 맹점(盲点)이다. 다른 한편 80년 이후를 보면, 제도능력이 커졌고 이와 동시에 사람의 요소도 간과할 수 없는 과두적 정책결정과 파벌 간의 공동통치(共治)의 현상이 나타났다는 점을 지적하고자 한다(제3장 참고).

제 2 장
최고지도자 권력과 지위의 변천

　중국의 5세대지도자를 전후하여 중국지도자를 대략 패권형과 권위형 두 가지로 나눌 수 있다. 패권형의 대표적인 인물로는 마오와 덩샤오핑을 들 수 있고, 덩샤오핑 시기 이후의 지도자들은 권위형에 속한다. 패권형 지도자는 독자적으로 중대회의 개최를 결정할 수 있으며 정책노선방침을 결정, 변경하고 후계자를 선택 및 파면할 권력을 가지고 있다. 마오는 군권을 독점하였다. 관료체계를 불신하고, 대중주의를 좋아했다. "지방에서 토론하고, 중앙에서 서명(地方討論, 中央畫押)"하는 특별한 정책결정모델을 만들었다. 덩샤오핑의 경우 마오에 비해 의욕적이지 않았지만, 최고 정책결정기제 제도화를 시도하였다. 그는 반드시 정치적 연합세력을 구성하여 지지를 얻으려 했으며 체제 밖 원로협상기제를 조직했다. 장쩌민과 후진타오는 중요한 문제와 인사임명에서 "결정과 관련한 일정한 발언권과 주도권"은 있었으나 그 선을 넘어서는 결정권을 향유하지는 못했다. 덩샤오핑 사후에나 체제 내에서 집단지도적 정책결정모델이 정식으로 효과를 발휘하였다.

제1절 중국 최고지도자의 정책결정 유형

통치자와 피통치자의 관계로 보면 중국의 5세대지도자를 전후로 하여 대략 패권형과 권위형 두 가지로 나눌 수 있다. 전자의 대표적인 인물은 마오와 덩샤오핑이고 후자는 "덩샤오핑 이후"의 장쩌민, 후진타오 그리고 시진핑을 들 수 있다. 일반적으로 패권형 지도자는 다음과 같은 권력을 가지고 있다.[1)]

첫째, 독자적으로 중대회의 개최를 결정할 수 있으며, 중대한 정책노선방침의 결정 또는 수정이 가능하다.

둘째, 중요인사, 예를 들면 정치국위원과 중앙군사위원 임명에 대한 결정권과 거부권이 있다.

셋째, 후계자의 선택 및 파면권이 있다.

넷째, 군권을 잡고 있다.

1943년 3월, 중국공산당 중앙정치국이 마오쩌둥에게 중앙정치국 주석의 신분을 부여하였다. 이로써 마오는 중국의 최고권력기관인 정치국과 서기처에서 이미 토론를 거친 바 있는 문제의 "최종결정권(最後決定權)"[2)]을 갖게 되었다. 이러한 권한은 7대나 8대 당장에는 비록 등장하지

---

1) 권력에 관한 앞의 세 항목은 양중메이(楊中美)의 견해인데 이를 저자가 첨삭하였고, 제4항은 저자가 추가하였다. 楊中美, 『新紅太陽: 中共第五代領袖』(臺北: 時報文化, 2008), p.31. 옌자치(嚴家其)는 마오쩌둥과 덩사오핑은 독재자(dictator)라고 하고, 정치국과 중앙위원이 정책결정과정에 개입할 권력을 가지고 있다고 주장한다. Yan Jiaoqi, "The Nature of Chiese Authoritarianism," in Carol Lee Hamrin and Suisheng Zhao, eds., *Decision-making in Deng's China: Perspective from Insiders*(NY: M.E. Sharpe, 1995), pp.6-7 참고.

2) 席宣·金春明, 『文化大革命 簡史』(北京: 中共黨史出版社, 1996), p.27-28 참고. 그런데 양중메이와 바넷(Barnett)은 1945년 6월 13일 개최된 중공 제7기 1중전회에서 마오쩌둥이 당의 중대한 문제에 대한 결정권을 갖게 되었다고 보고 있다.

않았지만 중국정치에서는 불변의 권력법칙으로 자리잡았다. 따라서 1976년 9월 사망할 때까지 마오는 당내 중대한 문제에 대해 최종 심의하고 결정하였다.

덩샤오핑의 경우 1981년 6월에 개최된 제11기 6중전회에서 군사위위원회 주석직에 오르면서 공식으로 중국공산당 최고지도자가 되어 독재대권(獨裁大權)을 이어 받았다. 이후의 개혁개방과 관련된 수많은 중대한 전략적 문제들은 모두 덩샤오핑이 결정하였다. 덩샤오핑은 명망과 패기 면에서 마오에 비할 수 없었으며 당면한 정치적 상황 역시 달랐다. 덩샤오핑 집권 초기 개혁개방에 대한 당내 정책의견이 통일되어 있지 않았기 때문에 덩샤오핑은 정치세력의 연합을 도모하여 지지를 얻어내야만 했다. 동시에 체제를 무너뜨린 마오의 전철을 밟지 않기 위하여 제도화된 집단지도체제를 수립해야 했다.[3] 비록 마오에 비할 바는 아니지만 덩샤오핑 역시 패권형 지도자 기질을 갖는다. 예를 들면 덩샤오핑은 두 번이나 제3세대 집단지도 후계자를 지정하거나 파면하였다. 1992년에는 제4세대 지도자를 격대지정(隔代指定)하였다. 천안문사건 이후, 덩샤오핑은 중앙군위 주석에서 물러났지만 일개의 당원신분으로 최고권력을 장악하고 있었다. 장쩌민은 비록 "6.4 천안문민주화운동"[八九民運] 이후에 당의 총서기를 맡았지만 1994년 9월 제14기 4중전회 후에야 비로소 덩샤오핑은 공식적으로 최고권력을 장쩌민에게 넘겨주면서 장쩌민을 "제3세대 집단지도핵심(第三代集團領導核心)"이라 불렀다.

A. Doak Barnett, *The Making of Foreign Policy in China: Structure and Process* (Boulder, Col: Westview Press, 1985), p.7; 楊中美, 『新紅太陽: 中共第五代領袖』, p.28 참고

3) Barnett, *The Making of Foreign Policy in China*, p.13; 楊中美, 『新紅太陽: 中共第五代領袖』, p.31.

제도적 측면에서 보면, 덩샤오핑 이후 장쩌민, 후진타오 그리고 시진 핑은 비록 당정군 대권을 모두 가지면서 동시에 당 총서기, 중앙군위 주석, 국가중앙군위 주석과 국가주석을 맡고 있지만 앞에 말했던 패권 형 지도자의 조건 첫째, 둘째, 셋째 항의 권한을 더 이상 가지고 있지 않다. 당의 중대문제와 인사임명에서 "일정정도의 결정상의 발언권과 주도권"이 있지만 절대적인 결정권은 향유하지는 않았다.4) 장쩌민은 1989년 6월, 중공 제13기 4중전회에서 총서기를 맡은 5개월 후 개최한 5중전회에서 정식으로 군위주석으로 임명되었지만 실질적으로 1992년 양상쿤과 양바이빙 형제가 중앙군위에서 퇴출된 이후 공식적으로 군권 을 장악할 수 있었다. 장쩌민의 실질적인 최고지도권은 적어도 4중전회 이후부터 시작되었다고 할 수 있다. 후진타오는 2002년 11월 중공 제16 대에서 총서기로 임명되었지만 군사위 주석직은 2년 후인 2004년 9월에 개최한 제16기 4중전회에서야 비로소 획득할 수 있었다.

마오시기는 구체적으로 1959년과 1966년을 경계로 전후 3시기로 나 누어진다. 1959년 이전 중국공산당 정책결정은 마오를 중심으로 한 대 중지향의 정책결정이었다. 활기차고 다원적이었다. 비록 중앙의 공식기 제를 배제하지는 않았지만, 마오는 지방당위 서기회의를 더 선호하였 다. 마오 본인도 각 지방을 순시하고 지방의 간부들과 교류하는 것을 선호했다. 어떤 중대한 정책을 결정할 경우에 몇 차례의 대규모 책임자 회의(특히 성급)를 거치고 난 후, 시스템 내 중앙회의를 통하여 사안을 결정했기 때문에 '지방에서 토론하고, 중앙에서 서명'하는 방식의 정책 결정과정 특징을 갖는다. 또 다른 특징으로는 마오가 제도화된 정책결 정기제를 좋아하지 않았다는데 있다. 마오는 종종 "탈제도화"[去制度化]

---

4) 楊中美, 『新紅太陽: 中共第五代領袖』, p.32.

의 경향성을 가졌다. 제8대에서 12번의 중앙위원회 전체회의를 개최하였지만 9대는 단 두 차례의 중앙위원회 전체회의만을 개최하였으며 10대에는 세 차례만을 개최했던 것으로 보아 마오가 제도를 그다지 존중하지 않았다는 것을 알 수 있다.

1959년에 마오가 루산회의를 통해 "2선"으로 물러섬으로써 고위층의 정책결정 방식에는 변화가 발생했다. 1962년부터 마오는 베이징에 자주 있지 않았고 여기저기 지방관료 및 지방지도자들과 담화를 나눴다. 1964년에서 1965년 사이에 이런 활동이 더욱 활발해졌다.[5] 이 시기의 류샤오치와 덩샤오핑이 주도하고 있던 지도그룹은 비교적 제도를 중요시했고 중앙공작회의는 중요한 정책결정의 장소가 되었다. 1960년대에서 1966년대까지 총 19개의 성격이 다른 중앙공작회의를 개최되었고[6] 지방당위 서기회의의 지위도 낮추어졌을 뿐 아니라 최고국무회의의 성격 변화가 나타났다.

문혁시기에는 제도화된 정책결정이 어려웠던 시기였다. 2원(二元) 정책결정체제가 나타났다. 마오는 중앙서기처를 폐기하여 정치국과 정치국상무위원회를 심각한 훼손하였다. 그리고 중앙문혁소조를 공식적 정책결정기제를 대체하도록 하여 제2의 권력중심으로 만들었다. 이는 제도훼손과 파벌투쟁 악화를 초래하였는데, 중국공산당 정권수립 후 매우 보기 드문 현상이 나타난 것이다.

덩샤오핑이 1980년대 최고지도자 지위에 등장한 후, 중국 고위지도자

---

5) 韓山碧, 『鄧小平評傳: 文革時期(1960~1977)』第2卷, (香港: 東西文化事業公司, 1987), p.85

6) Parris H. Chang, "Research Notes on the Changing Loci of Decision in the Chinese Communist Party," *The China Quarterly*, no.44(October-December 1970), pp.169-194.

부의 권력행사에는 다음과 같은 특징과 모순이 발견된다.

첫째, 덩샤오핑은 중공 역사상 공식적인 직무가 가장 적은 최고지도자임에도 불구하고(표 2-1 참고) 법적으로 최고지도자 직위를 담당한 적이 없었다는 점이다. 초기 덩샤오핑은 당내에서 중앙군위 주석직(1981년 6월 제11기 6중전회)만 맡았지만 1989년 6월 13기 4중전회에서는 사임하여 일개의 당원신분으로 집권하였다. 어떤 신분이든 덩샤오핑은 실제 최고지도자였다. 이러한 측면에서 본다면 덩샤오핑이나 마오 공히 체제를 무너뜨리려는 사람(踐踏者)라고 할 수 있다.

둘째, 다른 측면에서 보면 덩샤오핑의 경우 최고위 정책결정기제 건설과 제도화에 대한 결의가 상당히 강했다고 할 수 있다. 예를 들어 덩샤오핑은 마오가 폐지한 서기처를 부활시켰을 뿐만 아니라 중앙정치국, 중앙정치국상무위원회, 서기처와 총서기 간의 권한을 재정비하여 개인독재의 위험성을 낮췄다. 또한 덩샤오핑이 집권한 시기 당의 각종 정치활동은 점차 정상화(常態化)되었다. 당대표대회, 중앙위원회, 중앙정치국부터 중앙정치국상위회까지 모두 정기적으로 회의가 개최되었으며, 고위인사 임기제를 수립함으로써 과거 "탈제도화"[去制度化]의 악습을 변화시켰다.

덩샤오핑의 결정에 따라 중앙정치국상위회와 중앙서기처는 정상적으로 운행하였지만 양자는 모두 최고 정책결정기관은 아니었다. 덩샤오핑이 최종결정권을 향유하고 있었고, 외부에 3~4명의 원로협의기제를 수립하였는데 이러한 시스템 외부의 소그룹이야말로 진정한 정책결정의 중심이라 할 수 있다.

1997년 2월 덩샤오핑이 사망함으로써 혁명세대는 공식적으로 정치무대에서 물러서게 되었다. 장쩌민이 대권을 장악하게 되었지만 권력행사는 예전만큼 강력하지 못했다. 그러나 장쩌민은 집단지도형 정책결정모델을 도입함으로써 1980년대 제도화된 정책결정을 무시해 왔던 원로들의 정책 간섭은 영원히 역사 속으로 사라지게 되었다.

제2절 중공총서기제의 기원

중국공산당의 역사에서 최고지도자의 명칭과 권력은 일정하게 고정되어 있지 않았다. "당에 의한 정부지도(以黨領政)"의 원칙에 따른다면 총서기가 당의 최고지도자이다. 그러나 중국정치에서 총서기가 실질적인 최고지도자가 되는 과정은 장기간의 역사적 변화를 거쳐 형성된 것이다. 마오쩌둥과 덩샤오핑이 최고지도자였던 시기 동안에 총서기 직책은 최고권력을 행사할 수 없었다. 마오는 총서기를 맡은 적도 없다. 1944년 5월에서 1945년 4월까지 마오는, 제6기 7중전회에서 중앙위원회 주석으로 선출된 후 당주석으로서 공식적으로 총서기를 대신하여 중공 최고지도자로 자리매김했다. 문혁기간에는 총서기 제도 자체가 폐지되기까지 하였다. 마오 서거 후, 덩샤오핑이 최고지도자가 되면서 1980년 2월 제11기 5중전회에서 서기처가 부활되고 총서기직이 다시 생겨났으나 덩샤오핑은 제8대에 자신이 맡은 바 있던 총서기를 다시 맡지 않았다. 당주석도 마찬가지다. 1982년 제12대에서는 당주석제가 폐지되었고 총서기는 다시 중공의 법적 최고지도자가 되었지만 1997년 2월 덩샤오핑 서거하고 나서야 총서기는 명실상부 최고지도자의 직책이 되었다.

중공의 제도는 구소련 공산당에서 왔다. 구소련 공산당 중앙위원회 서기직은 1917년 10월 혁명 후에 설치되었다. 당시 레닌은 구소련 공산당의 최고지도자였다. 중앙위원회 서기는 그 아래였으며 단순히 비서 관련 업무만을 담당하고 있었다. 이후 당 직무가 점점 복잡해짐에 따라 레닌은 중앙위원회 조직국과 서기처 두 조직을 설립하였고 조직국은 당의 조직 업무를 담당하였다. 서기처는 설립 초기에는 담당업무를 명확히 규정하지 않았는데 1921년 중앙위원회의 "조직국의 이의가 없을 시, 서기처의 결정은 조직국의 결정을 대표한다"라는 규정을 공식적으로 선포되고 난 후, 서기처는 정식으로 구소련공산당의 최고 집행기관이 되었다.[7] 1922년 레닌은 서기처에 대한 지도감독을 강화하기 위해 서기처에서 총서기를 증설하여 스탈린에게 맡긴 후[8] 총서기는 최고지도자의 지위가 되었다. 레닌은 공산당국가의 첫 번째 건설자이지만 그는 평생 총서기직을 맡지 않았다. 스탈린이 집권하고 난 후, 총서기직은 구소련공산당 최고지도자와 구소련의 권력핵심이 되었다.[9]

중공은 구소련공산당을 본받은 만큼 1921년 건당 초기에 최고지도자는 당연히 총서기였지만, 구소련공산당과 비교한다면 역사적으로 중공의 총서기 지위는 그리 순탄치 않았다. 초기 이 직책을 담당했던 사람은 코민테른의 통제를 받았고 실질적인 당수였다. 그러나 마오쩌둥과 덩샤오핑 이후 총서기직은 유명무실화되었다. 덩샤오핑이 서거하고 난 후에 비로소 중공의 최고지도자의 직책이 되었다. 이런 차이를 만든 주요 원인은 구소련공산당 총서기의 경우 전당을 통제할 수 있을 정도의 명망과 모든 사람이 두려워할 만한 생사여탈권인 군권을 소유하고 있기 때문이다. 그러나 1997년 이전의 중공 총서기는 두 가지 권력이 전혀 없거

---

7) 趙威, 「蘇共中央委員會書記處」, 『共黨問題研究』, 第11卷 第4期(1985年 4月), p.49.
8) 趙威, 「蘇共中央委員會書記處」, p.50.
9) 陳柏秀, 『俄共中央權力結構與領導形態之研究』, (臺北: 國立政治大學東亞研究所碩士論文, 1987年 6月), p.21.

나 두 권력 중 하나만 가지고 있었다. 중공의 역사적 과정을 보면, 군권을 실질적으로 장악하지 못하는 총서기는 최고지도자가 될 수 없다는 것을 방증한다. 그러나 군권을 장악했더라도 최고지도자가 아닐 수 있다(표 2-1 참고). 장쩌민은 1989년 6월에 총서기직을 맡았고 그 해 11월에 중앙군위 주석이 되었지만 여전히 최고지도자는 아니었다.

오랜 기간 중공 최고지도자의 명칭은 고정되어 있지 않았다. 1921년에 개최된 당의 제1차 대표대회에서 임시중앙집행위원회가 설립되었다. 천두슈가 "서기"역을 맡았고 천두슈 외 세 위원이 있었다. 2대와 3대에는 중공 중앙국이 설립되어 천두슈가 "위원장"을 맡았다. 1925년 1월 중공의 제4차 전국대표대회는 상하이에서 개최되었는데 이 회의에서 당장이 수정되었다. 새로운 중앙집행위원회를 선출하였고, 5명의 중앙국위원을 선발하였으며 천두슈가 중앙총서기 겸 중앙조직 부주임을 맡기로 결정하였다.[10] 그 후부터 1927년 천두슈가 파면된 "8·7회의(八七會議)" 이전까지 천두슈는 명부상실한 당수로 당내에서 최고의 지위를 누렸다. 그러나 당시 중공은 오직 구소련이 성립한 코민테른의 지부에 불과했으며, 제대로 된 당군이 존재하지 않았음으로 총서기의 권력도 제한적일 수밖에 없었다. 제4차 당대회 당장에 따르면, 중공 중앙당무는 총서기가 책임지고 관리하는 것으로 되어 있다. 당시 총서기가 당의 최고지도자라는 것을 알 수 있다. 총서기란 용어가 최초로 이 당장에서 나타났다.

1927년 4월에서 5월까지, 중공의 제5차 전국대표대회 우한에서 개최되어, 같은 해 6월 중앙정치국회에서 수정 당장이 통과되었다. 당의 고위정책결정기제에는 중대한 변화가 있었는데, 중앙위원회, 정치국, 정

---

10) 陳柏秀, 『俄共中央權力結構與領導形態之研究』, p.22.

치국상위, 총서기 등 정책결정 관련 업무의 윤곽이 정해졌다.[11] 제5기 1중전회에서 천두슈가 정치국위원과 정치국상무위원, 그리고 총서기로 당선되었다. 이렇듯 중공중앙당조직은 대략적인 형태를 갖췄고 총서기는 가장 높은 직책이 되었다. 앞에서 말한 바와 같이 중앙정치국회의를 통과한 당장 제21조는 "당의 최고기관은 전국대표대회"[12]이라고 되어있지만 당대회는 형식적인 권력만 있다. 실제로, 당내 지위가 가장 높은 것은 총서기이다. 당장 제27조 규정에 "중앙위원회 중앙위원 중 1인을 선출하여 총서기로 임명하고, 중앙위원회 정위원 몇 명을 선출하여 중앙정치국을 조직함으로써 전국 일체의 정치업무를 지도한다"라고 되어있다.[13] 1927년 8월 7일 중공은 한커우에서 긴급회의가 개최되었는데, 천두슈는 당내 권력투쟁에서 '우경기회주의'라는 죄명으로 파면을 당했고[14] 취추바이(瞿秋白)가 이어 총서기를 받았지만 공식명칭은 '중앙임시정치국주요책임자(中央臨時政治局主要負責人)'였다.[15]

---

11) 陳柏秀, 『俄共中央權力結構與領導形態之研究』, p.410.

12) 陳柏秀, 『俄共中央權力結構與領導形態之研究』, p.277.

13) 胡天楚·唐昕主 編, 『黨的代表大會知識通覽』 (北京: 中國政法大學出版社, 1993), pp.278-279.

14) 천두슈는 '8·7회의'에서 공식으로 파면당하는데 이미 그 전에 세력을 상실했으며, 장궈타오가 잠정적으로 '중앙임시정치국상무위원회 책임자'(中央臨時政治局常務委員會負責人) 자격으로 천두슈의 직을 이어받았다(1927년 7월 12일~8월 7일). 王健英 編, 『中國共産黨組織史資料淮編: 領導機構沿革和成員名錄』(北京: 紅旗出版社, 1983), p.67.

15) 胡天楚·唐昕 主編, 『黨的代表大會知識通覽』, p.471. 이 시기 취추바이의 직책에 관해서는 두 가지 설이 있는데, 하나는 '총서기'라는 설이다. 이 설은 중국 대만과 홍콩 학자들 다수가 채택하고 있다. 다른 하나는 '중앙임시정치국 주요책임자'직이라는 설인데, 이는 대륙학자 다수가 채택하고 있다. 당시 '8·7회의'에서의 당내투쟁이 심각한 상황을 볼 때, 중국공산당 최고지도자의 직책은 변동이 있을 수 가능성이 비교적 크다. 제6차 당대회의 당장에서도 총서기에 대한 관련 규정이 없는 것을 볼 때, 후자가 비교적 신빙성이 있다고 할 수 있다.

제3절 총서기의 성장과 변천

1937년 12월, 중공중앙이 중앙총서기직을 폐지하고 서기처에서 집단지도로 변경하기까지 총서기직은 유지되었다. 중간 중간 총서기직이 있다 없어졌다 했는데 같은 기간에 총서기를 맡은 사람은 순서대로 나열하면, 샹중파(向忠發) '중앙총서기', 루푸탄(盧福坦), 천샤오위(陳紹禹) '총서기대리', 친방셴(秦邦憲)과 장원톈(張天聞) '중앙총서기'였다.

취추바이는 중공중앙을 장악한 이후 무장폭동노선을 전개하였다. 난창폭동(南昌暴動), 4성추수폭동(四省秋收暴動)에서 광저우폭동(廣州暴動)에 이르기까지 일련의 실패가 있었고 취추바이의 당지도 지위가 흔들렸다. 마침내 취추바이는 당내에서 '좌경망동주의(左傾妄動主義)'라 비판을 받아 지지세를 잃게 되었다. 1928년 6~7월 중공은 제6차 전국대표대회를 모스크바에서 개최하였다. 노동자 신분인 샹중파가 중앙정치국 겸 정치국상무위회주석으로 선출되었는데 이는 중공 역사상 처음으로 정치국과 상무위원회 주석직이 설치된 대회였다. 선출과정에서도 알 수 있듯이 샹중파의 직위는 원래 취추바이가 맡았던 '중앙임시정치국주요책임자'와 제4대, 제5대 천두슈 시기 '총서기' 역할이 결합된 것이었다.[16] 하지만 샹중파는 정치지식과 영도력이 부족하여 당의 대권은 리리싼(李立三, 중앙선전선동부장 겸 중앙정치국상위)과 저우언라이(周恩來, 중앙조직부장 겸 중앙군사위원회서기, 중앙정치국상위)의 손에 들어갔다.[17] 이후 중공 당내에서 권력투쟁이 벌어졌다. 그 과정에서 루푸

---

16) 이와 관련된 다른 견해는 샹중파가 당시 두 직책에서 제외되고 중앙총서기를 담당했다는 것인데, 이와 같은 견해는 王健英 編,『中國共產黨組織史資料淮編: 領導機構沿革和成員名錄』, p.99

탄, 천샤오위[王明], 친방셴[博古], 장원톈 등 다수가 이와 비슷한 직책을 가진 바 있고 그 직책명 또한 다양해졌다. 어떤 사람은 임기 동안 실질적인 권력은 없었지만 명목상의 중국공산당 당수의 지위에 있었던 적도 있었다.[18] 같은 기간 샹중파와 루푸탄이 누렸던 당 최고위 직책은 허명에 불과했는데, 리리싼과 천소위의 당권침탈 그리고 저우언라이의 군권 개입이 있었기 때문이다. 천샤오위가 중공지도자인 당시 비록 당내에서 명망은 높았지만 군권은 없었다. 코민테른의 제한을 받았으므로 당권을 행사하는데 여전히 한계가 있었다. 친방셴은 천샤오위의 명령을 따랐는데, 그는 당내 명망도 부족할 뿐만 아니라 군권도 가지지 않았다. 장원톈 역시 친방셴과 같이 명망과 군권이 없었고 천샤오위에게 통제 받았다. 또한 이 시기 중국공산당은 국민당군의 포위토벌작전으로 인하여 코민테른과 연락이 중단되어 있어, 당시 군권을 가지고 있는 마오쩌둥에 의해 당권 행사의 제한을 받았다.[19] 전체적으로 볼 때, 이 시기 중국 공산당 당수의 권력행사는 명백한 한계가 있었으며 허수아비로 전락한 시기도 있었다.

17) 李谷城,『中共黨政軍結構』(香港: 明報出版社, 1989), p.106; 王健英 編,『中國共産黨組織史資料淮編: 領導機構沿革和成員名錄』, p.98-100.

18) 루부탄과 천소위는 공히 총서기 대리를 역임했으며, 친방셴은 임시중앙정치국 주요책임자, 중앙국총책임자 그리고 중앙총서기를 맡은 바 있고, 장원톈은 이미 중앙총서기를 역임했다. 胡天楚·唐昕主 編,『黨的代表大會知識通覽』, p.471; 王健英 編,『中國共産黨組織史資料淮編: 領導機構沿革和成員名錄』, p.146, 188, 234.

19) 司馬璐,「閒話中國的總書記」,『九十時代』(香港), 總235期(1989.8), pp.69-70;

제4절 총서기직 폐지와 당주석 출현

제6대 당장 중 중공중앙당조직과 관련된 사안에서 하나의 의문점이 있다. 바로 총서기에 대하여 언급하지 않았다는 점이다. 제6대가 끝난 후 10여 년 간 중공은 대외적으로 국민당 군의 토벌과 항일전쟁의 혼란스러움을 겪었다. 당내에서 중대한 권력투쟁과 노선투쟁이 일어났고 심지어 분열을 겪기도 했기 때문에 총서기직이 생겨났다 없어졌다 했던 것은 당연한 결과이다. 이런 과정에서 1934년 1월 중공은 장시(江西) 루이진(瑞金)에서 제6기 5중전회가 개최되었다. 당시 중앙총서기인 친방셴의 주관 하에 정치국상위회를 중앙서기처로 명칭을 변경하였다. 그리고[20] 친방셴은 서기 중 1인이 되었다.[21] 국민당군이 5차례 토벌을 감행하고 있을 때 마오쩌둥과 당내 국제파 사이에서는 격렬한 충돌을 발생했고 이후 대장정 과정에서 1935년 1월 꾸이저우 준이(遵義)에서 정치국확대회의를(간칭 遵義會議) 개최하였다. 이 회의를 계기로 하여 마오가 저우언라이로부터 중앙군위회주석을 승계받아 당중앙지도 지위에 올랐다(당시 마오는 서기 중 1인). 이로 인해 당시 총서기였던 장원텐의 당권력은 제한당했다.[22] 1937년 12월에 정치국회의를 다시 열어 중앙

---

20) 李久義,「中共中央書記處組織人事述評」,『中國大陸研究』 第28卷 第5期 (1985.11), p.94

21) 王健英 編,『中國共産黨組織史資料准編: 領導機構沿革和成員名錄』, p.190.

22) '준이회의'에서의 마오쩌둥의 지위에 관해 두 가지 설이 있다. 대륙학자들은 당시 마오쩌둥이 '중공중앙 3인 영도소조'의 일원이었다고 본다(나머지 2인은 저우언라이와 왕자샹). 이 당시 군권의 일부만을 장악했었다. 그리고 1937년 8월 뤄촨회의(洛川會議) 시부터 줄곧 '중공중앙혁명군사위원회' 주석을 맡았으며 모든 군권을 장악했다고 보고 있다. 반면 대만학자들은 '준이회의'에서 마오쩌둥은 이미 '중공중앙군사위원회 주석'을 맡고 있었고 군권 전부를 장악하고 있었다고 보고 있다. 전자의 경우 王健英 編,『中國共産黨組織史資料准編: 領導機構沿革和成員

서기처를 개조하기로 결정하였고 서기처 5인이 집단지도하는 체제를 확립하였다.[23] 장원톈과 마오쩌둥은 모두 서기로 임명되었다. 1938년 10월 중국공산당은 옌안(延安)에 제6기 6중전회를 개최하였는데 마오가 처음으로 서기처에서 장원톈의 서열을 앞서게 됨으로써 '일상업무를 주관하다(主持日常工作)'하는 권력을 획득하였다.[24] 이어 1943년 3월 마오는 옌안의 정치국회의를 통하여 중앙정치국 주석 겸 중앙서기처 주석직을 획득하게 되었고, 마침내 서기처 책임자가 처음으로 주석으로 불리게 되었다.[25] 중국공산당에서 이 때부터 '주석(主席)'이 공식적으로 '총서기'를 대신하여 중공의 최고지도자 직책이 되었다. 그러나 이 시기의 '주석'과 제7대에서 설치된 중앙위원회 주석은 그 의미가 다르다. 1944년 5월에서 1945년 4월까지 연안에서 개최한 제6기 7중전회에서 마오쩌둥, 주더(朱德), 류사오치(劉少奇), 런비스(任弼時), 저우언라이로 구성한 주석단을 선출되었는데 이 대회에서 중공 역사상 처음으로 중앙위원회 주석(당주석을 가리킴)이란 용어가 나타났고, 회의기간 중 주석단이 당중앙의 일상적인 업무를 처리하게 되었으며, 정치국과 서기처의 권한행사는 잠시 중단되었다.[26]

1945년 4월에서 6월까지 중공 제7차 전국대표대회가 옌안에 개최되어 새로운 당장을 제정하였다. 공식적인 문건형식으로는 최초로 당주석이 당장에 포함되었다. 회의 후 제7기 1중전회에서는 마오가 중앙위원회 주석 겸 중앙정치국 주석, 중앙서기처 주석(마오는 서기 중의 1인)으

名錄』, p.235, 238, 299를 참고.; 후자의 경우는 郭華倫, 『中共史論』(第三冊)(臺北: 中華民國國際關係研究所, 1973), p.18.
23) 王健英 編, 『中國共産黨組織史資料淮編: 領導機構沿革和成員名錄』, p.297.
24) 王健英 編, 『中國共産黨組織史資料淮編: 領導機構沿革和成員名錄』, p.331.
25) 王健英 編, 『中國共産黨組織史資料淮編: 領導機構沿革和成員名錄』, p.424.
26) 王健英 編, 『中國共産黨組織史資料淮編: 領導機構沿革和成員名錄』, p.479.

로 선출되어 서기처 업무를 주관하였다. 제6대에서 제7대까지의 17년 동안 중국공산당 내 국제파는 세력을 완전히 잃었고 점차 '코민테른 지부'라는 종속적인 지위(1943년에 코민테른 해산)에서 벗어났다. 그 과정에서 마오쩌둥은 군권을 가지고 '주석'이라는 이름으로 당중앙의 지도지위를 획득하였다.

이론적으로 볼 때, 이 시기 중앙서기처는 정치국 아래에 있지만 실질적으로는 정치국상무위원회로부터 변화되어 온 중앙서기처가 여전히 최고권력 핵심이었다고 할 수 있다. 또한 중앙서기처는 정치국의 상설기구로써 5명의 서기는 정책결정을 물론 정책집행까지 담당하였다. 그러나 제7대 당장에서나 당시 당중앙 조직체계에서 '총서기' 직책과 관련된 어떤 규정도 찾아 볼 수 없다. 따라서 1937년에서 1956년 9월 제8대가 개최될 때까지 20년 동안 총서기직은 공식적으로 설치된 적이 없었다고 할 수 있다.[27] 그러나 총서기직이 없었었다 할지라도 총서기가 갖는 권한이 없었던 것은 아니다. 마오가 중앙위원회 주석, 중앙정치국 주석, 중앙서기처 주석, 중앙군사위원회 주석을 한 몸에 맡은 상황 하에서 서기처 주석은 총서기직과 맞물려 여전히 중공의 당수였으며 이는 당장에서도 분명히 규정되어 있기 때문이다. 관련 문헌의 기록에 따르면, 1945년 제7차 당대회가 끝난 2개월 후 당중앙은 정치국 주석 및 서기처 주석이라는 두 직책을 없앴다. 마오의 직책도 중앙위원회 주석과 중앙군사위원 주석에 머물렀다. 이러한 상황은 중국공산당이 정권을 수립한 1949년 10월부터 제8차 당대회 전까지 계속되었다.[28] 결과적으로 서기처 주석직은 단 2개월만 존재했고 서기처 총서기와 같은 직책은 존

---

27) 司馬璐, 「閑話中國的總書記」, p.70
28) 王健英 編, 『中國共産黨組織史資料淮編: 領導機構沿革和成員名錄』, p.480, 487, 573, 601, 635-638.

재하지 않았다는 것을 말한다. 마오는 중앙위원회 주석 겸 중앙서기처 서기(서열1위)의 신분으로 서기처를 11년 동안이나 지도했다.

제5절 마오쩌둥의 정책결정모델

마오쩌둥 집권 시기 정책결정 상의 첫 번째 특징은 마오쩌둥의 독단(毛的專斷)이다. 마오독단적 정책결정 특징은 한편으로는 역사적 요인으로 인해 조성되었고 다른 한편으로는 마오 개인의 독특한 개인적 특징 때문에 발생했다. 비록 이 시기 정책결정에 있어 마오의 독단이라는 특징이 명확하게 나타났지만 마오는 정권 수립 초부터 1956년 개최된 제8차 전대에 이르기까지 최고위층에서의 정책결정을 제도화하려고 노력했다.

1956년 9월 중공 제8차 전국대표대회는 처음으로 베이징에서 개최되었다.[29] 이 대회에서는 중앙지도체제에 대한 중요한 사안을 수정하였는데, 정치국상무위원회 부활이 그것이다. 이후 개최된 제8기 1중전회에서 마오가 중앙위원회 주석을 맡게 되면서 그의 권위가 최고에 이르렀고 최초로 부주석직이 신설되고 류샤오치, 저우언라이, 주더, 천윈 등 4명이 부주석이 되었다. 또한 총서기직이 부활되어 덩샤오핑(서기 중 1인)이 담당하였다. '제8차 전대' 당장 제27조 규정은 다음과 같이 되어 있다.

---

29) 이는 1958년 5월의 제8차 제2차 전국대회는 분리개최된 것인데, 결과적으로 중공 제8차 전대는 두 번 개최되었다. 같은 기간에 전대 기수 변화는 없었다. 李谷城, 『中共黨政軍結構』, p.114 참고

　　당 중앙위원회 전체회의는 중앙정치국, 중앙정치국 상무위원회
와 중앙서기처를 선출하고, 중앙위원회주석 1인, 부주석 몇 명과 총
서기 1인을 선발한다. 중앙서기처는 중앙정치국과 그 상무위원회
지도 하 중앙의 일상적인 업무를 처리한다. 중앙위원회의 주석과 부
주석은 동시에 중앙정치국의 주석과 부주석이다.[30]

　　제8차 전대에서 중앙서기처의 지위가 근본적으로 변했다. 이 대회를
통해 덩샤오핑은 중앙위원회 총서기직을 맡았다. 1934년 이후의 총서기
에 상당하는 직책인 중앙서기처 책임자 외 정치국상위와 정치국위원이
라는 2가지 직책을 더 갖게 되었다. 그러나 제7대 시기 마오가 맡았던
서기처 주석, 제7대 이전 장원톈이 맡았던 총서기와 비교한다면 그 권한
은 상당히 약화된 것이다. 정확히 말하면 8대의 총서기는 오직 당의 일
상업무를 처리하는 기구(중앙서기처)의 책임자였다. 예전의 당내 최고지
도자 지위에 있는 총서기직과 같은 선상에서 논의할 수 없는 것이다.
　　총서기의 지위가 이렇듯 약화된 원인은 중앙서기처 기능의 근본적인
변화가 나타났기 때문이다. 중앙서기처는 더 이상 정치국의 상무위원회
가 아니었고 단지 "중앙정치국과 그 상무위원회 지도 하 중앙의 일상업
무를 처리"하는 기관으로 한정되었다(제3장 참고). 원래 총서기 권한에
속한 것을 마오쩌둥의 중앙위원회 주석이 대신 행사하게 되었다. 총서
기 위에는 제8대에서 신설한 4명의 부주석이 있었다. 따라서 덩샤오핑
의 서열은 정치국상무위원회 6명 상무위원 중 주석과 4명의 부주석 다
음 가장 낮은 서열이었다. 이와 같은 새로운 제도설계의 실마리는 덩샤
오핑이 정치국에 들어오기 전 당 행정업무를 주관했던 '중앙비서장'으로
있을 때 이미 나타났다.[31] 제8차 전대에서 설치된 총서기직은 문혁시기

---

30) 胡天楚·唐昕主 編, 『黨的代表大會知識通覽』, pp.323-324.

철폐된 바 있다. 덩샤오핑이 담당한 총서기직은 지위상 제8차 전대 이전의 중앙비서장과 완전히 똑같지는 않지만 중앙비서장 제도에서 완전히 벗어났다고 하기 어려운 측면이 있다. 중앙서기처의 지위하락에 따라 총서기의 당내 위계도 예전과 많이 달랐다.

1943년 3월 정치국회의에서 마오가 정치국 주석 겸 서기처 주석으로 선출되고 서기처는 정치국의 결정한 방침에 따라 당의 일체 일상문제를 처리하고 결정할 수 있는 권한이 주어졌다. 이로써 서기처가 실질적인 권력핵심이 되었다. 그리고 동시에 서기처 주석에게 최종적으로 결정할 수 있는 권한이 있다고 규정했다.[32] 이러한 결정에 따라 마오의 정책결

---

31) 1954년 4월 중앙정치국확대회의에서 덩샤오핑이 중공중앙비서장에 임명되었고 1955년 4월 7기 5중전회에서는 중앙정치국위원에 보선되었다. 王健英 編, 『中國共産黨組織史資料淮編: 領導機構沿革和成員名錄』, pp.637-638. '중공중앙비서장'은 1923년 6월 중국공산당 3대당장에 근거하고 있으며, 비서장의 권한은 중앙집행위원회 위원장 권한 중 일부를 맡았으나, 이후 전문 직책이 되었다(당시 마오쩌둥이 담당했는데 직책명은 '비서'(祕書)였다. 중국공산당은 1926년 9월 중앙비서처를 설립했고 덩샤오핑은 7차당대회 전 두 번이나 비서장을 맡았는데 1927년 8월 중앙비서처 책임자(중앙비서처 처장이라는 주장도 있다), 1934년 12월부터 1935년 11월까지 중앙비서장이었다. 권한은 당중앙의 문건보관, 회장장소 배치, 회의개최통지문 발송, 회의기록, 당중앙의 명령을 하부에 전달과 선전 등의 일반 당내 행정 업무를 담당하는데 불과했다. 1954년 4월 덩샤오핑 세 번째 중앙비서장을 맡았는데 직책은 두 번째 맡았을 때와 달라진 바는 없으나, 그 지위는 큰 폭으로 높아졌다(중앙정치국 위원 겸 중앙서기처 서기였던 런비스가 사망한 후 덩샤오핑이 이를 이어받았다). 사람에 따라서 제도가 영향을 받게 되는 사례에 해당한다. 또한 중앙비서장은 기관소속 상 중앙비서처를 벗어나게 되었다. 1954년 4월 '중앙판공실'이 설립되어 중앙서기처가 편입된 후 중앙판공청 주임이 중앙비서장 권한을 갖게 되고 중앙비서장은 중앙판공청 주임 위에 위치하게 되어 정책결정 관련 전문직책이 되었다. 이는 7기 5중전회에서 덩샤오핑이 중앙정치국 위원으로 임명된 후 더 명확해졌다. 王健英 編, 『中國共産黨組織史資料淮編: 領導機構沿革和成員名錄』, p.18, 32, 71, 235, 333, 539, 601; 韓文甫, 『鄧小平傳』 (革命編) (臺北: 時報文化, 1993), p.79-81, 133-137, 230; 李久義, 「中共中央辦公廳沿革及溫家寶其人」, 『中國大陸研究』 第30卷 第6期(1987.12), p.74.

32) 席宣·李春明, 『文化大革命 簡史』, p.27-28.

정 권한은 갈수록 강화되었다.

그리고 제8차 전대는 중공중앙 정책결정기제를 조정하여 서기처가 "중앙정치국과 그 상무위원회 지도 하에서 중앙의 일상업무를 처리한다"고 규정하였다. 서기처는 최고 정책결정의 핵심이 아닌 '일선'이 하는 정책결정을 지원하도록 했다. 이를 위해 총서기처를 부활하였다. 이런 중대한 결정들은 모두 마오가 제의하고 주도해 완성되었다. 덩샤오핑이 회고한 바에 따르면, 당시 마오가 중앙서기처를 설립한 이유는 당내 고위층의 1, 2선 구분 문제에 대한 마오의 깊은 고민 때문이었다고 한다.[33] 마오는 1966년 10월 6일에 중앙업무회의에서 "상무위원회의 1, 2선 구분과 서기처 업무 규정은 내가 제의한 것이다. 구소련 스탈린의 교훈에 비추어 보아 (중략) 1선, 2선으로 구분했다. 나는 제2선에 머물며 일상적인 업무는 주관하지 않고 다른 사람이 주관하게 한다"[34]라고 한 바 있다. 마오의 권력은 8대에서 최고조에 올랐다. '대약진' 기간에는 심지어 신격화 경향까지 나타났다. 1958년 여름 중앙정치국 후보위원이자 중앙이론소조 조장인 캉성(康生)이 "마오쩌둥 사상은 마르크스 - 레닌주의 최고봉이다"라고 하면서 마오의 성세를 부추겼다. 마오 권력은 이미 당중앙을 넘어서 그 위에 올라와 있었다.[35] 후챠오무(胡喬木)가

---

33) 中共中央文獻硏究室 編, 『鄧小平年譜, 1975-1997』(上册) (北京: 中央文獻出版社, 2004), p.603-604.

34) 中共中央文獻硏究室 編, 『毛澤東傳, 1949-1976』(北京: 中央文獻出版社, 2003), p.939.

35) 이는 덩샤오핑의 총체적 결론에 해당하는 견해이다. 원문은 이렇다. "1958년의 반모진 비판과 1959년의 '반우경' 이후 당과 국가에서의 민주적 생활은 점진적으로 비정상화되었다. 독단적 변했으며, 개인에 의해 중대한 문제의 결정, 개인에 대한 숭배, 개인이 조직을 능가하는 일종의 가부장적 현상 등이 지속적으로 증가했다."(從一九五八年批評反冒進·一九五九年"反右傾"以來, 黨和國家的民主生活逐漸不正常, 一言堂·個人決定重大問題·個人崇拜·個人凌駕於組織之上一

회고한 바에 따르면 1958년 이후 마오는 정치국 회의를 더 이상 주관하
지 않았다. "위원이 다 앉은 후 마오는 방에서 나와 일련의 의견을 말한
후에 다시 자기 일을 하러 돌아갔다. 사람들은 그의 지시에 대하여 토론
하였는데 중앙정치국 회의에서 다른 의견이 없었다. 거수로 표결하였
다. 소수가 다수에게 복종하는 하는 다수결의 방법이었다. 모든 것을
마오가 총정리하고 결정하였다"[36] 1956년의 '반모진(反冒進)', 1958년에
설립된 인민공사, 1959년 펑더화이(彭德懷) 숙청, 1962년 베이다이허(北
戴河) 중앙공작회의 의제를 계급투쟁으로 정하는 문제 등은 모두 마오
개인 의견이 당의 의지 위에서 서서 강제로 추진되었던 사례이다.[37]

중국학자들이 '10년 대동란'(十年浩劫)로 부른 문화대혁명 역시 마오
가 발동했다. 1966년 7월 8일 장칭(江青)에게 보내는 편지에 마오는 "천
하 대혼란(大亂) 뒤, 천하 큰 치세(大治)가 뒤따른다. 현재의 임무는 전
당과 전국에서 뿌리로부터 우파를 무너뜨리는 것이다. 7~8년 이후에도
우귀사신(牛鬼蛇神)을 쓸어버리는 운동이 있어야 하고 여러 번의 소탕
이 필요하다"라고 쓴 바 있다.[38] 전국적인 차원에서 벌어진 정치소탕운
동은 당시 국가주석이자 당 부주석인 류샤오치와 총서기 덩샤오핑마저
이 운동이 어떻게 진행될 것이며, 목적이 무엇인지를 몰랐다. 류샤오치
는 7월 28일 베이징에서 만인대회(萬人大會)를 열면서 이렇게 말을 했
다. "너희들은 무산계급의 문화대혁명을 어떻게 진행하는지 모르겠다고
우리에게 묻는다. 내가 솔직하게 대답해 줄게. 나도 잘 모르지만 아마

類家長制現象, 不斷滋長). 鄧小平, 「黨和國家領導制度的改革」, 『鄧小平文選,
1975-1982』(北京: 人民出版社, 1983), p.290 참고.

36) 楊尙昆 等 著, 『我所知道的胡喬木』(北京: 當代中國出版社, 1997), pp.164-165.

37) 王年一, 『1949-1989 的中國: 大動亂的時代』(鄭州: 河南人民出版社, 1988), p.12.

38) 「毛澤東級江青的一封信」, 『中國機密文件彙編』(臺北: 國立政治大學國際關係
研究中心, 1978), pp38-40.

업무를 담당하고 있는 당중앙의 다른 동지도 잘 모를거야."39)

   마오의 독재적 통치는 마오 개인의 역사적 지위와 그의 독특한 개인적 특징 등 비제도화 요소가 혼합되어 나타난 것이다. 아울러 공식제도가 이를 지탱해 주었기에 가능한 것이다. 마오는 1935년 준이에서 개최한 정치국확대회의에서 중앙혁명군사위원회 주석직을 맡았다. 그리고 1943년 1월에 정치국 주석직을 맡았고 1945년에 6월에는 제7기 1중전회에서 중앙위원회 주석(당주석)과 중앙정치국 및 서기처 주석으로 선출된 후40) 한 번도 당주석과 중앙군위주석직을 포기한 적이 없다.

---

39) 馬齊彬 等 編寫, 『中國共産黨執政四十年』(北京: 中央黨史資料, 1989), p.275.

40) 廖蓋隆・張品興・劉佑生 主編, 『現代中國政界要人傳略大全』(北京: 中國廣播電視出版社, 1993), p.79-81; 國防部總政治部作戰部編印, 『中共歷次會議紀要』(臺北: 國防部總政治作戰部, 1983), p.101.

〈표 2-1〉 주요 지도자 직무

세대	시기 / 직위명칭	군대지도	당의지도	국가원수	국회지도	행정지도
제1대	1949년 건국	마오쩌둥	마오쩌둥	마오쩌둥	마오쩌둥	저우언라이
	1954 1차 인대				류샤오치	
	1959 2차 전국인대			류샤오치		
	1967 문혁 중 류샤오치 연금			동비우, 쑹칭링	주더	
	1969 9대					
	1972			동비우		
	1975.1 4차 전국인대			주더		
	1976 저우언라이, 주더 서거			덩잉차오		화궈펑
제2대	1976.9 마오쩌둥 별세	화궈펑	화궈펑			
	1978.2 5차 인대					
	1980.9 5차 인대 3차회			예젠잉		
	1981.6 당11기 6중전회	덩샤오핑	후야오방			자오쯔양
	1982/83 당 12대, 6차 인대			리셴녠	펑전	
	1987.1 후야오방 사직		자오쯔양			
	1987/88 당 13대, 7차 인대			양상쿤	완리	리펑
	1989.6 당13차 4중전회					
제3대	1989.11 당13차 5중전회	장쩌민	장쩌민			
	1992/93 당 십사대, 8차 인대			장쩌민	차오스	
	1997/98 당 15대, 9차 인대				리펑	주룽지
제4대	2002/03 당 16대, 10차 인대		후진타오	후진타오	우방궈	원자바오
	2004.9 당16기 4중전회	후진타오				
제5대	2012.11 당18기 1중전회, 12차 인대	시진핑	시진핑	시진핑	장더장	리커창

자료 출처: 包淳亮, 「中國大陸國家主席的職權演變」, 未出版.

〈표 2-1〉에 따르면, 당군의 최고수장(首長)은 최고지도자가 맡아야할 필수적인 직무이다(단, 장쩌민과 후진타오 임기 시 군권을 장악하지 못한 상태에서 최고지도자에 올랐다). 국가주석직은 맡아도 되고 맡지 않

아도 되었다(마오는 오직 첫 국가주석만 맡았으며 화궈펑, 덩샤오핑은 국가주석을 맡은 적이 없다). 최고행정책임자인 총리를 겸임한 것을 제외하고 가장 적게 직무를 맡은 지도자는 덩샤오핑이다. 그는 군사위 주석(1981년 6월~1989년 6월)만 맡았다. 하물며 13차 4중전회 이후 덩샤오핑은 아무런 직무도 맡지 않았다.

마오쩌둥 정책결정의 두 번째 특징은 당의 중요 인사 및 정책결정의 최고결정권을 갖고 있다는 것이다. 마오는 1943년 3월에 이미 당내 중대한 문제에 대한 최종결정권을 획득하였다. 제7기 1중전회에서는 3개 주석(중앙위원회, 중앙정치국, 중앙서기처)이라는 공식적, 제도적 권력을 가짐으로써 당내 최고 지도자의 지위는 굳건해졌다. 그리고 제8대 전대 이후 마오는 당내 중대정책의 제안권과 조직 및 인사 결정권을 더욱 강화하였다. 이는 1966년 8월 1일부터 12일까지 개최한 중공 제8기 11중전회 결과를 보면 알 수 있다. 마오가 주관한 이 회의에 출석한 중앙위원과 후보 중앙위원은 총 141명이었다. 26명은 참가가 금지되었고 13명의 중앙위원과 후보위원은 결석을 신청하였다. 또한 중앙위원회 외에 각 성, 시, 자치구 당위책임자, 중앙문혁소조성원, 중앙 관련 부문 책임자, 베이징 시내 대학 '혁명교사학생대표(革命師生代表)' 47인이 참석자에 포함되었다. 회의 출석명단을 살펴보면 마오가 임의적으로 구성하고 이를 강하게 밀어붙였음을 엿볼 수 있다. 회의 첫 날 마오는 개인 명의로 칭화대학 부속중학교 홍위병에게 편지를 보내 그들의 반란(造反)을 열렬히 지지한다고 표시했다. 회의는 원래 8월 5일에 폐막하기로 예정되었지만, 마오가 〈북경일보〉 빈 곳에 연필로 "사령부를 포격하라, 나의 한 장의 대자보(砲打司令部, 我的一張大字報)"[41] 라고 쓰면서 전체

---

41) 席宣·金春明,『文化大革命簡史』, p.108.

회의일정이 바뀌었다. 문혁의 운명도 결정되었다.

마오는 1966년 8월 12일에 임시 제안 방식으로 정치국상위회를 개편했다. 마오가 제의한 명단에 따라 정치국은 7인에서 11명으로 확대구성되었고 전체회의에서는 주석과 부주석을 재선출하지 않았지만, 회의 후 문건에는 오직 린뺘오(林彪)만 부주석으로 남고 나머지 4명의 부주석인 류샤오치, 저우언라이, 주더, 천윈 등은 부주석 명단에서 빠졌다. 이후 국가주석인 류샤오치와 정치국상무위원 겸 국무원 부총리인 타오주(陶鑄)가 체포됨으로써 마오 권력은 어떤 제약도 받지 않게 되었다는 것이 증명되었다.[42] 이미 1962년 9월에 개최된 제8기 10중전회에서도 마오는 회의방향을 바꿀 것을 주장하고 관철시킨 바 있다. 10중전회의 회의에서 마오는 계급투쟁을 고도로 끌어 올림으로 "해마다 투쟁하고, 달마다 투쟁하고, 매일 투쟁하자(年年鬪, 月月鬪, 天天鬪)"를 주장하고 중공중앙농촌업무부 부장 겸 국무원 부총리인 덩쯔후이(鄧子恢)를 다시 한번 비판을 하였다. 화가 난 마오는 농촌업무부를 간단히 폐지해 버리기까지 한 바 있다.

마오쩌둥 시기 정책결정의 세 번째 특징은 관료체계를 신뢰하지 않고 군중노선의 정책결정을 선호했다는 점이다. 1959년 이전에 수많은 중대한 정책은 항상 지방당위 제1서기회의에서 먼저 결정하고 당중앙 제도화기제인 중앙위원회전체회의에 제출하여 공식 통과하는 과정을 거쳤다. 일종의 특수한 "지방에서 토론하고, 중앙에서 서명(地方討論, 中央畵押)"의 정책결정 모델을 형성했다.

1955년부터 1958년까지, 마오의 권력은 최고봉이었다. 중대 정책에 대한 당내 의견은 다양했지만(예, 劉少奇와 鄧子恢) 정책결정에서 마오

---

42) 阮銘, 『中共人物論』(新譯西: 八方文化企業公司, 1993), p.37.

는 여전히 매우 엄격했다. 그는 항상 중앙 주관 정책부문의 사상이 보수
적이라고 인식하고 있었기 때문에 지방과 소통하는 것으로 방향을 선회
하였다. 성급당위공작회의를 가장 중요한 정책결정 기구로 만들었다.

마오의 성과 시, 자치구 당위서기회의에 대한 편애는 1950년대 후반
에 특히 뚜렷이 나타났다. 일련의 지방당위회의에서 급진적인 정치노선
이 제안되었다. 당시 수많은 중대한 정책노선들은 지방당위회의의 산물
이었다. 하나의 정책결정 사항은 보통 몇 번의 대규모 지방지도자회의
를 거치고 난 후 중앙위원회의 합법화과정을 통과했다. 토지개혁 후 농
촌의 또 한 번의 대규모 군중운동인 농업합작사운동을 예로들면, 1953
년 12월 중공중앙은 정식으로 농업생산합작사의 발전과 관련된 결의를
선포한 후 그 속도는 점점 빨라져 1955년 여름까지 계속되었다. 그러나
1955년 6월 하순 마오와 덩쯔후이 사이에 농업합작사의 발전 속도문제
와 관련해 심각한 의견차이가 드러났는데, 이 논쟁은 '반모진'(덩쯔후이
는 농업분야에서 사회주의집단화의 모진이 적합하지 않는다고 주장)과
'반하마'(마오는 덩의 주장이 말에서 내리자는 것이라고 주장) 간의 논
쟁으로 불린다.[43] 그 과정에서 마오는 1955년 3개 지방에서 지방 지도
자회의를 연속으로 개최했다.

1955년 5월 17일 항저우에서 개최한 15개 성, 시 당위서기회의에서
마오는 농촌합작사문제의 소극적인 태도는 반드시 고쳐야 한다고 비난
하면서 그렇지 않으면 큰 잘못을 저지르게 될 것이라고 했다. 7월 31일
에는 성, 시, 자치구 당위연석회의에서 마오는 농업합작화 문제와 관련
한 보고에서 농촌의 새로운 사회주의운동의 고조가 올 것이라고 하면서

---

43) 薄一波, 『若干重大問題決策與事件的回顧』(上)(北京: 中共中央黨校出版社, 1991),
    p.337.

덩쯔후이를 "전족한 여자가 길을 걸을 때처럼 뒤뚱거리며 걷는다(小脚
女人走路, 東搖西擺)"라고 비판하였다.[44] 같은 해 9월에 마오는 덩쯔후
이에 대해 "사회주의 요소를 꺾는 것을 좋아하고, 자본주의 요소를 꺾는
것을 좋아하지 않는다(喜歡挫折社會主義因素, 不喜歡挫折資本主義因
素)"다고 비판하였다. 1955년 10월에 열린 제7기 6중전회에서 농업합작
화와 관련된 결의를 통과하면서 덩쯔후이가 제기한 방침을 '우경기회주
의'라고 규정했다.[45] 그리고 1958년 3월 청두(成都) 회의에서 마오는 덩
쯔후이를 농촌합작사문제 주요반대 인물이라고 비판하였다.

이렇듯 마오는 중대한 정책을 결정하고자 할 때 몇 차례의 대형 성급
당위회의 토론을 거쳤다. 그리고 회의에서 몇 차례에 걸쳐 발언했다.
마오의 이러한 정책결정모델은 1950년대 후반기 농촌문제의 처리에서
가장 뚜렷하게 나타났다. 마오는 농촌합작화에 대한 "반모진"을 비판하
면서 동시에 대약진을 준비하고 있었던 것이다. 마오는 1958년 1월 난
닝(南寧)과 3월 청두에서 각각 2차례 회의를 연속 개최하였다. 앞선 2차
례는 성, 시 당위서기회의였고 그 뒤 2차례는 중앙공작회의였다. 마오
는 청두회의에서 6차례의 중요한 연설과 2번의 "반모진"에 대한 비판을
가하였다.[46] 1958년 1월 마오는 난닝에서 9개 성 2개 시 당위 제1서기
회의를 열어 "반모진"을 주장하는 자들은 손가락에 대해 잘 이해하지
못했다면서 "열 손가락 중에서 하나만 상처가 생겼는데, 오직 상처가
생긴 한 손가락만 열었다"라고 비판한 바 있다.[47] 그러나 저우언라이는
제1차 전인대 5차 회의 준비를 위해 1958년의 예산과 연도계획에 대하

---

44) 薄一波, 『若干重大問題決策與事件的回顧』(上), pp.326-337.
45) 薄一波, 『若干重大問題決策與事件的回顧』(上), p.349.
46) 薄一波, 『若干重大問題決策與事件的回顧』(下), p.640.
47) 薄一波, 『若干重大問題決策與事件的回顧』(下), p.646.

여 우선으로 토론하자고 하자 마오는 그 때에야 관련 책임자인 천윈, 리푸춘, 리셴녠, 보이보를 회의에 참가하도록 했다.[48]

마오는 1958년 1월 항저우회의와 난닝회의에서 지방공업의 생산액의 농업생산 초과를 목표로 제기하였는데, 이는 마오가 최초로 농업생산합작사와 관련된 문제를 제기한 것이다. 이 제의는 3월 청두회의를 통과하였고 4월 5일 중앙정치국 비준을 받았다. 청두회의에서 마오는 사회주의건설 총노선은 건국 이후의 8년 동안 점진적으로 형성한 것이라고 선포하였다. 그리고 난닝에서의 최고위 국무회의나 청두회의 등에서 여러 차례에 걸쳐 "열의를 북돋아 앞서도록 투쟁하자(鼓足幹勁, 力爭上游)"라고 발언하면서 대약진정책의 기본 내용을 제기하였다. 그 후 1958년 5월 5일~23일까지 개최한 제8대 제2차 회의에서 공식적으로 "열의를 북돋아 앞서기 위해 투쟁하자. (양은) 많이, (속도는) 빠르게, (품질은) 좋게, (원가는) 절약하여 사회주의 총노선을 건설하자(鼓足幹勁, 力爭上游, 多快好省的建設社會主義總路線)"가 통과됨으로써 대약진의 공식적 개시가 선언되었다. '地方討論, 中央畫押'의 정책결정 모델을 다시금 확인할 수 있는 사례였다.

인민공사와 관련된 정책결정도 마찬가지다. 1958년 11월에 거행한 제1차 쩡저우(鄭州)회의에서 인민공사화운동과 관련한 광범위한 토론이 있었다. 마오는 현을 단위로 한 인민공사 규모가 지나치게 크다고 비판했다. 그리고 1959년 2월 제2차 쩡저우회의에서 인민공사의 분배제도를 토론하면서 "공산풍(共産風)"의 문제점을 제기하였다. 1958년 가을부터 시작한 인민공사운동에 대해 많은 지방에서 평균주의와 농민이나 농업합작조직의 재산에 대한 무상징발을 마치 공산주의라고 오해한다고 지

---

48) 薄一波, 『若干重大問題決策與事件的回顧』(下), p.637.

적했다.[49)]

군중노선의 정책집행모델에서 나타나는 특징 중 또 다른 하나는 마오
가 자주 직접 글을 써서 당에 보내 참고하도록 하는 것, 심지어 매체에
글을 투고하거나 전문서적을 출판하는 것이다. 1956년 초 마오는 『중국
농촌의 사회주의 고조』(中國農村的社會主義高潮)이란 책을 출판하여
농촌공작부 부장인 덩쯔후이에 대한 "전족여자(小脚女人)" 비판을 전국
적으로 확산되도록 하였다.[50)] 50년대 후반에는 당내의 중대한 정책이
확정한 후에 항상 바로 〈인민일보〉에 사론으로 발표했다. 1957년 5월
초 마오는 정풍운동을 발동하여 "알면 말하지 않을 수 없고, 말하는 사
람은 죄가 없으며, 듣는 사람을 두렵게 한다"(知無不言, 言者無罪, 聞者
足懼)의 구호를 제기한 바 있었다. 당외 인사들은 각종의 좌담회에서
하고 싶은 말을 마음껏 했다. 그런데 이는 마오의 경계심을 불러 일으켰
다. 같은 해 5월 15일 마오는 「정세가 변화되고 있다」(事情正在起變化)
는 글을 써 당내 고위간부에게 발송하여 읽게 했다. 또한 7월 1일에 〈인
민일보〉에서 「〈문회보〉(文匯報)의 자산계급 방향은 응당히 비판을 받
아야 한다」는 사론을 발표했다. 당내 정풍운동은 결국 '반우파' 투쟁이
되었으며[51)] 50만 지식인들은 일순간 적으로 전락했다. 또한 1958년 9월
1일 베이다이허 중앙정치국확대회의에서 '전국민 대규모 제강정책(全民
大煉鋼政策)'을 결정한 후 같은 날에 〈인민일보〉에 「바로 행동하자, 강
철생산량 두 배의 위대한 임무를 완성하자」(立卽行動起來, 完成把鋼産量
一翻的偉大任務)라는 사론을 발표했고, 5일에 두 번째 사론을 발표하여
「강철생산을 전력으로 보증하자」(全力保證鋼鐵生産)고 요구하였다.[52)]

---

49) 薄一波, 『若干重大問題決策與事件的回顧』(下), pp.756-757.

50) 薄一波, 『若干重大問題決策與事件的回顧』(上), p.349.

51) 薄一波, 『若干重大問題決策與事件的回顧』(下), p.615.

1959년 이전 시기 마오식 정책결정의 네 번째 특징은 조사와 연구를 지극히 중시했다는 점이다. 이는 군중노선의 정책결정 경향과 연관이 있다. 마오는 1961년 3월 광저우에서 개최한 중앙공작회의에서 1949년 정권수립 후의 11년 간 정책방향과 관련한 대규모 조사를 2차례 실시한 바 있다고 했다.[53] 첫 번째는 농업합작화를 추진과정에서 실시한 것으로 마오는 친히 100여 편의 자료(보이보는 실제 200여 편이라고 했다)를 친히 열람했다. 마오는 1956년 1월 이런 자료들을 편집하여 『중국농촌의 사회주의 고조』를 출판하면서 자신이 직접 서문을 썼다. 그 목적은 당내 농업합작화의 우경 보수사상에 대해 비판하기 위한 것이었으며 전국 각지에서 벌어지고 있는 농업합작화운동 중 가장 격렬하게 진행되었던 1~2백 개의 모범지방을 선택하여 고급사와 대규모 인민공사를 대대적으로 제창하였다. 다른 한 차례 조사는 1956년 4월 25일 정치국확대회의 연설 「십대관계를 논한다」(論十大關係)에서 사회주의개조의 완성을 선포한 후 사회주의 사회의 전체 발전과정에 정식으로 진입했고 그 의미가 매우 크다고 한 바 있다. 이 연설을 위해 마오는 2개월 반 동안이나 준비했다. 34개의 부, 위의 업무 보고를 청취하였으며 하루, 이틀 간격으로 부위가 업무보고를 하면 마오는 즉시 지시를 하달하였다.[54]

대약진의 실패와 3년의 기근을 겪은 후인 1960년대 초 농촌공작 문제로 다급해진 마오는 친히 농촌인민공사업무조례(60조)를 제정하여 농촌공작의 잘못을 바로잡기 위해 대규모의 기층조사를 진행하였다. 1961년 1월 제8차 9중전회 후 마오는 3개의 조사조를 구성하여 각각 저장, 후난, 광동농촌으로 보내 조사했는데, 조사조 구성원은 중앙정치국 위원

52) 薄一波, 『若干重大問題決策與事件的回顧』(下), p.707.
53) 薄一波, 『若干重大問題決策與事件的回顧』(上), pp.382-383.
54) 薄一波, 『若干重大問題決策與事件的回顧』(下), p.783.

과 성위간부들을 포함시켰다. 마오는 자신이 직접 한 달 동안 남부지방
을 살펴보고 광저우에서 3개 조사조 조장의 보고를 청취한 바 있다.[55]

제6절 마오쩌둥 2선 후퇴 후 중공의 정책결정

    1950년대 후반 대약진과 인민공사화 운동이 실패한 후 마오는 1959년
4월 제3차 전국인대 제1차 회의에서 '2선'으로 물러나겠다고 선포했다.
국가주석직과 일상적인 사무를 처리하지 않겠다고 선언했다. 이후 마오
의 관료기관에 대한 경멸이 가시화되었고 민주주의에 대해 더 강한 확
신을 갖게 되었다. 그 결과 고위층 수준의 정책결정 모델에도 변화가
나타났다. 마오가 '2선'으로 물러났지만 독단적인 성격은 여전했다. "2개
의 중앙(兩個中央)"이 존재하는 상황이 점점 드러났고 1962년 개최되었
던 '7천인대회'에서 자신이 주장한 "당 내 두 개의 계급, 두 가지 노선의
투쟁은 항상 존재했다(黨內兩個階級, 兩條路線的鬪爭, 始終是存在的)"고
1967년에 회고한 바 있다.[56] 1965년 1월 베이징에서 정치국은 중앙공작
회의를 개최하였다. 이 회의에서 마오는 베이징에는 "두 개의 독립적
왕국(兩個獨立王國)"이 존재한다고 비판했다. 같은 해 10월에는 대행정
구 제1서기들과의 담화 중 "만약 중앙에서 수정주의가 나타나면 당신들
은 이에 반대해야 한다(如果中央出了修正主義, 你們就造反)"[57]라고 했

---

55) 薄一波, 『若干重大問題決策與事件的回顧』(下), p.902.

56) 毛澤東, 「對阿爾巴代表團的談話」, 『毛澤東思想萬歲』(臺北: 中華民國國際關係
    研究所, 1974), p.673.

고 심지어 군대와 지방지도자에게 "만약 베이징에서 정변이 발생하면 당신들은 어떻게 한 것인가?(如果北京發生政變, 你們怎麼辦)"58) 라고 물었다. 이는 마오가 기존 제도에 대한 불신 정도를 보여준다.

1962년 이후 마오는 자주 베이징에 있지 않았다. 1964~65년 사이에 상하이와 항저우[滬杭]에 머물렀으며 가끔씩 거처를 알 수 없는 경우도 있었다. 사실 마오는 당시 상하이시 당위원회 제1서기 커칭스(柯慶施)와 정치국 후보위원이면서 서기처 서기인 캉성(康生) 등과 함께 상하이에서 따로 중앙을 건설하고 베이징의 류샤오치와 덩샤오핑 중앙과 대항했던 것으로 알려졌다.59)

1965년 11월 1일에 상하이 〈해방일보〉와 상하이시당위 정책연구실에서 재직하고 있던 문혁 '사인방' 중 한 명인 야오원위안(姚文元)은 「신편 역사극 '해서파관'을 평한다」(評新編歷史劇『海瑞罷官』)이란 글을 상하이 〈문회보〉에 발표하여 베이징시 부시장인 우한(吳晗)을 비판했다. 이와 같은 중대한 정치행위는 완전히 마오쩌둥 개인의 결정이었다. 마오가 3차례에 걸쳐 직접 원고를 검토한 후에 발표를 결정하였다. 당시 정치국과 서기처 그 누구도 이 문장의 유래를 알지 못했다.60) 정치국상위는 이 짧은 글의 의의와 내용에 대해서 이해하지 못하여 각 성과 시 유관 부문에 옮겨 게재하라는 통지를 발송하지 않았다. 이에 마오는 베이징시에 대해 "바늘 하나도 들어가지 않고, 물 한 방울도 흘러 들어가지 않는다(一根針也插不進去, 一滴水也潑不進去)"61)고 비판하면서 상하

57) 席宣·金春明, 『文化大革命 簡史』, p.108.

58) 王年一, 『1949-1989的中國: 大動亂的年代』, p.41.

59) 韓山碧, 『鄧小平評傳: 文革時期(1960-1977)』(第2卷), p.59

60) 席宣·金春明, 『文化大革命 簡史』, p.108.

61) 毛澤東, 『批判彭眞(1966年4月28日)』, 『毛澤東思想萬歲』, p.641.

이와 베이징 두 진영의 분립을 분명히 했다.

1959년 8월의 루산회의 후 중공 정책결정의 두 번째 특징은 제도화 정책결정기제 기능의 약화이다. 루산회의 이후 마오가 1976년 서거할 때까지 17년 동안 중국공산당 당장에는 당대회 폐막기간의 최고권력 기관은 중앙위원회라고 규정되어 있긴 했으나 중앙위원회는 오직 9차례 밖에 열리지 않았다. 군중노선식 정책결정에 영향을 받았던 이전의 정책결정기제와는 달리 장기간의 대규모 중앙공작회의가 지방당위 제1서기회의를 대체하여 중요 정책결정기구가 됐다는 점이다. 1960년대 상반기까지 19차례 중앙공작회의가 개최되었다.[62] 실제로 중앙공작회는 정치국과 정치국상무위원회 확대회의가 되었다. 일상업무를 주관하고 있던 류샤오치와 덩샤오핑 하에서 이렇게 빈번하게 중앙공작회의를 개최하는 이유는 다음과 같다.[63]

첫째, 마오가 항상 베이징에 머물러 있지는 않기 때문에 정치국상위회를 개최하는 것이 불편했다.

둘째, 당 내 수많은 중대문제, 심지어 노선갈등이 표면화되었기 때문에 대규모 회의에서 컨센서스를 형성하는 것이 필요했다.

셋째, 1950년대 후반 마오는 지방분권을 적극 추진했고 대약진이 그 중 한 예이다. 그러므로 지방의 중요성은 높아져 중앙공작회의는 지방의견을 반영해야 했고 지방이 이익을 획득할 수 있는 하나의 통로를 제공해야 했다.

---

62) 1960년 1차, 1961년 3차, 1962년 4차, 1963년 3차, 1964년-1965년 4차, 1966년 4차. Chang, "Research Notes on the Changing Loci of Decision in the PRC," p.19, 169 참고.

63) 앞의 두 항목은 저자(趙建民)의 해석이고 뒤의 세 항목은 Chang, "Research Notes on the Changing Loci of Decision in the PRC," p.177 참고.

넷째, 류샤오치와 덩샤오핑에게는 당의 제도화된 활동이 익숙했고 통제하기 쉬웠다. 수많은 중앙공작회의를 류사오치가 주관했다.

다섯째, 중앙공작회의는 마오에게도 편리한 점이 있었다. 그 이유로는 중앙위원회는 공식적 기구이기 때문에 대약진의 과오에 대한 문제가 반드시 제기되어야 하지만, 공작회의에서는 그렇게까지 공식적이지 않기 때문에 번잡하고 불필요한 일(繁文縟節)을 고려하지 않아도 되었기 때문이다.

1962년 1월 11일부터 2월 17일까지 베이징에서 확대 중앙공작회의가 개최되었다. 이러한 정책결정 유형의 대표적 사례라고 할 있는데, 이 회의에 출석한 사람은 중앙, 중앙국, 성, 지, 현(중요한 공장과 광산 등을 포함) 5급지도간부(五級領導幹部)를 포함하여 총 7,118명이었다. 이른바 '7천인대회'라고 하는데 회의기간은 한 달을 넘었다. 회의의 주요 목표는 지난 3년 동안의 대약진과 인민공사화운동의 과오와 교훈을 총정리하는 것이었다. 이는 정권 수립 이후 가장 큰 규모의 회의였다. 1961년 5~6월 베이징에서는 이미 중앙공작회의를 개최되었는데 이는 '7천인대회' 전 대회 준비를 위한 총정리 회의였다. 1961년 12월 20일부터 1962년 1월 10일까지 다시 중앙공작회의를 개최되었고 회의가 끝나는 그 다음 날 바로 '7천인대회'가 개최된 것이다. '7천인대회'는 원래 1월 28일에 끝나는 것으로 예정되어 있었지만, 마오의 제의에 따라 2월 7일까지 연장되었고 춘절을 지낸 후에 비로소 끝났다.[64]

당, 군은 마오의 독단적 권력의 가장 중요한 제도화 기초이다. 정권수립 초기 마오는 정부책임자 신분으로 정책결정과정에서 상당히 중요한 역할을 담당했다. 1949년 중앙인민정부위원회 주석을 맡았으며 1954년

---

64) 薄一波, 『若干重大問題決策與事件的回顧』(下), pp.1016-1017.

헌법이 공포된 후 국가주석을 맡았는데 이 두 직책은 모두 정책결정과
정의 중요한 역할을 담당했다. 1949년 중앙인민정부조직법 규정에 따라
중앙인민정부위원회는 중앙정부와 지방대행정구의 인사임명권, 입법
권, 예산과 결산에 대한 심사와 비준, 대외 선전, 조약체결 등 권한을
가지고 있었다. 매 2개월 마다 한 차례 회의를 소집하고, 휴회기간에는
정무원이 주석에 대해 책임지는데 이는 중앙정부주석이 대권을 장악하
고 있다는 것을 나타낸다.

'54헌법'을 통해 설치된 국가주석은 실권을 가진 최고지도자로서 국
무회의를 개최하는 권한을 갖고 있다. 마오는 정책결정과정에서 자신의
역할을 좋아했으며, 국가주석은 하급기관에 넘겨 의제를 심의하도록 하
는 '교의권(交議權)'이 있다고 직접 말하기도 했다.[65] 그러나 가끔은 군
중이 직접 정책을 결정할 때도 있었는데 참가자수가 1,800인에 달하기
도 했다.[66] 1954년 국가주석을 설치한 이후 문혁시기 류샤오치가 숙청
당할 때까지 마오와 류샤오치는 국가주석 신분으로 20번의 최고국무회
의를 개최하였다. 그 중 마오가 16차례 개최하였으며 회의 참가인원은
국가주석, 부주석, 전국인대위원장, 국무원총리 등이었다. 그 외에 기타
국가지도자와 정협 및 민주당파 책임자 등을 포함되었으며, 회의 기간
은 단 하루, 길어도 3일을 초과하지 않았다.[67] 최고국무회의의 개최 기

---

65) 李格, 「從《共同綱領》到《中華人民共和國憲法》」, 『黨的文獻』(2003年 第4期), 〈當
   代中國硏究所〉 인터넷 홈페이지(http://www.iccs.cn.detail_cg.aspx?sid=172)에
   서 재인용. 韓大元, 「關於新中國1954年憲法制定過程若干問題探討」, p.10; 「毛
   澤東主持起草中華人民共和國第一部憲法」, 〈千龍新聞網〉(http://big5.china.com.cn/
   chinese/zhoanti/qdxxlfchx/463953.htm.
66) 李林, 「最高國務會議組織結構及其功能探析」, 『中共黨史硏究』, 第1期(2005年),
   p.64.
67) 개최된 회의 총 횟수에 대해서는 20회와 21회 두 가지 의견이 있다. 마오쩌둥이
   국가주석을 맡은 기간 참가한 인원은 30여명에서 1800여명까지 변화가 크다.

간, 내용과 일정은 모두 국가주석이 결정하는데 일반적으로 회의는 다음 4가지로 구성된다.[68] 1. 회의소집자, 즉 국가주석은 국가의 기본적인 정책성격과 방침에 대한 발표연설. 2. 당정과 관련된 책임자는 회의에 대하여 업무보고. 3. 중공중앙, 국무원이 제출한 중대한 정책결정이나 국가정치생활의 중대한 문제에 대한 토론. 4. 전인대와 정협회의에 제출한 관련 보고, 양회에서의 인사추천(提名)과 임명에 대한 토론. 마오가 국가주석으로 있을 때 회의의 대표성과 통일전선의 성격을 고려하여 최고국무회의의 수많은 중대한 정책은 토론을 거쳐 결정하였다. 1957년 이전 13번의 회의 중에서 8번 이상이 "국가대사와 현 정책에 대한 협상과 토론"이었다.[69] 예를 들면, 1957년 2월 27일 1,800명이 넘는 사람이 출석한 최고국무회의 제11차 확대회의에서 마오는「어떻게 인민 내부의 모순을 정확히 처리할 것인가」(如何正确处理人民内部的矛盾)라는 중요한 연설을 하였다.[70]「십대관계를 논한다」와 악명이 높았던 '쌍백운동'(백화제방, 백가쟁명)도 마오가 1956년 5월 2일의 최고 국무회의에서 선포한 것들이다.[71] 1959년 4월 마오가 국가주석직을 사임한 후, 최고국무회의의 성격에 변화가 일어났고 류샤오치 주관 하에 회의 개최 빈도가 단 4차례로 줄어들었으며, 출석인원도 군중대표가 많이 추가되어 그 상징적인 의의는 비교적 컸다.

류샤오치가 국가주석을 맡으면서부터 참여 인원은 안정을 유지했다. 1959년 8월 24일 제17차 (확대) 회의

68) 李林,「最高國務會議組織結構及其功能探析」, 『中共黨史研究』, 第1期(2005年), p.63-64.

69) 宋春·劉志强 編, 『民主黨派與中共合作史』(遼寧: 遼寧大學出版社, 1991年), p.358.

70) 薄一波, 『若干重大問題決策與事件的回顧』(下), p.568.

71) 叢進, 『1949-1989年的中國: 曲折發展的歲月』(鄭州: 河南人民出版社, 1989年), p.21

문혁 기간 중 중공 당정기관 중 가장 변동이 컸고 가장 심한 상처를
받은 기구가 중앙서기처이다. 1966년 전후하여 중앙서기처 구성원 중
중앙위원회 총서기인 덩샤오핑을 비롯해 많은 사람이 숙청되었는데[72]
서기처 역시 문혁의 공격대상이었다. 1966년 5월 4~26일 정치국 확대회
의에서 마오쩌둥이 주관하여 제정한 「5·16통지」가 통과되었다.[73] "무
산계급문화혁명의 기치를 높이 들어 자산계급의 반동 입장을 철저히 폭
로하자"[74]는 것을 요구하였고 "일체의 우귀사신을 소탕하자"를 선포하
여 문혁을 정식으로 개시하였다. 아울러 중앙정치국상위회에 소속의
'중앙문혁소조'를 설립하여 정치국과 서기처의 기능을 점차 대신하도록
하였다. '중앙문혁소조'는 문화대혁명의 실질적인 지휘기구가 되었다.[75]
마오는 같은 해 8월 제8기 11중전회에서 임시 제의하는 방식으로 정치
국상위회를 개편하고 중앙서기처도 철폐했다. 총서기 덩샤오핑은 숙청
되었고 서기처도 철폐되었다. 1969년 4월 중공 제9차 전국대표대회가
베이징에서 열렸는데 당장에 대한 대폭 수정이 이루어져 서기처가 없어

---

72) 1962년 9월 8차 10중전회의 당시 서기처 서기는 다음과 같다. 총서기 鄧小平,
상무서기 陶鑄, 서기 彭眞, 王稼祥, 譚震林, 李雪峰, 李富春, 李先念, 陸定一,
康生, 羅瑞卿, 葉劍英 그리고 후보서기로는 劉瀾濤, 楊尙昆, 胡喬木 등 총 15명이
었다. 1966년 12월에 이르러 鄧小平, 陸定一, 譚震林, 陶鑄, 羅瑞卿, 彭眞, 楊尙
昆, 劉瀾濤, 胡喬木 등 9명은 당내외 모든 업무에서 배제되었고, 이렇게 숙청된
서기는 6할에 달했다. 方君歸, 「匪黨九期中央委員會及政治局成員分析」, 『匪情
硏究』 第12卷 第5期(1969年 5月), pp.25-31; 吳安家, 「論中央 "十四期四中全會"的
政治意涵」, 『中國大陸硏究』 第37卷 第11期(1994年 11月), p.8 등을 참고.
73) 「中共中央委員會 "五·一六" 通知」, 『中共機密文件彙編』(臺北: 國立政治大學國
際問題硏究中心, 1978年), p.8.
74) 5월31일 마오쩌둥은 천보다가 인솔한 공작조의 인민일보 탈권을 승인했다. 그리
고 6월 1일 인민일보는 「모든 소귀신과 뱀귀신을 쓸어버리자(橫掃一切牛鬼蛇神)」
라는 사설을 발표했다. 席宣·金春明, 『"文化大革命"簡史』, p.99를 참고.
75) 遲福林·田夫 主編, 『中華人民共和國政治體制史』(北京: 中共中央黨校出版社,
1998年), p.221.

지고 "주석, 부주석과 중앙정치국 상무위원회의 지도 하 몇 개의 필요한 정예화된 기구가 당, 정, 군의 일상업무를 통일하여 처리하다"는 수정 당장 제9조에 따라 "몇 개의 필요한 정예화된 기구" 설립되었다. 이는 '중앙문혁소조'를 가리킨다. 대체적으로 1966년부터 1976년 10월까지 장칭, 왕훙원, 장춘챠오, 야오원위안 '사인방'이 체포될 때까지 약 10년 문혁기간 동안 서기처는 존재하지 않았고 당연히 총서기의 존재도 없었다. 이런 상황은 1978년 12월 개최한 제11차 3중전회까지 지속되었다. 마오에 의한 이러한 독단적 정책결정과정이 만들어진 주요 원인은 마오 쩌둥이 당주석을 맡았던 33년 동안[76] 여러차례의 인사를 둘러싼 갈등이 있었지만 다른 정치지도자는 마치 가을 매미와 같이 아무런 말도 못하는 상황 즉 한선효응(寒蟬效應)으로 인해 마오의 권력 강화는 가능했다.

1976년 9월 마오 서거 후 화궈펑이 당주석직을 맡았다. 화궈펑은 비록 명목상 최고의 영예를 얻었고 동시에 당주석, 중앙군위주석과 총리를 도맡았지만 마오쩌둥이 동일한 직위를 맡은 기간과 비교해 보면, 화궈펑은 기타 정치지도자들과의 소통이 잘 이루어지지 않았다. 따라서 권력은 현저히 약화되었다.[77] 화궈펑에게는 마오쩌둥이 남겨준 음택[餘蔭]과 함께 반드시 당 원로들의 지지가 있어야 당주석과 최고지도자 지위를 강화할 수 있었다. 예를 들어 '사인방'의 체포가 예젠잉, 리셴녠, 왕둥싱 3인과의 협력을 통해 완성된 것에서도 알 수 있다.[78] 11기 3중전회에서 1987년 11월 제13차 전대까지 9년 간 화궈펑과 후야오방 두 명이 당주석을 맡았다(화궈펑은 11기 3중전회부터 1981년 6월 11기 6중

76) 1944년 5월 마오쩌둥이 중앙위원회 주석직을 맡은 이후부터 시작하여 1979년 9월 마오쩌둥의 별세와 함께 끝났다.
77) 이 책 제5장 「毛澤東時期的二線決策」을 참고
78) 王年一, 『1949-1989年的中國: 大動亂的年代』, pp.647-649

전회까지, 후야오방은 11기 6중전회부터 1982년 9월 제12차 전대까지).
이와 별도로 후야오방은 1980년 2월의 11기 5중전회부터 1987년 1월의
당중앙 1급당생활회까지 총서기직을 담당하였으며, 1987년 1월에는 당
중앙 1급당생활회부터 제13차 전대까지 자오쯔양이 대리총서기를 맡
았다.

화궈펑이 당주석을 맡은 기간 그가 실질적으로 최고지도자 신분과 정
책결정권을 가진 시기는 1978년 12월 중앙공작회의 전까지였다. 3중전
회 후 화궈펑과 왕둥싱 두 사람은 이전 중앙공작회의에서 결정적 좌절
을 맛봤다. 이로 인해 화궈펑의 정책결정 영향력은 약화됐고 예젠잉,
덩샤오핑, 리셴녠, 천윈 등 4인의 협상기제가 나타났다. 1980년 12월 정
치국 확대회의 이후 덩샤오핑으로 최고지도자가 정해졌고 4인의 협상
기제는 점점 안정되어 갔다.[79] 4명의 주도 하 당시 총서기를 맡은 후
야오방이 "중앙정치국과 그 상무위원회 업무에 대한 주관"한다는 화
궈펑의 권한을 회수하였다. 이로써 화궈펑의 당주석은 공중에 뜨게 되
었다.

후야오방은 1981년 6월 11차 6중전회에서 정식으로 당주석으로 선출
되었다. 12대에서 주석직이 폐지되었지만 후야오방은 총서기를 맡아 정
치국과 그 상무위원회의 소집을 책임지고 서기처 업무를 주관하였다.
비록 예젠잉이 건강문제 때문에 최고정책결정 협상기제의 성원에서 빠
지고 리셴녠, 덩샤오핑, 천윈 3인으로 감소되었지만 후야오방은 정책집
행 책임자의 역할은 변하지 않았다. 같은 기간 후야오방과 자오쯔양이

---

79) 1984년 7월 A. Doak Barnett가 자오쯔양을 방문했을 때, 자오쯔양은 후야오방과
   자오쯔양 자신이 일선 업무를 담당하고 있고, 나머지 4명의 상무위원 鄧小平,
   陳雲, 葉劍英, 李先念 등은 2선으로 물러났다고 말한 바 있다. Barnett, *The
   Making of Foreingn Policy in China*, p.11 참고.

공동으로 정치국과 서기처 회의를 주관하는 상황도 나타났다. 비록 자오쯔양이 1987년 1월 13대까지 대리 총서기를 맡았지만 덩샤오핑의 최고지도자 신분과 덩샤오핑, 천윈, 리셴녠 3인의 협상기제는 여전히 안정적이고 견고하게 작동하였다.

제7절 서기처와 총서기의 재등장

1978년 12월 11기 3중전회는 이른바 덩샤오핑의 "준이회의"였다. 최고권력을 획득한 회의인 동시에 개혁과 개방정책의 중대한 전환점이기도 했으며 총서기 직책과 중앙서기처가 다시 출현한 중요한 회의였다. 이 회의에서 중공중앙은 중앙당 행정부서에 중앙위원회 비서장과 부비서장을 설립하기로 결정했다.[80] 비서장은 후야오방이 맡았고 부비서장은 야오이린, 후챠오무가 맡게 되었다.[81] 1980년 2월 11기 5중전회에서는 총서기와 중앙서기처를 부활시킬 것을 결정하였으며 후야오방을 중앙위원회 총서기로, 후야오방, 야오이린, 후챠오무 등 11명을 서기처의 서기로 선출하고 후야오방과 자오쯔양은 정치국상무위원로 임명하였다.[82] 그 외 왕둥싱을 중앙위원회 부주석직에서 면제해 화궈펑의 세력을 약화시켰다. 회복된 중앙서기처의 지위는 8대와 유사했다.[83] 후야오

---

80) 方雪純,「重建中央書記處及高層人事的變動」,『匪情月報』第22卷 第9期(1980年 3月), p.12

81) 鄭叔平,「對十一期 "五中全會"之硏究」,『匪情硏究』第23卷 第3期(1980年3月), p.27.

82) 王建英 編,『中國共產黨組織史資料匯編』, p.654

방은 3중전회에서 중앙위원회 비서장, 5중전회에서는 중앙위원회 총서
기를 맡게 됨으로써 덩샤오핑이 제8차 전대 이전 중앙비서장, 재8차 전
대에서 중앙위원회 총서기를 맡은 것과 똑같은 과정을 거쳤다. 후야오
방이 담당한 중앙비서장은 8대 전 덩샤오핑이 맡은 직무와 유사하다.
중앙비서장은 비록 두 사람 모두 총서기를 맡기 전 과도적 지위였지만
어느 정도 정책결정권은 갖고 있었다. 그들이 정식으로 종서기를 맡은
후에 중앙비서장은 다시 설치되지 않았다. 다시 회복된 총서기 지위도
8대와 유사해 단순 서기처의 책임자이고 진정한 당최고지도자는 여전
히 중앙위원회 주석이었다. 당주석직이 12대에서 정식으로 폐지되고 난
이후에는 상황이 바뀌었다.

1980년대 11월 10일부터 12월 5일까지 정치국은 9차례 확대회의를
개최하였다.[84] 6중전회에서 화궈펑은 당주석을 사임하고 후야오방으로
대체할 것을 결정하는 결의를 제기하였다. 이 결의가 6중전회에서 정식
으로 결정되기 전에 후야오방이 임시로 정치국과 그 상무위원회 업무를
주관하고 덩샤오핑이 중앙군사업무를 주관하였다.[85] 중앙정치국회의는
화궈펑의 당주석직무 변경을 결정하기 전, 정치국 다수의 위원은 원래

---

83) 11기 5중전회의 11명의 중앙서기처 서기(胡耀邦, 萬里, 王任重, 方毅, 谷牧, 宋任
窮, 余秋里, 楊得志, 胡喬木, 姚依林, 彭沖) 중에서 오직 胡耀邦만이 정치국 상무
위원 신분이었으며 정치국원으로는 胡耀邦, 方毅, 余秋里, 彭沖 4인 포함되어
있다. 외견상 서기 지위는 8대의 당정규정과 별 차이 없어 보이나, 실제 이 시기
지위는 8대에 비해 약간 높아졌다. 方雪純, 「重建中央書記處及高層人事的變動」,
pp.12-13.

84) 阮銘, 『鄧小平帝國』, (臺北: 時報文化, 1997年), p.109; 中共中央政策研究室綜合
組 編, 『改革開放二十年大事記(1978.12-1998.3)』, (北京: 中國人民大學出版社,
1999年), p.816.

85) 姜華宣·張蔚萍·蕭甡 主編, 『中國共產黨會議概要』(瀋陽: 瀋陽出版社, 1991年),
pp.649-650.

덩샤오핑을 당주석으로 천거하려고 준비했지만 이 제의를 덩샤오핑이 받아들이지 않았고 최종적으로 후야오방이 담당하기로 결정되었다.86)

1981년 6월 중공은 11기 6중전회를 개최하여 당 내 권력이 약화된 화궈펑을 중앙위원회 주석과 중앙군사위원회 주석에서 사임시키고 중앙위원회 부주석, 정치국상무위원 중 가장 낮은 서열에 앉혔다.87) 그리고 후야오방과 자오쯔양에게 각각 중앙위원회 주석과 부주석을 맡기고 덩샤오핑은 중앙군위주석이 되었다.88) 후야오방에게는 당의 최고지도자, 덩샤오핑에게는 군권을 장악할 수 있도록 하였다. 이 회의에서는 중앙군위주석을 전체 중앙위원회에서 선출하는 것으로 바꾸지는 않았지만, 마오쩌둥 시기의 종신직으로 되어 있던 것을 개정하였다. 당장 21조에는 "중앙군사위원회 주석은 반드시 중앙정치국상무위원회 위원 중에서 나와야 한다"고 규정하였다. 이는 실질적으로 덩샤오핑을 위한 것으로 당 내 법적 최고지도자가 처음으로 군 최고지도자와 다른 사람이 되는 국면을 맞았다. 1989년 11월 13기 5중전회에서 덩샤오핑이 중앙군위주석에서 물러나고 장쩌민이 총서기 신분으로 이를 겸임하게 되

---

86) 阮銘, 『鄧小平帝國』, pp.121-122. 후야오방에 따르면, 자신이 총서기에 피선된 것은 몇 명의 원로들의 협의 결과였으며, 원로 중 葉劍英 만이 화궈펑에게 한 번 더 맡기자는 의견을 냈으나 이후 후야오방의 총서기직 담임에 동의했다. 이에 근거해 추론해 보면 후야오방을 당주석으로 결정한 사람은 葉劍英, 鄧小平, 陳雲, 李先念 네 사람이 아니라 할 수 있다. 葉劍英은 1980년 11월 11일부터 12월 5일에 개최된 정치국회의 석상에서 화궈펑 언행을 지지한 것에 대해 후회한다는 자아비판을 했다. 이는 葉劍英이 입장을 바꾸었다는 증거이다. 李銳, 「耀邦去世前的談話」, 『當代中國硏究』, 總75期(2001年12月), p.37; 薛慶超, 『革故與鼎新: 紅牆決策』(北京: 中共中央黨校出版社, 2006年), p.373.
87) 당시 서열에 따른 정치국 상무위원 명단은 다음과 같다. 胡耀邦, 葉劍英, 鄧小平, 趙紫陽, 李先念, 陳雲, 華國鋒. 이들 중 胡耀邦이 중앙위원회 주석, 나머지 6명은 모두 부주석이다. 王建英 編, 『中國共産黨組織史資料匯編』, pp.654-655.
88) 王建英 編, 『中國共産黨組織史資料匯編』, p.655.

었는데 덩샤오핑이 군사위주석직을 사임했다 할지라도 실질적 최고지
도자의 지위는 흔들리지 않았다. 1997년 덩샤오핑이 죽은 후에야 총서
기가 진정한 최고지도자가 되었다. 이와 같이 후야오방은 당주석을 맡
았을 때에도 지위와 권한이 명실상부하지 않았고 명목상으로는 당 내
지위가 덩샤오핑 위에 있고 정치국상위회에서 서열 1위이었지만 덩샤
오핑이 실질적인 최고지도자라는 사실은 바뀌지 않았다. 명목상으로 7
대 마오쩌둥 이후 당수와 중앙서기처의 수장, 이 두 가지 직책은 다시
한 번 1인에 집중되게 됐다.

제8절 공식적 당 최고지도자와 실제 최고지도자

중국의 정치발전과정에서 80년대가 가장 빛나고 화려했던 것은 두 말
할 것도 없다. 과거 '한솥밥체제'를 무너뜨렸을 뿐만 아니라 제도의 복원
과 법치의 재건 속도가 놀라울 정도였다. 그러나 최고지도자 제도화 면
에서 부족한 점이 많았다. 심지어 마오쩌둥의 통치 시기와 별 다른 차이
가 없었다고도 할 수 있다. 이러한 제도와 현실 간의 차이와 모순을 만
들어 낸 주요 원인으로는 새로운 개혁개방 정책이 당내 이데올로기 분
쟁을 야기했고 덩샤오핑은 새로운 정책을 추진하기 위해 마오쩌둥식 패
권통치와 체제파괴적 방법을 차용했기 때문이다. 고위층의 분열은 '6·4
천안문민주화운동'의 처리과정에 직접적인 영향을 미치기도 했다.

덩샤오핑은 문혁의 피해자로서 마오쩌둥의 독단적인 권력을 몸소 경
험하였다. 자신이 최고지도자가 된 이후 이를 스스로 개선하려고 했으
며 고위층의 정책결정에서 마오쩌둥 시기 가부장적 독단적 지도를 없애

기 위해 제도화하려고 했다. 1980년 2월 11기 5중전회에서 중앙서기처 부활을 결정하고 후야오방에게 총서기를 맡겨 당주석의 군권을 분산시키려고 했다. 이와 동시에 화궈평 대신 자오쯔양에게 총리를 승계하도록 했다. 같은 해 12월, 정치국은 후야오방을 당 주석 겸 총서기, 자오쯔양을 총리, 그리고 덩샤오핑을 중앙군사위 주석으로 결정하였다. 그 결과 덩샤오핑은 중공정권 수립 후 가장 적은 직책을 맡은 최고지도자가 되었으며 유일하게 당주석이나 총서기를 맡지 않은 최고지도자가 되었다. 이는 제도화된 정책결정 추진에 매우 유리하게 작용했다.

다른 측면에서 덩샤오핑은 비록 당 내 최고직책은 맡지 않았지만 상시적으로 정치국상무위원회를 소집할 수 있으며 상무위원회가 중대 문제에 당면할 때 반드시 덩샤오핑에게 지시를 청해야만 했다.[89] 실제로 그는 정치국과 정치국상무위원회를 초월하는 정책결정권을 가지고 있었으며, 후계자를 지정 하고 파면할 권한을 가지고 있었다.

최고지도자의 직책을 재검토하고 그 권한을 법으로 규정하는 것은 80년대의 주요 개혁정책 중 하나였다. 1982년 9월 베이징에서 열린 중공 제12차 전대에서의 새로운 당장은 당의 중앙지도기관에 대하여 중대한 변화를 가하였다. 새로운 중앙위원회, 중앙기율검사위원회(11기 3중전회) 및 중앙고문위원회(12대 신설)를 선출하는 것이었다. 12기 2중전회에서 후야오방을 중앙위원회 총서기로 선출하였으며 덩샤오핑은 중앙군사위원회 주석을 맡았다. 12대 당장 제21조 규정에 따르면 다음과 같다.

- 중앙위원회 총서기는 반드시 중앙정치국상무위원회 위원에 나와야 한다.

---

89) 張良, 『中國六四眞相(上)』, (香港: 明鏡出版社, 2001年), p.424.

- 중앙서기처는 중앙정치국과 정치국상무위원회 지도 하에 중앙 일상업무를 처리한다.
- 중앙위원회 총서기는 중앙정치국회의와 중앙정치국 상무위원회 회의를 소집을 책임지고 동시에 중앙서기처의 업무를 주관한다.

　지도체제개혁 측면에서 보면, 1944년 5월 중공 6기 7중전회에서부터 설치된 중앙위원회 주석이 정식적으로 역사 속으로 들어왔다.[90] 이는 중공이 외부세계에 마오쩌둥식 전체주의 통치와 공식적 작별을 알리는 장엄한 선서라고도 할 수 있다. 원래 당주석의 권한에 들어있던 것이 총서기로 나뉘어졌고, 서기처의 권한과 지위는 여전히 8대 이후 전통을 이어갔으며 총서기와 서기처의 관계도 미묘한 변화가 나타났다.

　11기 6중전회 이후 당주석과 총서기는 모두 후야오방이 맡아왔다. 그런데 당주석제를 폐지한 후 총서기는 자연스레 원래 중앙위원회 주석에 속한 당수 권한을 이어 받았다. 총서기직이 당수와 서기처 수장이라는 2가지 권한을 가지게 된 것이다. 또 당수의 지위가 서기처 수장보다 훨씬 높기 때문에 일반인이 총서기 권한에 대해 언급할 때 당수만을 강조하고 서기처 책임자의 직권을 경시한다. 12대에서는 총서기가 앞에서 말한 2가지 지위와 권한을 동시에 가지고 있기 때문에 당장 제 21조는 서기를 "중앙정치국과 정치국상무위원회 지도 하에 중앙일상업무를 처리한다"라고 정의하였다. 또한 당수의 독립성과 특수성에 대한 고려로 총서기가 서기처 서기를 더 이상 맡지 않는 것을 관례로 정해야 했다. 이와 같은 총서기에 대한 새로운 정의는 앞서 언급한 당장에서 규정한 총서기는 "중앙서기처의 업무를 주관한다"는 것에 영향을 주지 않았다.

---

90) 張鎭邦, 「中共第12次全國代表大會分析」, 『匪情月報』, 第25卷 第3期(1982年9月), p.10.

후야오방의 총서기 임기 시 원로의 정치간섭은 심각했다. 파벌투쟁도 매우 격렬하였다. 천원을 대표로 하는 보수파는 후야오방이 '자산계급자유화'를 용인하고 있다고 생각하고 그의 학생운동에 대한 처리에 불만족해 했다.[91] 1986년 9월 12기 6중전회에서 덩샤오핑도 '자산계급자유화'에 대해 엄격히 비난하였다. 그리고 이듬 해 1월 4일, 덩샤오핑은 자신의 집에서 정치국상무위원회를 소집하여 총서기 후야오방을 파면하기로 결정했다. 자오쯔양, 펑전, 왕전, 보이보, 양상쿤이 참석했고, 회의 참석자 중 자오쯔양과 덩샤오핑 2명만이 정치국상무위원이었다. 5명의 상무위원 중 후야오방은 초대를 받지 못했고 리셴녠은 상하이에 있어 출석하지 못했으며, 천원도 참석하지 않았다.[92] 1월 10일부터 15일까지 보이보가 주관한 당 '생활회'에서 후야오방은 엄격한 비판을 받고 사직했다. 이후 개최된 정치국상무위원회 확대회의에서는 후야오방의 사직을 공식적으로 받아들이고 자오쯔양이 후야오방을 대신하도록 했다. 이러한 결의는 9개월 후 12기 7중전회에서 추인받았다.[93] 그러나 후야오방은 여전히 정치국상위와 정치국위원의 신분으로 남아 있었다. 중공중앙의 이러한 조치들은 당시 공식체제와는 결코 부합되지 않는 것이다. 덩샤오핑은 당시 정치국상무위원회 중에서 서열 3위였지만 서열 1위인 총서기를 파면할 수 있었다. 덩샤오핑은 정치국위원 후챠오무 등을 '중앙정치국집단지도대표(中央政治局集體領導代表)'라는 새로운 용어를 만들어 불렀다.[94]

1987년 10~11월 사이 중공은 베이징에서 재13차 전대를 개최하였다.

91) 阮銘, 『鄧小平帝國』, pp.128-144.
92) 阮銘, 『鄧小平帝國』, p.191.
93) 李谷城, 『中國黨軍結構』, pp.153-154.
94) 阮銘, 『鄧小平帝國』, p.167.

전대 후의 개최된 1중전회에서 자오쯔양을 총서기와 중앙군사위 제1부
주석으로 임명하였으며 덩샤오핑은 중앙군위회 주석을 연임했다. 동시
에 당장 제21조를 부분 수정하였다.

- 제21조 1항 첫번째 단락 중 "당의 중앙정치국, 중앙정치국 상무
위원회, 중앙서기저와 중앙위원회 총서기는 중앙위원 전체회의
를 거쳐 선출한다"를 "당의 중앙정치국, 중앙정치국상무위원회
와 중앙위원회 총서기는 중앙위원회 전체회의를 거쳐 선출한다"
로 수정했다.
- 제21조 세 번째 단락인 "중앙서기처는 중앙정치국과 그 상무위
원회 지도 하에 중앙일상업무를 처리한다"를 "중앙서기처는 중
앙정치국과 그 상무위원회 업무처리 기구로써 구성원은 중앙정
치국상무위원회가 추천하고 중앙위원회 전체회의에서 통과한
다"로 수정하였다.

총서기와 당주석 권한의 변천과정은 1980년대 중국정치개혁의 가장
주요한 내용이다. 제13차 전대는 중공 당내 최고정책결정기관 제도화에
있어 역사상 유례가 없는 성과를 도출했다. 총서기 권한에 대해서도 구
체적이고 명확하게 규정함으로써 과거 총서기와 당주석 권한규정의 모
호성을 없앴다. 이 대회 당장에서 총서기는 반드시 정치국상무위에서
나와야 한다고 규정했다. 그리고 당내 관례에 따라 정치국상무위원은
필히 정치국위원이어야 했다.[95] 정치국위원과 상무위원이 권한을 총서

---

95) 어떤 학자는 정치국 상무위원이 정치국에서 호선(互選)으로 선출한다고 주장한
바 있으나, 현재까지 이와 같은 주장을 뒷받침할 명문화된 당장이나 당내규정
상의 내용이 없다. 그리고 관련된 사료 역시 많은 결함을 가지고 있다. 전술한
주장에 대해서는 楊鳳春, 『中國政府槪要』(北京: 北京大學出版社, 2002年), p.40
참고.

기도 마찬가지로 갖게 되었으며, 총서기는 다른 위원이 가지고 있지 않는 4가지 권한이 주어졌는데, 정치국상무위원회회의 일정을 확정하고, 정치국상무위원회회의를 소집 및 주관하고, 정치국상무위원회의 회의기요를 심사 발급하고, 정치국상무위원회를 거쳐 토론되어 통과하거나 정치국상무위원회에서 발송해 온 승인문건을 심사 비준하고 발급하는 것이다. 이 4가지 권한은 모두 상위회 위원이 위임행사할 수 있었다.[96]

중공 최고지도자 권력의 제도화와 관련된 제13차 전대의 또 다른 특징은 원로가 당의 최고정책결정과정에서 물러났다는 점이다. 덩샤오핑은 정치국상무위원회위원, 정치국위원, 중앙고문위원회 주임, 중앙위원 등에서 사임하여 일개의 평범한 당원이 됐었다. 중앙군사위 주석이라는 하나의 직책만을 보유했다. 12대 당장 제21조의 "당의 중앙군사위원회 주석은 반드시 중앙정치국상무위원회 위원에서 나와야 한다"는 규정을 더 이상 적용하지 않고 "당의 중앙군사위원회의 구성원은 중앙위원회에서 결정한다"로 수정하였다. 앞에서 말한 12대 당장의 조례 수정은 모두 덩샤오핑에 맞춘 것이라고 할 수 있다.[97] 당장에서 규정하고 있는 직권과 지위에서 자오쯔양이 총서기를 맡은 것은 후야오방 시기와 차이가 없지만 실질적으로 자오쯔양이 맡은 군사위 제1부주석은 일부 군권이 있기 때문에 후야오방 보다 더 많은 권력을 가지고 있다고 할 수 있지만, 자오쯔양의 중앙군사위에서의 제도적인 권력에는 여전히 한계가 많았다. 군사 방면에서 덩샤오핑 아래에 있었으며 심지어 중앙군위회 상무부주석을 맡은 양상쿤보다도 못해 "총이 당을 지휘한다(槍指揮黨)"는

96) 施九靑·倪家泰, 『當代中國政治運行機制』(齊南: 山東人民出版社, 1993年), p.539.
97) 13기 1중전회의 서열에 따른 정치국 상무위원 명단은 다음과 같다. 趙紫陽, 李鵬, 喬石, 胡啓立, 姚依林. 胡天楚·唐昕 主編, 『黨的代表大會知識通覽』, p.468.

우려가 점차 높아졌다. 하지만 덩샤오핑이 갖는 높은 명망으로 인해 이러한 문제는 잠정적으로 표면화되지 않았다.

13대 후 자오쯔양이 총서기를 맡았지만 선출된 정치국상무위원은 중국공산당 역사상 가장 적은 수였다. 정치국상무위원으로 자오쯔양, 리펑, 차오스, 후치리, 야오이린 등 총 5명인데 9대 상무위원회에 상당하는 수이다. 1989년 '6·4 천안문사건' 후 개최된 13기 4중전회에서 2가지 결정이 있었다. 첫 번째는 자오쯔양이 당을 분열시켰으며 동란을 지지했다고 발표하고 그의 직무 철폐 심사를 진행한다. 두 번째는 장쩌민을 총서기로 임명하는 한편, 중대문제의 결의는 100여 명의 중앙위원의 제의에 따라 정치국에서 비밀리 결정을 하고 덩샤오핑이 최종 결정하기로 했다.[98] 이는 마오쩌둥이 1943년 3월에 획득한 당내 중대한 문제에 대한 "최종결정권을 보유한다"와 비슷했다.

13대에서는 서기처의 직권을 재차 정의하고 중앙정치국과 정치국상무위원회 및 서기처 이 3개 최고정책결정기관의 관계를 정리했다. 서기처를 정치국과 정치국상무위원회의 "업무처리 기관"으로 하고 서기처 인원과 편제 축소와 권한 축소라고 표명했다.[99] 총서기와 3개 최고 정책결정기관 간의 관계에서 서기처는 정치국과 정치국상무위원회에 속하기 때문에 총서기가 한편으로는 당수 신분으로 정치국과 그 상무위원회를 지도하고 다른 한편으로는 기관 책임자 신분으로 서기처를 주관하며 서기처와 정치국 및 그 상무위원회의 교량 역할을 맡게 되었다. 자오쯔양 총서기는 군사위 부주석을 동시에 맡긴했지만 실질적인 지위는 안

---

98) 寇健文, 『中共菁英政治的演變: 制度化與勸力轉移, 1978-2004』(臺北: 五南, 2004年), p.129.
99) 方雪純, 「中共"十三代"人事部署分析」, 『中國大陸研究』第20卷 第5期(1987년11월), p.25.

정적이지 않았다. 덩샤오핑의 당과 군에서의 명망은 여전했고 천윈은 13대에서 덩샤오핑을 대신하여 중앙고문위원회 주임이 되어 당중앙의 정책결정에 대해 간섭하는 등 그 역할이 더욱 커졌다. 더욱이 정치국상 무위원회 내 파벌대립은 자오쯔양을 더 어렵게 했다. 1989년 4월 후야 오방이 병사하고 학생들은 시위를 시작했다. 5월 17일에서 21일까지 80 세가 넘는 당내 8대 원로(덩샤오핑, 천윈, 리셴녠, 펑전, 양상쿤, 덩잉차 오, 보이보, 왕전)는 학생들의 시위와 자오쯔양의 거취문제를 어떻게 처 리할지에 대하여 몇 차례에 걸쳐 회의하고 토론했다. 이들 중 오직 양상 쿤만이 정치국위원이었고 나머지 7명의 원로는 중앙위원도 아니었다. 5월 덩샤오핑은 자신의 집에서 천윈, 리셴녠, 펑전, 양상쿤, 왕전 등과 회의하고 장쩌민에게 총서기를 맡을 것을 제안하였다.[100] 자오쯔양은 그 해 6월에 개최된 13기 4중전회에서 어쩔 수 없이 내려오게 되었다. 당적은 보유했지만 총서기, 정치국상무위원, 정치국위원, 중앙위원, 중 앙군사위 제1부주석[101] 등을 포함한 일체의 직무는 취소당했다. 동시에 장쩌민이 총서기직을 맡게 되었다.[102] 덩샤오핑은 11월의 13기 5중전회 에서 정식으로 군위주석을 내놓고 장쩌민이 총서기 신분으로 겸임하게

---

100) 張良, 『中國六四眞相(上・下)』, pp.480-488, 587-596; 中共中央文獻硏究室, 『鄧 小平年譜, 1975-1997 (下)』(北京: 中央文獻出版社, 2004年), p.1277.

101) 李谷城, 『中國黨軍結構』, pp.162-163.

102) 江澤民, 宋平, 李瑞環 역시 정치국 상무위원에 피선되었다. 13기 3중전회에서의 대폭적인 조직개편을 거친 후 서기처 서기는 3명(喬石, 李瑞環, 丁關根), 후보서 기 단 1명(溫家寶)으로 줄었다. 이들 중 喬石과 李瑞環은 동시에 정치국 상무위원 과 정치국위원, 丁關根은 정치국 후보위원을 겸하게 되었다. 중앙서기처의 실질 적 지위는 권력투쟁으로 인해 낮아진 것이 아니라 높아졌다는 것을 알 수 있다. 李谷城, 『中國黨軍結構』, p.163 참고. 5중전회에서 楊白冰이 서기에 보선되었는 데, 楊白冰은 정치국상무위원이나 정치국위원이 아니었으나 군을 대표했다. 閻 淮, 「中國大陸政治體制淺論」, 『中國大陸硏究』第34卷 第8期(1991年 8月), p.32 참고.

되어서 후야오방과 자오쯔양 총서기 시 보다 더욱 유리한 지위에 있지
만, 장쩌민 역시 후야오방과 자오쯔양과 동일한 문제에 부딪히게 됐다.
그것은 바로 군사 자질과 당내 명망이 부족하다는 것이었다. 또 당 원로
들의 간여 때문에 실질적인 지위는 안정적이지 않았으므로 "총이 당을
지휘한다"는 점이 여전히 가장 큰 잠재적 위협요소였다.[103]

80년대에 덩샤오핑은 지도자인 마오쩌둥의 독단과 제도파괴적 방식
을 피하고자 제도화 정책결정기제를 수립하려고 시도했지만 실제로는
1997년 2월 서거 전까지 중대한 인사 및 정책 결정권과 거부권을 장악
하고 있었다. 예를 들면 1992년 14대 정치보고를 준비하면서 장쩌민이
주관한 정치국상무위원회는 몇 차례의 토론을 거친 후 그 초안을 덩샤
오핑에게 심사를 부탁했다.[104] 대부분의 작동방식이 이전에 비해 덜 폭
력적이었지만 정책결정과정에서의 독단은 여전했다. 11기 5중전회에서
총서기직이 회복되고 난 후, 후야오방, 자오쯔양, 장쩌민, 후진타오, 시
진핑 등 모두 5명의 총서기가 나왔다. 후야오방은 11기 6중전회가 열리
기 전에 서기처의 책임자였고 6중전회에서 당주석을 맡은 후에 공식적
최고지도자가 되었지만 진정한 중공 당수령은 군사위주석 덩샤오핑이
었다. 자오쯔양, 장쩌민 역시 후야오방과 상황이 동일했다. 당과 군 내
에서 이들의 명망은 모두 덩샤오핑에 미치지 못했다. 중대한 문제는 당
원로들의 협상기제가 결정했다(제3장 참고). 당군관계에서 지도부 분리
상황이 나타났다. 총서기인 후야오방은 군대를 장악할 수 있는 직책이
없었으며 자오쯔양은 중앙군사위 제1부주석 자리에 머물렀다. 장쩌민

103) 杜評, 「評中共"十三期五中全會"」, 『中國大陸研究』, 第32卷 第6期(1989年12月), p.2.
104) 楊開煌, 「中共四代領導集體決策運作之分析」, 徐斯儉·吳玉山 編, 『黨國蛻變: 中共政權的菁英與政策』(臺北: 五南, 2007年), p.72.

은 총서기를 맡은 5개월 후에야 비로소 군사위주석직을 획득했고, 후진 타오는 총서기직을 획득한 2년 후에 군권을 장악했다. 군권은 여전히 총서기의 권력이 완전한 것인지 그렇지 않는 것인지를 결정하는 주요 요소이지만 군권을 소유하고 있더라도 당내 최고지도자라고 확증할 수 는 없었다.

제9절 총서기제의 정형화

1992년 10월 베이징에서 중공 제14차 전국대표대회가 열렸다. 이후 열린 제14기 1중전회에서 중앙지도자를 선출했다. 장쩌민이 총서기와 중앙군위회 주석을 맡았다. 14대 당장은 총서기와 서기처의 권한을 유 지시켰지만 중앙고문위원회는 폐지되었다.[105] 당내 원로는 이미 당장 의 규정을 통하여 당중앙 정책결정에 참여할 수가 없는데다[106] 원로들 이 연로했기 때문에 정책결정에 대한 영향력도 축소되었다. 이러한 조 치들은 모두 총서기 권한의 제도화에 유리하게 작용했다. 덩샤오핑이 1997년 2월 서거한 후 중공당 고위층 권력구조는 정상적으로 작동하기 시작해 "집단지도, 분업책임(集團領導, 分工負責)" 등 민주집중제의 운 영 방식은 실행되었다.[107] 총서기는 처음으로 중공 건당 이래 명실상부

---

105) 吳安家, 「中國"十四代"修改黨章的政治意涵」, 『中國大陸研究』, 第36卷 第1期 (1993年 1月), p.7.

106) 吳安家, 「中國"十四代"修改黨章的政治意涵」, pp.10-11.

107) 15대 이후 정치국상무위원회 회의 빈도는 정치국 회의에 비해 많다는 것이 여러 자료를 통해 확인된다. 16대 정치보고를 위한 1년동안 초안작성 과정을 보면, 정치국 토론은 두 차례에 있었으나 정치국 상무위원회 토론은 네 차례나 있었다.

한 최고지도자가 되었다.

덩샤오핑 서거는 혁명세대의 패권형 가부장적 통치의 종말이라 할 수 있다. 새로이 퇴직한 14대의 야오이린, 쑹핑과 15대의 차오스, 류화칭, 양바이빙 등은 이미 덩샤오핑, 천윈, 리셴녠 등 원로들은 현직 지도자의 정책결정에 대한 거부권이 없었다.[108] 총서기 권한은 법규에 규정되어 있었지만, 덩샤오핑, 천윈, 리셴녠 3인은 정치국과 정치국상무위원회 위원의 직무를 맡지 않았지만 권력구조 변화는 3명의 원로가 죽은 후에서야 가능했다.

3명의 원로가 서거한 후 14대나 15대 이후 은퇴한 정치국과 정치국상무위원회 노간부들은 모두 정치국상위원회 결정을 거부하는 권력을 가지고 있지 않았다. 정치국과 정치국상무위 및 서기처는 당장과 당규에 따라 작동했으며 장쩌민 총서기도 관련 권한과 부합된 진정한 최고지도가 되었다. 한편 장쩌민의 당 고위층에 대한 영향력이 덩샤오핑에 미치지 못하기 때문에 "집단지도체제"는 자연스레 완성이 되었고 장쩌민 스스로도 오직 "정책결정자 중 1인"에 머물렀다.

2002년 11월 16대에서 장쩌민은 총서기직을 후진타오에게 넘겼다. 그러나 여전히 군사위 주석직은 보류하였다. 국제여론은 후진타오와 장쩌민의 관계가 1997년 2월 이전의 장쩌민과 덩샤오핑과 같다고 평가했다. "중대한 문제는 장쩌민과 상의하고 지도를 청해야 한다"는 원칙이 확인되었고[109] 장쩌민 개인이 정책결정의 범위를 최종 결정하고 있으

14대 보고 기초과정의 회의 빈도와 동일했다. 夏林·張宿堂·孫承斌,「馬克思主義的綱領性文獻: 黨的十六大報告誕生記」,〈人民網〉(2002년 11월 20일, http://www.people.com.cn/BIG5/shizheng/19/20021120/870242.html.

108) 寇健文,『中共菁英政治的演變』, p.257.

109) Erik Eckholm, "China's New Leader Promises Not to Sever Tether to Jiang," The New York Times, November 21, 2002, p.A16; 楊中美,「新紅太陽: 中國第五大領

며 군대와 국방, 정치국위원 이상이나 베이징과 상하이 두 직할시 당위
서기의 인사권, 중대한 외교문제, 타이완 문제 등이 이러한 범위에 포함
되었다는 이야기들이 있었다.110)

후진타오가 정권을 장악하고 나서 중공 최고 정책결정기관은 진일보
한 제도화과정을 보였다. 정치국의 제도적 대표성도 안정되었고, 신 지
도체제 하 기술관료 비율이 감소하고 간부전문화 추세도 분명해졌다111)
(제3장 참고). "집단지도, 분업책임" 원칙은 정치국상무위원회에서 실현
되었고 정치국상무위원 개인 간 업무분담도 날이 갈수록 정밀해졌다.
언론매체들은 최고지도자를 더 이상 "지도핵심"으로 칭하지 않았다. 이
러한 것들은 모두 정책결정과정이 제도화되고 있으며, 총서기 권한 역
시 축소되고 있다는 점을 보여주는 것이다. 후진타오가 장쩌민으로부터
총서기직을 이어 받은 후 장쩌민은 군사위 주석을 여전히 담당했지만
군사정책은 다른 정책과 같이 당규에서 정한 과정에 따라 추진되었
다.112) 후진타오 개인이 최종결정을 할 수 없었으며 장쩌민도 역시 군

袖』, p.33.

110) 金鐘,「曾慶紅躍升二把手」,『開放』, 第195期(2003年3月1日), pp.11-12. 그러나
이와 완전히 반대되는 견해도 있는데, 16대에서 선출된 정치국위원은 문건으로나
구두로 중요한 정책을 결정할 수 사람은 전혀 없고 모두 江澤民의 지시를 받거나
그의 결정에 따랐다고 하는 주장도 있다. 宗海仁,「胡錦濤·江澤民的互動與權力
消長」,『中國戰略』第2期(2004年4月), p.3 참고.

111) Alice Miller, "The New Party Politburo Leadership," *China Leadership Monitor*,
no.40(2013), p.10.

112) 어떤 학자는 이러한 정책결정과정을 "집단지도체제 하의 영역[口] 책임관리(歸口
管理)"라고 부른 바 있다. 이를 통해 비록 '군사영역[軍事口]의 최고지도기구는
중앙군사위원회이나 군사정책은 정치국 상무위원회가 결정하고, 군사위원회는
정책집행에 대한 책임이 있음을 알 수 있다. 한편 중국 한 언론은 관련보도에서
중국공산당 내규에는 "정치국상무위원회는 중앙군사위가 제출한 정책성 문제의
결정에 책임"이 있고, "정치국은 중앙군사위가 제출한 중대 사항에 대한 심의에
책임"이 있다고 명시되어 있으며 지금까지 이 규정은 적용되고 있다고 보도한

사정책을 단독으로 결정할 수가 없었다. 후진타오와 장쩌민 사이에 업무분장이 어느 정도 이루어졌다는 것을 알 수 있다.[113] 그러나 두 사람 간의 이런 묵계(默契)는 정치국 상무위의 동의를 반드시 거쳐야 했다. 만약 상무위원회에서 다른 결정을 내놨다면 두 사람도 이를 받아드릴 것인지를 선택을 해야만 했을 것이다. 정치국과 상무위원회에서 물러난 지도자는 다양한 방식을 통하여 당내 정책결정에 영향력을 행사할 수 있지만 결국 예전의 덩샤오핑, 천윈, 리셴녠 등이 누렸던 당시 지도부 결정을 거부할 수 있었던 정책결정권과는 비교할 수 없다.[114] 여기서 알 수 있듯 16대 후 장쩌민은 오직 정치국상무위원회의 용인 하의 당 업무상 부분권력만을 가졌다. 정치국상무위 다수파가 바뀔 때 장쩌민은 점점 권력을 놓아야 했다. 이런 특수한 체제는 2004년 9월에 개최한 16기 4중전회에서 장쩌민이 중앙군사위 주석에서 물러나고 후진타오가 이를 계승한 후에야 정상적인 상태로 돌아왔다. 16대 이후 은퇴한 정치

바 있다. 따라서 중앙군사위원회가 군의 인사명령을 발표할 때 그 안건은 이미 당중앙의 승인을 거친 것이다. 楊光斌, 『中國政府與政治導論』(北京: 中國人民大學出版社, 2003年), pp.49-50; 新華社, 「經中共中央批准中央軍事發布命令調整海軍軍政主官」, 『人民日報』(2003年6月13日) 版1; 寇健文, 「中國政治情勢: 高層政局的演變」, 丁樹範 編, 『中國大趨勢: 2003-2004』(臺北: 新新聞文化, 2004年), pp.27-28.

113) 두 사람의 군사분야 이외의 업무분할까지 포괄한다. 즉 2003년 3월 국가주석직과 총서기직에서 물러난 후 일정 기간 중공중앙대대만공작영도소조, 중공중앙재정 경제영도소조, 중공중앙외사공작영도소조, 중공중앙국가안전영도소조 등 네 개의 영도소조의 조장을 맡고 있던 江澤民과 총서기로서 당내 각 정책결정과정의 참여 권한을 가지고 있던 胡錦濤 사이의 업무 분할까지를 포괄한다. 寇健文, 『中共菁英政治的演變』, pp.240-246.

114) 외부에 발표된 16대 정치국상무위원회 출석 명단을 보면, 9명의 상무위원의 이름만 확인할 수 있지만 군사위 주석인 江澤民의 이름은 발견할 수 없는데 이미 퇴직한 李鵬, 朱鎔基, 喬石 등까지 언급할 필요가 없을 것 같다. 新華網 編, 「中共中央政治局常委研究解決困難群衆生産活動問題」, 〈新華網〉(2002年12月3日), http://news.xinhuanet.com/zhengfu/2002-12/13/content_658673.htm.

국 및 정치국상무위 노간부는 정치국상무위원회의 결정에 대하여 거부권을 더 이상 갖지 못했다. 16대 정치국상무위원회 위원 수가 예전보다 많아졌기 때문에 당내 컨센서스 형성에 있어 어려움은 커졌다. 정치국과 정치국상무위 및 서기처가 당장과 당규에서 넘어설 가능성도 줄어들었다. 총서기가 당장과 당규를 위반하고 임의로 권력을 확대할 수 없었으며 당시 군사위 주석을 맡았던 장쩌민도 마찬가지였다. 장쩌민이 군사위 주석에서 정식으로 물러난 후 총서기는 반드시 당장과 당규이 규정한 각 항 권한에 따라야 했으며, 집단지도체제를 변경할 수 없었다.

18대에서 후진타오는 총서기와 군사위주석에서 동시에 내려왔다. 이는 화궈펑 이후 처음으로 새로운 지도자가 군사위 주석을 동시에 맡게 되는 것이었다. 정치국위원 중 60년대 출생인 광둥성위 서기 후춘화와 충칭시위 서기 쑨정차이가 신임정치국위원에 포함된 것은 세대승계의 의미가 있다. 이는 최고 정책결정기구의 제도화가 진전되었음을 의미한다.

제10절 결론

중공 창당 이후 당수령의 권한과 지위를 지칭한 직책은 많았다. 그 중에서 '총서기'는 비교적 장기간 존재했던 당직 중 하나이다(관련 직책을 예로 들면 중앙국 총서기, 중앙집행위원회 총서기, 중앙위원회 총서기 등이 있다). 실제로 가장 길게 유지된 직책은 '주석'(중앙위원회 주석, 중앙정치국 주석, 중앙정치국 상무위원회 주석, 중앙서기처 주석도 동류에 속한다)으로 40년 넘게 남아있었다.

1927년 중공 5대에서 당의 최고위 정책결정기제에 대하여 중대한 변화가 있었다. 중앙위원회, 정치국상무위원회, 총서기 등 중앙당조직의 틀이 만들어졌다. 총서기의 지위가 가장 높지만 그 권력은 제한되었다. 심지어는 허수아비로 전락하기도 하였다. 1943년 3월 연안에서 개최된 정치국회의에서 마오쩌둥은 정치국 주석 겸 서기처 주석을 맡았다. 서기처 책임자가 처음으로 주석으로 불려졌다. 그 후로 주석은 정식으로 총서기를 대신하여 중공 최고지도자가 되었는데 1982년 12대에서 주석제가 철폐된 후 총서기는 다시금 공식적 최고지도자가 되었다. 그리고 1997년 덩샤오핑이 서거한 후에 비로소 진정으로 실제 최고지도자가 됐다.

중국 제5차 전대를 전후하여 지도자는 대략 패권형과 권위형 두 가지로 나뉠 수 있다. 전자는 마오쩌둥과 덩샤오핑이 대표적이고 장쩌민, 후진타오, 시진핑 3대는 후자에 속한다. 그러나 동일한 유형의 지도자라 할지라도 권력작동방식과 정책결정방식은 다르다. 패권형 수령은 독자적으로 중요한 대규모회의 개최를 결정할 수 있으며 중대한 정책노선방침에 대해 결정하거나 변경할 수 있을 뿐만 아니라 후계자에 대한 선출권 및 파면권이 있다. 마오쩌둥은 독재했고 관료체계를 불신했으며 대중을 선호했다. 특히 "지방토론, 중앙서평"의 정책결정모델을 만들어 냈다. 반면 덩샤오핑은 마오쩌둥에 비해 덜했지만 최고 정책결정기제 제도화의 수립을 시도하였다. 당내 각종 정치생활에서도 점차 정상적 상태를 모색했지만 반드시 세력연합과 지지를 구해야만 했다. 그래서 공식 체제 외의 원로협상기제를 조직해야 했다. 장쩌민과 후진타오는 중대한 문제와 인사 임명에서 여전히 "일정한 발언권과 주도권" 가지고 있었지만 그 이상 결정권을 갖지는 못했다. 덩샤오핑이 서거한 이후에서야 비로소 체제 내 '집단지도'형 정책결정모델을 정식적으로 수립할 수 있었다.

제3장
중공 최고정책결정기관의 권력관계

중국의 정책결정은 항상 암흑상자 내에서 이루어졌다. 따라서 깊이 숨겨져 외부에 드러나지 않았다. 이 장에서는 중공 중앙의 최고지도체제인 중앙정치국, 정치국상무위원회, 중앙서기처 세 기구의 기능과 상호관계에 대한 분석할 것이다.

중공정권 수립 이전 서기처 지위는 매우 컸다. 8대는 고도 집권체제에서 분권으로 전환하려는 시도로 균형적 정책결정체제 수립을 모색했다. 이 시기 처음으로 세 기관의 권한과 책임을 바로 잡으려했지만 마오쩌둥이 관료체계를 매우 싫어했고 군중노선을 좋아했기 때문에 결국 문혁이 발생하게 되었다. 80년대 이후에 세 기관의 전체적인 기능과 역할을 규정하였고 명확한 문서로 각 기관의 권한과 기능을 규범화할 수 있었다. 15대 이후 집단적 정책결정기제가 형성되고 민주집중제가 실현되었다. 16대 이후에는 지도부에 고학력자가 확대되었지만 기술관료의 비중은 줄어들었다. 또한 경력이 풍부한 간부[資深]제가 확립되고, 정치국의 제도화는 안정되고 총서기의 권한도 축소되었다. 이러한 것들은 모두 최고정책결정기관의 제도화 진전에 긍정적으로 작용했다.

중공중앙정치국, 중앙정치국상무위원회, 중앙서기처는 중공 최고위

정책결정기관이다. 이 장에서는 이 세 기관의 기능 및 상호관계에 대하여 분석하고자 한다. 세 기관 중 서기처의 역할변화가 가장 중요하다. 정치국은 보통 20인이 넘는 인원으로 구성되어 있고, 평소에는 각 지방에 분산되어있어 회의를 소집하는 것이 쉽지 않다. 그러므로 관례에 따라 정치국확대회의를 개최하여 체제 외 원로나 지방 수장들을 참여시키거나, 정치국상무위 회의를 개최했다. 따라서 서기처는 항상 정치국상무위의 대역으로 전락하는 경우가 있었다. 중공은 이를 교정하지 않으면 안 되어 80년대 덩샤오핑은 서기처의 기능을 바로잡는 것을 중심으로 하는 중앙정책결정기관의 개혁을 진행하였다. 이 장은 역사적 시각에서 중공 최고지도기관의 변화를 서술하면서 개혁개방 이후 관련 지도체제의 개혁 초점을 맞춰 지도체제개혁을 공식적제도요소와 비공식 제도요소를 통해 분석하고자 한다.

제1절 중공 최고정책결정기관 창설

중국공산당 역사에서 최고 정책결정기관의 명칭과 기능은 고정되어 있지 않다. 1921년 제1차 당대표대회에서 임시중앙집행위원회가, 2대와 3대에서는 중공중앙국이 설립되었다. 1927년 4월 중공은 제5차 전국대표대회를 열어 새로운 중앙정치국을 구성하고 당장 수정안을 통과시켜 당의 고위정책결정기제에 대한 중대한 개혁을 단행하였다. 총서기 지위를 가장 높은 자리에 놓고, 그 아래는 중앙정치국상무위원회(당장 중 중앙상무위원회 Secretariat), 중앙정치국, 중앙위원회와 전국당대표대회 등의 순서로 당 정책결정구조의 틀을 짰다.[1] 제5기 1중전회에서는 정치국위원 7인, 후보위원 3인, 정치국상위 3인을 선출하였다. 5대 당장 제27조는 "중앙위원회에서 정식 중앙위원 1인을 총서기로 선출하고, 중앙정위원 몇 명을 뽑아서 중앙정치국을 조직하여 전국 일체의 정치업무를 지도한다. (중략) 전체 중앙위원회의는 중앙정치국을 개조해야 하고, 중앙정치국은 몇 명을 추천하여 중앙 상무위원회(Secretariat)를 조직하여 당의 일상 업무를 처리해야 한다"[2]라고 규정하였다. 정치국은 "전국의 정치업무 지도"를 책임지고, 정치국상무위는 "당의 일상 업무를 처리한다"라고 되어 있다. 당시 정치국상무위 지위가 정치국보다 높았다는 것을 확인할 수 있다.

1928년 6월에서 7월까지 중공 제6차 전국대표대회가 모스크바에서 개최하였다. 당장 수정 외에 당 중앙위원회가 선출되었다. 6대 당장 제

---

1) 胡天楚·唐昕 主編,『黨政代表大會知識通覽』(北京: 中國政法大學出版社, 1993年), p.277.
2) 胡天楚·唐昕 主編,『黨政代表大會知識通覽』, pp.278-279.

40조의 규정에 따르면 "중앙위원회는 그 위원 중에서 정치국을 선출하여 중앙위원회 전체회의 전후 기간 당의 정치업무를 지도하도록 하며 상무위원회를 선출하여 일상업무를 진행한다"[3]라고 되어 있다. 제6기 1중전회에서 정치국위원 7인, 후보위원 7인을 선출하였다. 새로운 정치국이 구성된 후 열린 첫 회의에서 정치국상위 5인을 선출하였고 노동자 신분의 샹중파(向忠發)는 정치국 주석 겸 정치국상위 주석으로 선출되었다. 중공당 역사상 처음으로 정치국과 정치국상위에서 주석직이 설립된 것이다. 1934년 1월에 중공은 장시 루이진에서 제6기 5중전회를 개최하였다. 6대 당장의 규정에 따라 중앙정치국상무위원회를 중앙서기처로 명칭을 변경하였다.[4] 그리고 당장이 정한 정치국상무위원회의 실제 기능과 지위를 계승하게 되면서 서기처는 당중앙 최고 정책결정기구와 집행기구가 되었으며[5] 명칭에서 정치국상위회와 서로 교차하여 사용하였다. 당시의 총서기인 친방셴도 서기처의 일원이었다.[6]

---

3) 胡天楚·唐昕 主編,『黨政代表大會知識通覽』, p.293.
4) 李久義,「中共中央書記處組織人事述評」,『中國大陸研究』第28卷 第5期(1985年 11月), p.94.
5) 사실상 이 4년 동안 중국공산당 조직은 국민당군의 포위토벌 작전으로 큰 피해를 당해 축소되거나 합병되는 경우도 있었다. 기구계층의 명확했던 5대와는 다르다.
6) 王健英 編著,『中國共産黨組織史資料匯編: 領導機構沿革和成員名錄』(北京: 中共中央黨校出版社, 1994年), p.190.

제2절 권력핵심인 중앙서기처

1935년 1월 중공은 구이저우 쭌이에서 정치국확대회의를 열어 대장정에 따른 중대한 손실과 당중앙의 노선문제에 대하여 검토했다. 총서기인 친방셴을 대신해 장원톈, 저우언라이가 맡았던 중앙군사위주석도 마오쩌둥이 대신 맡았다. 1937년 12월 정치국회의에서 서기처는 총서기제를 폐지를 결정하고 서기처 5인이 집단지도하기로 했다.[7] 6대 당장은 중앙정치국의 권한을 "중앙위원회 전체 회의 전후 기간 당 내 정치업무를 지도한다"라고 규정했고, 정치국상위회의 권한은 "일상적인 업무를 진행한다"로 정하였다. 당장 규정을 보면 정치국은 중앙위원회 전체회의의 상무기관이며 정치국상무위는 정치국 상무기관으로써 정치국상무위가 바로 당시 중공중앙의 정책결정기구라는 것을 알 수 있다. 당장의 소위 "일상적인 업무를 진행한다"는 것은 당시 정치국상위회가 정책결정과 집행이라는 2가지의 권한을 겸했다는 것을 나타낸다.

1938년 10월 옌안에서 제6기 6중전회를 개최하였는데, 마오쩌둥은 서기 중 한명이었지만 "일상적인 업무 주관"이 가능했다.[8] 1943년 3월 정치국 옌안회의에서 마오쩌둥은 정치국 주석 겸 서기처 주석을 맡았는데 중앙서기처 책임자가 처음으로 주석이라 불려졌다.[9] 1944년 5월에서 1945년 4월에 옌안에서 개최된 제6기 7중전회에서 마오쩌둥, 주더, 류샤오치, 린비스, 저우언라이로 주석단이 구성되었다. 마오쩌둥이 중앙위원회 주석과 7중전회 주석단의 주석을 맡았다. 회의기간에 주석단이 당

---

7) 王健英 編著, 『中國共產黨組織史資料匯編: 領導機構沿革和成員名錄』, p.297.
8) 王健英 編著, 『中國共產黨組織史資料匯編: 領導機構沿革和成員名錄』, p.331.
9) 王健英 編著, 『中國共產黨組織史資料匯編: 領導機構沿革和成員名錄』, p.474.

중앙의 일상업무를 처리하며 정치국과 서기처는 집권행사를 잠시 중지
하였다.[10)

　1945년 4월에서 6월까지 중공 제7차 전국대표대회는 옌안에서 신당
장을 제정하였다. 이후 열린 제7기 1중전회에서 마오쩌둥은 중앙위원회
주석 겸 정치국과 서기처 주석(서기의 1인)으로 임명되어 서기처의 업
무를 주관했다. 서기처는 실질적으로 정치국 상설기구였다. 제정된 당
장에서는 더 이상 정치국상무위가 등장하지 않는다. 7대 당장 제34조
규정에 따르면 다음과 같다.

- 중앙위원회 전체회의에서 중앙정치국과 중앙서기처, 중앙위
  원회 주석 1인을 선출한다.
- 중앙정치국은 중앙위원회 전후 두 번의 전체회의 기간에서 당
  의 중앙지도기관이며 당의 일체 업무를 지도한다.
- 중앙서기처는 중앙정치국의 결의 하에 중앙 일상 업무를 처
  리한다.
- 중앙위원회주석은 바로 중앙정치국 주석과 중앙서기처 주석
  이다.[11)

　이론상 이 시기 서기처의 지위는 정치국의 아래에 있어야 하지만 실
제로는 정치국상무위가 변화된 조직인 서기처는 여전히 최고 권력핵심
이며 정치국 상설기구였다. 서기인 마오쩌둥, 류샤오치, 저우언라이, 주
더, 린비스(린비스 사후 천원이 1950년 6월의 7기 3중전회에서 후보로
선출되어 대신했다)가 정책을 결정하고 집행했다.

---

10) 王健英 編著, 『中國共産黨組織史資料匯編: 領導機構沿革和成員名錄』, p.479.
11) 胡天楚·唐昕 主編, 『黨政代表大會知識通覽』, p.305.

제3절 정책결정기관 간 지위 정립

정권 수립 초기 중공은 중앙집권화를 위한 제도를 설계했다. 당의 정책결정기제도 강화하였다. 그러나 마오쩌둥은 관료체계를 싫어했고 군중노선을 좋아했기 때문에 집권 기간 내내 수많은 중대한 정책결정을 먼저 체제 외 군중의 정책결정기제 결정을 거친 후 당내 결정기제에게 교부하여 합법화하였다(제2장 참고). 그러나 즉시 처리해야 할 위기시 체제 내 엘리트들에게 정책결정을 맡겼다. 1956년 개최한 제8차 당대표대회에서 정책결정기제에 대한 중대한 조정을 단행했지만 마오쩌둥이 군중노선식 정책결정을 선호한 성격 탓에 많은 사람이 모인 지방공작회의와 정치국확대회의가 더 중요해졌다. 1958년 이후 마오쩌둥이 정세평가에 있어 오류를 보이면서 중앙의 정책결정기제도 그 영향을 받았다.

1. 1958년 전 중공 최고정책결정기제

1950년대 초 국민경제회복, 토지개혁, 반혁명진압 등 업무를 완성한 후에 중공은 중앙의 집중지도를 강화하기로 결정하고 중앙국과 대구역 행정위원회의 주요 지도자를 베이징으로 이임시킴으로써[12) 중앙 정책

---

12) 혁명기간 동안 중국공산당은 지방국(地方局)을 조직하였다. 예를 들어 1941년 기존의 중원국(中原局)과 동남국(東南局)을 합병하여 화중국(華中局)을 설립하였다. 신중국 건국 후에도 중국공산당은 전국을 화북, 동북, 서북, 화동, 중남, 서남 등 6대행정구로 구획하고 군정위원회를 설립함과 동시에 이미 설치되어 있던 당내 6개 중앙국 역시 유지하였다. 그러나 1954년 가오강사건(高崗事件) 이후 대행정구 1급 정권기관과 중앙국을 폐지되었다가 1961년에 일시적으로 부활하였다. 그러나 문화혁명이 끝난 후에는 다시 설치되지 않았다. 遲福林·田夫 編,『中華人民共和國政治體制史』(北京: 中共中央黨校出版社, 1998年), 각 장

결정기제를 강화하였다. 1952년 8월 덩샤오핑은 서남국에서 정치국부총리로 임명하였고, 가오강(高崗), 라오수스(饒漱石), 덩쯔후이, 시중쉰(習仲勳)도 각 지역 중앙국에서 베이징으로 전임되었다. 1953년 6월부터 8월까지 개최된 전국재경회의에서 중공중앙은 국가체제문제에 대하여 주목하기 시작했다. 최고 행정기관을 구소련 부장회의의 형식을 모방할 것인지 아니면 당중앙에 부주석이나 총서기를 증설할 것인지 등에 대한 문제를 논의하였다.[13]

당의 최고정책결정기관은 제7차 전당대회 모델을 계속하여 활용하였다. 7대 당장에서는 "중앙서기처는 중앙정치국 결의 하에 중앙 일상업무를 처리한다"라고 비록 규정했지만 정치국상무위가 설치되어 있지 않아 서기처가 정치국의 상설기구로 정책결정을 할 뿐만 아니라 집행까지 담당하게 되어 중공 중앙의 최고권력중심이 되었다. 이는 이후 설립될 정치국상무위에 상당한 기구였다. 7대에서는 총서기직이 설치되지 않아 일상업무와 회의는 모두 중공중앙위원회 주석, 즉 정치국과 서기처 공동 주석인 마오쩌둥이 주관하였다. 서기 5명은 모두 당내 실권파 인물들이었다. 이는 당시 서기처가 최고 권력기관이었다는 또 다른 예증이다. 정권 수립 이후 마오쩌둥은 자주 각지를 순시하면서 조사와 연구를 진행했기 때문에 중앙업무는 대체로 류샤오치가 대리하여 주관하였다. 1953년 12월, 류샤오치는 마오쩌둥의 베이징 부재시 서기처 서기들이 교대로 일상업무를 책임질 것을 제의했다.[14] 이 제의는 비록 서기처의 다른 서기들의 찬성을 얻지 못했지만 당시 서기처의 실질적인 지위

참고.

13) 薄一波, 『若干重大問題決策與事件的回顧(上)』(北京: 中共中央黨校出版社, 1991年), p.314.

14) 薄一波, 『若干重大問題決策與事件的回顧(上)』, p.315.

가 어떠했는지를 증명하고 있다.

1956년 9월 8대에서 정치국상무위의 부활되면서 서기처의 정책결정 기능은 약화되어 업무처리기구로 전환되었다. 총서기직 설치를 포함하여 정책결정기제에 대하여 중대한 변화가 있었다. 1958년 5월 8기 5중전회에서 당중앙은 영도소조가 설립되었는데 정권 수립이후 처음으로 최고지도체제 제도화가 시작되었다고 할 수 있다.

(1) 세 정책결정기관의 권한과 책임 규정

8대는 중앙지도체제에 대해 중대한 수정을 가했다. 전쟁 시기 생겨났던 고도의 집권체제로부터 분권으로의 전환이 시도되어 정치국과 서기처의 이원 구조로 바꾸었다. 또한 정치국상무위를 부활하고 서기처의 지위를 낮췄다. 정치국상무위는 다시 최고 권력기관이 되었다. 이로써 처음으로 세 정책결정기관의 권한과 책임이 바로잡혔다. 8대 당장 제37조 규정에 따르면 다음과 같다.

- 당 중앙위원회 전체회의에서 중앙정치국, 중앙정치국상무위원회와 중앙서기처를 선출하고, 중앙위원회 주석 1인, 부주석 몇 명과 총서기 1인을 선출한다.
- 중앙정치국과 그 상무위원회는 중앙위원의 지도 하에 중앙 일상업무를 처리한다.
- 중앙위원회의 주석과 부주석은 동시에 중앙정치국의 주석과 부주석이다.[15]

이 규정에 근거하여 중앙서기처는 "중앙정치국과 그 상무위원회 지도

---

15) 胡天楚·唐昕 主編, 『黨政代表大會知識通覽』, pp.323-324.

하에 중앙 일상업무를 처리"하게 되었다. 마오쩌둥에 따르면, 당시 최고 정책결정기관은 "1선, 2선"으로 나누어졌고 서기처는 '1선', 정치국은 '2선'이었다. 이것이 바로 이른바 "2선 정책결정"이다(제5장 참고). 그러나 실제 최고 정책결정권은 이미 정치국상무위에 있었으며 서기처는 오직 정치국상무위를 지원하여 집행을 책임지는 선에 머물렀다. 서기처의 지위는 뚜렷이 하락하였다. 서기처 성원 중 오직 덩샤오핑과 펑전만이 정치국위원이었다. 8기 1중전회에서 새로운 지도부가 선출되었는데 기존 5명의 서기처 서기는 연임되지 않았다. 마오쩌둥이 중앙위원회 주석을 맡고 다른 4명의 서기인 류샤오치, 저우언라이, 주더, 천윈은 신설된 부주석직을 맡았다. 총서기는 덩샤오핑이 담당하였다(덩샤오핑은 총서기 겸 정치국상무위원이며 서기 중 한 명이었다). 6인으로 구성된 새로운 정치국상무위에서는 서기처 주석직을 폐지하였으며 서기처는 이제 집행기관이 되었다.[16] 1958년 5월 8기 5중전회에서는 린뱌오를 상무위원 겸 당 부주석으로 추가로 선출하였다.

  8대를 전후한 서기처 지위의 변화는 덩샤오핑이 8대에서 제출한 「당의 당장 수정에 관한 보고」에서도 알 수 있다. 보고 중 "당의 중앙조직 중 중앙위원회는 중앙정치국의 선출 외 중앙정치국상위도 선출한다. 당의 수년 경험 중에서 필요하고 합당하다고 증명된 중앙서기처의 기능을 담당하도록 한다. 동시에 중앙서기처를 선출하여 중앙정치국과 중앙정치국상무위원회의 영도 하에 중앙 일상업무를 처리하는 것을 책임지도록 한다"라고 되어 있다.[17]

---

16) 「中國共産黨黨章(1956)」, 景杉 主編, 『中國共産黨大辭典』(北京, 中國國際廣播 出版社, 1991年), pp.864-871 참고
17) 鄧小平, 「關於修改黨的章程的報告」, 『鄧小平文選, 1938-1965』(北京: 人民出版 社, 1989年), p.240.

8대에서 총서기직 설립이 결정되기 전 덩샤오핑은 마오쩌둥에게, 서기처는 정치국의 업무처리기구로 당의 사무만 관리하고 군대와 국무원의 문건에 대해서는 오직 전달하는 책임만 가지도록 할 것을 제안하였다. 그러나 덩샤오핑의 이 제의를 마오쩌둥은 받아들이지 않았다. 그리고 서기처가 중앙위원회의 업무를 처리하는 기구라고 강조하였다. 이로인해 "모든 일에 관여해야 하며 중앙의 일은 모두 너희가 하고, 전면적으로 업무를 처리하며 중앙명의로 문서를 발송해야 한다"라는 서기처 역할이 정해졌다.[18] 여기서 볼 수 있듯이 그 당시 서기처는 비록 최고정책결정 단위가 아니었지만 기능과 중요성이 여전히 컸다. 정치국, 정치국상무위와 서기처 세 권력기관의 관계에 대해 마오쩌둥은 1958년 6월에 서면으로 지시하였다. "정치적 큰 방침은 중앙정치국에 있고, 구체적인 부처정책은 중앙서기처에 있다." 1959년 4월 마오쩌둥은 8기 7중전회에서 자세한 설명을 추가했다. "권력은 중앙정치국상위와 중앙서기처에 집중한다. 내가 사령관[正帥]이 되고, 덩샤오핑은 부사령관[副帥]이 된다"[19]

서기처의 지위는 8대부터 근본적으로 달라졌다. 중앙위원회 주석과 정치국 양자 간에 하나의 새로운 기구가 생겨난 것이다. 5대, 6대의 서기처 전신과 비록 이름은 같고 양자 모두 당시 가장 핵심적인 권력기관이었지만 연혁을 따라 논하자면 양자는 완전히 다른 기구로 역사적 연속성을 갖지 않는다. 7대 전에 서기처와 그 전신(3대, 4대 때의 '중앙국'과 5대, 6대 때의 '중앙집행위원회')은 모두 중공중앙의 핵심 권력기관이

18) 李雪峰, 「我在鄧小平領導下工作的二十四年」, 中共中央文獻研究室 編, 『回憶鄧小平(上)』(北京: 中央文獻出版社, 1998年), p.221.

19) 中共中央文獻研究室 編, 『毛澤東傳, 1949-1976(下)』(北京: 中央文獻出版社, 2003年), p.939.

었다. 7대 당장은 비록 서기처를 정치국 아래에 설치했지만 실제로 서기처는 정치국상무위원회 역할을 했다. 5명의 서기는 13명의 정치국위원 중에서 모두 서열 5위 안에 들었다.[20] 서기처와 정치국위원이 중복되기 때문에 비록 서기처의 제도위계는 하락했지만 실질적인 권력에 영향을 주지 않았다.[21] 그러나 8대에서의 서기처 지위는 하락했다. 정치국과 그 상무위원회 지도 하에 일상업무를 처리하는 기관이 되었다. 최고 정책결정권력은 정치국상무위회에 속하게 되었다. 기존의 5명의 서기는 중앙위원회와 정치국상위회의 주석과 부주석으로 승진 임명하는 동시에 정치국상무위원 겸 신임 총서기 덩샤오핑을 추가하여 정치국상무위원회의 권력지위가 확인되었다. 총서기 덩샤오핑을 제외한 서기처 서기는 더 이상 정치국상무위원회 위원과 중복되지 않았다.[22]

(2) 마오쩌둥의 역할과 1선, 2선의 정책결정 설계

마오쩌둥은 8대에서 중앙정책결정기관을 재조정하면서 '2선'정책결정구상을 제시하였다. 마오쩌둥의 이러한 결정은 그의 시국에 대한 총체적인 인식 그리고 향후 기획과 관련되어 있었다. 마오쩌둥은 1966년

---

20) 7기 1중전회에서 선출된 정치국위원 13인: 毛澤東, 朱德, 劉少奇, 周恩來, 任弼時, 陳雲, 康生, 高崗, 彭眞, 董必武, 任伯渠, 張聞天, 彭德懷; 서기처서기 5인: 毛澤東, 朱德, 劉少奇, 周恩來, 任弼時. 向常福 主編,『中華人民共和國職官志』(北京: 中國社會出版社, 1993年), p.25 참고.

21) 1950년 6월 정치국위원 겸 서기처 서기인 任弼時가 병이 중해, 7기 3중전회가 정치국위원 陳雲으로 하여금 任弼時 서기직을 대신하도록 하였다. 10월 任弼時가 병사함에 따라 陳雲이 이어받았다. 이는 중국공산당 기구 성원의 선출방식을 위반한 것으로도 볼 수 있다. 王健英 編著,『中國共産黨組織史資料匯編: 領導機構沿革和成員名錄』, p.601, 636.

22) 8대에서 선출된 7명의 서기와 3명의 후보서기 중, 鄧小平 한 사람이 중앙정치국상무위원회 위원이었으며, 鄧小平과 彭眞 단 2명이 정치국위원직을 가지고 있었다. 胡天楚·唐昕 主編,『黨政代表大會知識通覽』, p.450.

10월 24일에서 25일까지 열린 중앙공작회의에서 "상무위를 1선, 2선으로 나누고, 서기처를 만들자는 것이 나의 제안이다. 구소련 스탈린의 경험을 교훈삼아 (중략) 1선, 2선으로 나눈다. 나는 2선에 남는다. 일상 업무는 내가 주관하지 않고 다른 사람으로 하여금 주관하게 한다면, 내가 상제(上帝)를 만날 때(죽고 없을 때) 국가는 그렇게 큰 혼란이 일어나지 않을 것이다"라고 했다.[23] 이후 덩샤오핑도 이러한 사실을 확인했다. 마오쩌둥은 1953년 말 이미 중앙을 '1선, 2선'으로 나누는 구상을 제기한 바 있다. 그 목적은 상황에 빠르게 대처하기 위함이었다. '1선'에서의 번잡스러운 일상업무에서 벗어나 '2선'에서 '큰 문제를 틀어잡고 작은 문제는 위임하는' 이른바 조대방소(抓大放小)하려는 것이다.[24] 서기처는 '1선'에서의 지도에 대한 지원하는 한 세트 기구로 만들었다. 1954년 4월 '가오강과 라오수스 사건' 이후 마오쩌둥은 덩샤오핑을 당중앙비서장으로 임명하여 "중앙의 일은 당신들이 모두 처리하고 대외적으로는 중앙의 명의를 일률적으로 사용하라(中央的事由你們做, 對外一律用中央名義)"고 주문한 바 있다.[25] 그리고 중앙비서장회의의 권한을 확대했는데 이것이 바로 8대 중앙서기처이다.[26] 이런 방식으로 당 체제를 개혁하기 위해 마오쩌둥은 1955년에 덩샤오핑을 정치국위원으로 특별히 보선하였다.

8대 서기처의 재정위원회와 총서기의 설치를 모두 마오쩌둥이 제안

23) 毛澤東, 「中央工作會議上的講話(1966年10月25日」, 『毛澤東思想萬歲』(臺北: 中華民國國際關係研究所, 1974年), pp.657-658.

24) 鄧小平, 「對起草"關於建國以來黨的若干歷史問題的決議"的意見」, 『鄧小平文選, 1975- 1982)』(北京: 人民出版社, 1983年), p.257.

25) 李雪峰, 「從建國初期到"文革"期間」, 李穎·程美東 主編, 『與鄧小平一起親歷歷史』(武漢: 湖北人民出版社, 2005年), p.205

26) 李林, 「中共中央書記處組織沿革與功能變遷」, 『中共黨史研究』第3期(2007), pp.15-16.

하고 주도했다. 그 이후 사회주의 개조와 반우파 투쟁 과정에서 대규모 반대는 일어나지 않았으나, 마오쩌둥 개인 숭배는 점차 강해졌다. 1958 년 3월의 청두회의에서부터 마오쩌둥은 개인숭배를 강조하기 시작하였다. "반은 반드시 반장을 숭배해야 한다. 그렇게 하지 않으면 안 된다(一 個班必需崇拜班長, 不崇拜不得了)"라고 했다. 이 회의에서 상하이시 당 위 서기 커칭스(柯慶施)는 "마오쩌둥 주석을 믿으려면 미신할 정도로 믿 어야 하고, 마오쩌둥 주석에 복종하려면 맹목적으로 복종할 정도에 이 르러야 한다(相信毛主席要相信到迷信的程度, 服從毛主席要服從到盲從 的程度)"고 발언하였다.[27]

마오쩌둥의 독단은 날이 갈수록 심해졌다. 1958년부터 마오쩌둥은 정 치국회의에 별로 참가하지 않았다. 그러나 정치국회의의 결의는 반드시 그의 동의를 얻어야 효력을 발휘했다.[28] 마오쩌둥과 다른 정치지도자들 간의 관계는 더 이상 평등하지 않았다. 예를 들면 1962년 2월 정치국상 위회가 베이징에서 확대회의로 개최되었는데 좌경적 과오를 바로잡는 토론이 있었다. 회의 끝난 후에 류샤오치, 저우언라이, 덩샤오핑은 일부 러 베이징에서 난창까지 내려가 마오쩌둥에게 보고해야만 했다.[29] 더 심각한 것은 마오쩌둥이 노년에 중병을 앓고 있을 때, 소수의 사람만 그와 직접적인 접촉을 할 수 있었기 때문에 그를 본 사람이라면 어느 정도 마오쩌둥을 팔아 말을 전하는 방식으로 정책결정권을 획득할 수 있었다는 점이다. 가장 유명한 사례가 연락원이었던 마오위안신(毛遠 新)인데, 그의 권력은 정치국위원보다 더 컸다.[30]

---

27) 李銳, 『毛澤東的早年與晩年』(貴州: 人民出版社, 1992年), pp.205-206

28) 席宣·金春明, 『文化大革命簡史』(北京: 中共黨史出版社, 1996年), pp.34-35.

29) 胡偉, 『政府過程』(杭州: 浙江人民出版社, 1998年), pp.225-226.

30) 胡偉, 『政府過程』, pp.228-229.

(3) 서기처와 정책부처의 권한

'중앙 일상업무를 처리하는 기구'인 서기처는 도대체 어떤 권한이 있었는가? 마오쩌둥은 중앙정책결정기관 간 상호관계를 재조정할 때 '정책부서'를 따로 두어 정책결정과 정책집행 사이에 서기처가 중간다리 역할을 하게 하였다. 중대한 문제에 대해서는 항상 정치국과 정치국상위회에게 건의하고 제안해야 했다. 그러므로 사전 준비, 기획, 협조는 매우 중요했다. 서기처는 거의 모든 일에 관여했고 조직도 방대해졌다. 덩샤오핑 총서기를 포함하여 총 7명의 서기와 3명의 후보서기는 일상업무를 분업했다(표 3-1 참고). 1958년 8기 5중전회에서 심지어 12인까지 추가되었고, 7대 서기처의 5명의 서기와 같이 중앙 최고지도층의 지위를 대표하게 되었다. 정책결정권은 줄어들었지만 조직기능은 크게 확대되었다.

〈표 3-1〉 8대 중앙서기처 인사와 업무분담

성명	분담영역	비고
덩샤오핑	총서기 (서기업무 주관)	시기마다에 특정 업무를 겸직 관리.
펑전	정법	또한 덩샤오핑을 도와 총 책임(負總責)
리푸춘, 리셴녠	재경	1960년 리쉐펑은 중공중앙 북방국을 맡아
리쉐펑	공업	전출하여 리푸춘이 공업을 겸하여 관리.
탄전린	농업	
왕자샹	외사	왕자샹은 휴가, 캉성이 주로 장악
황커칭, 탄쩡	군사	황커칭, 탄쩡 차례로 사직, 후임 뤄루이칭
후챠오무(후보)	선전문교	후챠오무 휴가, 루딩이 장악
양상쿤(후보), 류란타오(후보)	군중단체	양상쿤 중앙판공청 주임 겸임; 이후 류란타오 중공중앙 서북국 맡아 전출

설명 : 리푸춘, 리셴녠은 1958년 5월 5중전회에서 보선(補選)되었다. 캉성, 루딩이, 뤄루이칭은 1962년 10중전회에서 보진하였다. 펑전, 왕자샹, 루딩이, 뤄루이칭은 1966년 8월 8기 11중전회에서 숙청당했다. 그 외 새로 陶, 葉, 謝, 劉 등 4인이 증원되었다.
자료 출처 : 鐘廷麟, 『重重帷幕後的總書記 : 鄧小平與文革前的中共政治(1956-1966)』(臺北 : 國立政治大學博士論文, 2009年), p.32에 근거해 수정.

중앙서기처가 정치국과 정치국상위회의 지도를 받게 되면서 중대한 문제에 대한 정책결정기능은 담당하지 않았다. 8대를 전후해 서기처 조직구성원을 보면 그 깊은 뜻과 이치를 발견할 수 있다[一窺堂奧]. 이른바 5명 서기였던 인물들은 주석, 부주석으로 임명되었고 동시에 정치국상위가 되었다. 덩샤오핑은 서기처를 주관하고 정치국상위이긴 하지만 서열은 비교적 낮았다. 마오쩌둥의 의견에 따라 정책이 결정되기 때문에 정치국상위회는 자주 열리지는 않은 대신 서기처가 일상업무를 책임지고 있어 마오쩌둥과 교류가 많았다. 그 결과 정책결정과정에서 서기처의 역할은 커졌다.[31]

(4) 정치국확대회의 특출한 지위

나로드니키(Narodniki) 방식의 군중노선의 영향으로 마오쩌둥은 정치국이나 정치국상위회와 같은 공식체계 내 정책결정기제를 좋아하지 않았다. 1956년 이후 마오쩌둥은 이 두 기관 확대회의를 자주 소집하였다. 마오쩌둥은 비교적 많은 사람이 참석하는 정치국확대회의를 선호했으며, 그 출석인원은 대단히 방대했다. 아래의 사례는 50년대 후반 정치국확대회의가 수많은 중대한 정책의 결정 장소가 되었다는 것을 보여준다.

폴란드에서 1956년 6월의 대대적인 파업이 발생하고, 헝가리에서 1956년 10~11월 파업시위 등 군중사건이 발생했을 즈음에 중공은 1956년 10월 21일부터 11월 9일까지 20일 동안 13~14차례의 정치국상위회와 정치국확대회의를 연속하여 개최했다.[32] 같은 해 11월 10일에서 15

---

31) 鐘廷麟, 『重重帷幕後的總書記: 鄧小平與文革前的中共政治(1956-1966)』(臺北: 國立政治大學博士論文, 2009年), pp.27-28.

32) 薄一波의 자료는 세 번의 정치국확대회의, 한 번의 정치국회의, 한 번의 정치국상무위원회확대회의에 제출되었다. 薄一波, 『若干重大問題決策與事件的回顧(下)』,

일까지 열린 8기 2중전회에서 중공은 폴란드 및 헝가리 사건을 의제에
추가하였다. 전체회의 기간에 수차례에 걸쳐 정치국확대회의와 상위회
확대회의가 개최되었고 밤을 새우면서 토론을 지속했다. 토론의 결과물
이 정치국확대회의의 결정에 따라, 〈인민일보〉 편집부의 명의로 「프롤
레타리아트독재의 관한 역사경험」(關於無産階級專政的歷史經驗)과 「프
롤레타리아트독재의 역사경험을 다시 논한다」(再論無産階級專政的歷史
經驗) 등의 2편의 사론으로 발표되었다. 1956년 9월에서 1957년 3월까
지 중국 각 지역에서도 수 십 차례의 파업사건이 발생하였다. 동유럽의
폴란드 및 헝가리 사건이 여기에 더해진 관계로 마오쩌둥은 1957년 2월
「인민 내부의 모순을 어떻게 정확히 처리할 것인가」(如何正確處理人民
內部的矛盾)라는 연설을 하게 되었다. 연설의 초고는 최종 발표까지 총
14차례나 수정하였다.[33] 마오쩌둥이 1956년 4월 발표한 바 있는 「십대
관계론」은 사회주의 발전노선에 대한 청사진이었는데 이 역시 정치국
확대회의에서 한 연설이었다.

1958년 8월 17일부터 9월 1일까지는 그 유명한 베이다이허(北戴河)
정치국확대회의가 개최되었다. 이 확대회의에서 강철생산에 힘 쓸 것을
결정하였다. 의제는 총 17개였는데 농촌 인민공사 설립 결정도 있었다.
「중공중앙의 농촌 인민공사 설립에 관한 결의」가 통과되면서 1958년 11
월 제1차 정저우회의는 '대약진'의 최고조를 알렸다. 그 밖의 다른 정치
국확대회의도 중앙위원회가 열리기 전 항상 먼저 개최되었다. 1959년
7월 2일에서 8월 1일까지의 정치국확대회의는 루산에서 개최되었고, 계
속해서 8기 8중전회(8월 2일~8월 16일) 열렸다. 참가자는 정치국상위

p.576.
33) 薄一波, 『若干重大問題決策與事件的回顧(下)』, p.589.

(천윈과 덩샤오핑은 병 때문에 출석하지 않음), 각 성, 시, 자치구의 책임자, 국무원과 공업교통부, 재경무역부 등 부문의 책임자들이 포함되었다. 마오쩌둥은 이 회의에서 18개 문제를 제기하였고, 여섯 개 대구역별로 조를 나누어 15일까지 토론할 예정이었다. 그런데 펑더화이가 마오쩌둥에게 '대약진'과 인민공사운동의 경험과 교훈을 총정리하자고 요구하는 편지를 보내 폭풍을 일으켰다. 회의 성격이 '좌경을 바로잡자'에서 '우경에 반대하자'로 갑자기 바뀌었다. 이 회의에서 마오쩌둥은 펑더화이를 "소자산계급의 열광성(小資産階級狂熱性)"이라고 비난하면서 "당내 우경사상이 출현하여 미친 듯 진격하는 큰 추세가 있다(黨內出現右傾思想, 大有猖狂進攻之勢)"고 공격하였다. 그러면서 마오쩌둥은 펑더화이, 황커청(黃克誠), 장원톈(張聞天), 저우샤오저우(周小舟)를 '반당집단'으로 규정했고 펑더화이를 "음모가, 야심가"라고 재차 비난하였다.[34] 그리고 1959년 3월 25일부터 4월 5일까지 상하이에서 중앙정치국 확대회의와 8기 7중전회를 연이어 개최하여 인민공사의 정돈업무, 국가기관 인사배치 등에 대하여 토론하였다.

마오쩌둥은 50년대 후반 정치국 확대대회를 특별히 좋아했는데, 어떤 사람들이 이 회의에 참가할 자격이 얻었는가? 마오쩌둥이 1958년 5월 26일 "중앙정치국, 서기처 각 동지와 성, 시, 자치구 당위 제1서기, 정치국확대회의를 참가하는 기타 동지"에게 편지를 써 '대약진' 정책을 촉진시키고 '반모진'을 비판했는데[35] 마오가 언급한 이런 사람들이 모두 정치국 확대회의 참가대상자라는 것을 알 수 있다.

---

34) 薄一波, 『若干重大問題決策與事件的回顧(下)』, p.863
35) 薄一波, 『若干重大問題決策與事件的回顧(下)』, p.652

(5) 다원적 정책결정모델

마오쩌둥의 정책결정 방식은 무척 다원적이다. 체제 내적인 것과 체제 외적인 것, 체제 내에서도 정치국과 그 상위회 외 최고국무회의도 있다. 체제외적인 정치국확대회의 외에 지방수장회의도 매우 중요하다. 이런 다원적 정책결정 모델의 특징 중 하나는 정치국회의를 꼭 마오쩌둥이 주관해야만 하는 것이 아니라는 점이다. 예를 들면 1957년 4월 정치국은 중대한 정책결정인「정풍운동과 관련한 결정(초안)」을 통과시켰다. 여러 차례의 마오쩌둥 연설에 기반해 중앙이 기초(起草)했는데, 정치국회의는 천윈이 주관했다. 그리고 마오쩌둥이 부재할 경우 정치국회의는 류샤오치가 주관했다. 정치국확대회의도 꼭 베이징에서 개최되는 것은 아니었다. 1958년 11월 27일 정치국확대회의는 우창에서 열렸고 참가자는 부장 및 각 성, 시, 자치구 당위 제1서기를 포함되었다. 이 회의는 '대약진'의 격렬성에 대한 '좌경 바로잡기'의 기점이 된 회의였다.

2. 1958년 이후 변화

마오쩌둥의 권력은 1958년에 최고조에 달했다. 당내에 개인숭배 경향도 나타났다. 1959년 8월 루산회의 이후 중공의 정책결정은 점차 "탈제도화"(去制度化) 경향을 보였다. 그러한 변화 중 하나가 마오쩌둥 역할과 관련된 것이다. 마오쩌둥은 비록 당주석을 맡고 있었지만 '2선'으로 물러나 더 이상 '1선'의 일상업무를 책임지지 않았으며 국가주석도 사임한 상태였다. 그렇기 때문에 마오쩌둥은 최고국무위원회의도 주관하지 않았고 베이징에 항상 머물러 있지도 않았다. 또한 정치국상위회도 잘 참석하지 않았다. 일상업무를 주관하는 사람이 마오쩌둥에게 보고하는 식으로 정책결정이 이루어졌다. 예를 들어 1962년 1월에 개최한 '7천인

대회' 전체대회는 마오쩌둥이 주관했지만 1월 25일에 열린 정치국확대
회의는 류샤오치가 주관하였다. 1962년 2월 중난하이(中南海) 시루(西
樓)에서 개최한 정치국확대회의는 1962년 9월 8기 10중전회의 '계급투
쟁'으로의 중대한 정책전환에 앞서 개최된 회의였는데, 이 또한 류사오
치가 주관하였다. 3월 13일 류샤오치는 또 정치국상위회 확대회의를 주
관했고 회의가 끝난 후 류샤오치, 저우언라이, 덩샤오핑은 우한으로 가
서 마오쩌둥에게 보고했다.[36]

마오쩌둥이 '2선'으로 물러난 후 제도상의 정책결정기제 중요성이 상
대적으로 부각되었다. 그 중 하나가 바로 덩샤오핑이 지도하는 서기처
였다. 1960년대 말에 서기처는 공업조사업무와 관련해 관련 부문과 좌
담회를 자주 개최하여 공업업무관련 문건을 기초하기 위한 준비작업을
하였다.[37] 1961년 6월 12일 베이징에서 열린 중앙공작회의에서 「농촌
60조」를 토론하고 수정하고자 했기에 서기처는 급하게 강철생산에 대
한 토론결과를 중앙공작회의에 전달하였다. 1961년 7월에서 8월 사이
서기처회의가 베이다이허에서 개최되었다. 이 회에서는 「공업 70조(초
안)」을 기초했고, 연이어 8월 23일 루산에서 중앙공작회의가 열려 초안
내용을 계속 수정하였다. 그리고 마오쩌둥은 9월 17일에 이를 심사 결
정하였다. 이 안건에서는 국가와 기업의 관계를 명확히 규정하였으며,
당위의 생산에 대한 과도한 간섭을 제한하고 책임제를 수립하였다.

---

36) 薄一波, 『若干重大問題決策與事件的回顧(下)』, pp.1017-1055.
37) 鄧小平, 「對起草"關於建國以來黨的若干歷史問題的決議"的意見」, 『鄧小平文選
    (1975-1982)』, p.259.

제4절 문혁의 변주

문혁기간은 제도화된 정책결정기제의 암흑기였다. 기존 체제 내 정책결정기제가 무너졌고, 마오쩌둥이 체제 외 권력기관을 설립하여 저우언라이 지도 하의 국무원과 장칭이 지도하는 중앙문혁소조 두 권력중심이 서로 대립하는 국면이 조성되었다. 두 진영 간 정기적으로 간단한 미팅[碰頭會]이 있었고 그 회의는 저우언라이가 주관했다. 그러나 회의 후 각 진영은 따로 마오쩌둥에게 보고했다. 마오쩌둥이 두 파벌의 주인이었다.

1. 제도화된 정책결정기제의 파괴

문혁은 류샤오치가 주관하여 수립한 중앙의 노선에 문제가 있음을 마오쩌둥이 인정하면서 발동되었기 때문에 가장 먼저 재앙을 맞는 기관은 일상업무를 처리하는 서기처였다. 1965년 11월 상하이시위 선전부의 야오원위안(姚文元)은 마오쩌둥과 장칭의 명을 받아 〈문회보〉에 「신편 역사극 '해서파관'을 평함」라는 문장을 발표하여[38] 베이징시 부시장인 우한을 공격하였다. 당내에 펑전을 지도자로 한 '문화혁명 5인소조'가 성립되었지만 마오쩌둥의 지지를 얻지는 못했다. 야오원위안의 「신편 역사극 '해서파관'을 평함」이라는 글이 게재된 날, 서기처 후보서기, 중앙판공청 주임 양상쿤이 직무에서 파면당했다. 이어 정치국위원, 서기처 상위 서기, 베이징시위 제1서기인 펑전은 비판을 당했다. 1966년 3월

---

38) 席宣·金春明, 『文化大革命簡史』, p.84.

마오쩌둥은 "중앙선전부는 염왕전이다! 염왕을 무너뜨리고 작은 귀신들
을 해방하자! 중앙선전부와 베이징시위는 나쁜 사람을 은닉하였고 좌파
를 억압했다. 중앙선전부를 해산해야 한다. 베이징시위도 해산해야 한
다 (중략) 중앙기관이 나쁜 일을 했다면 나는 지방에 반란을 호소할 것
이며, 중앙을 향하여 진격할 것이다"라고 하였다.[39] 1966년 5월 4일에서
26일까지 정치국은 확대회의를 열어 마오쩌둥이 제정한 「5·16통지」를
통과했다.[40] "무산계급 문화혁명의 큰 깃발을 높이 들어 자산계급의 반
동입장을 철저히 폭로하자"[41]고 요구하였다. 또한 "일체의 우귀사신(牛
鬼蛇神 = 악인)에 대한 소탕"을 선포하면서 문혁을 정식으로 발동하였
다. '문화혁명 5인소조'를 폐지하는 대신 정치국상위회에 속한 '중앙문혁
소조'를 설립하여 점차 정치국과 서기처의 기능을 대신하도록 하였다.
'중앙문혁소조'가 문화대혁명의 실질적인 지휘기관이 되었다.[42] 5월 23
일 정치국 확대회의에서 '펑전, 뤄루이칭(羅瑞卿), 루딩이(陸定一), 양상
쿤' 4인 '반당집단'에 대한 비판결의를 통과하고 펑전 베이징시위 제1서
기와 시장 및 중앙선전부 부장 루딩이의 직무를 철폐하였다. 펑전, 루딩
이, 뤄루이칭 3인의 서기처 서기와 양상쿤 후보서기의 직무를 정지하였
으며 중남국 제1서기인 타오주(陶鑄)와 예젠잉(葉劍英)을 서기처 서기
(예젠잉은 중앙군위 비서장 겸임)로 임명하였다. 8월 개최한 8기 11중전

39) 毛澤東, 「打倒閻王解放小鬼: 與康生等同志的談話」, 『毛澤東思想萬歲, 第1輯』
(臺北: 國立政治大學國際關係研究中心, 1969年), pp.640-641.
40) 「中共中央委員會"五·一六"通知」, 『中共機密文件彙編』(臺北: 國立政治大學國
際問題研究中心, 1978年), pp.167-168.
41) 5월31일 마오쩌둥은 천보다가 인솔한 공작조의 인민일보 탈권을 승인했다. 그리
고 6월 1일 인민일보는 「모든 소귀신과 뱀귀신을 쓸어버리자(橫掃一切牛鬼蛇神)」
라는 사설을 발표했다. 席宣·金春明, 『文化大革命簡史』, p.99.
42) 席宣·金春明, 『文化大革命簡史』, p.97.

회에서 셰푸즈(謝富治), 류닝이(劉寧一)를 서기로 추가 임명하였고, 타오주는 타도되었다. 서기처가 무너졌다.[43] 그리고 1969년 4월 28일까지 9기 1중전회에서 중앙지도기구 책임자를 개편할 때 서기처는 더 이상 출현하지 않았다. 실질적인 일상업무를 책임지고 있던 서기처를 주관한 총서기인 덩샤오핑 또한 문혁의 주요 투쟁대상이 되었다. '류샤오치, 덩샤오핑 검은사령부(劉鄧黑司令部)'의 주요 성원이기 때문에 서기처는 자연스럽게 재난구역이 되었던 것이다.

실제로 문혁초기 제도화된 권력기관은 이미 비정상적으로 작동되었다. 1965년 12월 마오쩌둥은 임시로 상하이에서 정치국상위 확대회의를 개최하여 서기처 서기, 부총리, 해방군참모장 뤄루이칭을 비판했는데 중앙 일상업무를 주관하는 부주석 류샤오치 조차 회의 내용을 몰랐을 정도였다.[44] 1966년 5월에 거행한 정치국확대회의 이후 마오쩌둥은 지방에 있어 회의는 류샤오치가 주관하였고 참석자는 80명 정도였다. 캉성은 마오쩌둥을 대신하여 이 회의에서 8시간 동안 연설을 하였다. 캉성은 연설에서 펑전, 루딩이, 뤄루이칭, 양상쿤, 중앙선전부 등을 비판했다. 정치국과 정치국상위 역시 재난을 피할 수 없었다. 당내 세 개 최고 권력기관의 제도화를 설계했던 8대의 목표는 문혁으로 인해 파괴당하여 수명을 다하게 되었다.

마오쩌둥은 1966년 8월 8기 11중전회 마지막 날에 임시 동의 방식으로 정치국상위회를 7인에서 11인으로 개편할 것을 제의했다. 이는 중공 역사상 가장 큰 정치국상위회였다.[45] 새로 선임된 타오주, 천보다(陳伯

---

43) 阮銘은 8기 11중전회가 중앙서기처를 없앴다는 것은 사실과 다르다고 주장했다. 阮銘, 『中共人物論』(新澤西: 八方文化企業公司, 1993年), p.37.

44) 席宣·金春明, 『文化大革命簡史』, p.38.

45) 席宣·金春明, 『文化大革命簡史』, p.112.

達), 캉성, 리푸춘(李富春) 4명 중 리푸춘을 제외한 3명은 모두 중앙문혁 소조 성원이었다. 정치국상위 11명 중 기존 상위 4명(류샤오치, 덩샤오핑, 주더, 천윈)은 더 이상 결의에 참가하지 않는다. 그런데 4명의 신임 상위 중 타오주와 리푸춘은 곧 타도되거나 추출 당해 마오쩌둥, 린뱌오, 저우언라이, 천보다, 캉성 5명만 남게 되었다. 제도파괴 상황은 하나만 봐도 열을 알 수 있을[可見一斑] 정도였다. 권력은 마오쩌둥 일인의 손에 집중되었고 비록 당주석과 부주석을 바꾸지 않았지만 린뱌오를 제외한 기타 4명 부주석은 11중전회 이후 문건에서 다시 찾아볼 수 없었다. 곧이어 국가주석 류샤오치가 체포되고 타오주는 타도되었다. 따라서 정치국상위는 이름만 있고 실제로는 없어져 버렸다[名存實亡].

1968년 10월 13일에서 31일까지 중공은 8기 12중전회를 개최하였다. 8기 중앙위원과 후보위원은 총 193인데 그 중 88명은 "스파이, 배신자, 외국분자, 반당분자, 외국내통분자" 등 죄명으로 회의에 참석하지 못했다. 97명의 중앙위원 중 오직 40명만 회의에 출석하였으며 98명의 후보위원에서 오직 9인만 출석하였다. 반면 중앙문혁소조, 군사위판사조 성원, 각 성, 시, 자치구 혁명위회와 각 대군구 책임자, 중앙직속기관 인원은 74명에 달했다. 회의 총 출석인원 133인의 57%를 차지하였다.[46]

중공은 1969년 4월에 개최한 제9차 전국대표대회에서 당장을 대폭 수정하였다. 더 이상 서기처를 두지 않았고 동시에 정치국 주석을 폐지하였다. 제9조의 규정은 다음과 같다.

- 당의 중앙위원회 전체회의에서 중앙정치국, 중앙정치국의 상무위원회, 중앙위원회주석, 부주석을 낸다.

---

46) 席宣·金春明, 『文化大革命簡史』, pp.194-195.

- 당의 중앙위원회 전체회의는 중앙정치국이 개최한다.
- 중앙정치국과 그 상무위원회는 중앙위원회 전체회의 폐회 기간 에 중앙위원회의 권한을 행사한다.
- 주석, 부주석과 중앙정치국 상무위원회 지도 하에 몇 명으로 정 예기구를 설립하고 당, 정, 군의 일상업무를 통일적으로 처리한 다.[47]

위의 조문에는 서기처가 이미 없어졌고 이른바 "통일적으로 당, 정, 군의 일상업무를 처리하는 몇 명으로 구성된 정예기구"인 '중앙문혁소 조'만이 있다. 9기 1중전회에서 새로운 고위층 인사안이 통과되었고 정 치국상위회 5명 성원 중 린뱌오는 서열 2위가 되었다. 이는 마오쩌둥 자신이 군권을 견고히 하고 당정 관료를 숙청하겠다는 결심을 보여준 것이었다. 동시에 홍위병운동이 각 지역에서 전면적으로 전개되었다. '중앙문혁소조'는 운동의 조직자와 지도자로서 그 지위가 매우 특수했 다. 서열 3위와 5위의 천보다과 캉성은 모두 소조에서 중요한 역할을 담당했다. 저우언라이 총리만 중간에 끼어 있었다. 정치국 21명 구성원 중 린뱌오가 대표하는 군과 문혁파가 각각 6명씩 포진되어 있어 세력분 포는 균형을 이루었다. 원로 관료파는 오직 3명만 들어갔고 4명의 후보 위원 중 문혁파에 속한 3명을 추가하면 전체 정치국의 2/5 석을 문혁파 가 차지하여 새로운 최고 권력구조에서 문혁파가 우위를 점했다.[48] 군 세력은 린뱌오가 부주석을 맡은 것 제외하고 10명 정치국상위가 군 배 경을 가지고 있었고 175명의 중앙위원 중 74명이 군간부였다. 이는 전

---

47) 國防部總政治作戰部 編印, 『中共歷次會議紀要』(臺北: 民國72) 참고
48) 張鎭邦, 「論文革派」, 張敬文 編, 『中共政治問題論集』(臺北: 中華民國國際關係 研究所, 1975年), pp.246-248.

체 위원의 42.3%를 차지해 혁명지도간부(57명)와 군중조직대표(37명)를 초과했다.

2. 새로운 권력중심 – 중앙문혁소조

1966년 5월의 정치국은 확대회의를 열어 '중앙문혁소소'를 설립하었다. '중앙문혁소조'는 문혁기간 새로운 권력중심이었다. 정치국상위회에 소속되어 정치국과 서기처의 기능을 점차 대신하면서 문혁의 실질적인 지휘기구가 되었다.[49] 캉성이 고문을, 천보다는 소조장을 맡았고 장칭은 제1부조장을 맡았다. 왕런중(王任重, 중남국 및 후베이성위 제1서기), 류즈젠(劉志堅, 총정치부 부주임), 장춘차오(張春橋, 화동국 및 상하이시위 서기)는 부조장을 맡았다. 소조성원으로는 〈홍기〉 잡지 편집, 군인사 및 베이징 이외 중요한 중앙 각 국이 포함되었다. 중공중앙은 8월 30일에 "천보다의 병가 기간이나 베이징을 떠나 있는 기간에 장칭이 소조조장을 대리하여 책임진다"는 통지를 발송하였다. 이는 장칭이 '중앙문혁소조'의 실질적 책임자가 되었다는 것을 의미했다.

명의상 '중앙문혁소조'는 정치국상위회에 속하지만 실질적으로 마오쩌둥의 지도를 받았다. 초기에 캉성, 천보다, 장칭 3인이 핵심이었으나 장춘차오, 왕리(王力), 관펑(關鋒), 치번위(戚本禹), 야오원위안, 무신(穆欣) 등이 추가되어 확대되었다. 4대구(四大區)의 참가인원은 모두 중앙국의 책임자이거나 선전공작을 책임지고 있는 간부였지만 이런 지방대표들은 곧 배제되었다. '중앙문혁소조'의 구성(〈표3-2〉 참고)에서 볼 수 있듯, 이 새로운 권력조직의 임무는 사상과 선전 활동이었다. 캉성과

---

49) 席宣·金春明,『文化大革命簡史』, p.97.

천보다가 중용된 것은 정치국상위의 신분이었기 때문이 아니라 마오쩌
둥과 친밀하고 사상이 급진적이어서 마오쩌둥에게 좋은 인상을 얻었기
때문이다. 타오주는 남방에서 장기간 근무했고, 개성 또한 거칠어 마오
쩌둥의 기대에 부합했다. 이런 상황 하에서 체제 내 기존 고위정책결정
기제는 정지되고 체제 외 문혁소조가 마오쩌둥의 신임을 얻고 군부의
힘은 더 강해졌다. 파벌 대립도 더 심해졌다.

〈표 3-2〉 중앙문화혁명소조 성원

고문	타오주(중앙정치국상위, 서기처 상무서기, 선전부 부장)
	캉성(중앙정치국상위, 서기처 서기)
조장	천보다(중앙정치국 상위, 서기처 서기)
제1부조장	장칭(마오쩌둥 부인, 당내 직무가 없다.)
부조장	왕런중(중남국 및 후베이성위 제1서기)
	류즈젠(총정치부 부주임)
	장춘차오(화둥국 및 상하이시위 서기)
조원	왕리(〈홍기〉잡지 부총편집)
	관펑(〈홍기〉잡지 부총편집)
	치번위(〈홍기〉잡지 부총편집, 전 〈문회보〉 총편집)
	야오원위안(상하이시위 선전부장, 〈해방일보〉 총편집)
	무신(홍기잡지 부총편집, 광명일보 총편집)
조원	셰탕중(謝鐺忠, 해방군 총정치부 문화부 부장)
	장핑화(張平化, 중공중앙 선전부 상무부 부장)
	류웨이전(劉維珍, 서남국 선전부장)
	쩡지차오(鄭季翹, 동북국 서기)
	양즈린(楊植霖, 서북국 서기, 칭하이성위 제1서기)

자료 출처: 張鎭邦,「論文革派」, 張敬文 編,『中共政治問題論集』(臺北: 中華民國國際關係硏究所, 1975年), pp.243-244.

새롭게 성립된 '중앙문혁소조'는 문혁기간 최고의 권력기관이 되어
문혁을 주도하게 되면서 국무원의 행정권이나 군권과 부딪혔다. 1967년
1월 상하이에서 '1월 혁명(一月革命)'이 발생하였다. 상하이 국영 17면방
직공장보위부과 왕홍원(王洪文)을 수장으로 하는 '상하이노동자혁명 조
반총사령부'(이하 '공총사'로 약칭)가 탈권을 선포하고 정식으로 인민공

사를 성립하였다. 장춘차오가 주임되었고 야오원위안, 왕홍원은 부주임
을 맡아 권력기구를 만든 후 마오쩌둥의 지지 하에 각 지방에 혁명위원
회를 수립하여 "탈권(奪權) 임무"를 완성하였다. 마오쩌둥은 '중앙문혁소
조'가 중공중앙, 국무원, 중앙군위를 대신해 축전을 기초할 것을 요구하
고, 이 4기관 연합명의로 상하이 각 혁명조반단체에게 발송했다. 이는
처음으로 '중앙문혁소조'가 중공중앙, 국무원, 중앙군위와 병렬적 위치
에 올랐다는 것을 보여주는 것이다. 그리고 이후 마오쩌둥의 지시를 연
명하여 발표하는 비슷한 상황이 빈번히 발생했다.[50] '중앙문혁소조'는
또한 9대를 기획하고 준비하는 지도기관이었다. 수정당장에 대한 통지
도 바로 중공중앙과 '중앙문혁소조'가 연명(聯名)하여 발표했다.

마오쩌둥은 다양한 파벌 세력균형을 시도해 왔으나, 이 시기 그는 '중
앙문혁소조'만을 키우고 주요 소조 성원과만 밀접한 관계를 유지했다.
예를 들어 1966년 7월과 1967년 1월 마오쩌둥은 두 차례에 걸쳐 소조에
중요한 지시를 하달하였다. 1967년 1월에는 상하이를 시작으로 하여 중
국 각지는 '혁명위원회'운동으로 뒤덮였는데, 이것도 소조에서 발동하고
마오쩌둥의 공개적인 지지했기에 가능했다. 마오쩌둥은 자주 장칭을 접
견하여 보고를 청취하였을 뿐만 아니라 소조를 통하여 지시를 하달했
다. '중앙문혁소조'는 마오쩌둥 정책 의지를 전달하는 전달자였다고 할
수 있다.

문혁기간 당내 최고 정책결정기제는 정치국이나 정치국상위가 아니
었으며 서기처는 더욱 더 아니었다. 바로 '중앙간담회(中央碰頭會)'였다.
저우언라이가 이 회의를 주관했는데 참석자들은 아직 문혁의 영향을 받
지 않는 일부 정치국위원과 국무원 부총리 및 각 부문 지도자들, 그리고

50) 席宣·金春明, 『文化大革命簡史』, pp.133-134.

'중앙문혁소조' 성원들이었다. 회의에서는 항상 일촉즉발의 위기와 같이 긴장된 상황[劍拔弩張]이 연출되었다. 예를 들어 1967년 2월 11일과 16일, 중난하이 화이런탕(懷仁堂)에서 열린 2차례의 '중앙간담회'에서 "2월역류(二月逆流)"가 발생했다. 원로 간부 탄전린(潭震林), 예젠잉, 리셴녠 등은 문혁소조가 "당의 지도는 필요 없다. 노간부를 모두 없애버려야 한다(不要黨的領導, 要把老幹部打光)"라고 했다고 비판하였다. 그러나 마오쩌둥은 비록 두 파벌의 수장이었지만 실제로는 '중앙문혁소조'를 더 편애하고 있었다. 장칭이 마오쩌둥에게 이를 즉시 보고했고, 마오쩌둥은 18일 일부 정치국위원을 참석시킨 회의에서 노간부가 화이런탕을 소란스럽게 했다고 질책하면서 "창끝이 그 자신을 향하게 될 것이다. 류샤오치, 그는 덩샤오핑의 흑사령부의 복위를 위해 종을 울려 길을 열어주려한 것이다(將矛頭指向他本人, 是爲劉·鄧黑司令部的復辟鳴鐘開道)" 비판하였다. 그리고 마오쩌둥은 탄전린(부총리), 천이(陳毅, 외교부장), 쉬샹첸(徐向前, 군위부주석) 3명의 정치국상위에 책임을 물어 쉬면서 깊이 반성하도록 했다.[51] 1968년 10월에 열린 8기 12중전회에서 '중앙특별안건소조(中央專案小組)'의 「배신자, 간첩, 노동자의 적 류샤오치 죄행에 관한 심사보고」가 통과되었다. 이외에 '2월역류'를 공식적으로 비판했다. 탄전린은 "당내 숨은 배반자, 스파이, 반혁명분자"라는 죄명으로 숙청 당하였다.[52]

'중앙문혁소조'는 군권을 직접 장악하지는 않았지만 중앙군사위에서도 새로운 권력구조가 생겨났다. 1969년 3월에 성립한 '군위판사조(軍委辦事組)'가 군위의 일상업무를 책임졌다. 조원은 우파셴(吳法憲), 예췬

---

51) 席宣·金春明, 『文化大革命簡史』, pp.153-154.
52) 國防部總政治作戰部 編印, 『中共歷次會議紀要』, pp.201-204.

(葉群, 린뱌오의 처), 치우회이쮀(邱會作), 장시우촨(張秀川)이었다. 마
오쩌둥은 1968년 3월 중앙군위 회의를 더 이상 개최하지 않기로 결정했
다. '군위판사처'가 실제로 군위상위회의 기능을 대신했다.

3. 최고조에 달한 마오쩌둥 개인숭배

문혁기간 마오쩌둥의 권력은 최고봉에 달했다. 자의적으로 직권을 남
용했고, 제도를 하찮은 것으로 봤다. 동시에 마오쩌둥에 대한 개인숭배
는 극대화되었다. 9대는 바로 이런 강렬한 개인숭배와 열광적 좌경 분
위기 하에서 개최된 회의였다. 기조는 바로 "크게 칭찬하고(大讚), 크게
칭송하고(大頌), 크게 비판한다(大批)"였다. 마오쩌둥 주석 그리고 장칭
과 모범극(樣板戲)이 찬양의 대상이 되었다. 반면 '류샤오치의 반혁명
수정주의 노선은 큰 비판 대상이었으며, 마오쩌둥에 대한 "세 가지 충성
(三忠於), 네 가지 무한(四無限), 네 가지 위대(4個偉大)"가 강조되었다.[53]

제5절 과두지도체제인 원로협상

덩샤오핑은 1980년 12월의 정치국확대회의에서 중앙군위회 업무를
주관하는 것을 임무를 맡아 1981년 6월의 11기 6중전회에서 중앙군위회

---

53) "3가지 충성(三忠於)"는 마오쩌둥에 대한 충성, 마오쩌둥사상에 대한 충성, 마오
쩌둥 주석의 무산계급혁명노선에 대한충성, "4가지 무한(四無限)"은 마오쩌둥
주석에 대한 무한한 '사랑', '믿음', '숭배', '충성' 그리고 "4가지 위대(四個偉大)"는
마오쩌둥이 위대한 '지도자(導師)', '수령(領袖)', '사령관(統帥)', '조타수(舵手)'라
는 의미이다. 席宣·金春明, 『文化大革命簡史』, p.211 참고.

주석이 되었다. 정식으로 중공 최고지도자가 되어 정책결정기제에 대한 중대한 조정을 시작했다. 마오쩌둥의 전철을 밟지 않기 위해 덩샤오핑은 정책결정제도화를 추진했다. 그러나 독자적으로 당내 권력환경을 주도할 수 없기 때문에 불가피하게 제도 밖에 정책결정기제를 수립하였다. 마오쩌둥의 독단을 바로잡고자 했었지만 제도화된 정책결정체제를 수립하는 데에는 여전히 힘이 부족했다. 그렇기 때문에 제도화된 체제를 파괴하는 경우도 가끔 발생했다. 1980년대의 정책결정기제는 다음과 같은 특징을 갖는다. 첫째, 정치국, 정치국상위회, 서기처 세 기관의 전체적인 기능과 위상을 확립하였지만 서기처의 권력이 가장 컸다. 둘째, 체제 밖 원로의 정치간섭 상황이 심각했다. 셋째, 파벌(개혁파와 보수파)의 상호 힘겨루기가 격렬했다. 덩샤오핑은 최고 정책결정기제의 재건하여 규범화하기 위해 노력했다. 상당한 정도 8대에서 중앙일상업무를 총괄경험의 영향을 받았지만 환경의 변화로 인해 8대의 경험을 완전히 복재할 수는 없었다.

1. 과두적 원로협상기제

제도화된 정책결정기제와 파벌균형을 수립하는 것이 80년대 중국 최고 정책결정체계의 두 가지 큰 특징이다. 덩샤오핑은 최고 정책결정기관을 제도화했는데, 예를 들어 서기처의 회복을 통해 세 기관의 운영을 점차 정상상태로 돌아가게 하고 새로운 정책결정 상황으로 인해 형성된 파벌 간 균형을 반드시 유지했다.

(1) 과두원로협상과 파벌균형

마오쩌둥이 1976년 9월 서거한 후, 정책노선이 한 쪽으로 경도되는 현상은 없어졌다. 과두원로협상과 파벌균형 상황이 나타났다. 1977년 8월, 11대에서 5명의 정치국상위 즉 화궈펑, 예젠잉, 덩샤오핑, 리셴녠, 왕둥싱이 선출되었다. 서열이 가장 높은 화궈펑이 당주석을 맡았다. 화궈펑은 비록 명의상 공전(空前)의 영예를 얻어 당주석, 중앙군위주석과 총리를 맡았지만 마오쩌둥의 집권 기간과 비교해 권력은 현저히 약화되었다.54) 그는 마오쩌둥의 음택과 당내 원로파의 지지를 반드시 얻어야 비로소 당주석 권력과 최고 지도자의 지위를 견고하게 유지할 수 있었다. 예를 들어 '사인방'(장칭, 왕훙원, 장춘차오, 아오원위안)을 체포하는 것은 바로 예젠잉, 리셴녠, 왕둥싱 3인의 협력으로 인해 가능했다.55) 덩샤오핑의 복귀를 화궈펑은 원하지 않았지만 예젠잉, 리셴녠 2명이 요구하여 어쩔 수 없이 양보했다.56) 여기서도 볼 수 있듯 화궈펑은 전력을 다하여 파벌균형을 유지하되 5명의 정치국상위에서 유리하도록 유지해야 했다.

화궈펑의 권력기초는 견고하지 않았다. 협상기제의 구성원 변동도 빈번했다. 1978년 12월의 중앙공작회의에서 화궈펑, 왕둥싱 2명은 정책주도권을 유지하는데 실패했다.57) 협상기제는 예젠잉, 덩샤오핑, 리셴녠 3명 원로에 치우치게 되었다. 리셴녠, 예젠잉 2명이 덩샤오핑을 지지하는 것으로 전향함으로써 화궈펑의 정책결정에 커다란 영향을 주었다.58)

54) 이 책의 제5장 참고.
55) 王年一, 『1949-1989年的中國: 大動亂的年代』(鄭州: 河南人民出版社, 1996年), pp.647-649.
56) 趙生暉, 『中國共産黨組織史綱要』(合肥: 安徽人民出版社, 1988年), p.413; 薛慶超, 『革故與鼎新: 紅牆決策』(北京: 中共中央黨校出版社, 2006年), pp.101-102.
57) 관련 내용은 薛慶超, 『革故與鼎新: 紅牆決策』, pp.177-202를 참고.
58) 1978년 8월 중공중앙의 이론지 『홍치(紅旗)』는 마오쩌둥 탄생 80주년을 맞이해 潭震林에게 회고 글을 부탁했다. 원고의 내용은 진리의 표준과 관련된 것이었기 때문에 『홍치』의 책임자는 즉시 정치국 상무위원회의 심사를 요청했다. 원고에

이후 개최된 11기 3중전회에서의 일련의 인사이동과 기구설치 그리고 기구부활로 화궈펑의 권력은 더욱 약화되었다.[59] 천윈이 정치국상위로 추가 선출되었는데 이는 고위 협상기제 확대의 복선이었다.

화궈펑 세력이 약화되는 것에 비하면 덩샤오핑은 정치국과 그 상위회 다수의 지지를 획득해 나갔다. 1980년 11월 10일부터 12월 5일까지 정치국은 연속으로 9번의 확대회의를 개최하여[60] 6중전회에서 결국 화궈펑의 중앙위원회 주석 직무를 사임에 대한 동의와 후야오방이 화궈펑으로 대체하는 안건 건의를 결정하였다. 그리고 6중전회에서 공식 결정하기에 앞서 후야오방이 정치국과 그 상위회를 임시로 주관하고 덩샤오핑이 중앙군위회를 주관할 것을 결의하였다.[61] 이러한 결의가 있은 후 반

대한 심사를 진행하던 중 李先念은 덩샤오핑의 입장을 알게 된 후 대세를 따랐다. 그러나 葉劍英은 1980년 11월 11일부터 12월 5일까지 열린 중앙정치국 회의 상에서, 과거 華國鋒의 언행을 지지한 것에 대해 후회한다는 자아비판을 했다. 薛慶超,『革故與鼎新: 紅牆決策』, pp.168-171, 373

59) 인사이동과 관련된 내용으로는 11기 3중전회에서 천윈이 정치국 상무위원에, 그리고 덩잉차오(鄧穎超), 후야오방(胡耀邦), 왕전(王震) 세 사람이 추가로 정치국위원에 선출되었다. 이후 1979년 9월 4중전회에서는 자오쯔양(趙紫陽), 펑전(彭眞) 역시 정치국위원으로 들어갔고, 11기 5중전회에서는 후야방 이 총서기와 정치국 상무위원에 그리고 자오쯔양은 정치국 상무위원에 선출되었다. 반면 같은 시기 왕동싱(汪東興)은 정치국 상무위원에서, 그리고 지덩쿠이(紀登奎), 우더(吳德), 천시롄(陳錫聯) 등은 정치국 위원에서 내려왔다. 기구설치와 관련된 내용으로는 1989년 12월 중앙비서장, 중앙부비서장 직이 생겨났으며, 1980년 2월 중앙서기처가 부활되었다. 王健英 編著,『中國共産黨組織史資料匯編』, p.1133.; 姜華宣·張蔚萍·蕭甡 主編,『中國共産黨會議槪要』(瀋陽: 瀋陽出版社, 1991年), pp.619.; 中國共産黨第11期中央委員會第5次全體會議,「中國共産黨第11期中央委員會第5次全體會議開於成立中央書記處決議」, 三聯書店香港分店編輯部 編,『中國共産黨第11期注秧委員會第五次全體會議公報』(香港: 三聯書店香港分店, 1980年), p.11.

60) 阮銘,『鄧小平帝國』(臺北: 時報文化, 1992年), p.109; 中共中央定策硏究室綜合組 編,『改革開放二十年大事記(1978.12-1998.3)』(北京: 中國人民大學校出版社, 1999年), p.816.

년 만에 개최된 11기 6중전회에서 앞서 언급한 건의와 규정화 과정이 순조롭게 완성되었다. 정치국회의는 화궈펑의 당주석 직무 교체 결정 전에 다수 위원들은 당주석으로 덩샤오핑을 추천하려 준비했지만 덩샤오핑이 이를 받아들이지 않았다. 최종적으로 후야오방이 담당하는 것으로 결정되었다. 당시 당부주석과 정치국상위를 맡은 예젠잉, 덩샤오핑, 천윈, 리셴녠 등 4명의 원로는 이렇듯 정책결정과정에게 중요한 역할을 담당했다.[62]

1980년 12월의 정치국확대회의는 중공 고위층 권력구조에 크나큰 영향을 주었다. 덩샤오핑의 중공 최고지도자로서의 지위는 이 시기부터 확립되었다. 마오쩌둥 집권시기와 유사하다면 정치국과 그 상위회가 최고 정책결정기관이 아니었다는 점이다. 중대한 정책은 리셴녠, 예젠잉, 덩샤오핑, 천윈 4명으로 구성된 협상기제가 정책을 결정하였다.[63] 이런 상황은 예젠잉이 중도에서 빠진 후 3명으로 줄어든 것 외에[64] 1987년

---

61) 姜華宣·張蔚萍·蕭甡 主編, 『中國共産黨會議槪要』, pp.649-650.
62) 阮銘, 『鄧小平帝國』, pp.121-122. 후야오방에 따르면, 자신이 총서기에 피선된 것은 몇 명의 원로들의 협의 결과였으며, 원로 중 葉劍英 만이 화궈펑에게 한 번 더 맡기자는 의견을 냈으나 이후 후야오방의 총서기직 담임에 동의했다. 이에 근거해 추론해 보면 후야오방을 당주석으로 결정한 사람은 葉劍英, 鄧小平, 陳雲, 李先念 네 사람이 아니라 할 수 있다. 葉劍英은 1980년 11월 11일부터 12월 5일에 개최된 정치국회 석상에서 화궈펑 언행을 지지한 것에 대해 후회한다는 자아비판을 했다. 이는 葉劍英이 입장을 바꾸었다는 증거이다. 李銳, 「耀邦去世前的談話」, 『當代中國研究』, 總75期(2001年12月), p.37; 薛慶超, 『革故與鼎新: 紅牆決策』(北京: 中共中央黨校出版社, 2006年), p.373.
63) 후야오방의 11기 6중전회 석상에의 일련의 담화가 이러한 논점을 실증하고 있다. 薛慶超, 『革故與鼎新: 紅牆決策』, p.393.
64) 이는 자오쯔양이 바네트(A. Doak Barnett)의 방문을 받고 지적한 바이다. 12대 이후 6명의 정치국 상무위원(서열에 따라, 鄧小平, 陳雲, 葉劍英, 李先念, 胡耀邦, 趙紫陽) 중 예젠잉은 건강이 좋지 못하여 정치국 상무위원회 회에 참석하지 못하고 있다고 말한 바 있다. A. Doak Barnett, *The Making of Foreign Policy in China: Structure and Process*(Boulder, Colorado: Westview Press, 1985), p.11.

11월 13대 전까지 변하지 않았다.[65] 과두적 지도체제가 확립되었던 것이다. 후야오방의 경우 중요한 직책을 맡았다. 1980년 2월의 11기 5중전회에서 1987년 1월 중앙 일급당생활회의 기간에 총서기를 담당하였다. 또한 1980년 12월 정치국 확대회의부터 1981년 6월의 11기 6중전회 기간에 "중앙정치국과 그 상위회 업무를 주관"하는 권력을 가졌으며 6중전회에서 1982년 9월의 12대 기간에 당주석을 맡았다. 그러나 후야오방은 최고 정책결정자라기보다 정책집행자라고 하는 것이 더 적합하다. 이는 1978년 12월 중앙업무회의에서 11기 6중전회까지 당주석을 맡은 화궈펑과 1987년 1월 중앙 일급 당생활회의부터 1987년 11월의 13대까지의 기간에 대리 총서기를 맡은 자오쯔양에게도 유사하게 적용된다. 그러나 덩샤오핑이 실질적인 최고지도자였지만 1958년 이후에 나타낸 마오쩌둥의 개인중심 정책결정 모델과 비교하면, 이 당시 덩샤오핑이 가진 권력은 마오쩌둥을 따라가지 못한다. 파벌경쟁의 한계로 인해 덩샤오핑은 세력연합에 반드시 의존해야 했다. 여기에서 볼 수 있듯 당내 고위층 권력구조에서 과두적 정책결정모델이 가진 영향정도가 상당히 크다는 것을 알 수 있다.

　1980년대 출현한 협상방식의 정책결정의 이면에는 파벌투쟁과 권력균형이 있다. 화궈펑의 세력상실은 물론 평반(平反) 된 원로정치인의 복

---

65) 당중앙의 결정에 따라 후야오방이 총서기직에서 사퇴한 후, 보이보(薄一波)가 정치국확대회의에서 한편의 평론을 발표했는데, 이는 당시 중국공산당 내 고위층의 권력구조에 대해 가장 생생하게 묘사하고 있다. "역사상 발생한 같은 문제를 연관지어 생각해 보면, 장기적 안정을 위해 덩샤오핑, 천윈, 리셴녠과 같은 지도자가 존재해야 한다. 민주집중제 제도를 만들어 당내의 최고권력자를 견제해야 한다." 회의 후 발표된 중공중앙 제3호문건에는 덩샤오핑을 "중앙상무위원회 대표"로 지칭하고 있으나, "당지도자 직이 없는 지도자"와 같은 동전의 양면이라 할 수 있다. 吳國光, 『趙紫陽與政治改革』(香港: 太平洋世紀硏究所, 1997年), p.242.

귀와 관련 있으나 이 원로들은 평반에 그치지 않고 정치간섭을 계속했다. 덩샤오핑, 후야오방, 자오쯔양이 대표하는 개혁파와 천원, 왕전, 덩리췬(鄧力群), 후챠오무, 쑹핑 등을 중심으로 한 보수 원로파 간 상호대립 구도가 형성되었다. 천원의 덩샤오핑에 대한 첫 '교정(匡正)'은 1980년 12월의 중앙공작회의였다. 이 회의에서 천원은 "수요역제(抑需求), 물가안정(穩物价), 발전사상(舍發展), 안정추구(求安定), 개혁완만(緩改革), 조정중시(重調整), 큰집중(大集中), 작은분산(小分散)"의 24자 방침을 제기하였다. 그는 경제조정과 정치의 반자유화를 강조하였고 경제개혁에 대하여 전면적인 제동을 주장하였다. 덩샤오핑은 이에 "완전히 찬성(完全贊同)"하였다.[66] 1981년 6월 중공은 11기 6중전회를 개최하여 후야오방을 주석에 선출하고 총서기도 겸하게 하였다. 회의가 끝난 후, 천원 그룹은 곧 후야오방이 '자산계급 자유화'를 방임했다고 고발하였다.[67]

12대에서 선출된 정치국상위 중 후야오방, 자오쯔양은 개혁파이고 리셴녠, 천원은 보수파이다. 정치국의 이러한 분열은 매우 뚜렷하게 나타났다. 한 쪽에서는 개혁을 지지하는 완리(萬里), 양상쿤, 친지웨이(秦基偉) 등이 있었으며, 다른 쪽에서는 후챠오무, 펑전, 쑹런치옹(宋任窮) 등 보수원로파가 있었다. 덩샤오핑은 두 파벌의 중립에 서 있었다. 대체적으로 경제발전 등 의제는 개혁파 입장에 서 있지만 정치와 사회이데올로기 등 문제에서는 보수파와 입장을 같이하여 정치국과 정치국상위회에서 취약한 파벌이 균형을 유지할 수 있도록 했다.

원로의 정치간섭은 80년대 정치국과 그 상위회의 기능이 제대로 발휘

66) 阮銘, 『中共人物論』, p.47, 66.
67) 阮銘, 『鄧小平帝國』, pp.128-144.

되지 못하는 주요 원인이었다. 위원들이 점점 노화했기 때문에 정치국
은 회의를 자주 개최하지 않았고 중대한 사건이 발생할 때만 회의를 열
어야 했다. 회의는 매 년 약 3차례에서 5차례 정도 열렸다. 보통 당대회
나 중앙위원회가 열리기 전에 개최했다. 대부분은 확대회의의 형식으로
진행되었으며 '2선 기구'라 할 수 있다. 어떤 회의는 이미 만들어진 정책
에 대한 통과의례였고 입안된 정책에 대한 충분한 토론은 이루어지지
않았다.[68] 의사일정(議程)은 서기처가 안배(安排)하고 가끔 후야오방과
자오쯔양이 공동 주관함으로써 집단지도적 성격을 드러냈다.

  12대 정치국 상위의 평균 연령은 73.9세(〈표 3-3〉)이었는데, 이는 앞
선 회기보다 약 2세 정도 높아진 것이었다.[69] 1984년까지 정치국 평균
연령은 74세였으며 28명의 위원(후보위원 포함) 중에서 8명이 80세를
초과했고, 12명이 70세를 넘었다. 오직 6명만이 60대였고, 한 명은 50대
였다. 12대에서 설치된 중앙고문위원회는 원로의 정치간섭 문제를 해결
하기 위한 기구였는데, 덩샤오핑은 1982년 7월의 정치국상위확대회의
에서 "2차례 회기 10년이 필요하다"[70]라고 지적하면서 원로들이 중요한
회의와 정치활동에 참여하는 것을 허락했다. 예를 들어 1987년 1월 중
앙 일급당생활회의에서 후야오방을 파면하는 것, 1989년 자오쯔양 총서
기를 파면하는 것 등은 원로들의 정치간섭과 관련이 있다. 1992년 14대
에서 중앙고문위원회(中顧委)를 폐지되었고, 원로들이 점차 노쇠해진

---

68) Barnett, *The Making of Foreign Policy in China,* p.19; 중앙정치국은 매월 한 차례
   의 회의를 연다는 주장도 있다. 閻淮, 「中國秘密文件槪要」, 『當代中國硏究』 第4
   卷 第12期(1993年 12月), p.5 참고.

69) 寇健文, 『中共菁英政治的沿邊: 制度化與勸力轉移, 1978-2004』(臺北: 五南圖書
   出版公司, 2004年), p.113.

70) 鄧小平, 「設顧問委員會是廢除領導職務終身制的過渡方法」, 『鄧小平文選, 1975-
   1982年』, p.369.

후에야 이러한 상황은 비로소 호전되었다.

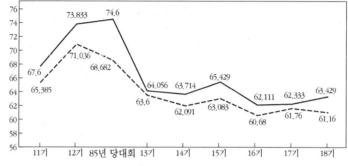

〈그림 3-1〉 중앙정치국과 정치국상무위원회 연령 분포도

―――― 정치국상무위원   - - - 정치국위원

자료 출처: 寇健文,『中共菁英政治的沿邊: 制度化與勸力轉移, 1978-2004』, p.197
수정 작성

〈표 3-3〉 중공중앙 정치국 연령 분포

연령	11차 정상회	11차 정치국	12차 정상회	12차 정치국	1985년 당대회 정상회	1985년 당대회 정치국	13차 정상회	13차 정치국	14차 정상회	14차 정치국	15차 정상회	15차 정치국	16차 정상회	16차 정치국	17차 정상회	17차 정치국	18차 정상회	18차 정치국
〉70	2	8	4	15	4	11	1	6	1	2	1	1	0	0	0	0	0	0
69-65	1	3	1	9	1	4	1	2	2	4	4	11	1	2	5	9	4	10
64-60	1	10	1	3	0	3	1	4	2	11	1	3	7	15	2	10	1	5
59-55	1	3	0	0	0	3	2	4	1	2	1	8	1	8	0	3	2	8
54-50	0	2	0	1	0	1	0	2	1	3	0	1	0	0	2	3	0	0
49-45	0	0	0	0	0	0	0	0	0	0	0	0	0	0	0	0	0	2
총인수	5	26	6	28	5	22	5	18	7	22	7	24	9	25	9	25	7	25

자료 출처: 寇健文,『中共菁英政治的沿邊: 制度化與勸力轉移, 1978-2004』, p.201 수정 작성

(2) 최고 정책결정기관이 된 중앙서기처

1969년 4월에 개최된 9기 1중전회에서 서기처를 더 이상 찾아볼 수
없었다. 중공중앙 지도기구는 오직 정치국과 상위회 두 기구만 남았다.
그런데 1980년 2월 11기 5중전회에서 서기처 회복이 결정되고 후야오방이 총서기를 담당했다. 중앙영도기구는 다시 세 기구로 회복하였지만 이 때의 서기처의 권한은 9대에서 폐지될 때와 같은 선상에서 논의할 수가 없다. 11기 5중전회 회의공보에서의 서기처 회복 이유는 "중앙정치국과 그 상무위원회가 전력하여 국내외 중대한 문제를 고민하고 결정할 수 있도록 하며, 동시에 각 영역의 당 일상업무가 적시에 효율적으로 처리할 수 있게 하기 위해서이다"[71]라고 되어있다. 있는 그대로 말하자면, 중앙은 확실히 일상업무를 책임지고 처리하는 기관을 필요로 했다는 것이다. 그런데 서기처는 회복된 후 업무기구만에 머물지 않고 점점 주요한 정책결정기관이 되었다. 서기처를 회복한 또 다른 이유가 있다. 바로 예젠잉, 덩샤오핑, 천윈, 리셴녠 등 4명의 협상기제가 서기처와 서기처 총서기 신분인 후야오방을 통해 지도하기 위해서였다. 더 나아가 정치국과 그 상위회에 대한 지도권이 있는 당주석 화궈펑 세력을 약화시키기 위해서였다.[72] 12월, 정치국은 화궈펑 주석 사임에 동의하였고 6중전회 전 이미 후야오방이 당중앙업무를 주관할 것을 결정하였다. 후야오방은 중공 역사상 유일하게 당주석 겸 총서기를 맡은 특별한 사례가 되었다.

1982년 9월 12대에서 당장에 대한 대폭적인 수정이 가해졌다. 전대후 12기 1중전회에서 새로운 중앙지도자를 선출했다. 후야오방이 총서기를 맡고 덩샤오핑은 중앙군위회 주석을 맡았다. 「12대 당장」 제21조에 규정에 따르면 다음과 같다.

---

71) 中國共産黨第十一期中央委員會第五次全體會議, 「中國共産黨第十期一中央委員會第五次全體會議開於成立中央書記處決議」, p.11.
72) 吳國光, 『趙紫陽與政治改革』, p.359.

- 당의 중앙정치국, 중앙정치국상무위원회, 중앙서기처와 중앙위
  원회 총서기는 중앙위원회 전체회의에서 선출한다. 중앙위원회
  총서기는 반드시 중앙정치국상무위원회 위원에서 나와야 한다.
- 중앙정치국과 그의 상무위원회는 중앙위원회 전체회의 폐회기
  간에 중앙위원회의 권한을 행사한다.
- 중앙서기처는 중앙정치국과 그의 상무위원회 지도 하에 중앙
  일상업무를 처리한다.
- 중앙위원회 총서기는 중앙정치국회의와 중앙정치국상무위원회
  회의를 소집을 책임지며 중앙서기처의 업무를 주관한다.
- 당의 중앙군사위원회의 구성원은 중앙위원회에서 결정한다. 중
  앙군사위원회 주석은 반드시 중앙정치국상무위원회 위원에서
  나와야 한다.[73]

  당장에서는 비록 서기처가 정치국과 그 상위회 지도 하에 중앙 일상
업무를 처리한다고 규정했지만 실제로 그 지위는 정치국상위회 보다 위
에 있었고 중공의 최고 정책결정기관이 되었다. 이는 총서기 자오쯔양
의 1987년 2월의 중앙 정치체제개혁 연구토론소조회 연설을 보면 확인
된다. 자오쯔양은 서기처가 실질적인 정책결정기관이라고 하였다. 또한
덩샤오핑이 1980년 11기 5중전회에서 서기처는 당, 정, 군, 민을 지도한
다고 했기 때문에, 실제로 "서기처가 상위를 책임지고, 상위가 정치국을
책임지고, 정치국이 전당대회를 책임지게 되어 상무 권력기구로서의 서
기처"가 구성되었다.[74] 12대 기간에서 정치국상위회의 권력은 비록 컸
지만 위원들의 노령화로 인해 회의를 자주 개최하지 않는데다 파벌 문
제로 정치국상위회 기능을 서기처가 최고 정책결정기관이 되어 대신하

---

73) 胡天楚·唐昕 主編, 『黨政代表大會知識通覽』, p.359.

74) 吳國光, 『趙紫陽與政治改革』, pp.280-282.

였다.[75] 실제로 후야오방이 퇴진하게 된 원인 중 하나가 서기처에서 정치국과 그 상위회가 해야 할 정책결정을 했다고 고발당한 것이다. 이로써 당시 서기처의 정책결정과정에서 지위를 확인할 수 있다.[76] 중앙위원회 주석직이 폐지된 후, 후야오방은 총서기직을 맡아 원래 당주석에 속한 권한을 흡수하였다. 그런데 총서기의 독립성과 특수성을 동시에 고려해야 했다. 그러기 위해서는 서기처에서 벗어나야 했기에 총서기는 더 이상 서기처 서기를 겸하지 않고 "중앙서기처의 업무만 주관"하도록 하였다.

12대의 최고지도체제 관련 설계는 8대와 비슷했다. 5중전회에서 회복된 서기처는 정치국상위회의 지위를 획득하였지만 제도설계 상 8대 서기처에 상당한 기구가 되었다. 마오쩌둥은 8대에 덩샤오핑으로 하여금 서기처 업무를 책임지게 하였으며 "중앙서기처 모든 일을 관여해야 하고 중앙 모든 일은 당신들이 전면적으로 해야 하며 중앙의 명의로 문서를 발송해야 한다"[77]고 말하였다. 이것은 덩샤오핑이 1980년 11기 5중전회에서 "중앙서기처가 당, 정, 군, 민을 지도한다"라고 서기처 성격을 규정한 것과 비슷하다. 12대 당장에서 "중앙서기처는 중앙정치국과 그

---

75) 자오쯔양의 말에 따르면, "일선의 중앙정치국원 다수가 서기처회의에 참여하거나 배석하고, 서기처에서 결정된 중대안건은 중앙정치국 또는 정치국 상무위원회의 심사와 승인을 받기 위해 보내진다. 어떤 경우에는 서기처에서 결정된 바를 즉시 문건으로 발표하기도 한다. 중앙정치국 상무위원회에 걸려 있는 중대한 문제의 경우 적어도 일주일에 한 차례 회의를 개최하게되는데, 서기처는 일상당업무 관리를 제외하고는 일상적으로 중앙정치국의 판사업무를 담당하는 기구이다." 자우쯔양은 서기의 겸직금지를 제의한 바 있다. 吳國光, 『趙紫陽與政治改革』, pp. 279-282.

76) Alice Miller, "Institutionalization and the Changing Dynamics of Chinese Leadership Politics," in Chang Li, ed., China's Changing Political Landscape, Prospects for Democracy(Washington, DC: Brookings Institution Press, 2008), p.67

77) 李雪峰, 「我在鄧小平領導下工作的二十四年」, p.221.

의 상위회 지도 하 중앙의 일상업무를 처리한다"라고 규정했는데 이는 8대에서 규정한 것과 완전히 똑같다. 당시 서기처 조직은 상당히 방대했다. 서기처 성원은 총 11명(후보 포함)이었으므로 규모가 8대와 비슷하다. 그런데 12대 정치국상위에서는 원로의 비중이 높았다. 이 때문에 덩샤오핑도 마오쩌둥이 8대에서 사용했던 방법을 활용해 정치국상위를 '1선'과 '2선'으로 나누고 후야오방과 자오쯔양은 제1선으로, 덩샤오핑, 리셴녠, 예젠잉, 천윈 등 원로들은 제2선에 배치하였다. 상위 회의는 빈번히 열리지는 않았다. 정치국 회의 역시 중요한 문제가 발생할 때만 개최되었다. 이 모든 것이 8대 제도와 연속성을 갖는다. 총서기가 정치국상무위원인 점, 서기처 중 정치국위원(완리, 시중쉰, 위추리) 3명인 점 역시 8대의 2명이었던 것과 상당히 비슷하다.[78]

새로 회복된 서기처 성원의 명단은 서열이 아닌 성씨로 배열했다. 총서기가 직접 지휘하기도 했고 상무서기라는 직책도 없어졌기 때문이다.[79] 그런데 1985년 이후에는 서기처 명단을 성씨로 배열하지 않았다. 상무서기 직이 생기면서 상무서기가 실제 서기처 일상업무를 책임졌기 때문이다. 이는 8대 서기처에서 펑전이 상무서기를 맡았던 것과도 유사하다. 13대 이후부터는 서기처 상무서기는 정치국상위가 맡게 되었다.

78) 11기 5중전회의 11명의 중앙서기처 서기(胡耀邦, 萬里, 王任重, 方毅, 谷牧, 宋任窮, 余秋里, 楊得志, 胡喬木, 姚依林, 彭沖) 중에서 오직 胡耀邦만이 정치국 상무위원 신분이었으며 정치국원으로는 胡耀邦, 方毅, 余秋里, 彭沖 4인 포함되어 있다. 외견상 서기 지위는 8대의 당정규정과 별 차이 없어 보이나, 실제 이 시기 지위는 8대에 비해 약간 높아졌다. 方雪純, 「重建中央書記處及高層人事的變動」, pp.12-13. 이후 11기 6중전회에서 쉬중쉰(習仲勛)이 서기처 서기에 선출되어 서기처는 12명으로 구성되었다. 그러나 쉬중쉰은 중앙정치국이나 상무위원회 겸직이 전혀 없었기 때문에 그가 서기처에 들어갈 때 반감은 증가하지는 않았다. 王健英 編著, 『中國共産黨組織史資料匯編: 領導機構沿革和成員名錄』, p.655.
79) 寇健文, 『中共菁英政治的沿邊: 制度化與勸力轉移, 1978-2004』, p.234.

따라서 조직형태 상 서기처 권력 약화가 뚜렷해졌다.

최고 지도기관의 제도설계에 있어 12대가 8대와 유사한 점도 있지만 다른 점도 많다. 그 중 하나가 바로 총서기가 당의 비서장이 아니라 당 수령인 점이다. 이는 8대의 당주석과 동등한 것이다. 모든 정치국 회의의 개최는 서기처가 결정하도록 했으며80) 서기처로 하여금 실질적 최고 정책결정기관이 되도록 배치하였다. 회의는 총서기가 소집할 수 있도록 했으며 총서기 위에는 주석, 부주석을 두지 않았다. 이렇듯 서기처의 지위가 실질적으로 높아진 점이 8대 서기처와 가장 다른 점이다. 덩샤오핑은 의도적으로 많은 권력을 서기처에 부여하려 했다. 한편으로는 국무원과 함께 서기처가 '집단판공제도'(집단지도) 방식으로 운영되었으면 했고, 다른 한편으로는 "어떤 업무는 꼭 전체 성원이 참가할 필요가 없으며 단 몇 명이 의논하여 결정하면 된다. 어떤 일은 진행하면서 동시에 정치국과 상위에게 보고하기만 하면 되며, 상부에서 토론해야 할 것은 기다리지만, 준비된 안건(備案)의 경우는 기다리면 안 된다"81) 라고 한 바 있다. 자오쯔양도 "서기처는 실질적인 정책결정기관이다. (중략) 정치국 대부분이 제1선 구성원으로 참가하거나 서기처 회의에 참석한다. 큰 일은 서기처에서 모두 결정하고 나서 정치국이나 상위에 보내 심사 및 비준을 받는다"고 말한 바 있는데,82) 이는 12대에서 13대에 이르기는 기간 동안에 서기처의 독점적 권력 씨앗이 싹트고 있었음을 알 수 있다.

서기처 회복 결정은 명확했다. 그러나 12대에서 13대까지 기간에 정

80) Barnett, *The Making of Foreign Policy in China,* pp.10-11.
81) 1980년 2월 29일 11기 5중전회 석상에서의 덩샤오핑은 연설,「堅持黨的路線, 改進工作方法」,『鄧小平文選, 1975-1982年』, p.246.
82) 吳國光,『趙紫陽與政治改革』, p.279.

치국상위회, 정치국, 서기처 이 세 최고 정책결정기구 간의 기능과 위상
은 실제로 매우 모호했고 중복되기까지 했다. 12대 이후 정치국상위회
의 개회 빈도는 매우 낮았으며 거의 정지된 상태나 마찬가지였다. 노령
화 이외, 당내의 지속된 파벌투쟁도 그 원인이었다.[83] 정치국도 개회빈
도가 낮아졌다. 이 세 기구의 회의개최 빈도를 비교해 보면, 그나마 당
내에서 정기적으로 회의를 개최하는 곳은 오직 서기처 뿐이었다. 11기
5중전회부터 13대까지 기간 동안 중공중앙은 서기처의 업무제도를 수
립했는데 매주 2차례 정례회의 개최를 규정하였다. 정례회의의 목적 중
하나는 중대한 정책결정을 토론하는 것이다. 예를 들면 티베트문제, 신
장문제, 경제개혁과정에서 연해특구 설립 문제 등은 모두 서기처의 토
론을 거쳐 결정한 것이다. 또 다른 임무는 일상업무를 처리하는 것이
다.[84] 서기처 내부운영에 대한 것을 보면, "집단지도, 집단업무, 분업책
임, 중대 문제의 경우 전체의 연구를 거친 후에 정치국과 그 상무위원회
에게 요구하여 최종 결정한다"[85] 그리고 "중공중앙정치국과 그 상무위

---

83) 첫 번째 원인과 관련해 바네트의 방문 시 나눈 대화 중 자오쯔양의 해석을 통해
알 수 있는데, 당시 6명의 정치국상무위원 중 4명(鄧小平, 陳雲, 李先念, 葉劍英)
이 노인이었고, 그 중 葉劍英은 특히 건강상태가 좋지 않아 회의에 전혀 참석할
수 없었고 후야오방과 자오쯔양만 남게 됨에 따라 회의 개최빈도가 낮아질 수밖
에 없었던 것이다. 두 번째 원인은 李銳와의 대화에서 후야오방이 회의 중 일어났
던 덩샤오핑과 천원 두 노인 사이에 의견충돌에 대해 구체적으로 묘사하고 있다.
李銳,「耀邦去世前的談話」, pp.36-37; Barnett, *The Making of Foreign Policy in China*, pp.10-11.
84) 阮銘,『中共人物論』, p.41. 다른 자료에 따르면, 1987년 1월 자오쯔양이 총서기직
을 대리한 후에도 후야오방이 임기 중 만들었던 서기처의 운영이 중단되지 않고
여전히 남아있었다, 13대가 개최된 후에서야 비로소 변화가 있었다고 한다.
Guaguang Wu, "'Documentary Politics': Hypotheses, Process, and Case Studies,"
in Carol Lee Hamrin & Shuisheng Zhao, eds., *Decision-making in Deng's China: Perspectives from Insiders* (Armonk, New York: M. E. Sharpe, 1995), p.32.
85) 中國共産黨第十一期中央委員會第五次全體會議,「中國共産黨第十期一中央委

원회의 요구에 근거해 이전 세대 지도자의 희망에 따라 업무를 진행한다"[86]라는 규정도 만들어졌다.

정치국과 그 상위회가 회의를 자주 개최하지 않았기 때문에 이 두 기구에 있는 정책결정기능이 점차 서기처로 이전되었다. 덩샤오핑, 천원, 리셴녠 3명 원로 이외의 정치국위원들의 참석이나 서기처 회의에 참석 방식을 통해 서기처 운영의 역량을 강화했지만[87] 그렇다고 이런 상황 하의 서기처의 정책결정기능이 유일하고 완전하다고 말할 수 없다. 정치국과 그 상위회가 물론 회의를 빈번히 열지 않지만, 정치국상위인 덩샤오핑, 천원 등은 여전히 문건을 열람하고 서면이나 전화로 서기처 정책결정에 영향을 미칠 수 있었다.[88] 그 밖에 12대 당장에는 비록 "서기처는 총서기가 책임지고 주관한다"[89]고 규정되어 있지만 실제 운영에 있어 서기처회의는 후야오방과 자오쯔양 2명이 공동으로 주관하는 사례가 발생했다.[90] 이와 유사한 상황은 정치국회의에서도 발생했

員會第五次全體會議開於成立中央書記處決議」, p.11.

86) 馮健·曾建徽, 「中南海的春天」, 『瞭望』 第1期(1981年), p.9

87) 吳國光, 『趙紫陽與政治改革』, p.279. 가장 구체적인 예는 吳國光의 책 478-480의 13대 보고 준비하는 과정에서의 보고서 수개정 의견과 관련된 회의기록 내용을 참고.

88) 가장 구체적인 사례 두 가지가 있는데, 첫째, 1986년 9월 자오쯔양이, 정치체제개혁과 관련된 정책설계업무를 책임질 조직의 설치와 운영방법에 대한 다섯 가지 의견을 정치국상무위원에 서신으로 보내 보고한 것. 둘째, 같은 해 11월, 정치체제개혁토론그룹 보고서가 정치국상무위에 보내져 승인과 지시를 받는 정책결정과정 등이다. 吳國光, 『趙紫陽與政治改革』, pp.22-23, 188. 그 밖에 덩샤오핑과 천원 두 사람이 정치국상무위와 서기처의 인사안에 대한 최종결정권을 가지고 있다는 것도 이 사례에 속한다. 阮銘, 『中共人物論』, pp.38-39. 李銳의 주장에 따르면, 덩샤오핑과 천원 두 사람의 노인은 모두 이 시기 서기처 회의에 직접 참석하지 않았던 것으로 보인다. 李銳, 「耀邦去世前的談話」, p.26.

89) 胡天楚·唐昕 主編, 『黨政代表大會知識通覽』, p.359.

90) 예를들어 허동창(何東昌)이 이미 1986년 12월 24일 중앙직속 3개 기관당위(중공 중앙직속기관, 중앙국가직속기관, 중앙군사위 지속기관)의 연합회의에서 제안한

다. 12대 당장은 정치국과 그 상위 회의는 총서기가 책임지고 소집해야
한다고 규정했지만[91] 1984년 4월 30일 열린 정치국회의는 후야오방과
자오쯔양이 공동으로 주관하였다.[92]

　간략하게 말하자면, 12대에서 13대까지의 기간 동안 덩샤오핑은 몇 명
의 원로와 함께 최고 지도체제를 조정함으로써 정책결정체계의 안정성과
제도화가 영향을 주었으나 서기처 역시 형식적 민주집중제에 불과했다.

(3) 고위층 제도의 특수 설계

　12대는 당장을 수정하고 서기처의 지위를 다시 확립하였다. 또한 총
서기가 당주석을 대신하게 되었으며 마오쩌둥 시기의 어지러운 중앙지
도체제를 정리하였다. 그러나 덩샤오핑이 군권을 장악할 수 있도록 중
앙군위주석은 반드시 정치국상위에서 내야 한다고 특별히 규정하였다.
이는 8대 이후의 군위주석과 당주석이 동일인이었던 전통을 깨뜨린 것
이었는데, 1989년 6월에 덩샤오핑이 중앙군위주석을 사임하고 그 해 11
월 장쩌민이 계승한 후에야 다시 당의 법적 최고지도자(12대 이후는 총
서기)가 동시에 중앙군위주석을 담당하는 관례로 돌아왔다. 그러나
2002년 11월에서 2004년 9월 장쩌민의 총서기 사임 후까지 군위주석을
계속 맡은 것 또한 관례에 벗어난 사례였다.

　12대 당장의 또 다른 특징은 아마 정치국 상위회가 여전히 덩샤오핑,
천윈, 예젠잉, 리셴녠 등 실권파 원로들을 포함하고 있었기 때문에 제도

　바 있다. 그리고 학생운동에 대한 중공중앙의 처리와 관련해 후야오방과 자오쯔
　양이 공동으로 주제한 서기처회의가 세 차례에 열린 바 있다. 吳國光,『趙紫陽與
　政治改革』, p.230.
91) 胡天楚·唐昕 主編,『黨政代表大會知識通覽』, p.359.
92) 曾建徽,「一項重要決策的誕生: 對外開放的新步驟」,『瞭望』第24期(1984年6月)
　　p.9.

설계상 법적 최고지도자가 실제 최고지도자가 아니라는 복선을 심은 것
이었다. 총서기에 대해 정치국과 정치국상위회의의 '소집책임'과 서기처
업무에 대한 주관 권한을 규정하고 있는데 이는 8대 당장에서 "중앙위
원회의 주석, 부주석은 동시에 중앙정치국의 주석과 부주석"이라고 규
정한 것과 분명히 다르다. 정치국과 그 상위회의 주석은 당연히 회의를
"소집" 및 "주관"할 수 있었다. 그러나 12대 총서기는 오직 "소집" 권한만
있다. 결과적으로 원로정치는 두 상위 어느 기구라 할지라도 임의로 서
기처 결의를 부결할 수 있었다.[93] 정치국은 원로들이 주도권을 장악하
고 있었다. 한편 12대 당장은 총서기, 중앙기율위 제1서기, 중앙고문위
주임, 중앙군위 주석은 모두 정치국상위가 담임해야 한다고 규정하고
있는데, 이는 이후 상위회의 '직무분업(職務分工)'의 기초를 닦았다고 할
수 있다.

(4) 집단영도와 개인분업제도[94]

마오쩌둥 본인은 사실 당내 집단지도와 개인책임제 관계에 대하여 명
확히 정의한 바 있는데, 당위원회제도를 "집단지도가 개인독단(個人包
辦) 방지를 보증하는 중요한 제도"라고 인식했고 "중요한 모든 문제는
모두 위원회 토론을 거쳐야 한다"고 강조한 바 있다.[95] 덩샤오핑은 1962
년 마오쩌둥의 말에 따라 "정책성의 중대문제"를 제출하고 모두의 공동
결정에 따랐다.[96] 그러나 그 당시 정치환경 하에서는 중앙 차원에서 집

93) 阮銘, 『中共人物論』, pp.38-39.
94) 趙建民, 「權力結構」, 『當代中共政治分析』(臺北: 五南圖書出版公司, 1997年); 胡
    天楚·唐昕 主編, 『黨政代表大會知識通覽』, p.3 참고.
95) 毛澤東, 「關於建全黨委制」, 『毛澤東選集(第四卷)』(北京: 人民出版社, 1968年,
    pp.1234-1235; 趙建民, 「權力結構」, 『當代中共政治分析』.
96) 鄧小平, 「在廣大的中央工作會議上的講話」, 『鄧小平文選, 1938-1965年』, p.311

단적 정책결정은 허락되지 않았다. 덩샤오핑은 1980년 8월 「당과 국가 지도제도의 개혁」(黨和國家領導制度的改革)이라는 연설에서[97] 중대한 문제에 대한 집단토론과 집단결정을 다시 한 번 강조하였다. 집단지도 제도는 점차 구체화되었는데, 한편으로는 당내 원로파벌과의 대립으로 인해 중대한 정책을 1인 단독으로 결정하기가 쉽지 않았고 체제 내 지도자인 후야오방과 자오쯔양 서열이 비교적 낮았기 때문에 그들 단녹으로 결정을 행사하는 것도 불가능했다.

12대 당장은 총서기, 중앙기율위 제1서기, 중앙고문위 주임, 중앙군위 주석은 모두 정치국상위가 맡아야 한다고 규정하였다. 이는 나중에 상위회의 "직무분업"이 가능하게 하는 단초가 되었으며, 국무원 총리와 당 총서기의 분업 선례를 만들었다. 자오쯔양이 경제문제를 처리하고 후야오방은 당무, 정치, 이론과 이데올로기 등 전반적 부문을 책임졌다.[98] 다만 하나의 예외가 있다면, 덩샤오핑이 1986년 9월에 제출한 정치체제 개혁구상이었다. 후야오방을 내리고 자오쯔양을 올렸다(捨胡就趙). 정치체제개혁판공실을 설립하고 13대에 제출할 정치체제개혁방안 모두를 총리인 자오쯔양의 책임 하에 진행하였다. 덩샤오핑은 1962년에 "일상 문제에 분업이 필요하다"고 한 바 있다. 〈표 3-4〉는 1980년 이후 12대에서 새로 설립한 서기처가 8대를 본보기로 삼았다는 것을 보여주고 있다. 서기처 성원 10명은 모두 "집단지도, 분업책임제, 중대한 문제는 중앙서기처의 집단 연구 후 중앙정치국과 중앙정치국상위가 결정할 것을 제의한다"에 따라 각자 분업이 이루어졌다. 설립 초기 매주 두 번의 정례회의 개최의 관례가 정립되었다. 서기처는 중공중앙의 정책결정을 집

---

97) 鄧小平, 「黨和國家領導制度的改革」, 『鄧小平文選, 1975-1982年』, p.341.
98) 胡天楚·唐昕 主編, 『黨政代表大會知識通覽』, p.3.

행할 뿐만 아니라 당, 정, 군 각 유관 부문과 관련 문제에 대해 협력하고
지도하는 기관이기도 했다. 서기처 성원들은 각자 당, 정, 군 각 부문에
중요한 지도를 담당했다.[99]

〈표 3-4〉 12대 서기처 업무분담 현황

성명	직무	분관 영역
완리	정치국위원, 국무원 상무 부총리	농업, 부문업무분담 관여하지 않음
시중쉰	정치국 위원, 인대 부위원장, 상무 서기	통전
등리췬	중앙선전부 부장	문화선전
양융	중앙군위 상위	군사
위추리	정치국 위원, 중앙군위 위원, 해방군 총정치부 주임	공업, 교통
구무	국무위원	대외 무역
천피셴	중앙정법위원회 서기, 인대 부위원장	정법
후치리	중앙판공청 주임	
야오이린	국무원 부총리	
하오젠슈		군중업무

자료출처: 劉松福, 『中共最高領導制度之硏究』, (臺北: 國立政治大學碩士論文, 1999年), pp.
140-143. 表4-5; 鄭叔平, 「對十一期 "五中全會"之硏究」, 『匪情硏究』第23卷 第3期
(1980年3月), p.27.; 李久義, 「中共中央書記處組織人事述評」, 『中國大陸 硏究』第28
卷 第5期(1985.11), pp.94-96

12대 중앙서기처 성원 중 군 방면 서기는 위추리, 양융 2명이나 있었
다. 이는 8대와 비슷하다. 그러나 13대 서기처는 후치리(胡啓立), 차오
스(喬石), 루이싱원(芮杏文), 옌밍푸(閻明復) 4명, 후보서기 원자바오(溫
家寶) 등 총 5명으로 구성되었는데, 이 구성으로 "모든 것에 관여한다"
(什麼都管)는 이미 불가능하게 되었다. 서기처 중 후치리과 차오스 두
정치국상위가 있지만, 군 대표는 없다. 이렇듯 군 부문의 서기가 없는

99) 李久義, 「中共中央書記處組織人事術評」, 『中國大陸硏究』第28卷 第5期(1985年
11月), pp.94-96.

전통은 15, 16대에서 각 한 명씩(중앙군사위 부주석 쉬차이허우(徐才厚)
와 장완녠(張萬年))을 제외하고 계속되었다. 14대 서기처의 또 다른 선
례는 바로 미래 총서기직을 승계받는 인사가 서기처 상무서기를 맡게
되는 것이며 15대 이후 서기처 인원은 7명까지 증가했다(17대 6인 제외).

(5) 덩샤오핑의 뚜렷한 역할

노령화로 인해 덩샤오핑은 정치국상위를 '1선, 2선'으로 나누고 가끔
집에서 정치국 상위회의를 소집하였다. 어떤 때는 상위에 지시를 내렸
다. 정치국상위는 항상 확대회의의 형식으로 개최되었다. 이러한 덩샤
오핑의 행동은 아마 마오쩌둥의 영향을 받은 것일 것이다. 확대회의 성
원은 정치국상위 외에 서기처 서기, 중앙고문위원회와 국무원 고위층이
었다.

제6절 정책결정기제의 제도화 수립

12대에 고위 정책결정기관에서 분업제도가 이미 출현했다. 이후 1987
년 10월 25일에서 11월 1일까지 열린 13대에서는 중공 고위 정책결정
제도화와 관련해 이정표가 될 만한 2가지 지표를 발견할 수 있다. 첫째,
는 정치체제개혁 관련 중요한 방안을 제기한 것이고, 둘째는 최고 정책
결정기관의 운영에 관한 규칙과 규범화 한 것이다. 더 나아가 정치국,
정치국상위회, 서기처 세 기관 간의 기능과 위상을 명확히 하고 집단지
도체제의 기초를 닦았다. 정치국을 예로 들면 정치국의 기능회복, 총서
기의 상위회 정기보고, 컨센서스를 통한 총서기 권력 제한, 군부세력 퇴

출, 그리고 최초로 4명의 지방성급당위 서기가 정치국에 진입했는데 이
들 모두 중대한 진전이었다.[100]

1. 정치국, 정치국상위회와 서기처의 권력관계 정돈

13대는 당장 제21조를 부분 수정하여 서기처의 권한과 지위에 변화를
주었다.

- 제21조 제1항, "당의 중앙정치국, 중앙정치국상무위원회, 중앙
  서기처와 중앙위원회총서기는 중앙위원회 전체회의에서 선출
  한다"를 "당의 중앙정치국, 중앙정치국상무위원회와 중앙위원
  회 총서기는 중앙위원회 전체회의에서 선출한다"로 고친다.
- 제21조 제3항, "중앙서기처는 중앙정치국과 그 상무위원회 지도
  하에 중앙일상업무를 처리한다"를 "중앙서기처는 중앙정치국과
  그 상무위원회 판사기구로 성원은 중앙정치국상무위원회에서
  추천하며 중앙위원회 전체회의에서 통과한다"로 수정한다.
- 제21조 제5항, "당의 중앙군사위원회 구성인원은 중앙위원회가
  결정한다. 중앙군사위원회 주석은 반드시 중앙정치국상무위원
  회 위원에서 낸다"를 "당의 중앙군사위원회 구성인원은 중앙위
  원회에서 결정한다"로 수정한다.[101]

서기처는 정치국과 그 상무위원회에 종속된 '판사기구'가 되었다. 이
제 더 이상 최고 정책결정기관이 아니다. 그러므로 중앙위회 전체회의

---

100) Alice Miller, "Institutionalization and the Changing Dynamics of Chinese
   Leadership Poltics," pp.67-68.
101) 胡天楚·唐昕 主編, 『黨政代表大會知識通覽』, pp.369-370.

를 거쳐 선출하지 않기 때문에 원래의 독립성은 상실되고 편제 역시 감소하고 권한도 축소되었다. 비록 이러한 변화가 있었지만 총서기는 서기처를 주관하고 서기처와 정치국과 그 상위의 교량역할을 했다. 그리고 서기처 성원 중 정치국과 그 상위회의 위원이 적지 않게 들어가 있기에 서기처의 정책결정관련 역할을 가볍게 볼 수 없다.

자오쯔양은 13대 전에 정치체제개혁과 관련한 회의에서 서기처의 정책결정권을 정치국상위회에게 넘겨줄 것을 건의하였다. 매주 한 차례 회의에서 상위가 결정한 후에 이를 다시 서기처와 국무원이 집행하거나 정치국에 제출하여 토론하게 하는 방안이었다.[102] 이 제의는 서기처의 지위를 다시 명확히 정리하고 정치국과 정치국상위회 간의 관계를 정돈하는데에 의의가 있다. 13대는 당장을 수정하여 중공 최고 정책결정기관에 대한 합리적인 위상을 정립하였다. 예를 들어 서기의 정책결정권은 비록 약화되었지만 판사기구로써 처리해야 할 일상사무가 많아졌다. 회의빈도도 많아져 자연히 그 지위가 중요해졌다. 정치국 정책결정권 역시 확대되었는데 예를 들어 당시 상하이시위 서기 루이싱원이 서기처 서기에 진입함에 따라 그 빈 자리를 장쩌민이 승계하고 임면(任免)과 관련한 사항은 모두 정치국을 거치게 하였다.[103]

서기처가 정치국과 그 상위회에서 차지하는 비중으로 그 지위를 가늠할 수 있는데, 12대 정치국상위는 모두 지위와 명망이 있는 원로[資望老人]이었고 일상판사기구였던 서기처 성원 중 상위가 없었다. 13기 1중전회에서는 자오쯔양이 총서기와 중앙군위 제1부주석을 겸임하였고 덩샤오핑은 중앙군위주석을 맡았다. 1중전회의에서 후치리, 차오스, 루이싱

원, 옌밍푸 4명의 서기와 후보서기 원자바오는 12대 서기처의 11명(2명 후보서기 포함)에 비하면 현저히 줄어들었으나 서기 중에 후치리와 차오스 2명은 정치국상위였기 때문에 서기처의 실질적인 지위는 낮지 않았다. 13대 이후 서기처의 성원은 대체로 6명에서 7명을 유지했다. 15대에는 2명의 정치국상위가 서기처 성원인 규정을 유지하였지만[104] 그 후 서기처는 8대의 전통인 1명의 상위를 포함하는 것을 따랐다(총서기는 서기처 업무를 주관하지만 그 신분은 이미 서기처를 초월하였다).[105] 서기처 내 정치국위원은 12대에서 17대까지 평균 3명이었으며 15대에 6명으로 가장 많았다. 이후 매 번 1명씩 줄어들어 17대에서는 3명만 남았다. 그리고 18대는 4명으로 증가하였다. 비교해 보면 8대의 23명의 정치국위원과 후보위원 중 오직 2명만 서기처 성원이었다. 대체적으로 13대 이후 서기처 성원 중에는 최소 1명, 가끔 2명의 정치국상위가 있었다. 서기처 서기이면서 동시에 정치국위원인 경우(후보서기 포함하지 않음)는 계속 많아졌다. 처음에는 총 서기처 성원의 3분의 1(12기 1중전회 후 33%(3/9))이었고 이후에 점차 60%(6/10)(12기 5중전회), 50%(2/4), 67%(2/3), 50%(2/4), 60%(3/5)(14기 1중전회)까지 높아졌으며, 14기 4중전회에서는 71%까지 상승하였다.

---

104) 14대에서는 胡錦濤, 丁關根, 尉健行, 溫家寶, 任建新 등 총 5명의 서기가 선출되었다. 이들 서기 중 胡錦濤는 중앙정치국위원과 정치국상무위원을 동시에 맡았고 있었고, 丁關根, 尉健行은 중앙정치국위원, 溫家寶는 중앙정치국 후보위원이었다. 吳安家, 「中共十四大後的政治動向」, 『中國大陸研究』第35卷 第12期(1992年 12月), pp.7-9 참고

105) 8대 중앙서기처는 덩샤오핑이 유일했다. 총서기인 동시에 정치국상무위원 그리고 서기처 서기를 맡았다.

2. 최고 정책결정기관의 제도화

13대 최고 정책결정기관과 관련한 제도화 조치는 다음과 같다. 첫째, 정치국상위회가 정기적으로 정치국에게 업무 보고하고, 정치국은 정기적으로 중앙위원회에게 업무를 보고하는 등의 제도를 수립했다. 둘째, 정치국은 11월에 제13차 전대 개회 후 제1차 전체회의에서 13기 중앙정치국 업무규칙(시행), 13기 중앙 정치국상위회 업무규칙(시행), 13기 중앙서기처업무규칙(시행) 등 3가지의 당내 법규[106]를 통과하였다. 이는 중공 정권 수립 이후 최고 정책결정체제에 대한 최초의 법규화였다. 제도화로 향하는 가장 중요한 시기였다. 셋째, 최고 지도기관의 운영이 점차 정상으로 돌아갔다. 정기회의의 개최, 일상화된 제도 수립 등으로 집단지도제에게 기초를 닦았다. 넷째, 중앙정치국은 처음으로 4명의 지방 영도자를 진입시켜 미래 대표제도(서기처, 중공중앙부문, 국무원, 군부문, 전인대계통)의 체계화를 위한 조건을 조성하였다(〈표 3-5〉 참고). 다섯째, 원로들이 정치국에서 물러남으로써 회의 개최가 점차 정상화되었다. 1989년 6월 장쩌민이 총서기를 맡은 후 정책결정권이 정치국상위회으로 집중되었고 서기처 권력의 지나친 방대화를 방지하기 위해 정치국상위회 하 위원회와 영도소조 권한과 편제를 확대하였다. 중앙군위, 중앙정법위, 중앙외사영도소조, 중앙재경영도조 등이 이에 포함되었다.[107] 이로써 정치국, 정치국상위회, 서기처의 제도화는 점차 확고해졌다.

---

106) 陳瑞生·龐元正·朱滿良 主編, 『中國改革全書(1978-1991): 政治體制改革卷』(大連: 大連出版社, 1992年), p.37

107) 林和立, 「中國十八大後的派系平衡與改革展望」, 『中共十八大菁英甄補與政治繼承之變遷·政策與挑戰國際學術研討會』, 2012年4月21日, 國立政治大學國際關係中心.

앞에서 언급한 바 있듯 정치국을 통과한 최고 정책결정기관의 업무규
칙에 따르면, 정치국상위회의 기능은 "일상적 중대 정책, 긴급업무(예를
들어 외교 사건), 정치국의 권한을 위임받은 기타 업무를 결정"하는 데
에 있으며, 정치국은 "비일상적이고 긴급하지 않은 중대 정책을 결정"한
다라고 규정하였다. 회의 개최 빈도를 보면 상위회는 매주 1회 개최하
고 정치국은 최소 매월 1회이나 반 달에 1회 열기로 되어있다. 이로써
정치국상위의 정책결정기능은 정치국보다 더 강해졌고 중요해졌다는
것을 확인할 수 있다.108)

13대의 정치국 업무규칙(시행)의 내용은 대체로 권한, 회의제도, 문건
심의 · 비준제, 민주집중제의 건전화, 당생활 등 방면으로 나뉠 수 있
다.109) 그 중 회의 제도부분과 관련해 다음과 같은 규정이 있다. "정치
국이 문제를 결정할 때, 소수가 다수에게 복종하는 원칙으로 표결을 진
행한다. 표결은 무기명방식, 거수방식이나 기타방식을 택한다", "중요한
간부의 임면을 결정하거나 후보제명은 하나씩 표결한다", "표결결과는
회의 주관자가 당장 선포한다."110) 13대 이후 수 차례 개최된 정치국과
그 상위회 회의는 일반적으로 총서기가 책임지고 주관했다.111) 중대한

---

108) 吳國光, 『趙紫陽與政治改革』, p.375-378.
109) 張文正 主編, 『黨的領導槪論』(北京: 中共中央黨校出版社, 1991年), p.92.
110) 王貴秀, 『論民主和民主集中制』(北京: 中國社會科學出版社, 1995年), p.226.
111) 13대 이후 13기 4중전까지 1년 8개월 동안 총 16차례 정치국 전체회의를 열었다.
    그러나 모든 회의공보에 회의를 주재한 사람의 이름과 직책이 나와 있지 않다.
    다른 자료에 따르면, 자오쯔양 총서기가 북한을 방문한 기간 두 차례의 정치국상
    무위 회의가 개최되었고(회의의 성질을 '간이회의(碰頭會議)'와 '확대회의(擴大
    會議)'로 분류). 총서기가 지정한 상무위원인 리펑이 주재한 회의였다.; 자오쯔양
    이 돌아 온 후 1989년 5월 19일 병으로 휴가를 내기 전까지 7차례의 정치국상무위
    원회 회의와 한 차례의 정치국회의가 있었고 이 모든 회의는 총서기인 자오쯔양
    의 주재로 개최되었다. '6 · 4 천안문사건' 후 총서기직에서 물러 날 때까지 자오쯔
    양은 직접 정치국상무회의를 주재했다. 이와 관련해 姜華宣 · 張蔚萍 · 蕭甡 主編,

의제를 정치국상위회에서 투표로 표결했다는 확실한 증거들이 있다.[112]

정치국상위회에는 중요한 2가지 권한이 있다. 바로 정책결정권과 인사권이다.[113] 그 중 정책결정권은 4가지 종류로 나눌 수 있다. 첫 번째는 "당의 전국대표대회와 중앙위원회가 확정한 노선, 방침, 정책이 전국의 업무방침, 정책성에 관련되어 있는 문제를 연구하고 의견을 제안"하는 것이다. 그러나 이런 정책의 결정은 정치국에 제출하여 심의를 거쳐야 하며 함부로 결정할 수는 없다. 두 번째 종류는 "중앙정치국이 제정한 방침과 정책의 조직 및 실행을 책임"지는 것이다. 정책결정과정에서 이런 유형의 권한은 반드시 정치국이 정한 범위 내에서 실행해야 한다. 성질상 집행과 유사하긴 하지만 정책결정의 임무도 겸한다. 세 번째 종류는 "중앙기율검사위원회, 중앙군위와 전국인대상위회 당조, 국무원이 제출한 정책성 문제에 대한 정책결정을 책임진다"는 것이다. 이는 앞에 언급한 "일상의 중대한 정책 결정" 권한을 가리킨다. 중앙기율검사위원회와 중앙군위회가 정치국상위회와 종속관계에 있다는 것을 여기서 확인할 수 있다. 네 번째 종류는 "돌발성 중대사건에 대하여 중앙정치국상위회는 상응한 결정을 할 권한이 있으며 중공중앙의 명의로 문건을 발표"하는 것이다. 이는 13대의 당내 법규가 말한 "긴급사무를 결정하는"

『中國共産黨會議槪要』, (瀋陽: 瀋陽出版社, 1991年); 張良, 『中國六四眞相』, (香港: 明鏡出版社, 2001年), p.176, 224, 258, 319,330, 426, 440, 479; 李尚志·何平, 「點亮十年航程的燈塔: 十年規劃和'八五'計劃綱要誕生記」, 『人民日報』, 1991年4月7日, 版1. 참고.

112) '6·4 천안문사건' 처리 결정과정에서 정치국 상무위원회 내에서 "베이징에 계엄을 선포할 것인가"를 두고 표결이 있었다. 당시 총서기 자오쯔양은 이에 반대했다. 자오쯔양을 포함 반대표 2표, 찬성표 또한 2표, 기권 1표였다. 張良, 『中國六四眞相』, pp.450-452

113) 13기 정치국과 정치국상무위의 규정과 관련해서는 施九靑·倪家泰, 『當代中國政治運行機制』(齊南: 山東人民出版社, 1993年), pp.538-540 참고.

권한에 상당한다.

　정치국상위회의 인사권은 2가지 종류로 나뉠 수 있다. 첫 번째는 "당 중앙 각 부의 부장, 각 성, 자치구, 직할시 당위서기와 국가기관 각 부(위)의 부장(주임), 각 성 성장, 자치구 주석, 직할시 시장의 후보를 심의하고 추천한다"는 것이다. 하지만 이는 정치국회의에 제출해 토론을 거쳐야 한다. 두 번째는 "당중앙 각 부의 부부장, 각 성, 자치구, 직할시당위 부서기와 상위 직무의 임면을 책임지고, 국가기관의 각 부(위) 부부장(부주임), 각 성 부성장, 자치구 부주석, 직할시 부시장 후보의 제명을 심사하고 비준한다"는 것이다. 그 밖에 정치국상위회 업무규칙에는 "중앙정치국상위회가 중앙정치국에게 보고업무를 하고 이에 책임지며 중앙정치국의 감독을 받는다"고 규정하였다. 이는 정치국상위가 반드시 정치국의 제약을 받아야 하는 것을 의미한다.

　정치국의 권한 또한 정책과 인사 두 가지로 나뉠 수 있다. 그 중 정책결정권과 관련된 것은 다시 두 가지로 나뉜다. 첫 번째는 "당의 전국대표대회와 중앙위원회가 확정한 노선, 방침, 정책에 따라 중공중앙 명의로 전국업무의 방침, 정책성 관련 문건 발표를 토론, 결정한다"는 것이다. 이 규정은 실제로 앞에 언급한 정치국상위회의 첫 번째 유형의 정책결정 기능의 단서로써 국정방침 방향성에 속하고 시효가 정해져 있는 정책결정 유형이 아니며 '비일상, 긴급하지 않은 중대정책'이다. 두 번째 종류는 "중앙기율검사위원회, 중앙군위와 전국인대상위회 당조, 국무원이 제출한 중대사항을 심의하고 책임진다"는 것이다. 이는 전술한 정치국상위회 세 번째 유형의 정책결정 기능과 비교했을 때, '중대한 사항'과 '정책성문제' 간의 차이가 있다. 여기서 '중대사항'은 보다 더 큰 방향이나 전략성 정책결정을 강조하는 규정인데 둘 다 "비일상, 긴급하지 않은 중대정책 결정"에 속한다. 그 밖에 다시 한 번 중앙기율위와 중앙군사위가 기구위계에서 정치국에 종속하는 사실을 확인할 수 있다.

정치국의 인사권에 대해서는 오직 한 항만 있는데, "중앙정치국상위회가 당중앙 각 부 부장, 각 성, 자치구, 직할시 당위서기와 국가기관의 각 부(위) 부장(주임), 각 성 성장, 자치구 주석, 직할시 시장후보를 심의하고 비준하는 것을 책임진다"는 것이다. 이 항은 실제로 앞에서 말한 정치국상위회 첫 번째 인사기능을 결정하는 단서로 성·부급 당정기구의 부직(副職) 인사와 비교해 오직 정치국상위회의 심의와 비준을 통하여 안건을 결정할 수 있다는 것을 규정하였다. 성·부급 당정기구 정직(正職) 인사를 결정하는 과정은 보다 더 엄밀해 보이며 반드시 정치국상위회와 정치국 등 두 단계의 심사를 거쳐야 확정할 수 있다. 그 밖에 정치국은 일반적인 권한을 가지고 있는데 예를 들면 "중앙정치국상위회의 업무보고를 청취하고 심사"하는 것, "매년 한 두 차례 중앙위원회 전체회의를 소집하고 책임"지는 것, "중앙위원회에 업무를 보고하고 책임지며 중앙위원회의 감독을 받는다" 등의 것이다.

13대 정치국을 통과한 최고 정책결정기관의 업무규칙을 통해서 정치국과 그 상위회 사이에 업무분업과 상호제약이라는 두 관계가 있다는 것을 알 수 있다. 두 기관은 모두 정책결정기능을 가지고 있지만 두 가지 점에서 차이가 있다. (1) 정치국상위회의 정책결정은 일상적인 중대한 정책과 긴급업무, 정치국은 비일상, 긴급하지 않은 중대정책을 결정한다. (2) 정치국상위회는 매주 회의를 개최하며 정치국회의는 매월 회의를 연다.[114] 정치국과 그 상위회가 수행하는 정책결정 기능은 일반적으로 회의를 통하여 이루어진다. 그러나 '권열제도(圈閱制度)'는 또 다른

---

114) 施九靑·倪家泰, 『當代中國政治運行機制』(齊南: 山東人民出版社, 1993年), pp.539-540

형식의 정책결정모델이다.[115] 이는 정치국상위회에서 민주집중제를 실현하는 방식 중 하나이다.

　13대에서 정치국과 그 상위회의 정책결정기능이 강화됨에 따라 원래 서기처가 가지고 있던 정책결정역할은 없어졌다. 서기처의 역할은 당장에 규정되어 있는 "판사"기능이었다. 그런데 일상적 당무, 이데올로기, 사상업무를 관리하는 기능은 여전히 남아있다.[116] 여기서 볼 수 있듯 서기처는 이미 확실히 정치국과 그 상위회의 참모기구가 되었다.[117] 비록 '판사' 기능이 정치국과 그 상위회의 권한 하에서 유연하게 나타나지만 정치국과 그 상위회의 정책결정 기능이 정상적으로 작동하면 서기처는 13대 이전 중대한 정책결정을 주도했던 상태로 돌아갈 가능성은 없다.

　13대 이후의 서기처 기능은 4가지 정도로 나눌 수 있다.[118] 첫 번째는 "중앙정치국과 그 상위회가 문제를 토론하고 결정하는데 필요한 준비를 책임"지는 것이다. 이 기능은 총서기의 네 개항의 권한 중 제1항인 "중앙정치국상위회 회의의 의제를 확정"하는 것과 직접적인 관련이 있다. 정치국상위회 회의의 의제는 총서기가 정하기 때문에 당장이 규정하고 있는 이른바 "중앙서기처 업무를 주관하다"의 심층적인 뜻이 여기에 있다. 두 번째와 세 번째 권한은 각각 "중앙 일상업무사항 처리"와 "중앙명의로 발포한 일반적인 당무업무문건의 기초를 책임지고 조직"하는 것이며, 일상당무, 이데올로기 사상업무의 기능을 관리하는 것이 해당된다. 네 번째 권한은 "중앙정치국과 그 상무위원회가 요구한 기타 사항을 처

115) 문건내용이 "중앙정치국 상무위원의 전달하고 열람 동의"라고 되어 있다면 이는 곧 "권열제도(圈閱制度)"이다.
116) 吳國光, 『趙紫陽與政治改革』, p.279.
117) 劉松福, 『中共最高領導制度之硏究』(臺北: 國立政治大學碩士論文, 1999年), p.167.
118) 13기 서기처의 규정과 관련해서는 張全景 主編, 『中國共産黨組織工作敎程』(北京: 黨建讀物出版社, 1997年), p.32 참고.

리하는 것"이다. 한편으로 이는 앞서 열거한 3가지는 개괄적인 규정이
다. 다른 면에서 보면 서기처와 정치국, 그 상위회 사이에 이미 정해진
관계를 재확인한 것이라 할 수 있다.

13대는 각 기관에 정치국위원을 임명하는 선례를 만들었다. 정치국
위원의 직무 배분을 보면 당중앙 부문, 정부(국무원, 전국인대, 국가부
주석), 지방당위와 군세력이 균형을 이루고 있다(〈표 3-5〉 참고). 그 중
지방지도자의 비율은 증가하고 있는데 그것이 의미하는 바가 크다. 정
치국의 8명 중 한 명도 없다. 여기에 13대 개혁의 핵심이 있다.

당내 법규에 따르면 정치국과 그 상위회는 민주집중제와 집단지도제
를 실행하도록 되어 있다.[119] 자료에도 나타나듯이 정치국상위회와 서
기처는 1992년 10월 14대 이후에도 앞선 민주집중제 규정 "집단영도,
분업책임"과 "수장책임, 분업판사"의 운영방식은 기본적으로 유지되고
있다.[120] 이를 통해 당내 법규가 정치국상위회에서 이미 실현되고 있다
는 것을 알 수 있다.

---

119) 관련 규정에 대해서는 施九青·倪家泰, 『當代中國政治運行機制』, pp.539-540 참고.
120) 14대 후 정치국 상무위원회 내부 업무분담 상황은 대체로 다음과 같다. 江澤民은
    총서기로서 모든 업무를 책임지고 李鵬은 국무원, 喬石은 정법(이후 전인대 포
    함), 李瑞環은 통전(이후 정협 포함), 朱鎔基는 경제, 劉華清은 군사, 胡錦濤는
    조직과 이데올로기 분야의 책임을 맡았다. 이와 같은 내용은 당시 당 내외의
    주요 겸직상항과 매체보도에 근거해 추정한 것이다. 서기처 관련 사항은 대체로
    다음과 같다. 총서기 江澤民은 업무전반, 상무서기인 胡錦濤는 조직과 이데올로
    기, 丁關根은 통전, 위건행은 기율검사와 공회, 溫家寶는 당무기밀, 任建新은
    법원을 주관하는 업무를 맡았다. 劉松福, 『中共最高領導制度之研究』, pp.189-
    190; 張所鵬, 「中共高層人事安排潛伏不安定變數」, 『中國時報』(1992年10月19
    日), 版6; 鍾行知, 「兩政治局常委主管事務初步定案」, 『中國時報』(1992年10月23
    日), 版10; 寇健文, 『中共菁英政治的沿邊』, p.234.

<표 3-5> 정치국위원 직무 분배

구분	12대	13대	14대	15대	16대	17대	18대
정치국	25+3	17	20+2	22+2	24+1	25#	25
정치국상위	6	5	7	7	9	9	7
서기처 서기	9	4+1	5	7	7	6	7
정치국의 서기	4	2	4	6	5	3	4
정치국상위회의 서기	0	2	1	2	1	1	1
중공중앙부문	2	1	1	1	2	6	6
국무원부총리/ 국무위원	2/2	3/2	4/1	4/1	4	4/1	4/0
인대 부위원장	2	1	2	2	1	1	1
군방	8	0	1	2	2	2	2
지방영도	0	4	5	4	6	6	6
기타	12	6	8	10	11	5	4

설명: 1. #보시라이는 2012년 4월 10일에 정치국위원에서 직무 해제되었다.
2. 총서기직 명칭: 7대에서 마오쩌둥은 서기처 주석이다; 8대에서 등소평이 서기처 총서기; 9대에서 11대까지 서기처가 없었고; 11기 5중전회는 중앙서기처를 회복하고, 후야오방이 총서기; 11기 6중전회에서 후야오방은 당중앙 주석으로 당선되었으며 당주석과 총서기가 일원화되었다.

자료 출처: Alice L. Miller, "Institutionalization and the Changing Dynamics of Chinese Leadership Politics," in Cheng Li, ed., China's Changing Political Landscape: Prospects for Democracy (Washington, D.C.: Brookings Institution Press, 2008), p.69를 수정 작성

3. 최고 권력기관은 젊어졌지만 원로협상기제는 여전히 존속

덩샤오핑, 천윈, 리셴녠 등 실권파 원로들이 13대의 정치국과 그 상위회에서 물러난 후 두 기관 성원의 나이는 대폭 젊어졌다. 정치국상위는 평균 63.6세로 이전 보다 열 살이나 젊어졌고 정치국의 평균 연령 역시 64.1세로 낮춰졌다. 전체적으로 비록 젊어졌지만 13대 전후 당내 권력구조에는 뚜렷한 변화가 발생하지 않았다. 최고지도자인 덩샤오핑의 권력과 지위는 여전히 군건했으며 3명으로 구성된 협상기제는 여전히 작동되고 있었다. 자오쯔양은 비록 총서기였지만 3명의 협상기제로부터 제한을 받아 오직 정책집행 역할만 수행할 수 있었으며 정책에 대한 영향력 또한 제한적이었다.121)

'6·4 천안문사건' 이후 장쩌민은 총서기직을 승계받았다. 장쩌민이 비록 당장과 당규가 부여한 권한을 가지고 있었지만 덩샤오핑의 최고지도자 지위는 흔들리지 않았다. 3명의 협상기제도 소멸되지 않았다. 장쩌민이 규정된 권한을 행사할 때조차 원로들의 압력을 차단하기 어려웠다. 정책을 결정할 때에는 정치국상위회 기타 상무위원 보다는 3명의 원로들에게 자주 가르침을 청해야 했다.[122] 리셴녠이 1992년, 천원은 1995년, 덩샤오핑이 1997년에 서거한 이후 원로협상기제는 최종적으로 와해되었다.

---

121) 가장 구체적인 사례는 '6·4 천안문사건'에 대한 중국공산당의 일련의 결정이다. 李先念과 陳雲이 연이어 아시아개발은행(ADB) 이사회에서 한 趙紫陽 연설 중의 처리입장에 대해 인정할 수 없다는 의견을 鄧小平에게 전달했으나, 鄧小平은 趙紫陽이 내놓은 처리방법에 원칙적으로 동의함으로서 趙紫陽은 총서기 직권으로 처리했다. 그러나 鄧小平이 李先念과 陳雲의 의견을 받아드려 베이징에 계엄을 선포했을 때, 趙紫陽의 총서기 권한 두 가지 측면에서 제약되었다. 먼저 상무위위원회 내에서 이루어진 "북경계엄 선포 찬반 표결" 결과 찬성과 반대 의견이 팽팽할 때 趙紫陽 개인의 반대의견으로 상무위원회 집단결정을 바꿀 수 없었다. 또 다른 제약은 "가장 중요한 문제에 있어 鄧小平 동지가 이끌 필요가 있다"라는 당의 결정이다. 베이징 계엄선포와 같이 상무위원회 의견이 교착상태에 빠졌을 때, 비공식적 원로회의에게 결정 기능이 넘어 가고, 鄧小平, 陳雲, 李先念 등 전 정치국 상무위원 세 사람의 영향력이 커졌다. 베이징 계엄선포와 관련해 陳雲과 李先念이 鄧小平을 설득시킨 점 그리고 江澤民으로의 총서기직 이양 등에서 잘 드러난다. 張良, 『中國六四眞相』, p.346, 348, 364-369, 425, 426-432, 440-447, 450-452, 521-522, 587-596, 753-757 참고.

122) 강택민은 정책결정 시, 정치국상무위의 다른 위원과의 협의 이외 언제나 세 명의 원로에게 의견을 구했다. Robert L. Kuhn, 談崢·于海江 等譯, 『他改變了中國: 江澤民傳』(*The Man Who Changed China: The Life and Legacy of Jiang Zemin*)(上海: 上海譯文出版社, 2005年), p.173.

4. 분업과 서열

원로들이 정치국상위에서 물러난 후, 원래 서기처에만 적용되었던
"집단영도, 분업책임"의 운영방식이 진일보한 방식으로 정치국상위회로
까지 이전되게 되었다. 13대에서는 5명의 정치국상위회가 선출되었기
때문에 더 이상 1선, 2선으로까지 나누지 않고 당정업무에 따라 분명한
분업이 이루어졌다. 자오쯔양은 총서기 신분으로 전반적 업무를 책임지
고, 리펑(李鵬)은 국무원을 책임지며, 차오스는 정법, 후치리는 이데올
로기(文宣), 야오이린은 경제를 책임지게 되었는데[123] 이것은 중공당
역사에 매우 의미있는 역할분담이라고 할 수 있다.

13대에서는 당장을 수정하였는데 이미 규정한 군사위 주석, 중앙고문
위 주임, 중앙기율위 서기는 정치국상위에서 나온다는 규정을 삭제하였
다. 이와 같은 당장수정은 정치국상위회의 직무분담제 수립에 긍정적으
로 작용했다. 중공 정권 수립 이후 처음으로 정치국상위 중 군사위 주석
이 없는 국면이 나타나게 된 것이다. 1989년 6월 13기 4중전회 이후 발
생한 '6·4천안문사건'으로 인하여 중대한 인사변동이 있었는데 내부 역
할분담은 대체로 다음과 같이 조정되었다. 장쩌민은 총서기로서 전반적
업무를 책임지고, 리펑은 국무원, 차오스은 정법, 야오이린은 경제, 숭
핑은 조직(나중에 군중단체를 겸함), 리루이환(李瑞環)은 이데올로기(문
선)를 책임지게 되었다.[124]

---

123) 王勁松, 『中華人民共和國政府與政治』(北京: 中共中央黨校出版社, 1995年),
p.333.

124) 여기에서 말하는 정치국상위 구성원의 업무분담 상황은 당시 당내외 주요 겸직에
근거한 것이다. 관련 내용은 劉松福, 『中共最高領導制度之硏究』, pp.173-174;
閻淮, 「中國大陸政治體制淺論」, 『中國大陸硏究』 第34卷 第8期(1991年8月),
pp.20-21

서기처의 운영에 있어 더 이상 민주집중제를 실시하지 않고 대신 기존의 "집단영도, 분업책임"을 "수장책임, 분업판사"로[125] 조정하여 시행하였다. 여기에 수장은 총서기를 가리킨다.[126] 덩샤오핑은 1992년 10월에 개최한 중공 제14차 전국대표대회는 당정기관을 7개 큰 부문으로 나누었다. 중앙정치국 7명의 상위가 한 사람씩 한 부문을 관리하게 됨에 따라 정치국상위의 역할분담과 서열이 정형화되었다. 이렇게 집단지도가 자리를 잡아가고 동시에 당내 영도소조 조장의 직무분배도 고정화되는 모델이 나타났다. 예를 들면 장쩌민은 지도핵심으로 외사를 책임지고 리펑은 국무원의 선전, 문교를 장악하고, 차오스는 전인대를 주관하고, 주룽지는 재경을 장악하고, 류화칭은 군사를 책임지며 후진타오는 당무조직인사 업무에 중점을 두었다.

정치국상위회의 조직구조와 역할분담을 보면, 80년대 이후 중공 최고 정책결정체계가 점차 제도화되어 가고 있다는 것을 알 수 있다. 1997년 15대 이후 상위의 서열 역시 고정되었다. 상위 서열 5명은 각각 총서기, 전인대위원장, 총리, 정협주석, 당무서기(18대에서는 전인대위원장과 총리의 배열은 서로 교차하여 바뀐다)이고 6~9명은 상무부총리, 중앙기율위서기, 정법위서기(〈표 3-6〉 참고) 등으로 배열되었다. 각 영도소조 조장은 보통 총서기, 총리, 서기처상무서기가 맡고 총서기는 일반적으

---

125) "수장책임(首長負責), 업무분담(分工辦事)"라는 말은, 1987년 3월28일 자오쯔양이 중앙 정치체제개혁 연구소조 제4차 회의에서 한 연설 내용에 들어 있다. 吳國光, 『趙紫陽與政治改革』, p.378. 서기처 내부 회의의 명칭도 "중앙서기처판공회의"(中央書記處辦公會議)로 정했다. 中共中央辦公廳, 「中共中央辦公廳關于企業女職工工作問題的覆函」, 『中國婦女網』, 1999年6月29日, http://www.woman, org.cn/allnews/110302/20.html.참고

126) 가장 구체적인 사례로는 조장양이 1988년 12월 30일 주관한 서기처 회의이다. 吳國光, 『趙紫陽與政治改革』, p.546.

로 몇 개의 가장 중요한 소조의 조장을 맡았다.[127] 그러나 이렇게 제도
화된 서열은 변천을 거치게 되지만 그 중 변하지 않는 것은 최고지도자
서열인데 시종일관 1위였다. 이 최고지도자 직함은 마오쩌둥과 화궈펑
시기에는 중앙위원회 주석이라 칭하였으며 보통 중앙군사위 주석이기
도 했다. 만약 당, 군의 최고지도자가 동일인(예를 들어 1980년대 덩샤
오핑은 오직 중앙군사위 주석만 맡았다)이 아닐 경우 중앙군사위 주석
은 바로 당내, 다시 말하면 중앙정치국상위 서열 2위가 실권인물(16대
이후 장쩌민은 총서기를 사임하고 중앙군사위 주석직에 있었다. 다만
비정치국위원은 예외다)이다. 1982년 주석을 폐지한 후, 총서기는 당내
최고지도자가 되었다. 군대의 중요성 때문에 과거에 중앙군사위 부주석
이 종종 정치국상위 서열 2위였다. 그러나 이제 당내 서열 2위는 총리,
전인대위원장, 심지어 중앙고문위 주임도 될 수도 있었다. 마오쩌둥 시
기 총리의 정치국상위회 서열은 1위에서 맨 아래까지(1980년 8월 화궈
펑이 총리직무를 그만두고 난 후 신임 총리인 자오쯔양은 11기 5중전
회의 정치국 7명 상위 중에서 서열이 가장 아래였다)까지 떨어졌다. 그
후 4위(11, 12대), 3위(15대에서 17대까지), 마침내 서열 2위까지 올라
갔다.

노간부의 퇴직을 격려하기 위하여 덩샤오핑은 1982년 중앙고문위를
설립하여 자신이 주임을 맡았다. 동시에 중앙군사위 주석 맡아 강한 권
력을 행사했다. 당내 서열은 1985년를 전후하여 3위에서 2위로 올라갔
다. 13대에서 중앙고문위 주임은 천윈이 맡게 되었지만 천윈은 군권을
가지고 있지는 않았다. 그리고 중앙고문위 주임을 맡은 후 정치국상위

---

127) 寇健文, 「中蘇共高層政治的演邊」, 徐斯儉·吳玉山 編, 『黨國蛻變: 中共政權的
菁英與政策, (臺北: 五南, 2007), p.103.

회에서는 퇴진하였다. 그 밖에 13대 때 중앙기율위 서기 차오스는 당 서열 3위로 정법위 서기를 맡았다. 최근 이 두 직위의 지도자는 서열에 서 상위 5위 안에 들 수 없게 되었다.

〈표3-6〉 정치국상위의 중요직무 분업과 서열

구분	제1위	제2위	제3위	제4위	제5위	제6위	제7위	제8위	제9위
11차 (1977-78)	중위회 주석, 군위 주석, 총리	인대 위원장, 군위 부주석	정협 주석, 상무 부주석, 군위 부주석	부총리	무				
11차 (1978-80)	중위회 주석, 군위 주석, 총리	인대 위원장, 군위 부주석	정협 주석, 상무 부주석, 군위 부주석	부총리	무				
11차 오중 (1980. 2)	중위회 주석, 군위 주석	인대 위원장, 군위 부주석	정협 주석, 군위 부주석	무	중기위 서기, 부총리	총서기	총리		
11차 육중 (1981. 6)	중위회 주석, 군위 주석	군위 부주석	군위 주석	총리	무	중기위 서기	무		
12차 (1982-85)	총서기	군위 부주석	군위 주석, 중고위 주임	총리	국가 주석	중기위 서기			
12차 (1985-87)	총서기	군위 주석, 중고위 주임	총리	국가 주석	중기위 서기				
13차 (1987-89)	총서기	총리	중기위 서기, 정법위 서기	상무 서기	상무 부총리				
13차 (1989-	총서기 군위주석	총리	중기위 서기,	상무 부총리	무	무			

구분	제1위	제2위	제3위	제4위	제5위	제6위	제7위	제8위	제9위
92)			정법위 서기, 상무 서기						
14차	총서기, 국가 주석, 군위 주석	총리	인대 위원장	정협 주석	상무 부총리	군위 부주석	상무 서기		
15차	총서기, 국가 주석, 군위 주석	인대 위원장	총리	정협 주석	상무 서기, 국가 부주석, 군위 부주석 (1999-)	중기위 서기	상무 부총리		
16차	총서기, 국가주석, 군위부주석 (2004), 군위 주석(2004)	인대 위원장	총리	정협 주석	상무 서기, 국가 부주석	상무 부총리	중기위 서기	무	정법위 서기
17차	총서기, 국가 주석, 군위 주석	인대 위원장	총리	정협 주석	의식 형태자 주관	당무 서기, 국가 부주석	상무 부총리	중기위 서기	정법위 서기
18차	총서기, 국가 주석, 군위 주석	총리	인대 위원장	정협 주석	상무 서기	중기위 서기	상무 부총리		

자료 출처: 寇健文, 『中共菁英政治的沿邊: 制度化與勸力轉移, 1978-2004』, p.239를 수정 작성

5. 당군관계 특수화

　　마오쩌둥과 덩샤오핑은 혁명과정에서 군대와 깊고 두터운 인연을 쌓았고 최고지도자를 맡은 기간에 모두 중앙군위주석을 담당하였다. 마오쩌둥은 정치국상위회에서 시종일관으로 서열 1위였다. 당과 군은 일체였다. 그러나 덩샤오핑 시기의 당군관계는 제도적으로 매우 특이했다. 1981년 6월 11기 6중전회에서 1989년 11월 13기 5중전회까지 덩샤오핑은 중앙군사위 주석으로 있었지만 법적으로 당내 최고지도자는 아니었

다. 정치국상위이긴 했지만 당 서열은 3위였다. 서열 2위는 군사위원회 부주석 리셴녠으로 군사위 부주석 서열이 주석 앞에 위치해 있는 특례를 만들었다. 이와 같은 현상은 1935년 쭌이회의 이후 최초로 당내 실질적인 최고지도자가 군 최고지도자가 아니었던 아주 이상한 시기였다. 1985년 9월 5중전회에서 리셴녠이 퇴진한 후에야 비로소 덩샤오핑의 당 서열은 2위로 올라갔다. 그러나 제도상의 당 서열이 실질적인 최고지도자이다라는 사실에 영향을 주지 않는다. 덩샤오핑은 13대에서 정치국상위회를 퇴진하고 난 후, 정치국상위회 중 군 대표로는 중앙군위 제1부주석이었던 자오쯔양만 오직 남게 되었다. 정치국에는 중앙군위 상무부주석인 양상쿤과 국방부 부장 진지웨이 두 명의 군부문을 대표가 있었고 서기처 내에는 군 출신이 없게 되었다. 14대 때 장쩌민이 총서기를 맡고 동시에 중앙군위 주석이 되었지만 마오쩌둥, 덩샤오핑 처럼, 군 부문과 인연이 깊지 않았다. 그러므로 정치국상위에 76세 고령의 군위 부주석 류화칭(劉華淸)을 추가로 선출하였고, 정치국에는 양바이빙(楊白冰, 총정치부 주임)을 두어 '당의 의한 군의 지휘', '당군합일체'의 전통을 지키고자 하였다.

15대에 이르러 새로운 당군관계가 개막되게 되는데, 점차 새로운 관례로 자리잡아 갔다. 정치국상위회에는 더 이상 직업군인 대표가 선출되지 않았다(마오쩌둥, 덩샤오핑은 군대와 인연이 깊어 군대대표로 볼 수 있다). 총서기직 즉위를 기다리고 있던 후진타오(국가 부주석이기도 했다)가 중앙군사위원회 부주석을 겸임했다. 장쩌민은 2002년 11월, 총서기직에서 사퇴했지만 여전히 중앙군위 주석직을 가지고 있게 됨으로써 정치국상위는 총서기 1인만이 중앙군위 주석의 신분으로 오직 군부문을 대표했다. 15대 정치국은 여전히 두 명의 중앙군위 부주석(츠하오텐과 장완녠)있었으며 16대 때에는 15대의 전통에 따라 궈보슝, 차오강

찬 2명이 정치국에 남아있었다. 당군은 이미 제도화된 관계를 형성하였
다. 다시 말해 정치국에서 2명의 군위 부주석을 내고, 정치국상위회는
상황에 따라 군 대표가 2명이거나 했다. 그 중 한 명은 총서기, 중앙군
위 주석이고 다른 한 명은 후계자로 선정된 차기 총서기인데, 그가 중앙
군위 부주석을 맡는다. 승계할 후보가 명확하지 않으면 오직 총서기 한
명일 수도 있다.

6. 천안문사건의 영향

'6·4천안문사건'의 영향으로 덩샤오핑은 장쩌민을 자오쯔양을 대신
해 총서기에 앉혔다. 이는 당내 고위층 제도화의 운영에 부정적인 영향
을 끼쳤다. 13대 이후 정치국회의 후 정치국회의 결과를 대외적으로 발
표하는 관례가 이 시점에 중지되었다.[128] 장기간 외부에서는 정치국회
의 개최 시간, 개최 빈도, 회의 내용을 공개된 자료를 통해서는 알 수
없게 되었다. 정치국상위회 회의는 물론 더 말할 필요가 없다. 그러나
외부에 알려진 이러저러한 자료나 당규를 통해 정치국상위상위의 개회
빈도가 정치국보다 높다는 것을 약간은 알 수 있다. 중공 14차 전대보고
의 기초를 예로 들면, 7개월 간의 기초 과정에서 두 차례의 정치국회의
가 열렸으며, 네 차례의 정치국상위회가 개최되었다는 것을 알 수 있
다.[129]

---

128) 吳國光, 『趙紫陽與政治改革』, p.306.
129) 施九靑·倪家泰, 『當代中國政治運行機制』, p.536.

제7절 협상의 정책결정체제 형성

1994년 9월 14기 4중전회에서 "제2대 중앙지도집단과 제3대 중앙지도 집단 간 인수인계가 통과되었다. 이는 11기 3중전회 이후 당건설과 관련힌 중대한 성괴였다. 또한 정식으로 장쩌민 시대의 도래를 선고한 것이었고[130] 이는 최고지도기관의 정책결정모델이 또 다시 변화되었음을 의미했다.

1. 집단지도체체의 확립

13대와 관련한 당의 최고지도체제의 제도화 조치는 정치생활의 일상화, 정치국의 제도적 대표성기제의 출현, 운영규칙의 법치화, 정치국상위 역할분담 등을 포함하고 있다. 집단지도체제의 기초가 마련되었다. 덩샤오핑이 1997년 2월 서거한 후 당내 고위층 권력구조는 정상으로 작동하기 시작하였다. 정치국상위회와 서기처 내부에서 "집단영도, 분업책임"과 "수장책임, 분업판사" 등 민주집중제적 운영이 실현되었다.[131] 덩샤오핑의 서거는 혁명세대의 패권형 가부장식 통치의 종말을 보여주는 것이다. 퇴임한 지도자인 14대 야오이린, 쑹핑과 15대 차오스, 류

---

130) 14기 4중전회에서 통과된 「中共中央關于加強黨的建設幾個重大問題的決定」을 참고.

131) 15대 이후 정치국상무위 회의 개최빈도는 정치국 회의에 비해 많다. 16대 정치보고 초안 준비과정을 볼 때, 준비하는 1년 동안 정치국회의는 두 차례, 정치국상무위 회의는 4차례가 개최되었다. 본문에서 서술한 14대 보고 초안준비과정에서의 회의 개최 빈도와 같다. 夏林·張宿堂·孫承斌, 「馬克思主義的綱領性文獻: 黨的十六大報告誕生記」, 〈人民網〉 http://www.people.com.cn/BIG5/shizheng/19/20021120/870242.html.

화칭, 양바이빙 등은 더 이상 덩샤오핑, 천원, 리셴녠 등 원로가 현직 지도자의 정책결정을 거부했던 만큼의 영향력을 갖지 못했다.132) 이러한 상황은 장쩌민이 진정 최고지도자가 되게 하는 것을 의미했다. 그러나 장쩌민의 위상은 덩샤오핑에 훨씬 못미쳤기 때문에 당내 고위층 정책결정기제 내에서의 정책결정력을 가질 수 밖에 없었고, 정치국상위도 반드시 "집단영도, 분업책임"의 민주집중제적 운영에 의존해야만 했다.133)

"집단영도, 분업책임" 원칙은 정치국상위회에서 작동되었다. 정치국 상위 개인 간 역할분담은 갈수록 정밀해졌다. 총서기 직책은 예전 덩샤오핑과 비교할 수 없게 되었다. 후진타오가 16대에 장쩌민으로부터 총서기직을 승계했지만 장쩌민은 여전히 덩샤오핑의 전례를 따라 군위주석을 계속 맡았다. 그러나 군사정책은 이미 당의 기타 정책과 같이 반드시 관련된 정책결정과정을 따르게 되었다.134) 후진타오 개인이 결정할

---

132) 寇健文, 『中共菁英政治的沿邊』, p.257.

133) 15대 후 정치국상위 내부 업무분담 상황은 다음과 같다. 江澤民 총서기로서 모든 업무를 책임지고, 李鵬은 전인대, 朱鎔基은 재정, 李瑞環은 정협, 胡錦濤은 조직인사, 尉健行은 정법, 李嵐淸은 선전문교를 각각 책임졌다. 韓泰華 主編, 『中國共産黨: 從一代到十五代(下策)』(北京: 北京出版社, 1998年), p.764; 楊光斌, 『中國政府與政治導論』(北京: 中國人民大學出版社, 2003年), p.3. 서기처의 업무분담은 대체로 다음과 같다. 江澤民은 총서기로서 업무전반을 책임지고, 胡錦濤은 상무서기로서 조직인사, 尉健行은 정법(기율과 공회에 치중), 丁關根은 선전, 張萬年은 군사, 羅幹은 정법(정법위원회 치중), 溫家寶는 농업, 曾慶紅은 당무기밀을 각각 주관했다. 이와 같이 15대 후 서기처는 이전의 "수장책임(首長負責), 업무분담(分工辦事)"의 운영방식을 유지하고 있음을 알 수 있다.

134) 어떤 학자는 이러한 정책결정과정을 "집단지도체제 하의 영역[口] 책임관리(歸口管理)"라고 부른 바 있다. 이를 통해 비록 '군사영역[軍事口]의 최고지도기구는 중앙군사위원회이나 군사정책은 정치국 상무위원회가 결정하고, 군사위원회는 정책집행에 대한 책임이 있음을 알 수 있다. 한편 중국 한 언론은 관련보도에서 중국공산당 내규에는 "정치국상무위원회는 중앙군사위가 제출한 정책성 문제의 결정에 책임"이 있고, "정치국은 중앙군사위가 제출한 중대 사항에 대한 심의에

수도 없으며 장쩌민도 군사정책을 독단적으로 결정할 수 없게 되었다. 군위주석과 부주석과 관련해 후진타오와 장쩌민 간 일정정도 업무분장에 뜻을 같이 했을 것이지만135) 이와 같은 묵시적 합의는 정치국 다수 상위의 동의를 얻어야 실현될 수 있었다. 만약 정치국상위에서 다른 결정을 내렸다면 장쩌민과 후진타오도 이를 받아들여야 했을 것이다. 정치국과 그 상위회에서 물러난 지도자라 할지라도 여러 가지 방식을 통해 당내 정책결정에 영향력을 발휘할 수 있지만, 덩샤오핑 지도 하에서의 과두통치는 같은 선상에서 논할 수 없다. 16대 이후의 장쩌민은 오직 정치국상위회가 허락한다는 전제 하에서 부분적 권력만을 가질 수 있었다. 정치국상위회 다수가 변화하고 있었기 때문에 장쩌민도 2004년 9월, 16기 4중전회에서 군위주석직을 사임할 때까지 자신의 권력을 점점 풀어놔야 했다. 다시 말하면, 거부권을 가지고 있는 원로가 이미 존재하지 않기 때문에 정치국상위회에서 민주집중제가 드디어 실현될 수 있게 되었다.

16대는 중국공산당 인사에 있어 상당히 큰 조정이 이루어진 대회였

책임"이 있다고 명시되어 있으며 지금까지 이 규정은 적용되고 있다고 보도한 바 있다. 따라서 중앙군사위원회가 군의 인사명령을 발표할 때 그 안건은 이미 당중앙의 승인을 거친 것이다. 楊光斌, 『中國政府與政治導論』(北京: 中國人民大學出版社, 2003年), pp.49-50; 新華社, 「經中共中央批准中央軍事發布命令調整海軍軍政主官」, 『人民日報』(2003年6月13日) 版1; 寇健文, 「中國政治情勢: 高層政局的演變」, 丁樹範 編, 『中國大趨勢: 2003-2004』(臺北: 新新聞文化, 2004年), pp.27-28 참고.

135) 이는 두 사람의 군사 이외 영역에서의 업무분담까지를 포함한 것이다. 즉 2003년 3월 국가주석직과 총서기직에서 물러난 후 일정 기간 중공중앙대대만공작영도소조, 중공중앙재정경제영도소조, 중공중앙외사공작영도소조, 중공중앙국가안전영도소조 등 4개의 영도소조의 조장을 맡고 있던 江澤民과 총서기로서 당내 각 정책결정과정의 참여 권한을 가지고 있던 胡錦濤 사이의 업무분담까지를 포괄한다. 寇健文, 『中共菁英政治的演變』, pp.240-246.

다. 기존 7명의 정치국상위회 상위 중 오직 총서기 후진타오만 유임되었다. 정치국상위의 위원은 9명으로 확대되었는데 이는 13대 이후의 정치국상위 위원수 증가추세와 서로 호응한다.136) 반면 2012년 11월의 18대 정치국상위 위원수는 다시 7명으로 축소되었다.

2. 정책결정체제의 재제도화

13대 이후 정치국과 그 상위회 개회는 정상으로 돌아왔다. 정치국 회의는 매월 1회 소집되었고, 정치국상위회 회의는 매주 개최되었다. 1997년 15대에서는 정치국위원과 중앙군위회 위원의 연령을 70세 제한을 두고, 그 이상이 되면 퇴임하는 선례를 수립하였다.137) 정치국회의 개회시간과 토론주제 모두 인터넷에 공개하였다. 중대한 문제는 정치국 상위회가 집단으로 결정했고, 상위 한 사람이 결정하는 권한은 없어졌다. 그리고 정치국이 집단적으로 결정한 사항을 바꿀 수도 없었다.138)

15대 이후 중공 고위층 정책결정 제도화 수준은 더 높아졌다. 체제 내 집단적 정책결정기제가 형성되었다. 다만 최고지도자의 직무와 권한은 여전히 단절적이었다. 예를 들어 2002년 11월의 16대에서 장쩌민은 총서기를 후진타오에게 넘겨주었지만 군위주석을 여전히 유지했다. 외

---

136) 중국공산당은 13대 이래 수차례 당장을 수정 또는 개정하였으나, 정치국상위 인원수를 명문화하지 않고 있다. 그렇기에 정치국상위의 인사안배를 보면, 13대에서 13기 4중전회까지 5명, 13기 4중전회부터 14대까지 6명, 14대부터 16대까지 7명이었다. 13대 이래 역대 당장은 中共中央黨校黨章研究課題組 編著, 『中國共産黨黨章編介: 從一代到十六代』(北京: 黨建讀物出版社, 2004年), pp.259-332.

137) 魯競, 「中共中央領導機構人事佈局分析」, 『中共研究』第31卷 第11期(1977年11月), p.68; Andrew Nathan, "China's Changing of the Guard: Authoritarian Resilience," *Journal of Democracy*, vol.14, no.1(January 2003), p.8.

138) 施九青·倪家泰, 『當代中國政治運行機制』, p.539.

국언론은 후진타오와 장쩌민 간의 관계가 1997년 2월 이전 장쩌민과 덩샤오핑과 관계와 비슷하다고 내다봤다. 풍문에는 당내에서 "중대문제는 장쩌민과 상의하여 지시를 받아야 한다"는 원칙이 통과되었으며,[139] 장쩌민의 결정범위가 군대와 국방, 정치국위원 이상 및 베이징과 상하이 두 직할시 당위서기의 인사권, 중대한 외교문제, 타이완 문제를 포괄한다는 이야기까지 있었다.[140] 이와 같은 특수한 체제는 2004년 9월의 16기 4중전회에서 장쩌민이 중앙군위주석을 퇴임하고 후진타오가 승계한 후에 비로소 정상화(常態化)되었다.

16대 당장에서는 정치국과 그 상위회, 그리고 서기처와 관련한 문항에 대한 수정은 없었다. 이는 세 최고 정책결정기관의 제도화나 위상이 이미 정해졌다는 것을 의미한다. 2002년 12월 2일 정치국회의에서 통과된 16기 중앙정치국 업무규칙은 비록 대외적으로 공개되지 않았지만[141] 관련 보도에 따르면 13대에서 공포한 업무규칙과 뚜렷한 차이를 보이지 않았다고 한다.[142]

---

139) Erik Eckholm, "China's New Leader Promises Not to Sever Tether to Jiang," *The New York Times*, November 21, 2002, p.A16; 楊中美, 「新紅太陽: 中國第五大領袖」, p.33.

140) 金鐘, 「曾慶紅躍升二把手」, 『開放』, 第195期(2003年3月1日), pp.11-12. 그러나 이와 완전히 반대되는 견해도 있는데, 16대에서 선출된 정치국위원은 문건으로나 구두로 중요한 정책을 결정할 수 사람은 전혀 없고 모두 江澤民의 지시를 받거나 그의 결정에 따랐다고 하는 주장도 있다. 宗海仁, 「胡錦濤·江澤民的互動與權力消長」, 『中國戰略』 第2期(2004年4月), p.3 참고.

141) 이 정치국회의 언론보도 내용은 新華網 編, 「中共中央政治局召開會議研究明年經濟工作」, 『新華網』(2002年12月2日), http://news.xinhuanet.com.newscenter/2002-12/02/content_647086.htlm 참고

142) 이런 주장을 뒷받침할 증거 6가지를 들 수 있다. 먼저 정치국과 정치국상위 회의 후 언론에 공개된 내용을 보면 모두 胡錦濤 총서기가 주재한 회의라고 명시되어 있다. 다음으로 총서기의 또 다른 권한인 "정치국상위 회의에서 토론을 거쳐 통과되었거나 정치국상위에서 회람되어 동의한 문건을 결정하고 서명하여 발표할

후진타오가 집권한 이후 2002년 16대부터 중공 최고정책결정기관 제도화는 진일보한 추세는 보이고 있다고 일반적으로 평가된다. 총서기의 권한은 점차 축소되었고, 정치국의 제도성 대표는 안정화되었으며 정치국의 군부문 대표에도 제한을 두었다.[143] 새로운 지도체제에서 기술관료 비율은 하락하고 자질과 능력을 가춘 전문가의 진출 추세가 뚜렷한 것은 모두 제도화 진전에 긍정적 측면이다.

중국언론매체들은 최고 지도자 후진타오를 "영도핵심"이라고 부르지 않았다. 후진타오가 총서기와 중앙군위주석에서 동시에 물러난 이후 시진핑이 화귀평 이후 처음으로 최고지도자가 중앙군위 주석을 맡게 되었

수 있다"는 것도 하나의 증거이다. 셋째, 16대 후 정치국상위 회의 개최 빈도가 정치국 회의에 비해 많다. '중공중앙 국민경제와 사회발전 제11차 5개년계획 건의'의 초안 작성과정을 예로 들면, 8개월여 동안 정치국 회의는 두 차례, 정치국상위 회의는 다섯 차례 있었다. 이는 정치국과 정치국상위의 정책결정 기능이 여전히 유지되고 있음을 보여준다. 넷째, 공개된 자료에 근거할 때, 16차 당대회 후 2005년 7월까지 2년 9개월 동안 총 29차례 정치국 회의가 개최되었다. 이는 당내 법규가 정한 매월 1회 회의를 연다는 원칙에 상당부분 부합한다. 다섯째, 16기 정치국상위회는 이전의 운영방법을 유지했으며, 16대 후 서기처의 운영방법 또한 이른바 "수장책임, 업무분담"을 지켰다. 서기처 내 업무분담 상황은 다음과 같다. 胡錦濤는 총서기로서 업무전반을 책임지고, 曾慶紅이 상무서기를 맡고, 劉雲山은 선전, 周永康은 정법, 賀國强은 조직, 王剛은 행정, 徐才厚는 군사, 何勇은 기율을 각각 주관하는 것으로 되어있다. 여섯째, 16기 서기처 내부회의 명칭 또한 13차 당대회 이래 사용해 왔던 '中央書記處辦公會議'를 유지했다. 이전과 다른 점이 있다면 각 회의를 총서기인 胡錦濤가 아닌 상무서기인 曾慶紅이 주재했다는 점이다. 馬娟 編,「新一屆中共中央政治局會議匯總」; 韓冰潔,「中央一號文件的回歸」,『瞭望』第2期(2004年1月), p.12; 張宿堂 · 孫承斌 · 鄒聲文,「科學發展的行動綱領: 十一五規劃建議誕生記」,『人民網』(2005年10月26日), http://gov.people. com.cn/GB/46728/53739/53743/3802427.html; 郭瑞華,「中共十六代之人事布局分析」, p.12; 中國科學技術協會,「關于認眞學習貫徹'中央書記處關于科協工作的幾點意見'精神的通知」,『深圳市科學技術協會』2003年4月17日, http://www. 21c888.com/big5/www.szsta.org/index.asp?bianhao=632 참고

143) Alice Miller, "The New Party Politburo Leadership," *China Leadership Moniter*, no.40(2013), p.10.

다. 18기 1중전회에서 선출된 새로운 지도자들 중 60년대 출생의 신임 광둥성위 서기 후춘화(胡春華)와 충칭시위 서기 쑨정차이(孫正才)가 정치국위원으로 승진했는데, 이것이 과연 시진핑의 뒤를 잇는 세대 간 승계를 뜻하는지 지켜볼만 하다.

비교공산주의 학자인 리차드 로웬탈(Richard Lowenthal)은 공산주의 당국체제가 설정한 혁명이상과 발전이라는 이중목표는 서로 모순되기 때문에 점차 '탈동원화(動員遞減)'되고 발전을 강조하는 권위주의 정권으로 전환된다고 한 바 있다. 그리고 그 과정에서 정권의 포용성은 증가하고[144] 많은 기술관료가 출현하며 경제개혁이 중점이 된다고 주장한다. 중국의 발전과 로웬탈의 전환이론이 딱 들어맞는다면 현재 중공은 지도계층 학력은 향상되었지만 기술관료의 비율은 하락하는 공산주의 정권 발전의 제3단계에 진입하고 있다고 할 수 있다. 15기 1중전회에서 선출한 정치국위원에서 대학학력을 가진 17명 위원 중 16명은 기술관료였다. 그 중 14명 엔지니어였다. 그러나 17기 1중전회에서 선출된 정치국위원 중 대학학력을 가진 23명 위원 중에서 엔지니어 배경을 가진 위원은 11명으로 줄어들었고 다른 8명은 인문사회과학 전공 출신, 2명은 과학이나 수학을 전공하는 위원들이었다. 또한 18기 1중전회에서 선출된 대학학력을 가진 정치국위원 중에서 오직 4명만이 엔지니어, 12명이 인문사회과학이며 1명이 수학 전공자들이었다(〈표 3-7〉).[145]

144) 趙建民, 『威權政體』(臺北: 幼獅文化事業公司, 1994年), p.94-95.
145) Miller, "The New Party Politburo Leadership," p.4.

〈표 3-7〉 정치국 성원 배경

	대학학력	기술관료	인문사과	과학이나 수학
15대	17	16(14명 엔지니어)		
16대	22	17엔지니어 1지질		
17대	23	11엔지니어	8	2
18대	18	4엔지니어	12	1

자료 출처: Alice Miller, "The New Party Politburo Leadership," China Leadership Monitor, no.40(2013), p.11.

3. 자심제(資深制)와 권력전이

16대 이후, 정치국은 68세 '선긋기(畫線)'가 이미 관례화되었다. 16대에서 연령제한에 해당하지 않은 8명의 정치국 위원은 모두 상위로 승진하여 상위가 9명까지 증가하였다. 18대에도 이러한 자심제(資深制) 전통은 유지되었다. 17차 정치국 위원 중에서 68세 이하는 오직 10명에 불과했다. 시진핑, 리커창(李克强)을 제외하고 두 차례 정치국 위원을 맡았던 장더장(張德江), 위정성(俞正聲), 류윈산(劉雲山) 등은 순조롭게 모두 정치국상위로 승진했고, 왕치산(王岐山), 장가오리(張高麗)와 같이 한 번 정치국 위원을 한 위원도 비교적 연령이 높아 상위로 승진하였다. 그 외 왕양(汪洋), 리위안차오(李源潮), 류옌둥(劉延東) 등은 연임 상위로 중요한 직위를 맡았다.

상위서열 4명의 정치국상무위원이 제도에 따라 총서기, 총리, 전인대위원장, 정협주석으로 고정되어 취임한 것 이외에 기타 정치국위원의 선임 역시 이미 상당한 정도의 균형잡힌 제도적 대표성을 확립하였다. 18대 정치국 위원 중 당, 정, 지방간부, 군사안전과 관련한 대표는 17대와 같다. 기관비율은 6 : 6 : 6 : 3의 제도 설계를 유지했을 뿐만 아니라 구체적으로 각 직위대표도 상당히 일치한다(〈표 3-8〉).[146]

〈표 3-8〉 제 17, 18차 정치국위원의 제도화된 조직구성 대표

당직	정부	지방	군대 / 안전
제17차(2007)			
리창춘 (중앙 문명위주임)	리커창 (국무원 부통리)	왕러취안 (신장 당위서기)	저우융캉 (중앙 정법위서기)
시진핑 (서기처 상무서기)	왕자오권 (인대 부위원장)	류치 (베이징 시위서기)	
허궈창 (중기위 시기)	왕치산 (국무원 부총리)	왕양 (광둥성위 서기)	쉬차이허우(서재후) (군위 부주석)
왕강* (중앙직속기관 공위 서기)	후이량위 (국무원 부총리)	장가오리 (톈진시위 서기)	궈보슝 (군위 부주석)
류윈산 (중선부 부장)	류옌둥 (국무위원)	위정성 (상하이시위 서기)	
제18차(2012)			
류윈산 (서기처 상무서기)	장가오리 (국무원 부총리)	쑨춘란 (톈진시위 서기)	멍젠주 (중앙정법위 서기)
왕치산 (중앙기위 서기)	마카이 (국무원 부총리)	쑨정차이(손정재) (충칭시위 서기)	
류치바오 (중선부 부장)	류옌둥 (국무원 부총리)	장춘셴 (신장웨이우얼자치구 당위서기)	팡창룽 (군위 부주석)
자오러지 (중조부 부장)	리젠궈 (인대 부위원장)	후춘화 (광둥성위 서기)	쉬치량 (군위 부주석)
리잔수 (서기처 서기)	리위안차오 (국가 부주석)	궈진룽 (베이징시위 서기)	
왕후닝 (중앙정책연구실 주임)	왕양 (국무원 부총리)	한정 (상하이시위 서기)	

*2008년 정협 부주임으로 전임
자료 출처: 저자 정리

〈표 3-9〉 18대 정치국상위회 분업상황

시진핑	총서기
리커창	국무원총리
장더장	전인대위원장
위정성	정협주석
류윈산	이데올로기, 서기처 상무서기
왕치산	중앙기율위서기
장가오리	상무부총리, 재경

자료 출처: 저자 정리

146) Miller, "The New Party Politburo Leadership," p.11.

이러한 권력의 배치에도 불구하고 갈등은 여전히 존재한다. 예를 들어 최고 권력기관(정치국, 정치국상위회, 서기처 포함)의 인원수는 고정되지 있지 않고 서열과 업무분담(정치국상위의 서열과 4명의 국무원 부총리의 업무분담)도 고정되지 않았다. 그래서 연령과 연공서열[論資排輩] 문제가 있다. 이에 대해 어떤 사람은 사심(私心)에 따른 자의적 임용 혐의가 있다고 평가하기도 한다. 예를 들어 장쩌민이 1997년 정치국 70세 '연령제한'을 선포하였지만 당시 그의 정치 적수였던 차오스가 바로 70세였고, 장쩌민 자신은 76세가 되서야 직위에서 물러났다. 2002년 정치국은 68세로 '연령제한'했지만 그 해 장쩌민의 또 다른 적수인 리루이환이 정확히 68세였다.[147] 그 밖에 리위안차오가 18대에서 관례를 깨뜨리고 비상무위원 신분인 정치국위원으로 국가 부주석을 맡았고 저우샤오촨(周小川)이 인민은행 행장을 연임했으며, 총리 리커창의 서열이 전 인대위원장 장더장의 앞에 배치되어 있고, 양시옹(楊雄)의 상하이시장 임명 등은 모두 최근에 수립된 제도관례와 부합하지 않았다.

4. 파벌정치의 지속

개혁개방 초기 파벌 간 날카로운 대치와 비교하면[148] 15대 이후 고위층 파벌 간 갈등의 심각성은 현저히 떨어졌다. 그러나 최고 정책결정기관에서의 파벌문제는 여전히 존재한다. 일반적으로 따져보면, 16대 9명의 정치국상위 중 과반수인 5명만 장악하면 다수의 지지를 얻을 수 있

---

147) Joseph Fewsmith, "The 18th Party Congress: Testing the Limits of Institutionalization," *China Leadership Monitor,* no.40(2013), p.4.

148) Richard Baum, Burying Mao: Chinese Political in the Age of Deng Xiaoping (Princeton, NJ: Princeton University Press, 1994); 阮銘, 『鄧小平帝國』 참고

다. 따라서 장쩌민이 '상하이방'을 다수 기용해 정치국상위회에서의 다
수를 차지했던 것도 사실이다.[149] 16대에서 정치국상위회는 9명까지 확
대되었는데 17대 상위회의 인사배치에서도 어떤 상무위원의 경우 장쩌
민의 권력우세를 보여주기 위해 인명된 것이라는 말이 있었다.[150] 그리
고 18대 정치국의 제도화된 균형 역시 이러한 파벌의 상호제약 하 타협
의 산물이었다.[151]

그렇다면 덩샤오핑 이후시기 중공의 지도자들은 당장과 당규를 위반
하면서까지 임의로 권력을 확대하고 대권을 한 몸에 집중할 수 있을 것
인가? 이런 상황은 비록 완전히 발생할 수 없다고 할 수는 없지만, 가능
성은 그리 높지 않다. 정치국상위회에서 "집단영도, 분업책임"을 유지하
는 전제 하에서 총서기가 협상을 배제하고 정책결정을 했을 때, 어려움
이 늘어나면 늘어났지 줄어들지 않는다. 마오쩌둥, 덩샤오핑 이후 당
최고권력과 군위주석은 등호였다. 임기제한이 없음에도 불구하고 장쩌
민은 총서기직을 끝낸 후 2년 동안 군위주석을 담임하고 나서 사임했
다. 여기서 볼 수 있듯, 군권 역시 1997년 2월 이후부터 지금까지의 집
단협상정책결정기제의 운영범위를 벗어날 수 없다.[152]

---

149) 葉非比,「硏判報告: 壹 政治」,『大陸情勢』(2003年1月), p.27: Erik Eckholm,
"China's New Leader Promises Not to Server Tether to Jiang," p.A16 참고. 어떤
사람은 "장쩌민이 다수의 지지를 얻을 수 없다"라고 말하기도 한다. 郭瑞華,「中共
十六代之人事布局分析」,『展望與探索』, 第1卷 第1期(2003年1月), p.24 참고.

150) Joseph Fewsmith, "The Sixteenth National Party Congress: The Succession that
Didn't Happen," *The China Quarterly*, no.173(March 2003), pp.3-16; Joseph
Fewsmith, "The 17th Party Congress: Informal Politics and Formal Institutions,"
China Leadership Monitor, no.23(Winter 2008)

151) Joseph Fewsmith, "The 18th Party Congress: Testing the Limits of Institutionaliza-
tion," p.4.

152) 1987년 11월에 개최된 13차 당대회에서 덩샤오핑은 정치국원과 정치국상무위원
에서 물러난다고 선언했다. 그리고 2년 후인 1989년 11월 군사위 주석직을 사직한

5. 정책결정 공개화

과거 중공 최고지도기관 운영은 암흑상자 속의 조작과 같이 깊이 감추어져 있어 외부에서는 그 운영에 대하여 알 수가 없었다. 그러나 후진타오가 집권한 후 상황은 조금씩 변화하였다. 정치국 개회시간, 회의명칭과 주요 내용은 인터넷에 공포되었다. 16대부터 2013년 10월까지 총 87번의 정치국 집단학습을 개최되었는데, 그 내용은 당무, 정무, 군무, 문화 등 네 가지 종류를 포함되어 있고 그 중에 정무가 가장 많다는 것도 공개되었다.[153]

제8절 소결

약 100년의 변천을 거쳐 정치국, 정치국상위회, 서기처 등 중공 최고 정책결정기관의 기능과 기관 관계는 점진적으로 정형화 및 제도화되었다. 현재 외부세계가 알고 있는 집단지도체제는 실제로 약 20년이나 되었다. 중공산당 건당 초기부터 서기처는 계속 중요한 정책결정기관이었고 명칭은 종종 중앙상위회라 부르기도 했다. 중공이 이렇듯 서기처를 주요 권력기관으로 삼은 것은 구소련의 경험과 관련이 있다.

다고 발표했다. 장쩌민은 군사위 주석직을 사임 발표 시간을 결정함에 있어 덩샤오핑의 선례를 초과하지 않는 정치국원과 정치국상무위원직 사퇴 후 1년 10개월 후로 잡았다.

153) 16기 정치국회는 44차례, 17기의 정치국회의는 33차례, 18기의 정치국회의는 2013년 10월까지 집체학습회의 10차례가 열렸다.

1956년의 8대에서 전쟁시기의 고도로 집중된 권력체제를 분권으로의
전환을 시도했다. 균형잡힌 정책결정체계를 수립하기 위함이었다. 이
회의에서 세 개의 최고정책결정기관 간의 합리적인 관계와 위상을 확립
하고, 최초로 세 기관의 직책을 정리하였다. 최고정책결정기관을 '1선,
2선'으로 나누고 정치국상위회는 최고권력기관이 되어 정치국과 정책결
정을 관리하며 서기처는 중앙 일상업무를 처리하도록 했다. 이런 조치
들은 모두 제도화 진전에 순기능 역할을 했다. 그러나 마오쩌둥이 관료
체계를 매우 싫어하고 군중노선을 좋아해 마오쩌둥 집권 시기 많은 중
요한 정책결정은 먼저 군중적 성격의 정책결정기제 하에 결정된 후에
당내 기제에 넘겨 합법화했다. 1959년 8월 루산회의 후 마오쩌둥이 '2선'
으로 물러났다. 그는 곧이어 당주석을 맡았지만 국가주석을 사임함으로
서 더 이상 '1선'의 일상업무를 책임지지 않았다. 베이징에 자주 머물지
도 않았고 정치국상위회도 별로 참석하지 않았다. 중공의 정책결정은
점차 "탈제도화" 되어 갔다. 문혁기간 중 제도화된 정책결정기제는 거의
파괴되었고 새롭게 설립한 체제 외부 기관인 '중앙문혁소조'가 정치국과
서기처의 기능을 대신하여 새로운 권력중심과 실질적인 문혁의 집행기
구가 되었다.

덩샤오핑은 집권 후 즉시 최고정책결정체제 개혁을 단행하였다. 정치
국, 정치국상위회, 서기처 세 기관의 전체적인 운영과 상호 위상을 점차
확립해 나갔다. 그러나 서기처 권력이 홀로 너무 강대해지고 체제 외부
원로의 정치간섭 상황이 심각해지며, 파벌 간 갈등도 심화됨에 따라 80
년대에 과두협상체제를 만들었다.

13대는 중공 고위정책결정체제 제도화의 중요한 이정표라 할 수 있
다. 당장 수정과 당규 제정을 통하여 최고정책결정기관의 운영에 대한
규칙과 규범을 부여했다. 세 최고 정책결정기관의 기능과 위상을 명문

화하여 규범으로 정하였고 총서기의 구체적인 권한도 따라서 확립되었다. 정치국과 그 상위회의 개회도 점차 정상화되었다. 최고정책결정기관은 각자 제도에 따라 운영되었다. 예를 들어 중앙정치국의 기능 회복과 총서기의 상위에 대한 정기 업무보고 규칙이 만들어졌다. 컨센서스를 받아들여 총서기 권력을 축소하고, 군세력을 퇴출하였다. 최초로 4명의 지방성급 당위서기가 정치국에 진입한 것 등은 모두 중대한 진전이었다고 할 수 있다. 또한 정치국과 그 상위회 정책결정기능이 강화되면서 서기처의 기존 정책결정 역할은 사라졌으며, 정치국상위와 그 상위회의 '판사기구'가 되어 일상적 당업무, 이데올로기, 사상업무 등만을 관리하였다.

15대 이후 중공 고위정책결정체제의 제도화는 더욱 강화되었고 체제 내 집단정책결정기제가 형성되었다. 당내 고위층 권력구조는 정상적으로 작동하기 시작했으며 정치국상위회나 서기처 내부에서 "집단영도, 분업책임"과 "수장책임, 분업판사" 등 민주집중제적 운영도 실현되었다. 15대에서는 정치국과 중앙군위회의 '연령제한' 즉 화선이퇴(畫線離退)의 관례가 수립되었고 정치국회의의 개회 시간과 토론주제도 모두 인터넷에서 공개하였다. 중대한 문제는 정치국상위회가 집단적으로 결정하고 정치국상위회 개인이 정치국의 집단결정을 바꾸거나 단독으로 결정하는 권력이 없어졌다.

16대 이후 지도층의 학력은 제고되었지만 기술관료의 비율은 하락하였다. 자격과 능력위주의 발탁이라는 '자심제(資深制)'가 점차 권력전이의 주요 고려사항이 되었다. 정치국의 제도적 대표성도 안정을 유지했다. 총서기 권한은 점진적으로 축소되었으며 군부문 대표도 제한되었다. 이러한 진전은 중공 최고정책결정기관 제도화의 추세가 진일보하고 있다는 뚜렷한 증거이다.

제4장
고위층 정치엘리트의 상호작용

중국의 고위층 정치엘리트의 상호작용은 여전히 학계로부터 가장 많은 관심을 받는 주제이다. 이 장은 시기별로 다르게 나타나는 구조에서의 엘리트 특징 및 주요 참여자의 관계 네트워크에 근거하여 중국 고위층 정치엘리트의 상호작용과 정책결정을 분석하였다. 마오쩌둥 통치 시기의 정치구조에 가장 크게 영향을 준 변수는 최고(最高) 영도자가 '패권형'에서 '2선형'으로 전환했다는 점이며, 이로 인해 전체적인 정치구조와 행위자의 상호작용관계가 변화하였다.

이 장은 마오시기의 정치엘리트를 패권(霸權)형, 2선(二線)형, 관료법제(官僚法制)형, 시종(侍從)형 등 네 가지 유형으로 분류하였다. '관료형' 엘리트의 권력원천은 공식적 제도에 두고 있고, '시종형' 엘리트의 권력기초는 패권형 영도자와의 특수한 관계에 있다. 그러나 엘리트 권력기초의 근원이 어디에 있는가는 관계없이, 모두 '마오쩌둥 지휘(통솔)구조' 또는 '2선 분업' 구조의 제약을 받는다.

제1절 중국 고위층 정치엘리트 유형

중국의 고위층 정치엘리트의 상호작용은 중국정치 발전을 촉진시켰다. 지금까지의 연구는 대체로 구조모델(structural model)과 행위자모델(agential model) 두 가지로 종합된다. 구조모델은 일련의 체계화된 권력시스템을 의미하며, 행위자의 행동 혹은 사상을 유도하거나 혹은 억제하는 효과를 발생시킨다. '구조모델'을 통해 중국 엘리트정치를 연구하는 학자들은 중국의 당국가(黨國)체제는 가장 치밀한 조직으로, 어떠한 정치 운영도 모두 구조적인 제한 속에서 이루어지며, 정치엘리트의 행위 역시 예외적이지 않다고 평가한다. '행위자 모델' 주장 학자들이 중요하게 보는 것은 지도자들 사이의 차이성(差異性) 및 지도자들 사이의 상호관계이다.[1] 이 장에서는 앞서 언급한 두 모델을 결합하여, 중국의 공산당 정권 수립 이후부터 문화혁명 시기(1949년 10월~1966년 8월)의 고위층 엘리트의 정치적 운영을 분석대상으로 삼았으며, 중국 엘리트정치를 '구조/행위자 모델'로 설명했다. 그리고 행위자를 패권형, 2선형, 관료법제형, 시종형 네 유형으로 분류한 다음, 정치구조와 엘리트 행위자의 교차영향을 검증하는 것을 통해 이 시기의 정책결정 모델을 분석할 것이다.

과거 학계는 중공엘리트정치를 연구함에 있어서 또 다른 특징을 보이고 있는데, 바로 개별 엘리트의 정치적 역할과 운영을 중요시하며, 상이

---

1) 구조모델은 전체주의로 해석할 수 있고, 행위자 모델은 파벌정치를 예로 들 수 있다. 관련 연구는 A. Doak. Barnett, *Communist China in Perspective*(New York: Praeger. 1962), pp.1-26; Andrew Nathan, "A Factionalism Model for CCP Politics," *The China Quarterly*, no.53(January-March 1973), pp.33-66.

한 역할 수행자간의 상호관계에 대한 문헌 검토는 비교적 적다는 것이다. 저명한 중국연구 학자인 저우당(鄒讜)은 엘리트 정치를 심화시키기 위해서는 반드시 그들(엘리트들) 간의 정치 네트워크(political networks)를 중요시해야 한다고 했다.[2] 이에 따라 본 장은 '행위자'의 '위상'(position/location)에서부터 그들이 네트워크 구조에서 갖고 있는 역할을 분석하고자 한다.[3] 이른바 '정치네트워크'는 실제로는 구조(結構)이며, 이런 구조의 구성 요소는 바로 '행위자'이다. 따라서 구조는 내재적으로 조직된 '행위자'에 대해서 필연적으로 행위를 제한시킬 수 있으며, 때문에 이 구조 역시 필히 '개인주의(individualism)'관점에서 이해해야 한다.[4] 간단히 말해 '구조'의 구성요소가 '행위체' 라고 한다면, '행위체'의 상호작용으로부터 구조의 구성을 이해해야 한다.[5] 이 장은 이러한 논리에 따라 앞에서 서술한 네 종류의 '행위자'가 중국 엘리트 정치네트워크의 관계를 분석하고, 각기 상이한 '조직/행위자'결합모델에 근거하여, 중국대륙의 정치구조를 '마오 지휘(Mao in command)'와 '2선 분업(two-fronts arrangement)' 두 가지 종류로 분류하여, 이 시기의 중공 고위층 엘리트의 정치적 역할을 나누고자 한다.

---

2) '정치네트워크' 분석 관련 저작은 다음을 참조. David Knoke, *Political Networks: The Structure Perspective*(Cambridge: Cambridge University Press, 1990), pp.1-174; Edward O. Laumann and David Knoke, *The Organizational State: Social Choice in National Policy Domains*(Madison, Wis.: University of Wisconsin Press, 1987), pp.374-397.

3) 林南(Nan Lin), 張磊譯, 『社會資本—關於社會結構與行動的理論(Social Capital-A Theory of Social Structure and Action)』(上海: 上海人民出版社, 2005年) p.19.

4) '구조-행위자' 모델의 기초는 '행위자'모델이다. 사회과학에 대한 자세한 검토는 다음을 참조. Gibson Burrell and Gareth Morgan, *Sociological Paradigms and Organisational Analysis: Elements of the Sociology of Corporate Life*(London: Heinemann, 1979), pp.1-9.

5) 鄒讜, 『中國革命再闡釋』(香港: 牛津大學出版社, 2002年), p.252.

이 장은 먼저 중공엘리트의 특징에 따라 네 가지로 나누어 설명했다. 제2절은 과거 학계에서 진행된 구조모델과 행위자모델을 운용하여 중국의 엘리트정치를 연구한 것에 대한 득실을 검토하고, 제3절은 앞 절에서 인용한 두 개 모델을 결합하여, 중국엘리트정치연구의 '구조/행위자'모델을 설명할 것이며, 제4절과 제5절은 각기 마오쩌둥 시기의 두 종류의 엘리트 상호작용 모델 '마오 지휘'와 '2선 분업'을 통해, '구조/행위자' 모델의 특징을 살펴볼 것이며, 제6절은 마오쩌둥의 역할이 중공엘리트구조에 미친 영향을 분석할 것이다.

제2절 구조모델과 행위자모델

구조모델과 행위자모델은 중국 엘리트정치를 연구하는 두 가지 큰 경로이며, 이러한 분류는 미국의 중국연구로부터 받은 영향이다.[6] 이 두 모델은 중국엘리트정치연구에 대해 방법론에 있어서 시사점을 제공하지만 동시에 부족한 부분이 있다.

1. 구조 모델

정치학에서 '구조'는 주요하게 외부의 유·무형의 권력기제가 행위자에게 미치는 압력효과를 가리킨다. 왈츠(Kenneth N. Waltz)는 『국제정

---

6) David Shambaugh, "Introduction." In David Shambaugh, ed. *American Studies of Contemporary China.* (Armonk, New York: M. E. Sharpe, 1993), pp.3-5.

치체계이론해석』(*Theory of International Politics*)에서 구조는 직접 관찰할 수 없는 개념이기 때문에, 오직 행위자의 지위와 배분원칙에서 구조의 존재 및 권력작용에 대한 제약을 알아야 한다고 하였다.[7] 냉전 초기에 학계에서는 일찍부터 '구조모델'을 이용하여 중국 엘리트정치 연구를 시작하였으며, 정치네트워크에 대해 검토하였고, 마오쩌둥의 개인권위가 형성한 정치적 국면을 둘러싼 연구 및 이러한 특수한 구조가 다른 지도자들의 행위에 미치는 제약효과를 연구했다.

1950년대부터 1970년대 초기까지 학계는 중국 엘리트정치연구에 있어서 두 가지 측면의 전통적 영향을 받고 있었다. 첫번째는 소련공산당연구(Kremlinology)이론으로서,[8] 특히 브레진스키(Zbigniew Brzezinski) 등의 학자들이 발전시킨 '전체주의(totalitarianism)'모델이다. 중국정치체계의 관련문제를 검토하였으며, 공산당정치체계는 모든 것을 포괄하는 가장 엄밀한 조직으로 보았으며, 마오쩌둥이 주도한 의식형태가 모든 정치체계를 관통하며, 다른 지도자의 행위도 구조적 제약을 가하는 체계였다.[9] 두번째는 과거의 '한학(漢學)'(sinology)연구전통을 계승하여, 역사분석경로로 중공이 혁명전쟁시기에 구축한 사상, 원칙이 공산당 정권 탄생에 미친 영향을 분석한 것이다.[10] 역사분석경로는 마오쩌둥이 연안(延安)시기에 확립한 숭고한 지위를 인정하며, 정권 설립 이후

7) Kenneth N, Waltz, *Theory of International Politics*(Reading, Mass.: Addison-Wesley Publishing Co., 1979), pp.73-77.

8) Roderick MacFarquhar, *The Origins of Cultural Revolution*, *I*(New York: Columbia University Press. 1974), p.407.

9) Franz Schurmann, *Ideology and Organization in Communist China*(Berkeley: University of California, 1968). pp.17-104.

10) Barnett, *Communist China in Perspective*, pp.1-26; Michel Oksenberg, "Mao's Policy Commitments, 1921-1976," *Problems of Communism*, no.15:(November-December 1979), pp.1-26.

다른 지도자들이 그의 결정에 복종하도록 한 군건한 '연안원탁회의'
(Yan'an round table) 모델이다.[11]

　　1970년대 이전에 학계는 '구조모델'을 이용하여 중국엘리트정치를 연
구하였는데, 즉 '전체주의'와 '연안원탁회의' 두 모델을 이론적 준거로 삼
아, 두 모델은 모두 '마오지휘'를 이용하여 마오쩌둥 개인권위가 중공정
치구조에 미친 영향을 해석하였다. 이런 주장의 장점은 구조론과 역사
론을 적절하게 혼합시켜, 중공의 정치구조를 튼튼한 철판으로 만들었으
며, 마오쩌둥이 어떻게 혁명전쟁에서 세웠던 공적으로 다른 영도자를
누르고 제거하였는가를 성공적으로 풀이하고 있다. 하지만 이러한 논술
은 마오쩌둥의 주도성을 과도하게 강조하기 때문에 중국대륙의 정책결
정과정을 블랙박스(black box) 작업으로 보이게끔 하며, 정책이 산출하
는 해석도 '결정론(determinism)'에로 빠지게끔 하며, '블랙박스' 내부운
영에 대해서는 논의하지 않는다. 이러한 '결정론'은 구조가 없는 곳이
없고, 포함하지 않는 것이 없는 외적 제약으로 비치게끔 하며, 정치엘리
트의 상호작용을 분석할 때, 천편일률적으로 '자변항(독립변수)'(inde-
pendent variable)가 '구조'요소를 이끈다. 그러나 '구조'의 본질은 어떠
한가? 만약에 '구조'가 진정 왈츠가 말한바와 같이 눈으로 볼 수 없는
추상적 관념이라면, 그럼 어떻게 구조 개념을 이용하여 중국대륙의 엘
리트정치에 대해 구체적인 연구로 들어갈 수 있는가? 달리 말해서, '구

11) Michel Oksenberg, "Policy Making Under Mao, 1949-68: An Overview." In John
M. H. Lindbeck, ed. *China: Management of a Revolutionary Society.* (Seattle:
University of Washington Press. 1971), pp. 79-115; '옌안 원탁' 모델의 해체에
대한 자세한 연구는 Kenneth Lieberthal, "The Great Leap Forward and the Split
in the Yan'an Leadership, 1958-65." In Roderick MacFarquhar, ed. *The Politics
of China: The Eras of Mao and Deng.* 2nd edition(New York: Cambridge University
Press, 1997), pp.87-147.

조'개념을 운용함에 있어서 어떻게 '결정론' 등 핵심적인 문제를 벗어나
는가? 하는 문제제기를 할 수 있을 것이다.

골드스타인(Avery Goldstein)은 1991년 저작 『권력정치의 편승에서
균형으로』(From Bandwagon to Balance-of-Power Politics)에서 왈츠의
국제관계에 대한 구조론을 응용하여 중국 대륙 정치를 연구하였다.12)
골드스타인은 국제관계의 '무정부상태(anarchy)' 및 '편승정치(band-
wagon)' 등 개념으로 '구조'의 함의를 해석하고, 과거의 '전체주의' 혹은
'마오지휘' 모델 둘 다 실제로는 '구조'로 중국연구를 하지는 않았다고
보았다. 따라서 이 두 가지 모델 모두 '구조'와 '행위자'의 상호작용을
무시했다고 보았다.13) 다시 말해서 '구조'는 절대로 독립적인 정치체계
바깥에 있는 독립변수가 아니며, 또한 '결정론'의 도구로 해석되어서는
안 된다. 이밖에 엘리트연구가 강조하는 '행위자'는 마오쩌둥 한 사람에
국한해서는 안 되며, '행위자'가 '구조'에 대한 상호 영향을 중시해야만
한다.

골드스타인은 왈츠의 '구조'개념을 계승하였는데, 기든스(Anthony
Giddens)의 '이중 구조성(duality of structure)'과 유사하게, 둘 다 '구조'
와 '행위자'의 상호구축을 강조하고 있다.14) 골드스타인은 '구조'와 '행위
자'를 단일한 독립변수 혹은 종속변수로 사용하는 것은 반대하는데, 양
자가 상호보완적 관계를 갖고 있다고 여긴다. 이러한 시각은 비록 '구조
모델'의 의미를 풍부하게 했지만, 여전히 추상적인 수준에 머물러 있으

---

12) Avery Goldstein, *From Bandwagon to Balance-of-Power Politics: Structure
   Constrains and Politics in China, 1949-1978*. (California: Stanford University, 1991),
   pp.16-53.
13) Goldstein, *From Bandwagon to Balance-of-Power Politics*, pp.8-12.
14) Anthony Giddens, *The Constitution of Society*(Cambridge, England: Polity Press,
   1986), pp.25-28.

며, '구조'의 구체적인 절차와 명확한 조작개념을 제공해 주지 못하고
있다.

이밖에 골드스타인은 '구조'가 '행위자'에 미치는 영향을 설명할 때,
'대약진'과 문화대혁명의 정책 실행을 통해 당시의 정치구조를 되돌아보
았다.[15] 바꿔 말하면 골드스타인의 '구조모델'은 구체적이지 않으며, '구
조'가 어떻게 '행위자'에 영향을 미치는가? '행위자'가 '구조'를 구축하려
할 때 반드시 어떠한 단계를 거쳐야 하는가?에 대한 것을 철저하게 설명
하지 못하고 있다. 이러한 한계에 대해 황징(黃靖)은 엘리트연구에서 파
벌모델이 구조론보다 명확하고, 활용성도 높다고 보았다.[16]

정리하면, '구조'와 '행위자'사이는 확실히 상호간 보완하는 긴밀한 관
계가 존재한다. 그러나 만약에 구체적인 운영 형태를 제기할 수 없다면,
이러한 논증은 또다른 '결정론'일 뿐이다. 여러 해 동안의 토론을 거친
이후 '구조모델'이 관찰할 수 없는 추상적 개념에서 벗어나야 하며, 더 나
아가 '개념재정립(conceptual re-frameworking)'에 나서야 한다.

2. 행위자 모델

구조모델에 비해 행위자 모델의 개념은 중국의 정치엘리트 상호작용
을 처리할 때 주요하게 두 가지 방식으로 나타난다. 첫째, '파벌정치
(factional politics)'는 '행위자'의 비공식적 네트워크상에서의 상호작용
및 리더와 부하 사이에 형성된 관계네트워크를 중요시한다. 둘째, '관료
정치(bureaucratic politics)'모델은 '행위자'가 관료제도 틀에 의존한다.[17]

---

15) Goldstein, *From Bandwagon to Balance-of-Power Politics*, pp. 103-106, 161-173.

16) Jing Huang, *Factionalism in Chinese Communist Politics* (Cambridge, UK: Cambridge University Press, 2000), p. 54.

앤드류 나단(Andrew Nathan)은 1973년 파벌모델을 제안하면서, 중국정치엘리트 사이의 '보호 - 시종 관계(patron-client relationship)'의 15가지 특징을 설명했다.[18] 루시안 파이(Lucian Pye)는 나단의 관점을 한층 보완하여, 최고의 권위를 지닌 영도자는 시종자로 하여금 심리적 의존감을 갖도록 한다는 것을 지적했다.[19] 여기에서 파벌모델이 '행위자'의 조작개념에 대해서는 주요하게 파벌영수의 개인적 권위의 유무를 중요시 하며, 개인적 권위를 지닌 영도자는 쉽게 파벌의 핵심이 되어, '보호' 역할을 통해 '시종자'와 특수한 비공식적 네트워크 관계를 형성한다.

파벌정치이론은 과거의 중국의 특수한 엘리트의 경쟁관계를 충분히 해석할 수 있다. 그러나 결점은 관료조직의 중요성을 소홀히 한다는 것이다. 저우당과 로웰 디트머(Lowell Dittmer) 등은 모두 이 점을 비판한다.[20] 사실상 정책 차이 혹은 관료 이익은 종종 파벌정치가 형성되는 원인이며,[21] 따라서 파벌의 작동은 관료조직 틀과 완전히 분리될 수 없다. 1980년대 후반 관료정치모델이 중국엘리트정치연구에 많이 이용되면서,[22] 학자들은 파벌정치와 관료정치모델을 결합하여 중국엘리트 연

---

17) Monte Ray Bullard, "People's Republic of China Elite Studies: A Review of the Literature." *Asian Survey* vol.19, no.8(Auguast 1979), p.790.

18) Nathan, "A Factionalism Model for CCP Politics," pp.33-66.

19) 이 시각에 대해서는 다음을 참조. Lucian Pye, *The Dynamics of Chinese Politics* (Cambridge, Mass: Oelgeschlager, Gunn and Hain, 1981).

20) Tang Tsou, "Prolegomenon to the Study of Informal Groups in CCP Politics." *The China Quarterly*, no.65(January-March 1976), pp.98-114; Lowell Dittmer, "Chinese Informal Politics." *The China Journal*, no.34(July 1995), pp.1-34.

21) 寇健文, 「中共菁英政治的研究途徑與發展」, 『中國大陸研究』, 第47卷 第3期 (2004年9月), p.7.

22) 본 서의 제1장을 참조. 기타 다음을 참조. Kenneth Lieberthal and Michel Oksenberg. *Policy Making in China: Leaders, Structures, and Processes* (Princeton,

구를 진행하였는데, 이 가운데 데이비드 바크만(David Bachman)이 가장 대표적인 학자이다.[23]

파벌이론은 영도자가 개인적 권위를 지니고 있는지 여부를 중시하고, 파벌네트워크에서 '보호' 혹은 '시종'의 지위를 담당하는 것을 판단한다. 관료정치는 영도자의 행정직무에 초점을 맞추어, 공식제도가 부여한 권력으로 엘리트사이의 관계를 평가한다. 두 모델은 사실 상호보완기능을 갖고 있으며, 각각 비공식정치의 개인적 권위 및 공식직무의 유무에 따라 중국의 엘리트 상호작용을 분석하는데, 이러한 상호보완기능이 '행위자모델'의 핵심적인 내용이다.

'행위자모델' 개념이 비록 '구조모델' 보다 조금 더 명확하지만, 분석 층위가 개인 혹은 소집단에 국한되기 때문에 '구조모델' 처럼 거시적인 시각으로 분석하기는 힘들다. 두 모델을 통해 중국 엘리트정치를 연구할 때 각각의 장점을 활용해야 한다. '행위자모델'은 개념이 분명하고, 활용성이 비교적 좋은 반면에, '구조모델'은 전체적인 분석 층위가 비교적 좋다. 이 장에서 언급한 중국 엘리트정치의 '구조/행위자 모델'은 두 방식의 장점을 채택하였다. 먼저 이 장에서 '행위자모델'과 관련 있는 개인적 권위와 공식직무 두 가지 개념을 조합하여 중국 정치엘리트의 역할을 4가지 유형으로 분류하였다. 다음으로는 네 가지 유형에서 '구

NJ: Princeton University Press. 1988), pp.3-42; Kenneth Lieberthal,"Introduction: The Fragmented Authoritarianism Model and Its Limitations." In Kenneth Lieberthal and David M. Lampton, eds. *Bureaucracy, Politics and Decision Making in Post -Mao China* (Berkeley, Cal.: University of California Press, 1992), pp.1-30.

23) David Bachman은 '관료연맹(bureaucratic coalitions)'의 각도에서 '대약진' 정책의 발생 과정을 분석했다. David Bachman, Bureaucracy, Economy, and Leadership in China: The Institutional Origins of the Great Leap Forward(Cambridge: Cambridge University Press. 1991), pp.219-233.

조'와 '행위자'의 상호제약을 검토하여 '정치네트워크관계'를 구축했다.[24]

제3절 구조 / 행위자 모델

행위자모델 개념이 비교적 명확하기 때문에 본 절에서는 우선 '행위자' 각도에 좀 더 깊이 천착하여 구조 그림을 묘사하고자 한다. 행위자모델에서는 정치엘리트의 개인적 권위의 유무와 그리고 담당 직무의 중요성 여부가 정치적 역할을 결정하는 두 가지 중요 변수라고 생각한다.[25] 전자는 비공식적 권력이라 할 수 있고, 후자는 공식적 권력이라 할 수 있다. 정치엘리트는 권력의 크기에 따라 한편으로 구조의 형태를 주도하거나, 다른 한편으로 구조를 견제하기도 한다.[26] 개인적 권위의 대소(大小) 정도와 공식적 직책의 유무(有無)를 통해 마오쩌둥 시기의 정치엘리트를 네 종류로 구분했다.

---

24) 정치네트워크를 통해 엘리트를 분석한 연구는 Knoke, *Political Networks*, pp.149-174를 참조.

25) 푸트남(Robert D. Putnam)은 엘리트가 실제 권력을 장악하여 정책결정에 영향력을 행사하는 사람이라고 정의한다. Robert D. Putnam, *The Comparative Study of Political Elites.* (Englewood Cliffs, N.J.: Prentice-Hall, 1976), p.8.

26) 葉啓政, 『進出「結構—行動」的困境』(台北: 三民書局, 2000年), p.344.

〈표4-1〉 중국 대륙 정치엘리트의 유형

중요공식직무 〳 절대적 개인권위	유	무
유	패권형 엘리트(pax elites)	2선형 엘리트(second-tier elites*)
무	관료형엘리트(bureaucratic)	시종형 엘리트(clientist elites)

주: * 2선형 엘리트는 1959년 4월 이후 마오쩌둥이 정무 2선으로 후퇴한 상황을 의미한다.
자료출처: 저자 정리.

첫째, 패권형 엘리트는 절대적인 개인 권위와 중요한 직무 두 가지를 겸비하고 있다. 국제정치학에는 패권과 관련된 두 개의 개념이 있는데, 하나는 2차 세계대전 이후 미국을 대표로 하는 '헤게모니(hegemony)'이며, 패권유지의 방식은 경제, 금융, 군사력을 통해 협상을 주도하고 국제사회 운용기제와 규범을 수립하고 소프트파워(softpower)를 전파한다.[27] 다른 하나는 19세기 대영제국의 '팍스(pax)'개념으로 단독으로 국제규범을 제정하고, 규칙을 유지하며, 심지어 규칙을 파괴하는 능력을 보유한다.[28] 간단히 말해서 국제사회의 기타 구성원은 헤게모니에 대해서는 경제와 균형 능력을 구비하고 있으나, 팍스의 국가능력이 국제체계를 압도하는 데에는 제약을 받지 않는다.

중국 대륙의 패권형 영도는 팍스의 의미에 비교적 접근해 있다. 정부 수립 이후 마오쩌둥은 다양한 종류의 공식 직무를 넘겨 받았을 뿐만 아니라 절대적인 개인 권위도 지니고 있었다.[29] 따라서 마오쩌둥의 통치

27) John Ikenberry, "Rethinking the Origins of American Hegemony." *Political Science Quarterly* no.104(Fall 1989), pp.375-400.

28) Trish Kelly, "Ability and Willingness to Pay in the Age of Pax Britannica, 1890-1914." *Explorations in Economic History* vol.35, no.1 (January 1998), pp.31-58.

29) 마오쩌둥은 당내에서의 최고 권위는 옌안 시기 정풍운동에서 시작되어, 마지막으로 1945년 7대 회의에서 '마오쩌둥 사상'을 당장에 삽입하면서 확립되었다. 관련 연구는 David E. Apter and Tony Saich, Revolutionary Discourse in Mao's

시기 가운데 많은 기간이 패권형 엘리트에 속한다.[30]

　두번째로 절대적인 개인권위는 구비했으나 중요 직무를 담당하지 않는 지도자를 2선형 엘리트라고 한다. 이런 종류의 엘리트는 개인 권위는 구비하나 공식 직무의 범위에서 벗어나 있기 때문에 주로 명망을 통해서 정치에 공식적인 영향력을 행사한다. 고대 로마의 원로원(Senate) 구성원은 공식 직무를 담당하지 않지만 명망을 통해 집정관(consul)을 견제하였는데, 유사한 상황이 중국대륙의 엘리트 정치 운용에서 다시 출현했다. 마오쩌둥은 1959년 4월 국가주석을 사퇴한 이후 비록 여전히 당무를 관할하는 중요 직위(당주석)는 유지하면서 정무에서 2선으로 후퇴하였기에,[31] 당내 공식회의에 거의 참석하지 않았다. 후챠오무(胡喬木)의 회고에 따르면 1958년 이후 마오쩌둥은 두번 다시 중앙정치국 회의를 주재하지 않았다. 하지만 대약진 운동 추진과정에서 마오의 권위를 신격화하는 경향이 나타났다. 1958년 여름 캉성(康生)이 "마오쩌둥 사상이 맑스레닌주의의 최고봉"이라고 제시하면서 마오의 명망에 대한 우상화를 조장하였고, 마오의 권력은 당중앙을 능가하게 되었다.[32] 이

Republic(Cambridge, Mass.: Harvard University Press, 1994), pp.15-18; 李英明, 『閱讀中國: 政策·權力與意識型態的辯證』(台北: 生智文化, 2003年). pp.47-49, 그리고 본 서의 2장, 3장을 참조.

30) 마오쩌둥이 최고 권위를 가진 것은 아래 예시에서 볼 수 있다. 장룽(張戎)의 기록에서 마오는 가공할 폭군으로 묘사되고 있다. Jung Chang and Jon Halliday, Mao: The Unknown Story(London: Jonathan Cape, 2005).

31) 마오가 1959년 국가주석을 사임한 이후 여전히 당주석과 중앙군사위 주석 신분을 유지했다. 하지만 실제 정책결정에 대한 영향력은 이전과는 달랐다. 마오가 2선 후퇴하기 전에는 국가주석의 직위를 충분히 활용하여 최고국무회의를 개최하고, 중요한 정책을 결정했다. 국무원의 역할에 대해서는 다음을 참조. 翁松燃, 「國務院的角色」, 翁松燃編, 『中華人民共和國憲法論文集』(香港: 中文大學出版社, 1984年). pp.201-202. 본 서의 제2장, 제5장 참조.

32) 이는 덩샤오핑의 견해로 "1958년 대약진 비판, 1959년 반우파 투쟁 비판 이래, 당과 국가의 민주생활이 점차 비정상으로 가면서, 지도자 중심주의, 개인이 중대

와 같이 마오는 정무적 정책결정과정에 직접 참여할 수 있는 권리가 부족한 상황에서 점차 2선형 엘리트 역할을 통해 류샤오치 등의 공식적 정무 운용에도 영향을 끼쳤음을 알 수 있다.

세 번째 유형은 관료형 엘리트로써 이러한 종류의 엘리트는 중요한 공식 직무를 가지고 있고, 일정정도의 명망도 축적해 있다. 그러나 패권형 지도자의 개인 권위와는 비교하기 힘들다. 막스 베버(Max Weber)는 관료정치의 권력기원을 법적 권위(legal authority)라고 했다.[33] 이러한 권위는 공식 법규가 직무에 직접 부여한 직권(권한)에 달려있다. 1949년 10월부터 1966년 8월까지 중국 대륙의 관료형 엘리트는 매우 많은데, 대표적인 인물들이 류샤오치, 저우언라이, 덩샤오핑 등이다.[34]

네 번째 유형인 시종형 엘리트는 특별한 개인 명망이나 공식 직무 없이, 권력을 보유한 최고 지도자와 형성된 특별한 수행 관계를 통하여 정책결정에 간접적으로 영향을 미치는 경우다.[35] 중국공산당의 정부 수

정책을 결정, 개인숭배, 개인이 조직을 압도하는 등의 '가장제' 현상이 지속적으로 확산되어갔다."고 했다. 鄧小平, 「黨和國家領導制度的改革」, 『鄧小平文選, 1975-1982』(北京: 人民出版社, 1983年), p.290.

33) Max Weber, 康樂, 支配的類型: 韋伯選集 Ⅲ(台北: 遠流出版社, 1996年), pp.16-17.

34) 류샤오치는 1959년 4월 이전에는 전국인대 상무위원장을 담당했고, 4월 이후에는 국가주석 직위를 승계했다. 저우언라이가 국무원 총리가 되어 정무를 주도했고, 1958년 2월 전에 외교부장에 임명되었다. 덩샤오핑은 1956년 9월 이후 중앙서기처 총서기를 임명되고, 동시에 국무원 부총리를 겸임했다. 자세한 내용은 馬齊彬等編寫, 『中國共産黨執政四十年(1949-1989)』(北京: 中共黨史出版社, 1991年) pp.587-597.을 참조.

35) 예를 들어 '비서방'이 중공의 정치에서 특수한 영향력을 행사하는 것이, 명확한 사례이다. Li, Wei and Lucian W. Pye. "The Ubiquitous Role of the Mishu in Chinese Politics." The China Quarterly, no.132 (December 1992), pp.930-934. Cheng Li, China's Leaders: The New Generation (Lanham, Md.: Rowman & Littlefield Publishers, 2001), pp.155-159.

립 초기부터 문혁까지 활동했던 캉성과 천보다가 바로 패권형 영수와의
관계를 통해 생겨난 대표적인 시종형 엘리트이다.

패권형, 2선형, 관료형, 시종형 등 4가지의 중국공산당 정치엘리트의
행위자 역할을 이해한 다음 계속하여 중국 정치엘리트의 구조적 배경을
분석할 것이다.

데이비드 램프턴(David M. Lampton)은 일찍이 권력기초(power base)
와 운용전략(management strategy) 두 변수로 중국 정치엘리트의 역할
을 여섯 가지로 분류하고, 엘리트의 정치적 상호과정에서의 권력 경로
를 탐색했다.[36] 이홍영(李鴻永, Lee Hong Yung)은 중국정치발전과정에
서 정치엘리트가 점차 혁명간부에서 기술관료로 변화하고 있기 때문에
정치구조의 본질에 영향을 미친다고 생각했다.[37] 두 사람은 모두 구조
와 행위자의 단계 차이를 조화시키려 노력했고 본 장의 구조/행위자 모
델에 이론적 기초를 제공했다. 이에 따라 저우당의 정치네트워크 개념
에 따라 행위자와 구조를 연결했다.

최근에 학자들은 정책네트워크에 대하여 공공선택경로이론, 권력엘
리트이론[38] 및 조직사회학 연구성과[39]를 결합한 연구를 통해 이미 완
전한 분석구조를 구비했다.

공공선택이론과 권력엘리트이론은 모두 '자기이익'에 대한 고려에서

---

36) David M. Lampton, *Paths to Power: Elite Mobility in Contemporary China* (Ann
Arbor: Center for Chinese Studies, University of Michigan, 1986), pp.6-9.

37) Hong Yung Lee, *From Revolutionary Cadres to Party Technocrats in Socialist
China.* (Berkeley, Cal.: University of California Press. 1991), pp.77-289.

38) Knoke, *Political Networks*, pp.151-153.

39) 중요 저서로는 Ronald S. Burt, *Structural Holes: the Social Structure of
Competition,* (Cambridge, Mass: Harvard University Press, 1992), pp.8-49; 周雪光,
『組織社會學十講』(北京: 社會科學文獻出版社, 2003年), pp.111-158.

출발하고 엘리트 사이 상호연결이 있을 수 있고, 정치구조에서 유리한 지위를 획득하기를 기대하고, 조직사회학은 더욱 엘리트 관계의 조합 형식 및 관계 네트워크를 분석한다.

행위체는 관계네트워크의 기본적 구성요소이며, 두 종류의 행위체의 조합은 '한 쌍'(dyad)을 구성하고, 세 종류 행위체의 조합은 '세 쌍(triad)' 으로 불리며, 동일한 성질의 행위체 집단은 '소집단(subgroup)'으로 불리고, 행위체 사이는 '관계연결(relation tie)'이라고 한다.[40] 상술한 개념 중 행위체와 관계 연결이 가장 핵심적인 개념이다.

'행위체' 측면에서 이 장은 마오쩌둥 통치 시기의 정치현실에 근거하여, 고위층 엘리트를 앞서 설명한 네 종류로 분류했다.

'연결 네트워크' 운용상 '행위자'의 역할 연결에 의거해서 각기 다른 관계형태를 조합했다.(표 4-2 참조) '패권형'과 '2선형' 엘리트는 모두 절대적인 개인권위를 구비하고 정치구조적 측면에서 동시에 나타날 수 없다. 마오를 예시로 들면, 정부 수립 이후 점차 '패권형' 영도 지위를 형성했으나, 1959년 4월 국가주석 직위에서 사퇴하여 정무 2선으로 물러난 이후에는 바로 '2선형' 영도가 되었다.[41]

---

40) 상술한 개념에 대해서는 다음을 주요하게 참조. Stanley Wasserman and Katherine Faust. *Social Network Analysis: Methods and Applications* (New York: Cambridge University Press, 1994), pp.17-21.
41) 본 서의 제5장을 참조.

〈표 4-2〉 각기 다른 엘리트의 연결 관계 p.145

행위자		'대응'의 관계 연결
패권형	패권형 - 관료형	제제(domination) / bandwagoning
	패권형 - 시종형	'보호(patron)' / 시종(client)
	관료형 - 시종형	제도(institution) / 영향(influence)
2선형	2선형 - 관료형	간접주도(indirect domination) / 제도(institution)
	2선형 - 시종형	'보호(patron)' / 시종(client)
	관료형 - 시종형	제도(institution) / 영향(influence)

자료 출처: 저자 정리

표4-2는 '한 쌍'의 관계 네트워크가 다음 몇 가지 종류로 정리된다. 우선 패권형 엘리트는 절대적인 개인 권위를 보유하고 있으며, 중요한 공식적 직무도 장악하고 있다. 때문에 관료형 엘리트와는 견제 - 기생 (아부) 관계를 형성한다.[42] 다음으로 패권형과 시종형 엘리트 간의 관계는 보호 - 시종 관계의 연결이다.[43] 세 번째로 관료형 엘리트는 공식적 제도가 부여해 준 권력과 규범을 통해 시종형 엘리트를 영도하고, 시종형 엘리트는 패권형 혹은 2선형 지도자와의 특수 관계에 따라서 비공식적 권력으로 관료형 엘리트에 영향을 미친다.[44] 마지막으로 2선형

---

[42] '견제(牽制)'에 대한 설명은 다음을 참조. David Knoke, "Networks of Elite Structure and Decision Making." In Stanley Wasserman, Joseph Galaskiewicz and Thousand Oaks, eds. *Advances in Social Network Analysis: Research in the Social and Behavioral Sciences.* (Thousand Oaks, Calif.: Sage Publications, 1994), p.276; 기생(攀附) 개념은 吳玉山, 『抗衡或扈從: 兩岸關係新詮 從前蘇聯看台灣與大陸間的關係』(台北: 正中書局, 1997年), pp.18-21. bandwagoning을 '아부'로 번역했는데, 주요하게 관료형 리더가 직위의 소속 및 명망의 부족으로 인해, 반드시 패권형 리더에 의존하는 형태를 설명하기 위함이다. 이와 혼용되기 쉬운 개념으로 client 즉, '시종'이 있다. 이는 주요하게 주종간의 보증과 충성을 통해 상호 이익교환을 하는 상태이다. 간단히 말해 '편승' 개념은 아직 개인적 네트워크를 통한 주종관계는 아니나, '시종'은 개인 네트워크를 통한 종속관계를 형성하는 개념이다.

[43] 관련 개념에 대한 설명은 Nathan, "A Factionalism Model for CCP Politics." pp.33-66; Xuezhi Guo, "Dimensions of Guanxi in Chinese Elite Politics." *The China Journal*, no.46(July, 2001), pp.69-90.

엘리트는 비록 중요한 공식직무는 보유하고 있지 않거나 혹은 공식적
정책결정시스템에 참여하지 않지만, 개인의 높은 권위에 근거하여 관료
형 엘리트의 업무에 개입하고, 관료형 엘리트는 공식 법규에 의한 권력
으로 적절하게 균형을 맞추고 있다. 따라서 패권형 엘리트와 제도 사이
는 긴장관계를 형성한다.[45]

　전술한 '한 쌍'의 권력관계를 더욱 간략하게 설명한다면 '세 쌍'과 '작
은 소집단' 관계로 요약할 수 있다. '세 쌍'은 '한 쌍'의 확대판이고, 3개
행위자가 형성하는 네트워크 연결을 가리킨다. 예를 들어 '패권형 - 관
료형 - 시종형'은 즉 하나의 '세 쌍형'을 구성한다. '소집단'이 가리키는
것은 동일한 속성을 지닌 엘리트 사이의 집단이며, 관료형과 시종형 엘
리트가 한 사람으로 그치지 않기 때문에 모두 여기로 귀결된다.

　이상의 개념구조를 종합하여, '행위자, 한 쌍, 관계연결, 세 쌍, 소집
단' 등의 관련 개념을 사용하여 중국대륙의 고위층 엘리트의 정치네트
워크 연결을 구축할 것이다. 바로 이 장에서 언급한 엘리트 구조이다.
상술한 구조와 행위자의 네트워크 경로를 더욱 발전하여 그림 4-1과 같
은 '구조와 행위자' 모델로 발전시켰다.

　중국 대륙의 최고 영도자는 패권형 혹은 2선형을 막론하고 모두 마오
쩌둥 시기의 정치구조를 결정하는 주요 핵심이다. 따라서 '세 쌍'의 구체

44) 제도와 중공의 정치발전 관련 연구는 趙建民, 「中共黨國體制下立法機關的制度
化」, 『中國大陸研究』, 第45卷 第5期(1992年9·10月), pp.87-108; 寇健文, 『中共菁
英政治的演變: 制度化與權力轉移1978-2004』(台北: 五南, 2005年), pp.225-258;
'영향' 개념에 대한 연구는 Knoke, "Networks of Elite Structure and Deision
Making.", p.275.
45) 본 장의 정의에서 '영향'은 공식 직위를 초월하는 상호작용 관계이다. 예를 들어
'시종형' 엘리트는 관료형 엘리트의 제한보다 낮은 지위를 초월하여 관료형 엘리
트의 정책결정에 영향을 미칠 수 있다. '2선형'엘리트는 공식 직위가 없는 한계를
초월하여, '간접 주도' 방식으로 관료형 엘리트의 정책결정에 영향을 미친다.

적 유형은 패권형 - 관료형 - 시종형과 2선형 - 관료형 - 시종형의 조합이
바로 '구조/행위자' 모델로 구성된다.

　다음 2개 절은 각각 '마오 총수'와 '2선 분업'을 예시로 하여, 중국 대
륙의 엘리트 정치의 운용모델에 대해 분석할 것이다.

〈그림 4-1〉 두 종류의 '구조/행위자' 모델

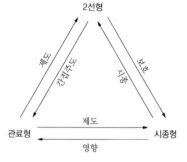

자료출처: 저자 정리

제4절 패권영수와 엘리트 상호작용

　1949년 10월 중공의 정부수립부터 1959년 4월 마오쩌둥이 국가주석
직에서 사퇴하여 2선으로 후퇴할 때까지 마오의 권위가 지속적으로 상
승하던 '마오지휘' 시기이다. 이 시기의 행위자는 패권형, 관료형, 시종
형 등의 엘리트 유형으로 구성되었다.

　중국학자 리톈민(李天民)은 마오쩌둥, 류샤오치, 저우언라이, 덩샤오
핑 등 네 사람이 중국공산당 정권 수립 이후의 정치운영을 주도했다고
보았다.[46]

따라서 이 장은 '마오지휘' 모델을 계승하여 마오의 위상을 구조 내부의 주요 정치운영을 주도하는 패권형 엘리트로 정의하고, 류, 저우, 덩은 관료형 엘리트의 대표로 위상을 정의했다. 마오는 개인 권위와 중요 직무를 동시에 겸비했기 때문에 영도지위도 비견할 만한 인물이 없었다. 그는 1959년 이전 고도의 개인 권위 이외에도 동시에 중공 중앙위원회 주석, 중앙군사위 주석 그리고 국가주석이라는 공식 직책을 담당하고 있었다. '54헌법' 규정에 의하면 국가주석은 전국의 군사무장세력을 통솔하고 최고국무회의를 소집하는 실권을 가지는 중요한 직책이다.

이 시기의 관료형 엘리트에 관해서는 류사오치는 정부수립 이후 당 부주석과 전국인대 위원장을 역임하다가 1959년 4월 국가주석직위를 넘겨 받았다. 저우언라이는 국무원(1954년 9월 이전까지 '정무원'으로 명명) 총리 겸 외교부장이었으며,[47] 덩샤오핑은 1956년 공산당 제8기 전국대표대회 이후 중앙서기처 총서기와 국무원 부총리를 겸직하고 있었다.

시종형 엘리트의 대표적 인물은 캉성(康生)과 천보다(陳伯達)이다. 천보다가 마오쩌둥을 처음 만난 것은 옌안(延安)에서였는데, 천의 문필을 마오가 높게 평가했기 때문이다. 이후 마오의 정치비서가 되었다.[48] 캉성은 1942년 옌안에서 마오가 추진했던 '정풍(整風)'운동을 도운 이후[49] 긴밀한 관계가 되었다. 이 장은 두 시종형 엘리트와 마오와의 친밀

46) 李天民, 『評周恩來』(香港: 明報出版社, 1994年), p.242.

47) '오사헌법' 규정은 국무원이 국가권력의 최고 기관이며, 전국의 정치경제 업무의 집행을 책임진다고 되어 있다. 浦興祖, 『中華人民共和國政治制度』(上海: 上海人民出版社, 1999年), pp.344-346.

48) 王鶴濱, 『在偉人身邊的日子: 毛澤東的保健醫生兼生活祕書的回憶』(北京: 中國靑年出版社, 2003年), p.73.

49) 高華, 『紅太陽是怎樣升起的: 延安整風運動的來龍去脈』(香港: 中文大學出版社,

관계를 분석하고 정치구조에 끼친 영향을 살펴볼 것이다. 다음에서 '마오지휘'의 '구조 - 행위자'모델은 그림 4-2로 표현할 수 있고, '행위자'간 구체적 상호작용에 대하여 설명할 것이다.

〈그림 4-2〉 '마오지휘'의 '구조/행위자' 모델

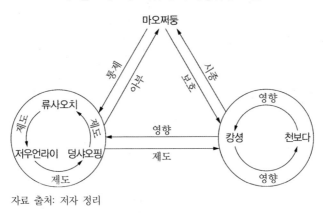

자료 출처: 저자 정리

첫째, 패권형과 관료형 엘리트의 대응 연결관계는 '통제'와 '기생'관계이다. 패권형 영도인으로써 마오쩌둥은 공식과 비공식 권위를 보유하고 있기에 관료형 엘리트의 활동을 통제할 수 있다. 마오는 일찍이 1956년 그의 개인 주치의 리즈수이(李志綏)와의 대화에서 "나는 중앙정치국이 결정한 내용도 바꿀 수 있단다."라고 말하기도 했다.50) 마오는 규범을 세우는 권력을 가졌을 뿐만 아니라 마음대로 규범을 바꿀 수 있는 명망과 관행도 가지고 있었다. 이는 류샤오치, 저우언라이, 덩샤오핑과 같은 관료형 엘리트로 하여금 오직 '기생(아부)'방식으로 마오에게 충성심을

2000年), pp.410-419.

50) 李志綏, 『毛澤東私人醫生回憶錄』(台北: 時報文化, 1994年), p.169.

보이도록 했다. 가장 명확한 사례가운데 하나는 마오가 대약진 정책을 제기했을 때, 비록 고위층 엘리트의 의견이 일치하지 않았지만, 아무도 공개적으로 이견을 제시하지 않았다.(이 책의 제2장 참조) 비록 저우언라이 등이 초창기인 1956년에 '대약진'에 반대의사를 표시했으나,[51] 마오가 다시 분명하게 대약진에 대한 지지를 표시한 이후에는 당내에 이견은 다시 나타나지 않았다.[52] 덩샤오핑은 회고에서 "대약진은 마오쩌둥 동지의 머리가 뜨거워졌기 때문이다. 우리들은 뜨겁지 않았는가? 류샤오치 동지, 저우언라이 동지 그리고 나도 반대하지 않았다. 천윈 동지도 아무 말이 없었다."고 밝혔다.[53] 이로보건데 '관료형' 엘리트는 패권적 영도자와 신하의 '기생(아부)'에 대한 관계의 연결이라 할 수 있다.

둘째, 패권형 엘리트와 시종형 엘리트의 대응관계는 보호와 시중의 연결로 나타난다. 마오쩌둥은 보호자 역할로 캉성과 천보다에게 상당한 정치권력을 부여했다. 바로 정치국에서의 직무분배를 의미하는데, 1956년 8대에서 캉성은 정치국 후보위원에 불과했고, 천보다는 더욱 낮은 직급으로 8기 1중전회에서 비로소 정치국 후보위원에 임명되었다.[54]

---

51) 1955년 말, 마오는 지속적으로 경제건설영역에서 우경보수 경향을 비판하면서, 당내에 급진적 사상이 출현하도록 하였다. 薄一波, 『若干重大問題決策與事件的回顧(上冊)』(北京: 中共中央黨校出版社, 1991年), pp.521-532; 中共中央文獻研究室, 『周恩來傳(下)』(北京: 中央文獻出版社, 1998年), p.1227.

52) Frederick C Teiwes는 마오가 천성적으로 리더로서의 권위를 갖추었다고 생각했다. Frederick C Teiwes and Warren Sun. *China's Road to Disaster: Mao, Central Politicians, and Provincial Leaders in the Unfolding of the Great Leap Forward 1955-1959.* (Armonk, New York: M. E. Sharpe, 1999), p.79.

53) 鄧小平, 「對起草『關於建國以來黨的若干歷史問題的決議』的意見(1980年3月至1981年6月)」, 中共中央文獻編輯委員會, 『鄧小平文選(第二卷)』(北京: 人民出版社, 2002年). p.296.

54) 葉永烈, 『毛澤東的祕書們』(上海: 上海人民出版社, 1994年), pp.174-175.

비록 캉, 천 두 사람의 공식 직무에 따른 권력은 크다고 할 수 없지만, 마오와의 특수한 관계가 정치활동에 영향을 미치고, 마오와 '시종'형식의 의존적 연결관계를 형성했다. '백가쟁명(百家爭鳴: 1956년 최고국무회의에서 마오가 제기한 학문예술 분야의 방침, 서로 자유롭게 자기주장을 펴고 논쟁하는 원칙을 의미)'운동 기간 캉성과 천보다는 적극적으로 선전 활동을 벌였으며, 천은 심지어 마오가 역사유물론을 응용하여 '백가쟁명'의 의미를 더욱 풍부화했다고 찬양하기도 했다.[55] 그리고 캉성은 대약진 시기 문교소조 부조장을 맡아, 여론을 이용해 대약진 지지선언을 이끌도록 하고, 천보다 등과 함께 『마오쩌둥 선집』의 편집책임을 맡아, 이데올로기 영역에서 마오의 주도권과 개인 권위를 강화시키고자 했다.[56] 문혁 기간 캉, 천 두 사람은 마오의 뜻에 따라 새로운 권력기관인 중앙문혁소조에 진입하여 당시 정치변화에 상당한 영향을 미쳤는데, 이 모두가 마오, 캉, 천의 관계가 일반적인 관계를 뛰어넘는 관계였음을 보여준 것이다.

마지막으로 관료형 엘리트와 시종형 엘리트의 '대응' 관계는 제도와 영향(력)으로 연결된다. 류, 저우, 덩 중심의 관료형 엘리트가 비록 제도적 권력을 장악하고 있기는 하지만, 캉, 천과 같은 시종형 엘리트의 비공식적 영향력을 통해 관료형 엘리트를 견제함으로써 '마오지휘'의 권력을 공고히 하였다. 공산당 제8대 정치보고의 수정과정에서 마오가 직접

---

55) 陳伯達·陳曉農, 『陳伯達遺稿: 獄中自述及其他』(香港: 天地圖書有限公司, 2000年), pp.63-67.

56) [毛澤東選集]의 출판은 모두 정치선전과 이데올로기의 강화라는 목적이 내포되어 있다. 관련연구는 劉躍進, 『毛澤東著作版本導論』(北京: 燕山出版社, 1999年), pp.78-79; Timothy Cheek, "The 'Genius' Mao: A Treasure Trove of 23 Newly Available Volumes of Post-1949 Mao Zedong Texts," *The Australian Journal of Chinese Affairs*, no.19/20(January-July 1988), pp.322-323.

친필로 "(천)보다 동지가 열람한 후에 바로 (류)샤오치 동지에게 보낼 것"이라는 메모를 쓰고, 저우언라이에게는 "수정할 경우에는 천보다에게 연락하기 바람"이라고 요구한 것은 마오가 시종형 엘리트를 통하여 관료형 엘리트들을 견제하겠다는 생각을 보여주는 사례이다.[57] 하버드 대학교의 Roderick MacFarquhar 교수는 8대 정치보고 초안 작성과정 중에 공산당 내부에서 권력투쟁이 발생했다고 언급했다.[58] 천보다 등 시종형 엘리트가 비공식 권력관계를 통해서 류, 저우 등의 관료형 엘리트의 정책결정을 견제하려 했다. 마오는 자신의 공식권력을 통해 관료형 엘리트를 통제하고, 또 시종형 엘리트를 활용하여 간접적으로 류샤오치 등을 견제하고자 한 것이다.

상대적으로 관료형 엘리트는 제도가 규정한 권력으로서 시종형 엘리트의 영향력을 제어했다. 관료형 엘리트는 절대적 개인 권위의 결핍으로 오직 제도가 부여한 권력을 통해 정무를 집행하고, 정책결정 하는데 있어서 절차에 맞춰 진행했다. 그러나 시종형 엘리트의 권력 원천이 제도에서 출발하지 않기 때문에 비교적 쉽사리 지도자의 선호도에 따라 업무를 처리했다. 예를 들어 1950년대 캉성은 민족주의 성향에 따라 마오쩌둥이 소련에 대한 불만을 자주 제기 하는 것에 맞장구를 치기도 했다. 그러나 정무와 외교를 담당하는 류샤오치와 저우언라이는 소련에 대해 온건한 외교정책을 채택할 것을 주장했다. 류샤오치는 실용적으로 접근하여 소련이 중국의 가장 중요한 경제지원국가라고 생각했다.[59] 시

---

57) 毛澤東, 「對中共八大政治報告稿的批語與修改(1956年8月31日), (1956年9月7日)」, 中共中央文獻研究室, 『建國以來毛澤東文稿(第六冊)』(北京: 中央文獻出版社, 1992年), p.149, 152.

58) MacFarquhar, *The Origins of Cultural Revolution, 1*, pp.99-109.

59) John Byron and Robert Pack. *The Claws of the Dragon: Kang Sheng, the Evil Genius Behind Mao and His Legacy of Terror in People's China.* (New York:

종형 엘리트의 정책결정의 중요한 고려사항은 언제나 패권형 지도자가 좋아하고 싫어하는 것에 영합하는 것이었으며, 관료형 엘리트의 경우는 비교적 체제가 필요로 하는 정책결정을 하였다.

전술한 배경은 세 가지 조합의 '대응'관계 연결이 모두 '마오지휘' 구조의 제약을 받았음을 설명하고 있다. 마오쩌둥은 패권형 지도자로써 관료형 엘리트를 견제하는 것과 함께 시종형 엘리트와 시종 – 주인 관계를 결성하여, 시종형 엘리트를 이용하여 관료형 엘리트의 활동에 간섭했다. 이 절에서는 계속 '마오지휘' 구조하의 관료형과 시종형 엘리트 두 집단의 내부 네트워크 관계를 분석했다.

그림 4-2는 관료형 엘리트의 내부관계가 비교적 공식제도에 기초해 있고, 시종형 엘리트의 내부 네트워크는 서로 패권형 지도자와의 관계가 다르기 때문에 경쟁관계를 형성한다. 관료형 엘리트는 소집단 내부 형태로써 류샤오치, 저우언라이, 덩샤오핑 등의 권력은 모두 공식 제도에서 부여받은 것이다. 예를 들어 공산당 제8차 대회 이후 덩샤오핑은 국무원 부총리이면서 중앙서기처 서기를 겸직하면서 정무와 당무를 다 담당하여, 저우언라이 총리를 보좌하는 조수 역할을 충실히 했다.[60] 특히 재정경제 관련 정책결정에 있어서 덩, 류, 저우는 서로 긴밀하게 협력했다. '마오지휘' 구조하에서 이러한 공식적 제도에 기반한 권력엘리트는 서로 활동이 안정적이고 조화를 이루었다.

그러나 시종형 엘리트의 권력 기초는 제도에서 비롯된 것이 아니라, 마오와의 특수한 개인적 관계에 의지했다. 캉성과 천보다의 경우를 보면, 두 사람은 모두 마오쩌둥의 문화와 선전 담당 요원이었고,[61] 어둡고

Simon and Schuster, 1992), pp.243-244.
60) 毛毛(鄧榕), 『我的父親鄧小平』(台北: 地球出版社, 1993年), p.589.
61) 캉성(康生)은 '문교소조'의 부조장, 천보다(陳伯達)는 '홍기(红旗)' 잡지 총편집인

캄캄한 선전시스템에서 권력의 상호협력도 불안정하고 소집단 내부 구성원 간에도 상호간의 권력투쟁이 자주 발생했다. '마오지휘' 구조에서 구축된 권력배분은 비교적 고정적이며, 캉과 천의 투쟁은 이 시기 명확하지 않았지만 일부 단서를 찾아볼 수 있다. 예를 들어 천보다의 회고에 의하면 백가쟁명 운동 전야에 캉성이 회인당(중남해에 있는 공산당 고위 관료들의 회의장소) 회의에서 이 운동은 천보다가 제안한 것이라고 언급하면서, 마오 본인이 제안한 것이 아니었음을 밝혔다. 천이 캉을 비판한 것은 공연히 혼란을 조장했다.[62] 위 사례는 천과 캉 사이의 백가쟁명 운동 기간 동안의 의견 충돌이 있었음을 명확히 보여주고 있다. 상기의 분석에서 '마오지휘' 구조 및 행위자와의 관계 모델은 아래와 같은 특징으로 묘사할 수 있다.

1. 패권형 - 관료형 - 시종형의 세 대응 엘리트 조합 중에서 마오는 관료형 엘리트를 견제하는 것과 동시에 시종형 엘리트와는 보호와 시종의 관계를 구축함으로써 시종형 엘리트를 통해 관료형 엘리트의 활동에 영향을 미쳤다. 이러한 구조에서 관료형 엘리트는 패권형 엘리트에 대해서 단지 '의탁'관계로 연결되는 것에 그쳤다.

2. 소집단 내부 관계에서 관료형 엘리트 사이의 상호작용은 상당 부분 제도에 의존한다. 류, 저우, 덩 등은 상당정도 공식적 직위가 부여된 신분으로 활동하였고, 시종형 엘리트는 '마오 지휘' 구조에 영향을 받으면서 양자간의 격렬한 투쟁은 감소했다.

3. '마오지휘'의 구조/행위자 모델에서 마오의 절대적 개인권위와 담당하고 있는 중요 직무는, 마오로 하여금, 대응, 3대응, 소집단의 네트워

직위를 담당했다.

62) 陳伯達·陳曉農, 『陳伯達遺稿』, p.63.

크 관계를 모두 관리하도록 했다. 마오가 만들려는 구조는 대체로 작은
규모로 만들어져 있지만 행위자의 상호작용을 주도했다.

제5절 2선 분업과 엘리트 상호작용

마오쩌둥이 1959년 4월 국가주석직을 사퇴한 이후부터 1966년 8월 문
화혁명이 발발할 때까지 중공의 정치구조는 '2선 분업' 모델 형태를 띠
었다. 이 모델에서 행위자 역할은 '2선형 - 관료형 - 시종형' 엘리트 위주
로 구성되었고, 이 중 2선형 지도자는 마오쩌둥으로, 국가주석 직위를
사퇴한 이후 당무 1선의 업무도 류와 덩이 주관하였다. 국가 정무에 대
한 직접 참여가 대폭 감소했기 때문에 개인 권위에 따른 정치활동에 대
한 영향이 비교적 많았다.[63]

마오는 1962년 이후 류샤오치가 채택한 대약진 오류 수정 조치에 대
해 의심이 생겼다. 따라서 정무활동에서 다른 정책결정 통로를 개발하
여 균형을 맞추고자 했다.[64]

이 시기 관료형과 시종형 엘리트 구성원은 '마오지휘' 시기와 별다른
차이가 없다. 관료형 엘리트는 여전히 류샤오치, 저우언라이, 덩샤오핑
을 대표로 하고, 시종형 엘리트 역시 캉성과 천보다 위주였다. 비록 행
위자 역할은 변하지 않았지만 구조에 중대한 변화가 발생했기 때문에

---

63) 본 서의 제5장을 참조.
64) Philip Short, *Mao: A Life* (London: Hodder and Stoughton, 1999), pp.520-522,
   본 서의 제5장을 참조.

엘리트 정치활동도 큰 변화가 나타났다. '2선 분업'의 구조 - 행위자 모델 활동을 그림 4-3에 그려보았다.

〈그림 4-3〉 2선 분업의 구조/행위자 모델

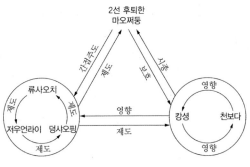

자료 출처: 저자 정리

　마오쩌둥이 역할을 조정하여 정무 2선으로 물러난 것은 '대응' 관계에 변화가 발생하여 관료형 지도자의 활동 사이에 긴장관계가 출현했다. 마오가 장악하고 있던 공식 직위가 비교적 이른 시기에 축소되었기에 국가주석을 사임한 이후에는 정무에 대한 직접 참여가 감소했다. 때문에 오직 2선형 지도자 역할로 간접적으로 관료형 엘리트의 국정운영에 간여할 수 있을 뿐이었다. 마오가 국가주석에서 퇴임한 이유는 정무의 복잡함을 참지 못했기 때문이다. 일찍이 1958년 1월 [공작방법 60조(초안)]에서 마오는 "올해 9월 이전에 내가 다시 중화인민공화국 국가주석을 맡지 않는 것을 준비해 보라 …… 이는 공화국 주석이 직무를 내놓고, 당중앙주석에 전념하면 당에서 요구하는 내 일을 할 수 있는 많은 시간을 절약할 수 있다. 이렇게 해야 내 건강상황에도 비교적 적합하다."고 했다.[65] 마오가 국가주석 직을 사퇴한 것은 스스로 원해서이며, 외부의 압력에 의한 것은 아님을 보여준다.

마오는 2선으로 후퇴했지만 여전히 당주석의 직위를 유지하고 있었기 때문에 정국을 장악할 수 있었고, 중요한 정책결정에 대한 영향력은 그대로였다. 예를 들어 마오가 1959년 7월 루산회의에서 참석자들이 펑더화이의 의견서(편지)를 비판하도록 독려하고,[66] 1960년대 초기의 사회주의 교육운동도 주도했다. 그러나 비록 마오의 당내에서의 권위는 약화하지 않았으나, 정무가 류샤오치 등에게 이관되었기 때문에, 관료형 엘리트의 정무에 대한 자주적 공간이 확대되었고, 마오와 관료형 엘리트 사이의 긴장관계도 높아졌다. 관료형 엘리트의 주요 정책결정분야는 재정경제부문에 있었다.[67] 예를 들어 류샤오치가 국가주석 직을 건네받은 이후 '삼면홍기(三面紅旗: 마오 등 공산당이 1959년 이후 제기한 사회주의건설 총노선 운동, 농공생산 대약진운동, 인민공사 운동을 의미: 역주)'운동이 초래한 경제와 사회적 혼란과 불균형문제를 정돈하기 위해 '삼자일포(三自一包: 자류지, 자유 시장, 이익손실 자기책임 그리고 포산도호 즉 가구생산책임제를 의미하며, 류샤오치 국가주석이 1962년 대약진 운동 실패를 극복하기 위해 제안한 농촌경제정책: 역주)'정책을 제기했는데,[68] 이 정책도 나중에 덩샤오핑이 정권을 장악한 이후 경제

65) 毛澤東,「工作方法六十條(草案)(1958年1月)」, 中共中央文獻硏究室, 『建國以來 毛澤東文稿(第七冊)』(北京: 中央文獻出版社, 1992年), p.64.
66) 루산회의(廬山會議)는 1959년 7월 2일-8월 1일까지 장시(江西)성 루산에서 개최된 정치국 확대회의와 8월 2일-8월 16일까지 열린 8기 8중전회를 말한다. 펑더화이는 7월 14일 마오쩌둥에게 '의견서'라는 편지를 보냈는데, 편지에는 대약진이 '소자산계급의 광적 열기'에 빠졌다고 언급했다. 마오쩌둥은 7월 23일 회의에서 펑더화이 등을 '반당집단'이라고 비판했다. 李銳,『廬山會議實錄(增訂本)』(鄭州: 河南省人民出版社, 1995年)을 참조.
67) 본 서의 제5장을 참조.
68) 삼면홍기(三面紅旗)는 마오쩌둥의 좌경급진정책의 구체적인 표현이며, 중국 대륙의 사회주의로의 진입을 가속화하기 위한 중요한 수단이다. 그러나 도리어 3년의 자연재해와 기근 등 재난을 초래했다. '삼자일포(三自一包)'는 '자류지, 자

개혁을 추진할 때 주요 정책이 되었다. 류는 1962년 초의 '7천인 대회'에
서 대약진 정책을 비판했는데,[69] 대약진운동 이후 파괴된 경제를 회복
하려는 시도였다. 덩리췬(鄧力群)의 회고에 의하면 류는 대회에서 "대약
진은 엄청난 큰 잘못을 범했다. 인민에게 엄청나게 큰 손실을 끼쳤다.
이것이 우리의 첫 번째 결론이다."라면서 격정적으로 연설했다.[70] 덩샤
오핑은 2월 6일 그리고 저우언라이는 2월 7일 한 발언에서 모두 온건한
속도로 경제건설을 공고히 할 것을 강조했다.[71] 이밖에 문혁 초기 류샤
오치는 '공작조'를 파견하여 문혁 추진을 지도하고, '문화혁명 5인 소조'
를 조직하여 업무 추진을 책임맡도록 했다. 이러한 여러 정책은 마오의
생각과 모두 달랐으나, 마오가 2선 후퇴한 이후 실제 업무를 책임진 다
른 지도자에게 약간의 공간을 부여하였음을 보여주었다.

그러나 관료형 엘리트는 재경정책과 관련하여 마오쩌둥의 생각과는
큰 차이가 있었기 때문에 마오의 불만을 초래했다. 마오는 일찍이 덩샤
오핑이 '독립왕국'을 꾀하고 있다고 비판하고, "1959년부터 현재까지, 어
떤 경우에도 나를 찾지 않고 있다."라고 원망했다.[72] 천보다는 문혁 당
시에 1961년 겨울 '인민공사 60조' 초안을 잡을 때 덩은 남3구와 북3구를
분리하면서, 주석과 한번도 상의하지 않았는데 주석이 이를 비판하면서
"그(놈의) 황제가 결정했다."고 불평했다.[73] 마오는 심지어 1964년 12월

유시장, 독립채산(自負盈虧), 생산책임제(包産到戶)' 등 네 가지 개혁조치로서
농촌에 일정정도의 자주성을 보장하는 것을 의미한다.
69) 칠천인대회(七千人大會)는 1962년 베이징에서 개최된 확대중앙공작회의이다.
7,000여명에 이르는 당정군 간부들이 참여했기 때문에 붙여진 명칭이다. 叢進,
『1949-1989年的中國 : 曲折發展的歲月』(鄭州 : 河南人民出版社, 1989年), p.404.
70) 中共中央文獻硏究室,『劉少奇傳』(下), (北京: 中央文獻出版社, 1998年), p.896.
71) 馬齊彬等編寫,『中國共產黨執政四十年(1949-1989)』, pp.209-210.
72) 毛澤東, 「在中央工作會議上的講話(1966年8月23日)」,『毛澤東思想萬歲(第一
輯)』(台北: 中華民國國際關係硏究所, 1974年複印出版), p.655.

연설에서 류샤오치 등이 마오에게 말하도록 하지 않은 것은 당원과 공민으로서의 마오의 발언권을 존중하지 않는 것이라고 비판했다.[74] 이상의 사례는 관료형 엘리트가 제도권력을 이용하여 2선 엘리트의 정무에 대한 영향력 사이에 긴장관계가 존재하고 있음을 보여준다.

류샤오치는 국가주석직을 넘겨받은 이후 저우언라이, 덩샤오핑 등과 함께 대약진 이후의 파괴된 경제를 회복시키고자 했다. 마오는 류 등이 계획한 정책에 대해 극도의 불만을 가졌다. 2선형과 관료형 엘리트의 긴장은 1962년 7천인 대회 이후 갈수록 더욱 격렬해졌다. 류는 7천인 대회에서 대약진은 "3할이 천재(天災)이고, 7할이 인재(人災)다."라고,[75] 하면서 이후 저우, 덩과 함께 1선에서 경제정책에 대한 지도를 담당했다.[76]

마오와 류의 분열은 1963년에서 1965년 사이의 사회주의교육운동에서 한꺼번에 드러났다. 양쪽은 우선 '전10조'와 '후10조'로 나뉘었고,[77]

---

73) 陳伯達, 「中央工作會議上的講話(1966年10月25日)」, 中文出版物服務中心, 『中共重要歷史文獻資料彙編』, 第二輯(鄧小平專輯)第九分冊(洛杉磯: 中文出版物服務中心, 1998年), p.3.
74) 1964년 말에 개최된 사회주의교육공작에 관한 회의이다. 류샤오치와 덩샤오핑은 마오의 건강 상태가 좋지 않은 관계로 회의에 참석하지 않기를 바랐으나, 오히려 마오의 의심을 야기했다. 陳永發, 『中國共產革命七十年(上, 下)』(台北聯經出版社, 1998年), p.754; 薄一波, 『若干重大問題決策與事件的回顧(下冊)』(北京: 中共中央黨校出版社, 1993年), p.1131.
75) 劉少奇, 「在擴大的中央工作會議上的講話(1962年1月27日)」, 中共中央文獻編輯委員會, 『劉少奇選集(下卷)』(北京: 人民出版社, 1985年), p.421.
76) 中共中央文獻研究室, 『劉少奇傳(下)』, p.897.
77) 1963년 5월 마오쩌둥은 항저우에서 정치국원 일부를 소집하여 '현재 농업공작의 약간의 문제에 관한 결정(초안)'(전10조)를 제정했다. 목적은 군중운동 방식을 통해서 농촌의 사회주의교육운동을 진행하여, 수정주의에 대한 비판을 하기 위해서였다. 정책이 극좌 편향적이기 때문에 류샤오치, 덩샤오핑, 펑전 등 1선 지도자는 같은 해 9월 '농촌사회주의교육운동에서 구체적인 정책에 관한 규정'(후10조)을 제정하여, 모든 운동은 반드시 '공작대'의 지도를 받아야 함을 강조함으로써

이후 '17조'와 관련한 논쟁이 있었다.[78] 마오는 류가 제정한 '후60조'에 대해 완전히 찬성하지 않았다. 1965년 1월의 중앙공작회의에서 공개적으로 반대의사를 표시했다. 마오는 "왜(무엇 때문에) 겨우 3개월만 떨어뜨리느냐, 9월에 베이징에서 회의를 개최한다고, 또 하나의 10조를 만들어낸다고? 겨우 3개월 만에 그렇게 많은 경험이 쌓일까?"라고 말했다.[79] 마지막에 류샤오치가 주도한 '공작대'에 대해서 마오는 더욱 동의하지 않았다. 그는 '전10조'를 제정할 때 제기하기를 "반드시 알아야 할 것은 대중이 진정한 영웅이고, 반면에 우리들 스스로는 종종 유치하고 가소롭다."고 비판했다.[80]

1965년 1월 3일의 연설에서 마오는 다시 언급하기를 "결론적으로 군중에 의지해야 하고, 공작대에 의지해서는 안된다."고 하였다.[81] 1964년 거행된 중앙공작회의에서 마오와 류는 공식적으로 충돌했다. 류가 주관하여 통과시킨 회의록 요약본이 사회주의교육운동을 '사회주의와 자본주의의 모순'이라고 정의했지만, 마오는 문제가 해결되지 않았다고 생각하여, 계속 회의를 진행하고, 회의록 요약에 대해 토론하여 '23조'를 제정할 것을 요구하고, 동시에 류샤오치는 오로지 공작조에 의존하여

극좌노선을 수정하고자 했다. 薄一波, 『若干重大問題決策與事件的回顧(下冊)』, pp.1106-1118; 叢進, 曲折發展的歲月, pp.534-543.

78) 1964년 12월 중공은 사회주의교육운동의 모순문제로 인해 '중공정치국이 소집한 전국공작회의 토론기요'를 제정했다. 모두 17조로 되어 있어, '十七條'로 부른다.

79) 張素華, 「六十年代的社會主義敎育運動」, 『當代中國史硏究』, 第8卷 第1期(北京, 2001年1月), p.61.

80) 「關於目前農村工作中若干問題的決定(草案)」(1963年5月20日), 中華人民共和國國家農業委員會辦公廳, 『農業集體化重要文件匯編(1958-1981)(下)』(北京: 中共中央黨校出版社, 1981年), p.692.

81) 毛澤東, 「關於四淸運動的一次講話(1965年1月3日)」, 『毛澤東思想萬歲(第一輯)』(台北: 中華民國國際關係硏究所, 1974年複印出版), p.607, 612.

사회주의교육운동을 추진하고 있다고 비판했다.[82]

실제 마오는 조금 일찍(11월경) 공작보고를 들었을 때, 매우 감정적으로 표현했다. "샤오치 총수여, 4청(淸), 5반(反), 경제공작, 모두 다 자네가 관할하게나 … 현재 모두 교체했으니 자네가 이제 주석을 하고, 진시황이 되어보게나. 나도 잘못이 있으니, 스스로 욕해도(자아비판) 쓸모도 없고, 효과도 없고 … 자네 잘났구만. 자네가 지휘자 아닌가, 자네, (덩)샤오핑을 잡아와(데려와) 총리 시키면 되겠구만."[83] 류가 '23조' 제정 과정 중에 마오와 격렬한 논쟁을 벌였는데, 주더(朱德), 허롱(賀龍) 등 원로가 나서서 류샤오치를 먼저 접견하여 전체 국면을 고려하면서, 마오쩌둥의 의견을 존중하라고 했는데, 이는 당시 격렬한 대립을 보여주는 데 충분한 예시이다.[84] 그리고 이러한 논쟁과정은 마오가 류를 숙청하려는 결심을 굳히도록 작용했다.[85] 여기서 볼 수 있듯이 제도의 운용을 통해 부여받은 권력의 집행과정에서 관료형 엘리트는 마오와 노선이 충돌되면서 2선형 엘리트와 관료형 엘리트 사이에는 빈번하게 갈등이 발생했다.

둘째, 2선형과 시종형의 대응관계는 '보호/시종'관계이고, 관료형과 시종형의 대응관계는 '제도/영향'이다. 이는 기본적으로 '마오지휘' 모델과 동일하다. 그러나 2선 분업 모델에서는 마오쩌둥이 정무2선으로 후퇴했기에 따라서 더욱 시종형 엘리트를 이용하여 관료형 엘리트의 정책결정에 영향을 미치는 것이 필요했다. 심지어 새로운 정책결정체계를

---

82) 叢進, 『曲折發展的歲月』, pp.601-602.

83) 叢進, 『曲折發展的歲月』, p.602.

84) 叢進, 『曲折發展的歲月』, p.602.

85) 毛澤東,「會見斯諾的談話紀要(1970年12月18日)」, 中共中央文獻研究室, 『建國以來毛澤東文稿(第十三冊)』(北京: 中央文獻出版社, 1998年), p.173.

조직하여 마오와 시종형 엘리트 관계를 더욱 긴밀하도록 이끌었는데, '마오 지휘' 시기의 상호의존 정도보다 더욱 높았다. 시종형 엘리트가 때로는 마오가 추진하려는 정책 혹은 운동의 대리인이 되었다. 예를 들어 1965년의 '23조'는 사회주의 교육운동의 근본 성격이 사회주의와 자본주의의 모순이고, 계급투쟁의 중요성을 강조하고, 류샤오치의 노선을 타격하고, 제정과정 중 천보다는 마오쩌둥에 협조하여 중요한 억할을 수행했다.[86]

마오쩌둥이 역할이 변화했기 때문에 구조/행위자의 상호작용도 변화했다. 2선 분업 체제에서의 마오의 권력은 마오지휘 구조에 비해 낮았다. 따라서 시종형 엘리트에 대한 요구도 과거보다 높아졌다. 캉성과 천보다가 류샤오치 등 관료형 엘리트에 미치는 영향, 거기에 시종형 엘리트가 관료형 엘리트에 대한 간섭이 마오지휘 기간에 비해 더 높았다. 보이보(薄一波)의 회고에 의하면 '4청운동' 기간 동안 마오쩌둥은 천보다로 하여금 류샤오치의 중국사회모순의 본질을 바라보는 시각에 대해 공격하도록 했다. 천의 발언과 건의는 마오가 새롭게 제정한 '23조'에 추가되었고, 결국 류샤오치가 주도한 경제노선을 중단시키게 하였고, 마오와 류의 분열을 더욱 확대시켰다.[87]

2선 분업 구조하의 소집단 내부 활동은 다시 약간의 변화가 있었는데, 주요하게 시종형 엘리트의 내부관계에서 발생했다. 제도권력에 의존하는 관료형 엘리트 즉 류, 저우, 덩의 활동은 여전히 제도를 통해서 이루어졌다. 그러나 시종형 엘리트 간의 상호작용은 서로 마오와의 개

---

86) 葉永烈, 『毛澤東的祕書們』, pp.185-189. 叢進, 曲折發展的歲月, p.611
87) 薄一波, 『若干重大問題決策與事件的回顧(下冊)』, p.1133. 이외에 '4청(四清)운동'에 대해서는 江渭清, 『七十年征程: 江渭清回憶錄』(南京: 江蘇人民出版社, 1996年)을 참조.

인적 친소관계의 영향에서 이루어졌다. 상대적으로 힘있는 지위를 얻으려 의도하고 자신이 영향력을 확대시켰다. 시종형 엘리트는 쉽게 내부 충돌이 발생했는데, 마오의 패권적 지도자 시기를 넘어섰다. 예를 들어 천보다는 1962년 이후 계속적으로 마오에게 비밀보고를 통해 마오의 비서 톈쟈잉(田家英)의 개인비리를 공격했다.[88] 캉성과 천보다는 중소간의 공개적 논쟁에 대한 '9평'문장의 초안 작성을 놓고 서로 경쟁했는데, 캉이 주도하는 초안작성 준비모임에 천보다가 관여할 수 없게 되자, 크게 화를 내면서 베이징을 떠났다.[89] 시종형 엘리트의 상호활동이 공식적 법규의 제약을 받지 않았기 때문에 2선 분업 모델 가운데 상대적으로 내부 투쟁이 더 격렬했다.

2선 분업 하의 구조/행위자 모델을 종합하면 다음과 같은 결론을 얻는다.

1. 마오쩌둥이 정무 2선으로 후퇴한 이후 역할은 패권형에서 2선형 영도로 전환했으며, 따라서 전체 구조의 성격이 바뀌었고, 마오와 행위자 사이의 상호작용도 변화했다.

2. 마오가 2선형 영도로 전환하였기 때문에 류, 저우, 덩 등 관료형 엘리트는 제도가 부여해 준 권력을 운용할 수 있게 되었고, 마오의 생각과 다른 정책을 추진하여 2선형과 관료형 엘리트 사이에 충돌이 발생했다.

3. 마오는 관료형 엘리트에 대한 통제력이 약화하면서 더욱 시종형

---

88) 逢先知, 「毛澤東和他的祕書田家英」, 收錄於董邊·譚德山·曾自編, 『毛澤東和他的祕書田家英』(北京: 新華書店, 1990年), p.82.
89) 구평(九評)은 1962년부터 중공이 소련공산당에 대한 비판을 정리하여 발표한 9가지의 글이다. 입장 표명 이외에 소련공산당이 국제공산주의운동에서의 노선상의 오류를 비판했다. 穆欣, 「陳伯達和康生的明竟暗鬥」, 『红岩春秋』(重慶), 第3期 (1996年), pp.35-36.

엘리트를 중용하여 관료형 엘리트를 견제하도록 했다. 2선형과 시종형 엘리트의 상호의존정도가 높아졌다. 그러나 관료형 엘리트에 대한 시종형 엘리트의 견제(방해)도 '마오지휘' 시기보다 높아졌다.

4. 소집단 내부의 상호활동도 변화가 발생했고, 시종형 엘리트간의 내부경쟁이 치열해져 캉, 천 등은 마오에게 충성도 경쟁을 하면서 상대방을 공격하여 자신의 지위를 공고히 하고자 했다. 마오의 역할은 조정되어 전체구조의 성격과 행위자의 상호작용 네트워크를 변화시켰다.

제6절 마오쩌둥의 역할이 정치구조를 결정

'마오지휘'에서 2선 분업으로의 전환은 중국의 정치발전과정에서 중대한 사건이며, 마오쩌둥 통치 시기 정치구조에 영향을 미친 최대 변수다. 최고 지도자가 패권형에서 2선형으로 전환은 따라서 전체 정치구조 및 행위자의 상호작용 관계를 변화하였다. 패권형과 2선형의 두 권력구조모델의 관계는 그림 4-4를 보시오.

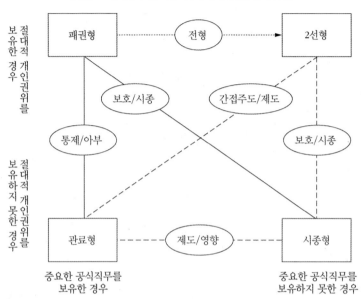

〈그림 4-4〉 중국 엘리트 정치의 구조/행위자 모델

설명 : ── 마오지휘의 구조-행위자 모델   --- 2선분공의 구조-행위자 모델
…▶ 패권형 엘리트에서 2선형 엘리트로의 전환

자료출처: 저자 작성

첫째, 그림 4-4의 구조/행위자 모델은 패권형 엘리트에서 2선 분업으로의 전환은 중국 정치 엘리트 구조의 최대 중요 변수임을 보여준다. 마오쩌둥은 각기 2종류의 역할을 했으며, 결국 중국의 정치구조와 행위자에 각기 다르게 영향을 미쳤다.

둘째, 지도자가 패권형에서 2선형으로 전환한 이후는 관료형 엘리트에 대한 통제력이 감소하고, 따라서 필수적으로 시종형 엘리트에 의존하면서 정책결정에 영향을 미친다. 캉성과 천보다 2명의 시종형 엘리트는 마오쩌둥이 정무 2선으로 후퇴한 이후 마오와 더욱 긴밀한 관계를 유지함으로써 마오가 관료형 엘리트를 견제할 수 있는 도구가 되었다.

이는 2선 분업 모델이 마오와 캉, 천의 상호의존이나 혹은 캉, 천을 통한 류, 저우, 덩에 대한 견제가 '마오 지휘' 시기의 운용보다 더 강하게 작용했다.

셋째, 관료형과 시종형 엘리트의 2개 소집단은 시종형 엘리트 내부의 운용변화가 비교적 크다. 관료형 엘리트는 제도를 권력의 기원으로 삼기 때문에, 권력구도 내에 변화가 있을 때 류, 저우, 덩 등의 상호관계는 별다른 영향을 받지 않는다. 그러나 캉, 천 2명의 시종형 엘리트 간의 투쟁은 마오가 2선으로 후퇴한 이후 더욱 격렬해졌다. 2선 분업 구조하의 권력은 '마오 지휘' 시기에 보다 모호성이 많아졌기 때문에 관료형 엘리트에게 비교적 많은 스스로 결정할 수 있는 공간을 제공했다. 캉, 천 2명은 관료형 엘리트를 강력하게 견제할 뿐만 아니라, 마오에 대한 충성도 경쟁을 동시에 하기 때문에 상호간의 투쟁이 끊이지 않고, 권력을 확대하여 자신의 지위를 공고히 하고자 했다.

넷째, 패권형 - 관료형 - 시종형 혹은 2선형 - 관료형 - 시종형의 엘리트 상호작용에 관계없이, 모두 구조와 엘리트 행위자의 관계는 상호 긴밀하게 연결되어 있다. 구조 속성은 확실히 행위자의 활동에 영향을 미친다. 마오지휘에서 2선분업으로의 구조적 전이는 행위자의 상호작용을 변화시켰다. 행위자의 역할 조정은 또한 구조의 속성에 영향을 미친다. 이 가운데 패권형과 2선형 엘리트는 2개 구조 가운데 가장 중요한 행위자이며, 구조와 행위자 간의 상호작용은 단순하다.

이상의 논증은 마오쩌둥이 집정하던 시기 중국 엘리트 정치구조에 영향을 미친 주요한 요인 중의 하나인 패권형 엘리트에서 2선형 엘리트로 전환한 것임을 설명하고 있다. 마오쩌둥은 정무 직위에서 사퇴했기 때문에 패권형 엘리트는 정무 2선으로 후퇴했으나, 여전히 당내 직위는 유지하며 계속 정책결정에 참여했던 상황을 설명하고 있다.

마오는 1959년 4월 국가주석직을 사임했으나, 2선 분업 모델은 지속적으로 존재했다. 덩샤오핑의 경우 1982년과 1983년 연이어 부총리 직과 중국인민정치협상회의 주석직을 사임했고, 장쩌민도 2003년 3월 국가주석 직을 사임하는 등 세 지도자는 정무직은 사퇴했으나, 당내 직위는 여전히 계속 보유했다. 다른 점은 덩과 장은 마오와 달리 곧이어 2선형 엘리트에서도 완전히 물러나면서 후임자들이 순조롭게 승계하도록 했다.

중국의 정부 수립이후 마오쩌둥이 1959년 4월 국가주석 직을 사퇴할 때까지는 '마오 지휘' 시기에 속하고, 이후 1976년 사망할 때까지 고위층 정책결정은 2선 분업 모델로 요약할 수 있다. 마오는 비록 정무 2선으로 후퇴했으나, 당무1선의 직위를 활용하여 문화대혁명을 발동시켰다. 중국의 정치구조가 당무가 정무보다 위에 있음을 보여준 것이다. 덩샤오핑은 1980년 정권을 장악했을 때부터 1983년 6월까지 역시 '덩 지휘'로 불리던 시기 이후 2선 분업 모델로 바뀌었다. 장쩌민은 개인명망이 마오와 덩에 훨씬 미치지 못했기 때문에, 설사 당정1선 직무를 장악한 것으로 보더라도 패권형 엘리트로 간주하지 않는다. 대신하여 나타난 것이 '관료형 엘리트'의 등장이다.

제5장
마오쩌둥 시기의 2선 정책

중국의 최고 지도자는 종종 '1선'과 '2선' 사이의 역할 전환을 통해 엘리트 정책결정의 구조와 방식을 임의로 바꾼다. 마오쩌둥은 1959년 국가주석직을 사퇴하고 '2선'으로 물러났으나 여전히 당내 직무는 유지하면서, 계속하여 제도 권력과 개인 명망을 통해 정책결정에 영향을 미쳤다. 마오쩌둥 이후 덩샤오핑과 장쩌민도 퇴임 이후 유사한 사례를 보여주었다. 최고 지도자가 정무 일선에서 물러난 이후에도 정책결정에 영향을 미치는 사례는 매우 특이하다.

이 장에서는 공식 또는 비공식 권력의 측면에서 고위층 엘리트가 공식 직위 및 개인적 권위를 지니고 있는지 여부에 따라 정책결정을 패권적 결정, 정식 법규, 명망, 지위 네 가지 유형으로 분류하고, 마오쩌둥 시기의 '이선분업(二線分工, 2선 권력 분립)'의 권력구조 및 정책결정과정을 분석할 것이다.

제1절 엘리트 정책결정의 네 가지 유형

중국공산당의 최고 지도자의 선출과 권력의 제도화 여부는 중국의 정
치발전에서 가장 핵심적인 문제로서 학자들의 많은 관심을 받고 있다.[1]
상층 권력이 제도화의 결정적 요인 중의 하나인가 여부는 과거에 최고
지도자가 자주 1선과 2선 사이의 역할을 전환하였고, 결국 엘리트의 정
책결정구조와 방식을 바꾸었는가에 달려있다.

마오쩌둥은 1959년 4월 제2기 전국인대 제1차 회의에서 국가주석 직
위에서 사퇴를 선언했으나, 당내의 다른 직위는 그대로 유지했다. 덩샤
오핑도 1977년 7월 공산당10기 3중전회에서 정치국 상무위원과 중앙군
사위원회 부주석직을 회복하였고, 1980년 12월 중앙공작회의에서 화궈
펑이 사퇴한 이후에는 중앙군사위의 최고 지도자가 되었다. 이후 1987
년 제13대에서 정치국 상무위원은 사퇴했지만, 중앙군사위 주석 직은
유지했다. 마지막에는 1989년 11월 제13기 5중전회(즉 천안문 사건 발
생 5개월 후)에서 모든 당정 직책에서 물러났지만, 최고지도자로서의
지위는 영향을 받지 않았다. 장쩌민은 2002년 제16대 당 총서기에서 물
러났지만, 여전히 중앙군사위 주석은 유지하다가 2004년 제16기 4중전
회에서 완전히 물러났다. 앞서 열거한 사례를 보면, 중국공산당 최고지
도자는 정무 1선에서 퇴임한 후에도 종종 2선에서의 직무를 통해 지속

1) Alice L. Miller, "Institutionalization and the Changing Dynamics of Chinese
Leadership Politics," Jing Huang, "Institutionalization of Political Succession in
China: Progress and Implications." In Cheng Li, ed. *China's Changing Political
Landscape: Prospects for Democracy.* (Washington, D.C.: Brookings Institution
Press. 2008); Bo, Zhiyue. *China's Elite Politics: Governance and Democratization*
(Singapore: World Scientific Publishing Co. 2010); 寇健文, 『中共菁英政治的演變:
制度化與權力轉移, 1978-2004』(台北: 五南, 2005年)

적으로 영향력을 발휘하는 '2선 정책결정 구조(二線決策)'가 중국 정치의 특수한 제도가 되었음을 알 수 있다. 과거 학계에서 마오 시기 정책결정과정을 분석할 때 많은 학자들이 '마오 지휘(Mao in Command)' 모델을 사용했는데,[2] 이 모델은 정책결정과정에서 마오의 주도적인 지위를 충분히 설명할 수 있었다.

하지만 이는 당시 중앙집권적 당국가 체제의 특징을 설명하는 것에는 적합하지만, 정책결정과정에서의 다른 요인을 무시한 측면이 있다.

린드볼름(Charles E. Lindblom)은 전체주의 정치체제에서 설사 사람이 완전히 장악하지 못한다 할지라도, 반드시 제도를 통하여 정책결정을 통합 조정해야 한다고 생각했다.[3] 과거의 이러한 연구의 오류에 대해 이 장은 신제도주의가 규정한 제도의 의미에서 기초하여, 공식·비공식 권력의 2가지 측면으로 나누어, 마오가 국가주석에서 물러난 이후의 '2선 분업' 권력구조 구축에서부터 문화대혁명 이전까지 시기의 정책결정과정을 분석할 것이다.[4]

'2선 분업'은 중국 정치체제의 중요한 특징으로 마오 시기 뿐만 아니

---

2) Roderick MacFarquhar, "Communist China's Intra-Party Dispute." *Pacific Affairs*, vol.31, no.4(1958), pp.323-335; Richard D. Baum. "'Red and Expert': The Politico-Ideological Foundations of China's Great Leap Forward." *Asian Survey*, vol.4, no.9 (September 1964), pp.1048-1057; Michel C. Oksenberg, "Policy Making Under Mao, 1949-68: An Overview." In John M. H. Lindbeck, ed. *China: Management of a Revolutionary Society.* (Seattle: University of Washington Press, 1971), pp.79-115.

3) Charles E. Lindblom著, 劉明德譯, 『政策制定過程』(台北: 桂冠出版社, 1991年), p.152.

4) 본 장에서 다루는 '제도'는 '신제도주의(new institutionalism)'의 정의와 비교적 가깝다. 노스(Douglass C. North)는 제도를 "인류행위의 약속이자 규범"이라고 정의했다. 따라서 제도는 공식, 비공식 양자를 포괄해야 한다. 목적은 인류 행위를 규범짓는데 있기 때문이다. Douglass C. North著, 劉瑞華譯, 『制度·制度變遷與經濟成就』(台北: 時報文化, 1994年), p.7. 참조

라 덩, 장 집권 시기에도 유사한 사례가 나타났다. 그러나 자료의 제한
으로 인해, 1980년대 이전은 정책결정과정에 영향을 미치는 비공식적
요인에 대해서 분석할 수 없었다. 개혁개방 이래 관련 문헌이 점차 증가
하면서 학자별로 서로 다른 각도에서 비공식 조직과 세대정치의 영향을
포괄하여 마오시기의 정책결정과정을 다시 분석하기 시작했지만 정책
결정에 있어서 공식적 제도와 비공식적 제도의 상호작용에 대한 연구는
상대적으로 부족하다. 본 장에서 마오 시기의 '2선 분업' 정책결정모델
에 대한 분석은 이 부분을 보충한 것이다.

레닌식 당국가체제의 특징은 주요하게 '민주집중제(democratic cen-
tralism)'의 조직과 정책결정구조에 구현되어 있는데, 그러나 '민주'와 '집
중'은 상호 모순된 개념이다. 실제 진행과정에서 오로지 집중만 있을 뿐
민주는 없으며, 권력분배가 개인의 의지에 의해 이루어지게끔 하였다.
중국공산당이 쓰는 용어를 빌리면 곧 '핵심(核心)'이 '집체영도(集體領
導)'에서 최종 결정권자로 작용한다.[5] 정책결정과정에서 '이중 영도
(dual leadership)' 현상이 발생한다.[6] 장샤오웨이(臧小偉)는 이러한 표
현에 입각하여, 당국가체제와 전통적 문화영향을 받아서, 중국 대륙의
정치경제체제의 구축을 '이원주의(雙元主義, dualism)'의 방향으로 발전
한다고 보았다.[7] 이 장은 '1선'과 '2선'의 지도자가 정치적 결정에서 각

---

5) 덩샤오핑은 제1세대 영도 핵심은 마오쩌둥이며, 제 2세대는 자기 자신이고, 제3세
   대는 장쩌민으로 생각했다. 鄧小平, 「第三代領導集體的當務之急(1989年6月16
   日)」, 中共中央文獻編輯委員會, 『鄧小平文選(第三卷)』(北京: 人民出版社, 1993
   年), pp.309-310. 중공정치체제에서 '핵심'과 집체영도와 관련된 문제는 趙建民,
   「勸力構造」, 『當代中共政治分析』(台北: 五南, 1997年)을 참조.

6) Jean Blondel, "Dual Leadership in the Contemporary World." In Arend Lijphart,
   ed. *Parliamentary Versus Presidential Government* (Oxford: Oxford University
   Press, 1992), p.164.

7) Xiaowei Zang, *Elite Dualism and Leadership Selection in China*(New York:

각 직접 결정과 간접 영향의 역할을 하고, 상호 작용과 의미는 중국의
정치체제의 '이원주의' 특징을 반영한다고 보았다.

이 장에서는 호프만(Ursula Hoffmann)의 정책결정 연구를 인용하여,
1선과 2선의 정책결정 기능을 분석할 것이다. 호프만은 직접 혹은 간접
방식으로 정책결정에 참여하는 것과 공식 혹은 비공식적 권력 측면으로
엘리트 정책결정 구역을 4종류로 분류하였다.[8]

첫 번째는 '공식적 법규 정책결정(codified rules of political decision-
making)'이라 하며, 정책결정자가 명백하게 규정된 공식 법규 조직에 직
접 참여하여 정책을 결정하는 것으로 이러한 정책결정이 가장 일반적이
다. 마오 시기의 정책결정 분업 시스템에서 1선의 지도자는 류샤오치,
덩샤오핑 등이었고 반드시 이러한 규정을 준수해야 했다. 두 번째는 '지
위접근법(positional approach)'으로, 정책결정자가 특수한 지위나 직권
을 이용하여 간접적으로 정책결정에 참여하는 경우다. 예를 들어 마오
의 개인비서 캉성, 후챠오무(胡喬木) 등이 이에 해당된다. 세 번째는 '결
정접근법(decisional approach)'으로 정책결정자가 정책결정과정에서 중
추적 직위를 보유하면서 직접 정책을 결정한다. 동시에 명망, 경력 등의
요인을 통해 거대한 비공식적 권력을 행사하며, 자주 정책결정을 주도
한다. 1959년 4월 이전 시기의 마오는 당·정·군 등 모든 권력을 장악하
였고 고도의 비공식적 권력도 차지하고 있었다. 이는 정무 정책결정 과
정에서 '패권형'지도(제4장 참조)에 속한다. 네 번째는 '명망 접근
(reputational approach)'으로 정책결정자는 비록 공식 권력을 지니고 있

Routledge Curzon, 2004), pp.11-176.

8) Ursula Hoffmann, "Surveying National Elites in the Federal Republic of Germany."
In George Moyser and Margaret Wagstaffe, eds. *Research Methods for Elite Studies*
(London: Allen and Urwin, 1987), pp.29-31.

지 않으나, 명망을 이용하여 간접적으로 정책결정과정에 영향력을 행사한다. 1959년 4월 이후 마오가 정책결정에 있어서 이 경우에 해당한다. (표5-1을 보시오)

<표 5-1> 엘리트 정책결정 접근법 분류

참여방식 권력 원천	직접 참여(1선)	간접 참여(2선)
공식적 권력	공식 법규 정책 결정	지위 접근법
비공식적 권력	결정 접근법	명망 접근법

자료 출처: Ursula Hoffmann, "Survey National Elites in the Federal Republic of Germany," in George Moyser and Margaret Wagstaffe, eds., Research for Elite Studies(London: Allen & Urwin, 1987), p.31, 괄호 안의 1선, 2선 분류는 저자가 추가함.

표5-1은 정책결정에 있어서 직접 참여 여부와 공식적 정책결정권의 보유 여부라는 두 가지 변수에 따라,[9] 정책결정을 4가지 유형으로 분류한 것이다. 이는 1선과 2선의 정책결정 분류방법과 서로 부합한다. 1선의 지도자는 공식권력과 개인적 명망을 동시에 갖고 있을 때 '결정 접근법'을 통해 주도적으로 결정하며, 만일 비공식적 권력(개인 명망)이 낮으면 '공식 법규'에 따라 정책결정에 참여한다. 2선의 지도자는 비공식적 권력(개인명망)을 갖고 있지 못할 때, '지위 접근법'에 따라 간접적으로 정책결정에 영향을 미치는데, 비공식적 권위는 '명망 접근법'을 통해 정책결정에 영향을 미친다.

다음 절은 마오 시기의 1선, 2선 운영에 대한 정의를 내리고, 다시 당무와 정무 분업 및 비공식적 권력의 영향에 대해 각각 분석한 다음,

---

9) 마오 시기의 지도자는 혁명전쟁 시기에 축적된 명망으로, 자주 비공식적 권력을 이용하여 공식 제도에 간여했다. Frederick C. Teiwes, "The Paradoxical Post-Mao Transition: From Obeying the Leader to 'Normal Politics'," *The China Journal*, no.34 (July 1995), p.59.

마지막으로 중국 대륙 정치 정책결정의 '2선 분업' 모델을 제기하여 결론으로 할 것이다.

제2절 1선과 2선의 정의

그동안 학계에서 마오 시기의 정치적 정책결정을 연구할 때에는 자료수집의 어려움 때문에,[10] 이 시기의 정책결정과정을 블랙박스를 들여다보는 것으로 인식했으며, 소수의 학자만이 심도 있는 연구를 할 수 있었다. 1970년대 이후 서구의 중국 연구 모델이 전환하면서 '다원주의(pluralism)'가 기존의 전체주의 모델을 대신하면서,[11] 정책결정과정에서 엘리트의 상호작용을 중시하기 시작하고, 1980년대 정책결정에 대한 경로연구는 중국 정치 연구에서 여러 성과가 나타났다.[12]

---

10) 관련 문제에 대한 보다 자세한 분석은 다음을 참조. Eugene Wu, "Contemporary China Studies: The Question of Sources." In Roderick MachFarquhar, ed. *The Secret Speeches of Chairman Mao: From the Hundred Flowers to the Great Leap Forward* (Cambridge, Mass.: Harvard University Press, 1989), pp.59-73.
11) David Shambaugh, "Introduction." In David Shambaugh, ed. *American Studies of Contemporary China.* (Armonk, New York: M. E. Sharpe, 1993), pp.3-5.
12) 본 서의 제1장을 참조. 기타 참고문헌은 Parris H. Chang, Power and Policy in China (University Park: Pennsylvania State University, 1978), pp.176-196; David Bachman, Bureaucracy, Economy, and Leadership in China: The Institutional Origins of the Great Leap Forward (Cambridge: Cambridge University Press. 1991), pp.219-233; A. Doak. Barnett, The Making of Foreign Policy in China: (Boulder, Colorado: Westview Press, 1985), pp.7-136; Kenneth Lieberthal and Michel Oksenberg. Policy Making in China: Leaders, Structures, and Processes (Princeton, NJ: Princeton University Press. 1988); Kenneth Lieberthal and David M. Lampton,

가장 먼저 정책결정 시각에서 마오시기의 '2선분업'을 분석한 문헌은
제임스 라운센드(James R. Townsend)와 오마크(Branthy Womack)의 연
구다. 두 학자는 마오가 1959년 2선으로 물러난 후, 정치와 정책결정에
대해서는 직접 참여가 제한되고, 일상적인 사무 관련 결정에서 류샤오
치 등의 1선 지도자들이 (마오를) 대신하여 결정했다고 생각했다.[13] 이
외에 황징(黃靖)은 파벌연구 접근법을 통해 마오 시기의 '2선 분업'을
해석했는데, 1선과 2선의 지도자는 정책결정과 집행과정의 분리에 대해
안정과 단결의 '연안 원탁 회의(the Yunan Round table)' 모델이 점차
와해되고, 문혁 시기에는 '양자 노선투쟁(two line struggle)'으로 변질되
었다고 생각했다.[14]

상술한 연구는 비록 정책결정접근법으로 '2선 분업'을 분석한 것이지
만, 관련 개념 규정이 불명확하다. 예를 들어 '2선 분업'이 전술한 4가지
정책결정 층위 중 어디에 해당하는가? 어떻게 제도적으로 2선 분업을
정리할 수 있는가? 2선 분업의 실제 운영은 어떻게 하는가? 어떤 직무가
1선에 속하고, 또한 2선에 속하는가? 등등에 걸친 문제들이다. 상술한
질문에 대해 자세한 분석을 한 이후에, 비로소 중국의 독특한 2선 정책
결정의 오묘한 비밀을 알 수 있을 것이다.

eds. Bureaucracy, Politics and Decision Making in Post -Mao China (Berkeley,
Cal.: University of California Press, 1992); Carol Lee Hamrin and Suisheng Zhao.
eds. Decision-making in Deng's China: Perspectives from Insiders (Armonk, NY:
M.E. Sharpe, 1995); David M. Lampton, ed. The Making of Chinese Foreign and
Security Policy in the Era of Reform, 1978-2000(Stanford, Cal.: Stanford University
Press, 2001).

13) James R. Townsend and Brantly Womack. *Politics in China*(Boston: Little, Brown,
1986), pp.344-345.

14) Jing Huang, *Factionalism in Chinese Communist Politics*(Cambridge, UK:
Cambridge University Press, 2000), pp.107-349.

이 장은 분석대상을 중국공산당 중앙정치국 상무위원회와 중앙 서기
처 두 기구의 구성원으로 제한했다. 그 이유는 두 기구가 마오의 통치
시기에 정책결정과 집행이라는 중요 직무를 담당했기 때문이다. 표 5-2
에서 제7대 서기처의 5명의 구성원은 동시에 정치국 위원으로써 그들
모두가 국가 최고지도자이다. 제8대 서기처의 7명의 서기 중에서는 동
시에 정치국을 겸임한 구성원은 2명에 불과했다. 8대에 새로 구성된 정
치국 상무위원회에서 본다면 서기처 서기와 정치국 상무위원회에서 본
다면 서기처 서기와 정치국 상무위원회를 동시에 겸직한 인사는 덩샤오
핑 한 명 뿐으로, 8대의 정책결정구조는, 과거 혁명전쟁 시기의 '의행합
일'구조와는 차이가 있다.(제3장 참조)

<표 5-2> 7~8대 정치국 및 서기처 구성원 비교

7대	정치국위원	마오쩌둥, 주더, 류샤오치, 저우언라이, 런비스, 천원, 가오강, 평전, 동비우, 린쭈한, 장원톈, 펑더화이
	서기처 서기	마오쩌둥, 주더, 류샤오치, 저우언라이, 런비스
	정치국위원과 서기처 서기 겸직	**마오쩌둥, 주더, 류샤오치, 저우언라이, 런비스****
8대	정치국 상무위원*	마오쩌둥, 주더, 류샤오치, 저우언라이, 주더, 천원, 덩샤오핑
	정치국 위원	마오쩌둥, 주더, 류샤오치, 저우언라이, 주더, 천원, 덩샤오핑, 린뱌오, 린보취, 동비우, 평전, 뤄룽형, 천이. 리푸춘, 펑더화이, 류보슝, 허룽, 리셴녠
	서기처 서기	덩샤오핑, 평전, 황쟈샹, 탄전린, 탄청, 황커청, 리쉐펑
	정치국 상무위원 겸 서기처 서기	**덩샤오핑****
	정치국원과 서기처 서기 겸직자	**덩샤오핑, 평전****

* 8대에서 복구된 중앙정치국 상무위원회
** 제도적 측면에서 7대와 8대의 차이점은 정치국과 서기처의 지도자가 겸직한다는 점이다. 표에서
짙게 표시된 부분이다.
자료 출처: 王健英, 『中國共產黨組織史資料匯編—領導機構沿革和成員名錄: 一大至十四大』
　　　　(北京: 中共中央黨校出版社, 1994年), p.610, 馬齊彬等編寫, 『中國共產黨執政四十
　　　　年(1949-1989)』(北京: 中共黨史出版社, 1991年)p.587.

7대와 8대의 당장규정에서 정치국과 서기처의 정책결정과 집행의 분업 기능을 볼 수 있다. 7대 당장 규정 중 제34조 제3항은 "중앙서기처는 중앙정치국의 결의에 의하여 중앙의 일상 업무를 처리한다."[15]라고, 서기처는 중앙정치국의 '결의를 받아' 중앙 사무를 처리하는 기구로 명확하게 규정되어 있다. 서기처를 엄격히 정치국의 하부조직으로 두었으나, 실제로 정치국 상무위원회의 기능을 갖고 있으면서, 혁명전쟁에 필요한 일원화 영도에 도움이 되었다. 그러나 8대 당장 제37조 제3항은 규정을 수정했는데, "중앙서기처는 중앙정치국과 정치국 상무위원회의 영도하에서 중앙의 일상업무를 처리한다."[16]고 되어 있다. 이는 서기처의 정책결정기능을 감소시킨 것이지만, 여전히 일정한 범위에서의 독립적 권한을 향유할 수 있도록 한 것이다.[17]

간단히 정리하면 마오의 통치 시기에 중국 공산당의 고위급 정책결정 기구는 정치국 상무위원회와 서기처였다. 마오는 일찍이 "거시적 정책, 방침의 결정권한은 정치국에 있고, 구체적인 배치 권한은 서기처에 있다."[18]고 말한 바 있다. 이는 정치국과 서기처가 노선, 방침을 결정하고, 정책을 집행하는 주요 기구라는 것을 보여준 것이다. 공산당 체제가 권력집중을 용이하게 발생하는 '대리주의(替代主義, substitutism: 개인보다는 집단, 조직 우선 원칙이기 때문에 교체, 대체가 용이하다는 의미)'

---

15) 胡天楚·唐昕主編, 『黨的代表大會知識通覽』(北京: 中國政法大學出版社, 1993年), p.305.

16) 중국공산당장정(中國共産黨章程, 1956년 9월 26일)은 당의 당헌당규를 의미한다. 中共中央組織部, 中共中央黨史硏究室·中央檔案館編·『中國共産黨組織史資料(附卷一)(上)』(北京: 中共黨史出版社, 2000年), p.474.

17) 본 서의 제 2, 3장을 참조.

18) 毛澤東, 「對中央決定成立財經·政法·外事·文敎各小組的通知稿的批語和修改(1958年 6月8日)」, 『建國以來毛澤東文稿(第七冊)』(北京: 中共中央文獻工作室, 1992年), p.268.

를 우선시하기 때문에,[19] 정치국의 권력은 최종적으로 상무위원회에 집
중되어 있어, 정치국 상무위와 서기처가 정책결정을 주도하는 주요 기
구이며, 전자는 노선 결정을 담당하고, 후자는 구체적인 정책의 배분을
결정한다. 정치국 상무위와 서기처라는 두 핵심 조직은 중공의 고위층
정책결정 운용과정에서 가장 중요한 기구이다.

이에 근거해서 이 장은 정책결정 접근법을 '2선 분업'의 운용으로 검
토하는데, 중점은 정치국 상무위와 서기처의 분업에 두었다. 시간적으
로 1956년 개최된 제8대는 중앙서기처에 새로운 위상을 부여했는데, 공
식적으로 2선 분업 원칙을 결정했다. 그러나 1966년 개최된 8기 11중전
회 이후 서기처는 폐지되었고, 중앙문혁소조가 당내 정책결정 권한을
대신 차지하면서,[20] 마오 시기의 2선 분업의 운용은 종료되었다.

1980년의 11기 5중전회에서 중공 중앙은 중앙서기처의 회복을 결정
했는데, 예젠잉(葉劍英)은 회의에서 "서기처는 제1선에 위치하고, 중앙
상무위와 정치국은 제2선에 속한다."[21]고 하였다. 이는 제도를 통해 기
능을 직책에 따라 분류하는 것으로 8대와 같은 방식이다. 덩샤오핑은
같은 해 8월에 개최된 정치국 확대회의에서 '당과 국가영도체제의 개혁'
이라는 주제로 연설했는데, "권력이 과도하게 집중되어서는 안된다."고
하면서 "5중전회가 서기처를 설립하기로 한 결정은 중앙이 이미 (권력
분산의) 제1보를 내딛은 것이다."라고 하였다.[22] 중공 12대에서 새로이

---

19) 이 문제에 대한 자세한 설명은 張執中, 「中共'民主集中制'的實施與'黨內民主'的
　　前景」, 『中國事務』, 第10卷(2002年10月), pp.39-57을 참조.

20) 丁望, 『中共'文革'運動中的組織與人事問題』(香港: 當代中國硏究所, 1970年),
　　p.12. 실제로 9대 당장은 중앙서기처를 포함하지 않았다. 본 서의 제3장 참조.

21) 葉劍英, 「在黨的十一屆五中全會第一次會議上的講話(1980年2月24日)」, 中共中
　　央文獻硏究室, 『三中全會以來重要文獻選編(上冊)』(吉林: 人民出版社, 1982年),
　　pp.388-390.

수정한 당장은 "중앙서기처는 중앙정치국과 상무위원회의 영도하에 중앙의 일상업무를 처리한다."규정했다.[23] 정식으로 서기처를 1선에서 일상 업무를 처리하는 기구로 위상을 세우고, 정치국 상무위와의 권력을 쉽게 분산하도록 한 8대에서의 방식과 유사하다. 이상의 사례는 정치국 상무위와 서기처가 정책결정에서 가장 중요한 기구이며, 따라서 두 기구가 2선 분업 정책결정 운용에 있어서 합리성을 갖고 있다고 보았다.

계속해서 하는 질문은 정치국과 서기처 구성원 가운데 누가 1선이고, 누가 2선인가 이다. 지금까지의 연구는 이에 대해 상세하게 언급하지 않고 있다. 이 장에서는 두 기구 구성원이 직접 정책결정과정에 참여하는 가의 여부에 따라 1, 2선의 속성을 판단했다.

중국의 정치구조는 공산당, 정부, 군대 크게 세 가지 계통으로 분류된다.[24] 이 중 군사계통은 당 중앙군사위가 직접 통솔하는데, 그 이유는 당무시스템에 귀속되기 때문이다. 이에 근거해서 마오 시기 정책결정에 참여하는 주요 기구는 당무와 정무 두 부분으로 설명할 수 있다. 직접적인 참여 정책 결정 신분 인정에서 본 장에서는 리칸루(李侃如)의 관점을 채택하여, 전체 국면 장악자(key generalists), 소통협조 책임자(bridge leaders), 전문 지도자(specialized leaders)로 분류했다.[25] '전체국면 장악자'는 최고의 정책결정자의 위치에 있으며, 당무에 있어서 중앙위원회 주석, 부주석 및 총서기를 포괄한다. 이외에 2선 분업 시기의 군사지

22) 鄧小平, 「黨和國家領導制度的改革(1980年8月18日)」, 中共中央文獻編輯委員會, 『鄧小平文選(第二卷)』(北京: 人民出版社, 1983年), p.321.

23) 중국공산당장정(中國共産黨章程, 1982년 9월 6일) 제21조 제3항을 참조, 中共中央黨史研究室, 『十二大以來重要文獻選編(上)』(北京: 人民出版社, 1986年), p.77.

24) 閻淮, 「中國大陸政治體制淺論」, 『中國大陸研究』, 第34卷 第8期(1991年8月), p.19.

25) Kenneth Lieberthal, *Governing China: From Revolution Through Reform*(New York: W. W. Norton, 1995), pp.188-189.

도자 역할도 중요하다. 중앙군사위 주석과 상무위도 유사한 정책결정 인물을 두는데, 정무에서는 국가주석과 국무원 총리가 있다.

'소통협조 책임자'는 일정한 범위 안에서 정책 협조와 집행을 담당하는 책임자를 가리키며, 마오 통치 시기에서 당무의 협력소통 책임자는 덩샤오핑이 있으며, 중앙서기처 서기 및 중앙 판공청 주임 양상쿤이 해당된다. 정무에 있어서는 국무원 부총리를 중심으로 하며,[26] 이외에 베이징시 시장이 중앙과 수도권의 정무 협조에서 중요한 역할을 담당한다. '전문 책임자'는 개별적 중요 기구를 관장하는데 당무에 있어서는 1958년 설립한 재경, 정법, 외사, 과학, 문교 소조 조장을 포괄한다. 이들 소조는 정치국과 서기처의 직속이다.[27] 그 밖에 정부 부서의 당조서기와 부서 책임자를 포괄한다. 상술한 당정 직분은 모두 정책결정에 참여하며, 따라서 정치국과 서기처의 1, 2선 업무 분담을 나눌 때, 직무의 구성원이 1선으로 비추어지고, 나머지 성원들은 직접적으로 정책결정을 하지 않기 때문에 2선으로 간주된다. 이에 따른 마오시기의 1선 직무 분담은 표5-3을 보시오.

---

26) 체제 측면에서 부총리는 정무를 분담하며, 정무의 정책결정과 집행을 책임지면서, 국무원 총리의 정무 처리를 지원한다. 따라서 '소통협력책임자'로 분류된다.
27) 1958년 10월 중공중앙은 '재정, 정법, 외사, 과학, 문교 각 소조의 구성에 관한 통지'를 발표했다. 遲福林·田夫主編, 『中華人民共和國政治體制史』(北京: 中共中央黨校出版社, 1998年), p.215 참조

〈표 5-3〉 마오시기의 1선 직무

직무 분류	당무	정무
총책임자	중앙위원회 주석, 부주석, 총서기, 중앙군사위원회 주석, 상무위원	국가주석 국무총리
소통협조책임자	중앙서기처 총서기 중앙판공청 주임	국무원 부총리 북경시 시장
전문 책임자	재경소조 조장, 정법소조 조장, 외사소조 조장, 과학소조 조장, 문교소조 조장, 정부 부회 당조 서기	정부 부회 책임자

자료 출처: 저자 정리

    정책결정에 직접 참여 혹은 간접 참여로 1, 2선을 구분하는 주요 기준을 제외하면, 비공식 권력 역시 2선 분업 운용에 영향을 미칠 수 있다. 제도 측면에서 보면 마오가 1959년 4월 국가주석 직위에서 사퇴한 이후 권력구도가 바뀌었다. 이전에는 마오가 당정 1선을 통솔하고, 비공식 권력도 보유했기에 공식적 제도의 틀에 얽매이지 않고 마음대로 정책결정에 간여할 수 있었다. 따라서 정책결정 접근법을 통하여 당정 정책결정을 장악하였다. 그러나 국가주석 직위를 사퇴하고 2선 후퇴한 이후에는,[28] 비록 여전히 당중앙위원회 주석으로 당무 1선에 있으면서, 정책결정접근법을 통해 당무 계통의 정책결정을 관철시킬 수 있었으나, 중요회의의 참석횟수는 대폭 감소했고, 정무 측면의 약화로 인하여 정무 정책결정에서는 명망 경로를 통해 간접적으로 정책결정에 영향을 미치는데 그쳐, 당내 1선 지도자들이 마오와 배치되는 의견을 표현할 수 있게 되었다.

    예를 들어 1962년 1월 대약진이라는 잘못된 경제 노선을 수정한 이후 개최된 7천인 대회는 류샤오치가 회의를 주재하였는데, 류샤오치는 회

---

28) Roderick MacFarquhar著, 文化大革命的起源翻譯組譯, 『文化大革命的起源: 第一卷—人民內部的矛盾1956-1957年』(石家莊: 河北人民出版社, 1989年), p.165.

의에서 대약진의 실패는 "엄청나게 큰 과오를 범한 것이며, 인민에게 큰 손실을 가져왔다."라고 비판했다. 1965년 류가 초안을 작성한 '23조'에 대해서 주더와 허룽은 심지어 류에게 전체 정세를 감안하여 마오에 대한 존중을 표시하라고 요청한 바 있는데, 이는 마오와 류의 의견충돌이 심각한 상태에 있음을 충분히 보여준 것이다.[29] 이러한 분위기는 1959년 이전에는 한번도 발생하지 않았던 상황이다. 정리하면, 마오의 신분 변동이 1, 2선 운용의 가장 핵심적인 이유다. 마오시기의 정책결정을 분석할 때에는 반드시 동시에 공식과 비공식적 권력 경로를 결합해서 2선 분업의 함의를 파악해야 한다. 관련 구조틀과 개념은 표5-1을 참고하시오.

구체적으로 마오 시기의 2선 분업의 구조는 다음과 같이 정리된다. 1.분석대상 측면에서 정치국 상무위와 서기처가 비교의 의미를 지니고 있으며, 2.시간적으로 1956년 8대에서 제기하기 시작한 2선 분업 구상은 문혁 초기 중앙서기처의 폐지로 종료되었으며, 3.공식권력과 직무의 승인(문제)에서 정칙구 상무위와 서기처 성원이 당정의 중요한 공식 직무를 통해서 정책결정에 직접 참여하는가 여부를 판정하는 것으로 1선과 2선의 위상을 참고할 수 있고, 4.1선의 정책결정에 직접 참여하는 당정 인사들은 전체 정세 주도자, 소통협조 책임자, (각 소조) 전문 책임자를 포함하며, 5.비공식 권력 측면에서 마오쩌둥은 유일하게 최고의 제도적 권력과 절대적 개인 권위를 동시에 보유한 지도자인데, 이는 정무에서 2선 후퇴를 한 이후에도 1선의 정치시스템에 간여할 수 있었던 이유이다.

---

29) 中共中央文獻硏究室, 『劉少奇傳(下)』(北京: 中央文獻出版社, 1998年), p.896, 973.

〈그림5-1〉 2선 정책결정의 구조 분석

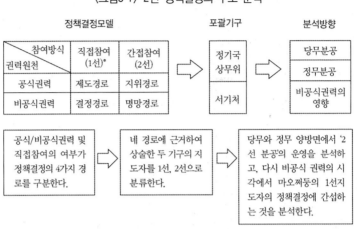

주: 중앙정치국 상무위원회와 서기처 구성원 가운데, 중요 정책결정에 직접 참여하는
　　권한을 지닌 인사는 총책임자, 소통책임자, 전문 책임자를 포함 한다.

이상 공식, 비공식 권력 측면에서 당무와 정무 분업 및 마오 개인의
역할 분석을 통하여 국가 중국의 고위층 정책결정이 미치는 영향요인을
심도 있게 분석했다.

제3절 당무계통과 2선 분업

중공 중앙조직부의 자료에 따르면 당무 계통은 중앙영도기구, 중앙공
작기구, 중앙기구당조, 그리고 지방조직기구 네 개의 시스템으로 분류
된다.[30] 중앙영도기구는 중앙위원회, 중앙감찰위원회를 포함하며, 중앙
공작기구는 중앙판공청과 예하 부서를 포함하며, 중앙기구당조는 정권,

정협, 군중단체 계통의 중앙 당조, 당위를 가리키고, 지방조직기구는 중국공산당의 비중앙기구조직을 가리킨다. 표5-4는 정치국 상무위와 서기처 구성원이 상술한 당무 계통의 역할 분류에서 2선분업의 대략적인 내용을 정리한 것이다.

표5-4의 분류에 근거해서 '전체 정세 주도자'는 중앙위원회 주석과 중앙군사위원회 주요 구성원을 중심으로 구성되며, 중앙위원회는 중앙영도기구에 속한다. 8대 경우를 예로 들면 정위원은 99명, 후보위원은 98명이 선출되었다.[31] 조직규모는 크지만 기능은 명확하지 않다. 주요 기능은 정치국 위원과 서기처 서기의 선거에 있고, 이 중 중앙위원회 주석의 권력이 가장 크다.[32] 따라서 주석직을 담당한 마오는 스스로를 1선의 최고 지도자로 인식했다.

그 밖에 마오 시기 당 영도(以黨領軍: 당이 군을 지휘한다는 원칙) 전통에 의하여 군사계통은 아직 전문가주의(professionalism)가 형성되지 않았기 때문에[33] 군권은 중앙군사위의 주석에 집중되었다.

마오는 2가지 직위를 동시에 지니고 있었기 때문에 가장 권력이 강했다. 중앙군사위의 다른 위원들 즉 부주석, 상무위원, 비서장은 군사결정 권한이 있기 때문에 지위가 특수하다. 따라서 '전체 정세 주도자'의 1선 직무로 평가받는다.

---

30) 분류의 근거는 中共中央組織部·中共中央黨史研究室·中央檔案館,『中國共産黨組織史資料(第五卷)』(北京: 中共黨史出版社, 2000年), pp.31-223을 참조.

31) 통계자료는 『中國共産黨組織史資料(第五卷)』, pp.40-48에서 참조.

32) Jan Sejna and Joseph D. Douglass. *Decision-Making in Communist Countries: An Inside View* (Washington: Pergamon-Brassey's, 1986), pp.14-17.

33) Gerald Segal, "The Military as a Group in Chinese Politics." In David S. G. Goodman, ed. *Groups and Politics in the People's Republic of China*(Armonk, New York: N. E. Sharpe, 1984), p.87.

'소통협조책임자'에 속하는 인물은 중앙서기처 총서기 덩샤오핑과 중앙판공청 주임 양상쿤이다. 덩샤오핑은 서기처 총서기와 정치국 상무위원이라는 두 개의 요직을 겸직하고 있었기 때문에 1956년부터 문혁 직전까지 1선과 2선의 소통협조자 역할을 했다. 회고를 통해 덩은 "내 일생 중 가장 바빴던 시기가 이때였다."라고 말한 바 있다.[34] 1, 2선 사이의 중요한 사무의 전달과 집행은 모두 덩을 통해서 이루어졌다. 예를 들어 마오가 1959년 국가주석을 사임할 때의 결정문 원고가 친필로 쓴 지시 편지였는데, 제목으로 "샤오핑 동지가 즉각 발송하길 바람"이라고 쓰여 있었다.[35] 이외에 중앙판공청은 중앙사무기구를 영도하는 부서로서 당의 재경, 문교(선전), 정법, 외사 업무를 모두 중앙판공청이 통합 관리했다. 양상쿤은 1949년부터 1965년까지 판공청 주임으로 있으면서 여러 당무부문과 소조 업무가 모두 반드시 그에게 보고되었다.[36] 이러한 직위와 역할로 인해 이들은 당무 1선의 구성원이 되었다.

'전문 책임자'는 중앙공작기구와 중앙기관당조의 책임자를 중심으로 구성되며, 당의 재경(천윈, 리셴녠, 리푸춘), 선전(루딩이), 정법(펑전, 뤄루이칭), 외사(저우언라이, 왕쟈샹) 부문의 책임자들이 해당된다.[37]

---

34) 欒雪飛, 張東旺, 「中共中央書記處的沿革」, 『東北師大學報(哲學社會科學版)』, 第169期(長春, 1997年5月), p.72.

35) 毛澤東, 「對同意毛澤東不作下屆國家主席候選人的決定稿的批語和修改(1958年 12月8·9日)」, 『建國以來毛澤東文稿(第七冊)』(北京: 中共中央文獻工作室, 1992年), p.633.

36) 楊尚昆, 『楊尚昆日記(下卷)』(北京: 中央文獻出版社, 2001年), pp.158-164를 참조.

37) 저우언라이는 1958년 이후 외교부 당조소조서기를 사임하고, 당무 2선으로 후퇴했으며, 펑전은 같은 해 정법소조조장을 사퇴했으나, 여전히 베이징당위서기를 유지하고 있어, 여전히 1선에 있다고 볼 수 있다. Franz Schurmann, *Ideology and Organization in Communist China*(Berkeley, Cal.: University of California Press, 1966), pp.144-146.

지방당조기구는 펑전을 지도자로 하는 베이징시 당위원회와 류란타오
의 중공중앙 화베이, 서남국이 중심이다. 군사 업무와 관련해 중앙군사
위 주석 마오가 전체 정세를 통제하고, 다른 군사위원회 위원 즉 주더,
덩샤오핑, 린뱌오, 탄정, 황커청, 뤄루이칭을 포함하는데 이들 모두 당
무1선으로 볼 수 있다.(표 5-2를 보시오)

〈표 5-4 마오 시기 당무 '2선 분업' 표〉

		공산당 계통				1, 2선의 구분
		중앙영도 기구	중앙공작기구	중앙기구당조, 지방조직기구	중앙군사 위원회	
정치국 상무 위원	마오쩌둥	**중앙위원회 주석** 중앙위원			주석, 상무위원, 위원	군사 1선
	류샤오치	**중앙위원회 부주석** 중앙위원				당무 1선
	저우언 라이	**중앙위원회 부주석** 중앙위원		외교부당조 서기 (1958.2)		1958년 2월 이전까지 외사 1선
	주더	**중앙위원회 부주석** 중앙위원			상무위원 (1959.9-) 위원	군사 1선
	천윈	**중앙위원회 부주석** 중앙위원		국가기건 위원회 당조 서기 (58.9-61.1)		재경 1선
	덩샤오핑	**중앙서기처 총서기** 중앙위원			상무위원 (1959.9-) 위원	군사, 중앙당무 1선
	린뱌오 (1958.5-)	**중앙위원회 부주석** (1958.5-) 중앙위원			부주석, 상무위원 (1959.9-) 위원	군사 1선
중앙 서기처 서기	덩샤오핑	위 직위와 동일				
	펑전	정치국 위원	정법소조 조장 (1958.10)	베이징시서기, 상무위		1958년 10월 정법 1선, 지방당무 1선
	왕쟈샹	중앙위원	대외연락부 부장, 국제활동			외사 1선

		공산당 계통				1, 2선의 구분
		중앙영도 기구	중앙공작기구	중앙기구당조, 지방조직기구	중앙군사 위원회	
			지도위원회 주임(1958.3)			
	탄천린	정치국 위원 (1958.5-)	재경소조 부조장 (1958.6-)			2선
	탄정	중앙위원			상무위원 (1959.9-1961.1), 위원(1961.1)	1961년1월 이전 군사1선, 이후 2선 퇴임
	황커청	중앙위원			비서장, 위원 (1959.8)	1959년8월 이전 군사1선, 이후 2선 퇴임
	리쉐펑	중앙위원				1960년1월 이전 재경1선, 이후 2선 퇴임
	리푸춘	정치국 위원	재경소조 부조장(1958.6-)	국가계획위원회 당조 서기		재경1선
	리셴녠	정치국 위원	재경소조 부조장(1958.6-)	재정부 당조 서기		재경1선
	루딩이	정치국 후보위원	선전부 부장, 문교소조 조장 (1958.6-)			문교1선
	캉성	정치국 후보위원	문교소조 부조장 (1958.6-)			2선
	뤄루이칭	중앙위원	정법소조 조장 (1958.10-1960.12)	공안부당조서기 (1959.9-), 국방공업판공실 위원회서기 (1964.6-1965.12)	상위 비서장 위원 (1959.9-1965.12)	1960년12월-1964년6월까지 2선, 나머지 시간은 정법, 군사 1선
후보 서기	류란타오	중앙위원, 중앙감찰위원회 부서기(1962.9) 상무위원		중앙화북국서기, 위원(1960.11), 중앙서북국서기, 위원(1960.11-)		1960년11월이전 2선, 이후 지방당무 1선
	양상쿤	중앙위원	중앙판공청 주임 (1965.11) 중앙직속기관 위원회서기 (1961.11)			중앙당무1선 (중앙판공청 주임)
	후차오무	중앙위원				2선

당무의 공식권력 운용은 그림 5-2에서 대략적으로 볼 수 있다. 1선 간부는 당의 공식 조직 규정에 의거하여 직접 정책 결정에 참여하며, 2선 간부는 특수한 지위로 간접적으로 정책결정에 영향력을 행사한다.

다음은 먼저 1선 지도자의 정책결정운용과 의미를 검토하고, 다음으로 2선 지도자에 대해 분석했다. 8대 당장 규정에 의하면 정치국 상무위는 당무 방침을 결정하고, 서기처는 일상적인 정책결정을 처리한다. 마오는 중앙군사위 주석을 담당하고, 중앙위원회 주석 신분을 겸직하면서 당내에서 주도적인 권위를 확보했다. 덩샤오핑은 서기처 총서기를 담당하여 정치국과 서기처 사이의 연락을 책임졌고, 당내 방침과 정책결정의 연결 및 협력 부분을 담당했기 때문에 매우 중요한 지위를 담당했다.

마오는 재경전문가를 중시했기 때문에 당무1선(중앙서기처 경우)을 영도하는 과정에 있어서 재경 관련 영역이 가장 많았다. 다른 당무 부서는 비교적 많은 독립성을 누릴 수 있었다. 이는 마오가 이 부분에서 영도 권위가 비교적 약화되었음을 반영한다. 천원은 당부주석과 정치국 상무위원 신분으로 재경 부문 1선 업무를 주도했다. 데이비드 베커만(David Bachman)은 마오가 경제분야에 대해서는 잘 모를 뿐만 아니라 이러한 과제에 관심도 없다는 것을 확인했다. 따라서 전문가의 건의에 의존하는 상황이 당내 재경 관료들에게는 비교적 활발하게 활동할 수 있는 공간을 제공했다고 주장했다.[38]

1958년 6월 중공 중앙은 대약진을 추진하는 당의 권력을 확대하기 위해서 재경, 정법, 외사, 과학, 문교 등의 소조를 증설하기로 결정했는데, 국정방침과 구체적인 임무나 성격에 따른 배치를 모두 일원화하여, 당

---

38) David Bachman, "Response to Teiwes," *Pacific Affairs* vol.66, no.2(Summer 1993), p.256.

정일체(黨政不分)로 하였고, 소조 업무의 영도는 정치국과 서기처가 담당하도록 했다.39) 즉 "국정방침은 정치국에서 결정하고, 구체적인 임무의 배분은 서기처에서 한다."라는 의미이다.40) 그러나 국정방침을 결정하는 정치국 상무위원 중 천원 한 사람만 재경소조 조장을 겸직하였는데, 이는 천원으로 하여금 당내 재경 업무에서 노선 결정과 일상적 정책결정도 겸하는 이중적 역할을 하도록 한 것이었다. 정법 소조의 조장을 맡은 펑전, 뤄루이칭과 문교 소조 조장인 루딩이는 서기처의 서기이지만 정치국 상무위원은 아니었다. 따라서 세 사람은 일상적 당무 결정권한은 있었으나, 국정방침에 대한 결정권은 없었다. 마지막으로 일상적 당무정책은 반드시 양상쿤이 주재하는 중앙판공청을 통해 최종적인 통합 조정을 하여, 하부로 전달하는 과정에서 하위 부서의 집행이 편리하도록 했다. 따라서 양상쿤을 1선에 포함시키는 것은 문제가 없다.

2선 지도자에 대해 말하면, 본인의 특수한 신분과 지위에 의존하여 간접적으로 정책결정에 영향을 행사했다. 캉성, 후챠오무는 비록 중요한 1선 직무는 맡지 않았지만, 마오와의 관계가 매우 밀접했기 때문에,41) 자주 명령을 받고 외부 시찰을 다녀온 후에 마오에게 보고했다.

39) 재경소조조장 천원, 정법소조조장 펑전, 외사소조조장 천이, 과학소조조장 네룽전, 문교소조조장 루딩이, 中共中央組織部·中共中央黨史硏究室·中央檔案館編, 「中央決定成立財經·政法·外事·文敎各小組的通知(1958年6月10日)」, 『中國共產黨組織史資料(第九卷)』(北京: 中共黨史出版社, 2000年), p.628; 馬齊彬等編寫, 『中國共產黨執政四十年(1949-1989)』(北京: 中共黨史出版社, 1991年), p.146.
40) 毛澤東, 「對中央決定成立財經·政法·外事·文敎各小組的通知稿的批語和修改(1958年6月8日)」, 『建國以來毛澤東文稿(第七冊)』(北京: 中共中央文獻工作室, 1992年), p.268.
41) 캉성은 1942년 옌안정풍운동에서 마오의 조수역할을 맡아, 정풍을 지도하는 '중앙총학습위원회' 부주임을 담당했다. 건국 이후 마오쩌둥선집 편찬을 책임지고, 문화대혁명소조 고문에 임명되었다. 후챠오무는 1941년부터 1966년 문혁 발발 전까지 장기간 마오의 개인 비서였다. 廖蓋隆·張品興·劉佑生主編, 『現代中國

예를 들어 후챠오무는 1961년 마오의 명령을 받아 호남성에 대한 농촌
조사를 진행하여, '농업60조' 수정안에 의견을 제시했다.[42] 그리고 캉성
은 1964년부터 우한의 희곡 '해서파관'을 비판했는데, 결국 마오는 1966
년 문화대혁명을 발동시켰다.[43] 2선 지도자는 특수한 지위를 통하여 당
무정책결정에서 1선 영도에게 관련 정보를 제공함으로써 정책결정에
간접적으로 영향을 미쳤다.

政界要人傳略大全』(北京：中國廣播電視出版社, 1993年), p.661, 882.

42) 毛澤東,「轉發胡喬木關於湖南調查來信的批語(1961年5月9日)」,『建國以來毛澤
東文稿(第九冊)』(北京:中央文獻出版社. 1996年), pp.489-490.

43) John Byron and Robert Pack著, 顧兆敏等譯,『龍爪: 毛澤東背後的邪惡天才康生』
(台北: 時報文化, 1998年), p.322.

〈그림 5-2〉 마오시기의 당무 '2선 분담' 운용

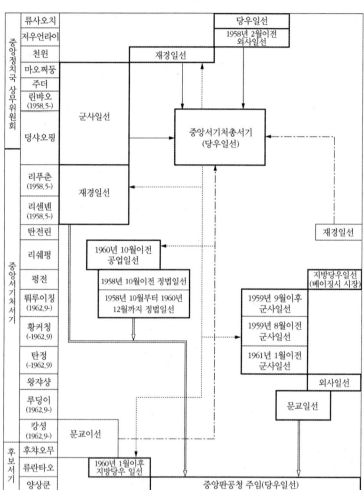

주 : '직무성격'에 따른 한계를 명확하게 나타내기 위해서 중앙정치국 상무위와 서기처 서기를
    순서대로 배치함. 이는 중공중앙 권력서열과는 일치하지 않음. 그림 5-2도 동일함.

설명 : ─────▶ 노선방침의 결정(일선)   ···········▶ 일상적 정책결정(일선)
       ════▷ 일상적 정책결정의 협조와 조정(일선) ─·─·▶ 정책결정에 대해 간접적 건의(이선)

제4절 정무계통과 2선 분업

　이 절은 정치국 상무위와 서기처 구성원이 정무계통에서의 역할 분담에 따른 1, 2선의 정책결정을 분석하였다. 1954년 제정된 헌법은 "중화인민공화국 국무원 즉 중앙인민정부가 최고 국가권력기관의 집행기구이자, 최고 국가 행정기구"라고 규정하고 있다.[44] 이 장에서 다루는 시기는 1956년 9월부터 1966년 8월까지인데, 국무원 총리를 저우언라이가 담당하였고, 여러 명의 부총리 역시 국가의 중요 직무를 겸임하고 있었다.

　표5-5에서 정무 부문은 국가주석과 국무원 총리를 포함한 '전체 정세 주도자'를 의미한다. '54헌법'에 의하면 국가주석은 3군에 대한 지휘권을 보유하여 국방위원회를 주관하고 최고 국무회의를 소집한다. 1954년부터 1956년까지 마오와 류샤오치가 번갈아 국가주석에 취임했는데, 이는 정무1선에 등장했음을 의미한 것이다.[45] 1959년 4월 마오는 제2기 전국인대 1차 회의에서 대약진 정책의 실패책임을 지고 국가주석을 류샤오치에게 넘겨주면서 자신은 2선 후퇴할 것을 결정했다. 이를 기점으로 국가주석에 취임하는 것이 1선과 2선을 구분하는 기준 가운데 하나가 되었다.

　마오 시기의 인민대표대회는 기능이 제한적이고 지속성이 부족하며 경계가 불명확하거나 내부의 전문성이 높지 않았고 입법 기능을 제대로 발휘하지 못했기 때문에 서구의 의회와 같은 위상은 보이지 못했다.[46]

---

44) 1954년 헌법. 中共原始資料編輯委員會, 『中共憲法』(台北: 國防部情報局, 1983
　年), p.17.

45) [54헌법] 규정은 [82헌법]에 국가주석은 단지 상징적인 원수로 규정된 것과 다르
　다. 翁松燃, 「國務院的角色」, 翁松燃編, 『中華人民共和國憲法論文集』(香港: 中
　文大學出版社, 1984年), pp.201-202.

이외에 정치협상회의는 중공 정치국에서 지위가 계속하여 통일전선의 상징 기구로서 존재했으나, 전인대 위원장과 정협 주석은 실권을 가진 인물이 아니기 때문에,[47] 양자는 모두 정무 1선은 아니다. 정무 소통협조책임자는 국무원 부총리와 베이징시 시장을 포함했다. 국무원 부총리는 정무부서 책임자를 겸임하며, 해당 부서의 업무분담과 협력을 책임을 맡았다. 예를 들어 덩샤오핑은 국무원 부총리 직위에 있으면서 동시에 중앙서기처 총서기직을 맡고 있기 때문에 정무와 당무의 협력 업무를 담당하면서 저우언라이 총리의 참모 역할을 담당했다.[48] 천원, 리푸춘, 린뱌오 세 부총리는 각기 재경, 군사 부문을 담당하던 주요 지도자였다. 그밖에 펑전은 베이징시 시장으로 중앙의 정무와 수도권 사이에서 협조와 연락을 담당하면서 직접 중요 정책결정에 참여했다. 예를 들어 1963년의 '후10조'는 바로 류샤오치가 펑전과 함께 논의한 이후에 결정한 것이다.[49] 이를 기준으로 했을 때 국무원 부총리와 베이징시 시장도 정무1선이라 할 수 있다.

46) 趙建民, 「中共黨國體制下立法機關的制度化」, 『中國大陸硏究』, 第45卷 第5期 (1992年9·10月), pp.87-108.

47) 閻淮, 『中國大陸政治體制淺論』, p.20.

48) 毛毛(鄧榕), 『我的父親鄧小平』(台北: 地球出版社, 1993年), p.589.

49) '후10조'는 '농촌사회주의교육운동 중 일부 구체적 정책에 관한 규정(초안)'의 약칭이다. 叢進, 『1949-1989年的中國: 曲折發展的歲月』(鄭州: 河南人民出版社, 1989年), p.537.

〈표 5-5 마오시기 '정무' 2선의 업무분담표〉

		정부 계통				1, 2선의 구분
		중앙영도기구			중앙공작기구, 지방조직기구	
		인민정부	인민대표대회	정치협상회의		
정치국 상무위원	마오쩌둥	국가 주석 (1959.4) 국방위원회 주석 (1959.4)		명예주석		1959년 4월 이전 정무1선, 이후 2선 퇴임
	류샤오치	국가 부주석 (1959.4-) 국방위원회 주석 (1959.4-)	상무위원회 위원장 (1959.4-)			1959년 4월 이전 2선, 이후 중앙정무 1선
	저우언라이	국무원 총리		주석	외교부 부장 (-1958.2)	1958년 2월 이전까지 외사 1선
	주더	국가 부주석 (1959.4) 국방위원회 부주석 (1959.4)	상무위원회 위원장 (-1959.4)			2선
	천원	국무원 부총리			국가기건위원회 주임(1958.11-1961.1) 상업부 부장 (1958.9)	1961년 1월 이전 재경1선, 이후 2선 퇴임
	덩샤오핑	국무원 부총리 국방위원회 부주석				중앙정무 1선
	린뱌오 (1958.5-)	국무원 부총리 국방위원회 부주석			국방부 부장 (1959.9-)	1958년 9월 이전 2선, 이후 군사 1선
중앙서기처 서기	덩샤오핑	위 직위와 동일				
	펑전		상무위 부위원장, 비서장	부주석	베이징시 시장	지방 정무 1선
	왕쟈샹			상무위원	외교부 부부장 (1959.9)	2선
	탄천린	국무원 부총리 (1959.4-)		상무위원 (-1959.4)	국가계획위 부주임 (1962.10-) 국무원 농림판공실 주임 (1962.10-66.5)	1962년 10월 이전 2선, 이후 재경 1선

		정부 계통				1, 2선의 구분
		중앙영도기구			중앙공작기구, 지방조직기구	
		인민정부	인민대표대회	정치협상회의		
	탄정 (1962.9)		위원 (-1959.4-)		국방부 부부장 (1965.3)	2선
	황커청 (1962.9)				국방부 부부장 (1965.3)	2선
	황커정 (1962.9)				산시성 부성장 (1965.12)	2선
	리쉐펑		위원			2선
	리푸춘 (1958.5-)	국무원 부총리			**국가계획위 주임, 국무원 공교판공실 주임**(1959.6-1961.4)	재경1선
	리셴녠 (1958.5-)	국무원 부총리			국가계획위 주임 (1962.4-), **재정부 부장 국무원 제5판공실 주임**(-1959.6)* **국무원 재무판공실 주임**(1959.6-)	재경1선
	루딩이 (1962.9-)	국무원 부총리 (1959.4-)			**문화부 부장** (1965.1-)	1965년 1월 이전 2선, 이후 문교 1선
	캉성 (1962.9-)		상무위 부주석 (1965.5-)			2선
	뤄루이칭 (1962.9-)	국무원 부총리 (1959.4-) 국방위원회 부주석(1965.1-1965.12)			국방부 부부장 (1959.9-1965.12) **공안부 부장** (1959.9) **국무원 제1판공실 주임****(1959.4) **국무원 정법판공실 주임** (1959.6-1960.12) **국무원 국방공업 판공실 주임** (1961.12-1965.12)	1960년 12월 이전 정법 1선, 1961년 12월부터 1965년 12월까지 군사 1선
후보 서기	류란타오		위원, 예산위원회 주임 (-1959.4)		**전력공업부 부장** (1958.2) 수리전력부 부부장 (1958.3-)	1958년 2월 이전 공업 1선, 이후 2선 퇴임

주: * 1954년 11월 국무원은 제5판공실을 설치하여, 총리가 재정부, 양식부, 상업부, 대외무역부 및 중국인민은행 관리 업무를 지원하도록 했는데, 1959년 6월 폐지하고 재무판공실로 변경했다.

** 1954년 11월 국무원은 제1판공실을 설치하여 총리가 내무부, 공안부, 사법부, 감찰부의 업무
를 관리하도록 했는데, 1959년 6월 정법판공실로 변경했다.
자료출처: 中共中央組織部等編, 中國共產黨組織史資料(第五卷)(北京: 中共黨史出版社, 2000
年), pp.61-189.

이밖에 정무 1선의 인원은 정부 부서의 책임자를 위주로 한 '전문직 책임자'를 포함하는데, 정치국 상무위와 서기처의 지도자들 가운데 일찍이 정부급 국가직무를 담당했던 관료는 모두 9명이다. 이들은 저우언라이(외교부 부장), 천윈(국가기본건설위원회 주임), 린뱌오(국방부 부장), 탄윈린(국무원 농림판공청 주임), 리푸춘(국가계획위원회 주임, 국무원 공업 교통 판공청 주임), 리셴녠(재정부 부장, 국무원 재정무역판공실 주임), 루딩이(문화부 부장), 뤄루이칭(공안부 부장), 류란타오(전자공업부 부장)이다. 정치국 상무위원들 중 5명(마오쩌둥, 류샤오치, 저우언라이, 덩샤오핑, 린뱌오)은 국방위원회 위원을 겸직했다.

헌법 조항에 따라 국방위원회는 자문의 성격을 지닌 군사상 통일전선 조직으로 영도조직 즉 지휘부는 아니다.[50] 1선과 2선의 업무분담은 그림 5-3과 같다.

---

50) 中共中央組織部·中共中央黨史研究室·中央檔案館編, 『中國共產黨組織史資料
(附卷一)(上)』(北京: 中共黨史出版社, 2000年), p.66.

〈그림 5-3〉 마오시기 정무 '2선 분업' 운행

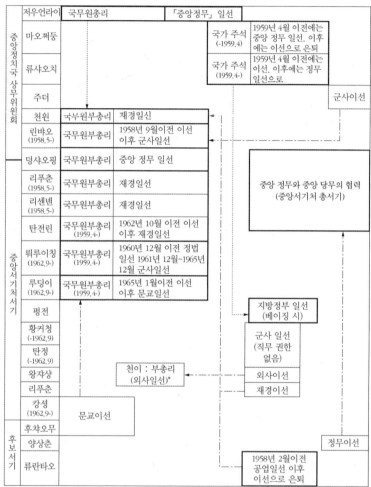

	저우언라이	국무원총리	「중앙정무」 일선		
중앙정치국 상무위원회	마오쩌둥			국가 주석 (-1959.4)	1959년 4월 이전에는 중앙 정무 일선. 이후에는 이선으로 은퇴
	류샤오치			국가 주석 (1959.4-)	1959년 4월 이전에는 이선. 이후에는 정무 일선으로
	주더				군사이선
	천윈	국무원부총리	재경일신		
	린뱌오 (1958.5-)	국무원부총리	1958년 9월이전 이선 이후 군사일선		
중앙서기처 서기	덩샤오핑	국무원부총리	중앙 정무 일선		중앙 정무와 중앙 당무의 협력 (중앙서기처 총서기)
	리푸춘 (1958.5-)	국무원부총리	재경일선		
	리셴녠 (1958.5-)	국무원부총리	재경일선		
	탄전린 (1959.4-)	국무원부총리	1962년 10월 이전 이선 이후 재경일선		
	뤄루이칭 (1962.9-)	국무원부총리 (1959.4-)	1960년 12월 이전 정법 일선 1961년 12월~1965년 12월 군사일선		
	루딩이 (1962.9-)	국무원부총리 (1959.4-)	1965년 1월이전 이선 이후 문교일선		
	펑전			지방정부 일선 (베이징 시)	
	황커청 (-1962.9)			군사 일선 (직무 권한 없음)	
	탄정 (-1962.9)		천이 : 부총리 (외사일선)*		
	왕쟈샹			외사이선	
	리푸춘			재경이선	
	캉성 (1962.9-)	문교이선			
후보서기	후챠오무				
	양상춘				정무이선
	류란타오		1958년 2월이전 공업일선 이후 이선으로 은퇴		

주 : *천이는 1958년 2월 외교부 장관 직위를 인계받았기 때문에 외사일선. 그러나 천이는 정치국 상무위원, 중앙서기처 서기가 아니었음. 따라서 이 그림에서는 특수한 형식으로 표시함.

설명 : ──► 노선방침의 결정(일선)   ·········► 중앙정무와 당무의 협조(일선)
　　　 ══► 일상정책결정의 결정(일선)   ──-► 정책결정에 대한 간접적 건의(이선)

앞에서의 내용을 종합하면 1선과 2선의 정무의 정책결정에 대한 관계 설명은 다음과 같다. 즉 1선의 정책결정에 있어서 국가주석은 중요한 역할을 담당했다. 마오 혹은 류샤오치 누구라도 국가주석 신분으로 최고 국무회의를 주재하고 직접 정책결정에 참여하여 국무원의 국정방침의 결정을 주도했다. 국무원이 관할하는 정무 부담에서 경제부서의 리더가 가장 많았는데, 천윈, 탄전린, 리푸춘, 리셴녠 4명의 부총리는 모두 '재경 1선'에 속했다. 마오 시기의 정무 업무에서 재경부문은 관료체계에 있어서 가장 독립성이 높았다. 대약진 시기 제기된 '초영간미(超英趕美: 영국을 초월하여 앞서고, 미국을 따라 잡는다는 운동 목표)' 전략과 가장 깊은 관련이 있는 부서가 바로 재경 부문이었다.

케네스 리버살(Kenneth Liberthal)과 마이클 옥센버그(Michel Oksenberg)는 재정부, 국가경제위원회, 국가계획위원회가 중국의 중장기적 국가 균형 문제, 특히 재정, 금융, 물류 등 3대 균형을 유지하는데 중요한 역할을 담당했다고 보았다.[51] 여기서 천윈, 리푸춘, 리셴녠의 지위가 더욱 부각되었는데, 혹자는 천윈을 가리키며 '경제제도의 최고 설계자(the regime's economic planner per excellence)'라고 호칭했다.[52] 천윈은 여러 정책에서 마오쩌둥의 '급진'적인 전략과는 다른 입장을 취했는데, 절제되지 않은 투자와 모험적인 경제정책은 억제되어야 한다고 주장했다.[53]

당내에서 다음으로 중요한 부서, 예를 들어 문교나 정법 소조에서 1

---

51) Kenneth Lieberthal and Michel Oksenberg, *Policy Making in China*, pp.106-107.
52) Alfred L. Chan, "Leaders, Coalition Politics, and Policy-Forward in China: The Great Leap Forward Revisited," *The Journal of Contemporary China*(Winter/Spring 1995), p.63.
53) 薄一波, 『若干重大問題決策與事件的回顧(上冊)』, p.541.

선의 고위층 리더인 루딩이와 뤄루이칭이 1960년 2선으로 퇴진한 후에 정치국과 서기처 구성원이 다시 정법 1선을 담당한 인물은 없었다. 이는 마오 시기에 정법 계통을 그다지 중요시 하지 않았음을 보여준다. 이밖에 1965년 이전에는 중앙 고위층이 문교1선을 담당하지 않았다. 이는 문화교육(이데올로기)부문이 중공 정치의 일반적 운영에서의 모호성을 설명하는 것이고, 더욱 크게는 문교 업무가 당무의 최고 리더인 마오쩌둥의 전담 영역이기에 다른 리더들이 개입할 수 없기 때문이다.

그밖에 덩샤오핑은 국무원 부총리직을 담당하면서 동시에 중앙서기처 총서기로서 중앙 당무를 총괄 주도하여 당무와 정무사이에서 중요한 협조자 역할을 담당했다. 마오쩌둥이 정무 2선으로 퇴진한 후에 덩의 업무는 마오와 충돌하기 시작했고, 마오는 문혁 시기에 덩이 독립왕국을 만들어 활동했다고 비판하면서 "1959년부터 현재까지 어떠한 업무로도 나를 찾지 않았다."고[54] 말하기도 했는데, 이는 마오와 덩의 긴장관계를 보여주는 대목이다.

펑전이 베이징시 시장을 담당하면서 가장 중요한 지방의 정무 1선에 위치했다. 류샤오치 등 중앙의 리더들이 중요한 정책결정을 할 때 여러 차례 펑의 의견을 구했는데, 권력서열상 베이징시 시장은 국무원을 뛰어넘어 국가주석이 직접 책임졌다. 문화대혁명이 발발하자 펑전이 첫 번째 숙청 대상이 되었는데, 베이징시는 마오에 의해 "한 개의 바늘도 들어가지 못하고, 한 방울의 물도 떨어뜨리지 못했다."[55]라고 비판받았을 정도로 펑전에 대한 적개심이 강했다.

다음으로 2선 리더는 정책결정에 직접 참여할 수 있는 권한이 없기

---

54) 毛澤東, 「在中央工作會議上的講話(1966年8月23日)」, 『毛澤東思想萬歲』, p.655.
55) 「批判彭真」, 『毛澤東思想萬歲(第一輯)』(台北: 中華民國國際關係研究所, 1974年), pp.641-642를 참조.

때문에 오로지 특수한 지위와 영향력을 행사함으로써 간접적으로 건의 즉 의견제시를 할 수 있을 뿐이다. 문교 영역에서 캉성과 후챠오무는 마오쩌둥과의 친밀한 관계를 이용하여 자주 중앙선전부 부장 루딩이에게 정책 제안을 했다. 외사(외교) 영역에서는 왕자샹이 예전에 외교부 부부장을 맡아 오랫동안 소련과의 외교 업무를 담당하였고, 더 중요하게는 전국 정협 상무위원 직무를 담당하면서 외교정책 결정에 있어서 통일전선 업무에 상당히 중요한 역할을 수행하였다.[56] 군사영역에 있어서 주더가 과거의 군사적 경력과 전국인대 상무위원장 신분을 담당하고 있기 때문에 군사정책에 있어서 건의할 수 있는 권한을 지녔다.

마지막으로는 펑더화이 사건의 영향으로 황커청과 탄정런 두 사람은 서기처 서기(둘 다 국방부 부부장 겸직)권한을 잃어버렸다. 황커청의 여식인 황메이는 회고를 통해 "1959년 이후 아버지는 마음이 편할 때가 없었다. 직위에서 해제되어 할 수 있는 일도 없었지만, 고뇌하는 것도 그만두지 못했다."[57]고 밝히기도 했다. 마오 시기의 2선 업무 배분에 있어서 황, 탄 2 사람은 루산회의 이후에는 책임자급 지위에서 해임되고 비공식적 권위도 인정받지 못했고, 마오 등 지도부와도 주종관계를 형성하지 못했기 때문에 정책결정에 참여할 수 없었다. 이는 정치국 상무위와 서기처 구성원 가운데 2선 업무 분담에서 제외된 사례였다.

---

56) 景衫主編, 『中國共産黨大辭典』(北京: 中國國際廣播出版社, 1991年), p.622.

57) 黃梅, 「遺範永懷―記父親黃克誠二三事」, 黃克誠紀念文集編委會, 『黃克誠紀念文集』(長沙: 湖南人民出版社, 2002年), p.679.

제5절 패권형 지도자의 권력운용

앞서의 두 절은 공식 직무가 '2선 분업'에 미치는 영향에 대해 토론했
다면, 이 절에서는 계속해서 비공식 권력이 정책결정에 미치는 작용에
대해 깊이있게 살펴볼 것이다. 레닌식 당국가체제의 특징 가운데 하나
는 정책결정권이 쉽사리 최고 권위를 지닌 개별 지도자에게 집중된다는
점이다. 마오 시기가 더욱 그러했다. 마오는 당내에서 숭고한 개인 권위
를 향유하고 있었다. 이는 마오로 하여금 공식 체제와 권력 구조를 뛰어
넘어 1선의 정치 운영에까지 영향을 미치는 요인으로 작용했다.

마오는 1959년 4월 국가주석 사임 이전에는 직접 정책결정에 참여했
다. 따라서 정책결정 경로를 연구하는 것으로 그 역할을 해석할 수 있
다. 그러나 2선 후퇴 이후에는 마오가 제도적인 정책결정통로(과정)에
참여한 경우는 비교적 많지 않으면서 정무직 정책결정은 비공식적 권력
에 의존하는 경우가 비교적 많았다. 따라서 '명망' 경로가 마오가 정책결
정에 간접 참여하여 영향을 미치는 것을 설명해준다.

마오는 절대적 개인권위를 가지고 있으면서 리더로서의 매력을 구비
하여 다른 지도자로 하여금 쉽게 '두려움'과 '믿음(belief)'을 갖도록 만들
었다. 마오가 쟁점에 대한 견해를 발표하기 전에는 다른 지도자들이 토
론할 공간이 존재했으나, 마오가 명확하게 의견을 표명한 다음에는 다
른 지도자에게는 오직 복종해야 할 선택지만이 존재할 뿐이다.[58]

---

58) Frederick C Teiwes and Warren Sun. *China's Road to Disaster: Mao, Central Politicians , and Provincial Leaders in the Unfolding of the Great Leap Forward 1955-1959.* (Armonk, New York: M. E. Sharpe, 1999), p.13, 26, 46, 47, 79; 關向光 「一九五八年中國大陸人民公社之產生及其理念根源」, 『東亞期刊』, 第32卷 第2 期 (2002年春季號), p.4.

프레데릭 티위스(Frederick C. Teiwes)는 1956-57년(8대에서 8대 3중전회까지) 기간 마오가 과도하게 개입하지 않았기 때문에 관료조직이 비교적 온전했다고 생각하고,[59] 이후 개인 권위에 따른 전횡 영향을 받아 마오는 점차 당내 공식적, 비공식적 권력의 가장 중요한 근원이 되면서 중국공산당의 통치형태가 크게 변화했다고 분석했다. 마오의 권력원천과 정책결정방식은 표 5-6을 보시오.

마오쩌둥은 당정군 최고 직무를 차지하고 있으면서 동시에 절대적인 명망을 갖고 있었다. 그는 공식, 비공식 권력을 모두의 최고 실력자로 인정받았다.

첫째, 마오가 당정 1선에 있을 때 중공의 모든 중대한 정책 결정은 반드시 마오 자신의 승인을 받도록 했다. 표 5-6의 '유형 1'에서 마오는 당정 1선에 위치함과 동시에 비공식 권력도 갖고 있으며, 공식, 비공식 권력을 막론하고 최고 권력자로서 '결정경로'를 통해 당정의 정책결정을 해석할 수 있었다. 마오의 절대적 권력은 당내의 이의 제기를 손쉽게 압도할 수 있었다. 예를 들어 당정영역에서 재정부문은 유일하게 마오쩌둥에게 대등하게 의견을 제기할 수 있는 부서였고, 특히 '유형5'의 천원은 1961년 1월 국가기건위원회 주임을 사임하기 전까지 계속 재경 1선에 있으면서 마오와는 다른 의견을 무수하게 제기하기도 했다.

1957년 모험주의 반대(反冒进) 시기에 천원은 경제발전은 종합적 균형이 필요하다고 생각하고 "국가 건설의 크고 작은 규모 문제는 반드시 국가 재정 상태와 자원 현황과 상호 적합해야 된다."고 했다. 그러나 마오가 반대의견을 제기하자 천원도 결국 자아비판을 통해 굴복할 수 밖

---

59) Frederick C. Teiwes, "Leaders, Institutions, and the Origins of the Great Leap Forward," *Pacific Affairs* vol.66, no.2(Summer 1993), p.245.

에 없었다. 마오가 1958년 8차 대회 2차 회의에서 정식으로 '대약진'정책
을 제기하자 천원은 어쩔 수 없이 "약진에 반대한 잘못은 당시의 군중의
높은 생산열기를 지닌 위대한 업적을 보지 못하고 경시했기 때문이며,
재정과 시장의 상황을 과도하게 긴장 상태로 보았다."고 인정할 수 밖에
없었다.[60] 이로 볼 때 당시의 마오가 정책결정에 있어서 절대적인 결정
권을 보유했다.

둘째, 마오가 정무 2선으로 물러난 이후 일부 정책결정은 1선의 지도
자에게 이관되었는데 특히 재경 부문이었다. 따라서 '명망 경로'는 마치
이 시기의 마오의 정책결정에 더욱 영향을 미친 것으로 해석할 수 있다.
'유형 2'는 마오쩌둥이 비록 정무 2선으로 후퇴했으나 여전히 강고하게
비공식 권력을 보유하고 있음을 보여준다. 당무계통에서 1선 직무를 유
지하고 있는데, 중국은 당이 정부를 영도하는 전통을 갖고 있으며 이는
여전히 '결정경로'를 통해 1959년 4월 이후의 마오의 정책결정에 미치는
영향을 설명할 수 있다.

〈표 5-6〉 고위층 권력 뿌리와 '2선 정책결정' 유형

유형	비공식권력	공식권력		사례
		당무	정무	
1	절대적	1선	1선	1959.4 이전의 마오쩌둥
2	절대적	1선	2선	1959.4 이후의 마오쩌둥
3	절대적	2선	1선	해당 사례 없음
4	절대적	2선	2선	해당 사례 없음*
5	상대적	1선	1선	류샤오치, 저우언라이, 덩샤오핑 그리고 1961.1 이전의 천원, 1958.9 이후의 린뱌오
6	상대적	1선	2선	주더, 양상쿤, 왕자샹, 1965.1 이후의 루딩이

---

60) 叢進, 『曲折發展的歲月』, p.128.

유형	비공식권력	공식권력		사례
		당무	정무	
7	상대적	2선	1선	1962.10 이후의 탄전린
8	상대적	2선	2선	캉성, 후차오무

주: * 1989년 11월 이후 덩샤오핑은 중앙군사위 주석에서 퇴임했는데, 덩 시기의 2선 분업은 유형
4에 해당한다고 볼 수 있다.

하지만 마오가 2선 후퇴한 이후에는 중요회의에 대한 참가횟수가 감
소하고 정책결정 영향력도 약화되었다. 예를 들어 '유형 5'의 1선 지도자
류샤오치가 국가주석을 승계하여 정무 1선의 책임을 맡은 후에 정치경
제 의제 설정을 주도하였고 특히 대약진 이후 파괴된 경제를 복구하기
위해 다시 농업생산책임제를 제출했다.[61] 하지만 마오의 공식권력에는
별다른 영향을 발휘하지 못했는데, 마오에 비해 류샤오치의 당무 직위
와 비공식 권력이 부재했기 때문으로 류의 비공식 영향력(권력)은 매우
제한적이었다. 결국 마오와 류의 의견충돌은 마침내 '전10조'와 '후10조'
결정 과정에서 폭발했다.[62]

1963년 5월 일부 정치국원과 마오쩌둥은 항저우에서 '전10조'를 제정
했다. 목적은 군중운동방식을 통해 농촌의 사회주의 교육을 진행하여
수정주의를 반대하고 방지하겠다는 것이다. 정책이 극좌 편향으로 흐르
자 류샤오치, 덩샤오핑, 펑전 등 1선 지도자들은 1963년 9월 '후10조'를
제정했다. 즉 모든 운동은 반드시 '공작대'의 지휘를 받도록 했다. 좌경
노선으로 흘러가는 것을 방지하기 위한 것이었으나,[63] 마오의 패권적

---

61) 中央黨校黨史教研部, 『中國共産黨重大歷史問題評價(第三冊)』(呼和浩特: 內蒙
古人民出版社, 2001年), pp.1899-1904.

62) '전10조'는 '현재 농업공작 중의 약간의 문제에 관한 결정(초안)'의 약칭이며, '후10조'
는 '농촌사회주의교육운동 중 일부 구체적 정책에 관한 규정(초안)'의 약칭이다.

63) 薄一波, 『若干重大問題決策與事件的回顧(下冊)』(北京: 中共中央黨校出版社, 1993
年), pp.1106-1118; 叢進, 『曲折發展的歲月』, pp.534-543.

통치로 인하여 류의 저항은 결국 실패로 끝나고 문혁 기간에 감옥에서 사망했다.

마오시기 문화교육 의제에 대한 정책결정은 항상 마오 본인이 담당하였다. '유형 6'의 루딩이는 마오 시기 문교 1선의 주요 지도자로서 중앙선전부 부장과 문교 소조 조장을 담당했으나, 마오쩌둥은 빈번히 루딩이를 무시하고 직접 문화교육 업무에 간섭했다. 예를 들어, 1956년 6월 중앙선전부가 기초한 '보수주의를 반대하고, (동시에) 조급한 정서도 반대해야' 제목의 시론은 내용이 대약진을 반대하는 성격을 보였기 때문에, 마오쩌둥에 보내어 심사를 받을 때는 마오가 직접 '보지 않겠다'고 지시했다.[64] 비록 마오가 정무 2선에 후퇴한 이후에도 중요한 문교 정책은 여전히 마오의 서면 지시를 받았다. 1960년 교육개혁에 대한 평가에서 마오는 "루딩이 동지에게 보내는데, 이미 심사했으며, 매우 좋다"라고 기록했다.[65] 이는 2선 후퇴에 상관없이 마오는 문교 업무에서 조금도 손을 놓지 않았음을 알 수 있다.

마오는 또한 직접 군사와 외교정책결정에도 참여했다. 국방 분야의 정책결정에서 마오가 당중앙위원회 주석이었고, 그의 추종자인 '유형 5'의 린뱌오가 군사 1선을 담당하였기 때문에 마오의 최고 정책결정권자로서의 지위는 변하지 않았다. '유형 5'의 주더는 비록 중앙정치국 상무위원 중의 한 명으로 군사경력이 가장 풍부하고, 정부수립 이후에도 군사정책 결정에 참여했지만 국가의 중요 직책을 담당하지 않았기 때문에 2선으로 비춰지고 군사정책분야 결정과정에의 참여도 상징적인 성격에 그쳤다. 외사정책에 있어서는 1958년 2월 이전까지 저우언라이가 외교부

---

64) 薄一波, 『若干重大問題決策與事件的回顧(上冊)』, pp.537-538.
65) 毛澤東, 「對陸定一在全國人代會的發言稿『教育必須改革』的評語(1960年4月7日)」, 『建國以來毛澤東文稿(第九冊)』(北京: 中央文獻出版社, 1996年), pp.489-490.

장을 담당했고 외사정책 결정권을 장악하였다. 그러나 천이가 승계한 이후에는 정치국 상무위원 혹은 서기처 직무를 담당하지 않았기 때문에 중공의 외사정책 결정권은 정치국 상무위원회 특히 마오에게 집중되었다.

마지막으로 마오와 그의 비서들이 주종관계를 형성하고 있다는 점 또한 정책결정에 영향을 미치는 중요한 비제도적 요인이다. '유형 8'의 캉성과 후챠오무는 비록 당과 정부에서의 위치가 모두 2선에 속하지만, 두 사람과 마오의 특수한 관계가 재정 경제를 포함해 내부의 정책결정 과정에서 중요한 건의를 할 수 있는 권한을 부여했다. 예를 들어 마오는 '농업 60조'의 정책결정과정에서 비서의 영향을 많이 받았다. 그 밖에 이데올로기와 문교 정책결정에서도 영향을 미쳤는데, 캉성이 '해서파관'을 비판한 것이 마오가 문혁을 발동시킨 전주곡의 역할을 했다. 마오 시기 권력 운용은 그림 5-4를 보시오.

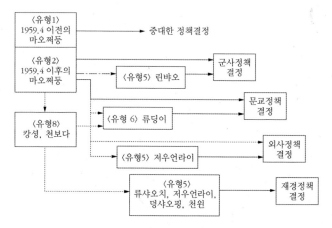

〈그림 5-4〉 마오 시기의 권력 운용

제6절 중국대륙의 2선 정책결정모델

마오 시기에 시작된 '2선 분업'은 중국 정치 발전의 중요한 경험이다. 이러한 경험이 포스트 마오 시기에도 지속되고 있는데서 중요성을 짐작할 수 있다. 앞서 살펴본 내용에 근거해 2선 분업 모델의 특징은 다음 9가지로 귀납된다.

1. 당국가체제의 권력은 위로 집중되는 특징을 가지고 있고 또한 중국문화가 개인적 권위를 중시하는 정치적 전통을 지니고 있기 때문에, 중국 정치경제의 편제(제도 제정)는 '이원주의' 발전경향을 보인다. 정치의 정책결정과정에서 쉽게 '2선 분업' 현상이 발생하고, 정책결정자는 자신이 1선 혹은 2선을 선택할 수 있으며, 각기 다른 시각을 갖고 직접적 혹은 간접적으로 정책결정에 영향을 미친다.

2. 공식 직위의 유무가 중공 지도자의 1선과 2선을 구분하는 주요한 근거이며, 1선 지도자는 공식적 중요 직위를 갖고 있으며, 정책결정에 직접적으로 영향을 미친다. 2선 지도자는 공식 직위를 갖고 있지 않기 때문에 정책결정과정에는 간접적으로 영향을 미칠 뿐이다. 만일 지도자가 고도로 높은 개인 권위를 갖고 있으면 정책결정을 4가지 유형으로 분류할 수 있다. 첫째 유형은 공식 직위와 절대적 개인 권위를 겸비한 지도자이며, '정책 경로'로 정책결정을 해석할 수 있다. 둘째 유형은 공식 직위는 갖고 있지만 절대적 개인 권위는 가지지 못한 지도자로서 단지 공식 법규를 통해 정책을 해석하는데 그친다. 셋째 유형은 공식 직위는 없으나 절대적 개인권위를 구비한 지도자인데, 이러한 지도자는 '명망 경로'를 통해 정책 결정 문제들을 처리할 수 있다. 넷째 유형은 공식 직위나 개인권위도 가지지 못한 지도자의 경우, '지위 경로'를 통해 정책

결정에 미치는 영향을 이해할 수 있다. 이러한 분류는 여전히 현재 중국
의 정치운영에 적용되고 있다.

3. 중공 고위층 엘리트 정책결정의 '2선 분업'에 영향을 미치는 주요
기구는 정치국 상무위원회와 서기처이다. 중공의 정책결정 핵심은 비록
중앙정치국이지만, '대응주의'의 영향을 받기 때문에 큰 정책과 방침에
대한 결정권한은 상무위에 집중되며, 구체적인 배치와 정책 집행은 중
앙서기처가 담당한다.

정치국 상무위와 서기처는 중국의 정치적 결정을 주도하는 핵심 기구
이며, 1980년대 덩샤오핑이 정치체제 개혁을 주장했을 때에도 서기처를
새로이 회복시켜 정책결정에 대한 분담 업무를 하도록 했는데, 새 제도
의 설계는 8대 시기 구상과 매우 비슷하다. 따라서 정치국 상무위원회
와 서기처의 구성을 통해 2선 분업 운영을 분석하는 것은 의미가 있다.

4. 2선 정책결정에 대한 가장 핵심적인 영향은 '결정경로' 및 '명망경
로'를 동시에 구비한 지도자 즉 마오쩌둥이다. 두 가지 정책결정 경로를
동시에 운용할 수 있는 지도자는 반드시 절대적 개인권위를 갖추고 있
어야 한다. 간단히 말해서 개인 권위가 2선 분업 운용에 영향을 미치는
가장 중요한 변수이며, 공식 직위의 유무는 보조 변수이다. 이러한 점에
서 중국 문화는 인적 요소를 중시하며 서구와 다르다. 인치를 숭상하고
관계(꽌시)를 모색하는 전통이 중국으로 하여금 정치가 관료에 운용에
의해 결정되는 것을 제한하며, 도리어 불투명한 개인권위와 추종 관계
로 가도록 작용한다.

5. 절대적 개인권위를 지닌 지도자는 1선과 2선 사이에서 역할이 바
뀐다. 따라서 정책결정모델도 '결정경로'에서 '명망경로'로 변화한다. 마
오쩌둥은 1959년 4월 국가주석을 사임한 후 정책결정에 미치는 영향을
말하자면 비교적 명망경로에 많이 의존했다. 덩샤오핑이 13대에서 정치

국 상무위를 사직한 후에도 중앙군사위 주석을 유지했는데, 정무 결정
에서 상당 부분 명망경로에 의존했으며, 1989년 11월 천안문 사건 이후
모든 당정 직책에서 사임했지만, 최고지도자의 지위는 조금도 영향을
받지 않았는데, 이러한 사실은 더욱 명망경로의 영향이 컸음을 증명해
주고 있다. 장쩌민이 16대에서 당총서기에 사임했으나 여전히 중앙군사
위 주석을 유지했고,66) 2004년 16기 4중전회에서 비로소 완전히 퇴임한
것도 명망경로의 사례라 할 수 있다.

7. 따라서 절정의 개인 명망을 지닌 지도자가 1선에서 2선으로 후퇴
할 때는 먼저 정무직 사임을 선택하고, 당과 군사직은 보류한다. 이러한
종류의 절대적 개인 명망을 지닌 지도자는 정책결정에서 역할 전이가
중공 고위층 엘리트의 운영 변화를 유도하는 핵심이며, 마오, 덩, 장 모
두가 이러한 역할을 보여주었다. 또한 중공의 '당 주도 통치'전통은 상술
한 지도자가 신분전이를 할 경우 정무, 당무, 군사 등의 순서에 따라
직위 사퇴를 한다. 마오쩌둥은 평생 완전 퇴임은 없었고, 덩과 장은 마
지막까지 가서야 비로소 모든 당과 군사분야 직책을 사임했는데, 최고
지도자가 명망경로 역할에서 전이하는 경우, 공식 직위에서 완전히 벗
어날 수 있다. 그러나 포스트 마오 시기의 2선 지도자는 정책결정권을
1선 지도자에게 넘기고, 후임자는 공식 법규에 따라 업무를 처리하는데,
이는 포스트 마오 시기 지도자의 비공식 권위가 과거의 마오에게는 미
치지 못하는 현상을 보여준 것이다.

7. 마오쩌둥 통치 시기에 공식법규에 따라 정책결정하는 1선 지도자
가운데 재경영역이 가장 두드러졌다. 마오의 권력 배분에 대한 생각에

66) Lowell Dittmer, "The Changing Shape of Elite Power Politics," *The China Journal*,
no.45(January 2001), p.63.

서 류샤오치 등의 1선 지도자의 업무 분담에 있어서 많은 부분 재경 영역에 국한되었고, 이러한 전통은 덩과 장 시기의 변화를 거쳐 재경 영역의 분업이 가장 완벽해 졌고, 2선 지도자의 간섭도 최소화되었다. 상대적으로 마오시기 군사, 외사, 문교 등 영역의 최종결정권은 시종일관 최고지도자에게 있었는데, 설령 최고지도자의 정책결정권이 결정경로에서 명망경로로 전이했을지라도 여전히 상술한 정책결정이 다른 1선 지도자에게는 완벽하지 않은 수준으로 이전되었으며 이러한 운용모델은 대체로 덩, 장 시기에도 똑같이 출현했다.

8. 중국문화는 개인적 관계를 중시하기 때문에 최고 지도자는 종종 개인적인 친분이 있는 인사와 추종관계를 형성하는데, 이러한 개인권위를 지니지 않은 것도 중요 당정 직위의 2선 지도자가 없는 것에 영향을 미친다. 이런 경우 지위경로를 통해 정책결정에서 간접적으로 영향을 미쳤다. 마오시기 후챠오무, 캉성 등은 바로 특수한 지위를 통해 정책결정에 영향을 미친 대표적인 인물이다. 최고지도자가 결정경로 혹은 명망경로를 통해 운용해 정책을 결정하는 것에 상관없이 모두 이러한 지위를 통해 획득한 2선 지도자는 개인적(네트워크)관계를 형성하여, 한편으로 자신의 위상을 높이고, 다른 한편으로 다른 1선 지도자를 견제하는데 이용했다. 마오, 덩, 장 시기를 막론하고 이러한 특수한 지위의 2선 지도자는 비서진을 통해 대표할 수 있었다.[67]

9. 상술한 분석에서 알 수 있듯이, 개인권위가 2선 정책결정을 주도하는 핵심이다. 마오쩌둥은 절대적 개인권위를 갖고 있었다. 때문에 정무직을 사퇴했을 경우에도 여전히 명망경로를 통해 정무정책결정에 영향

---

67) '비서방(秘書幇)'이 중국정치에 미친 영향은 다음을 참조. Wei Li and Lucian W. Pye. "The Ubiquitous Role of the Mishu in Chinese Politics." *The China Quarterly*, no.132(December 1992), pp.913-936.

을 미쳤다. 포스트 마오시기 지도자는 마오에 비견할 만한 개인명망을 갖추지 못했다. 따라서 2선 후퇴 이후 영향력은 부분적으로 감소했다. 이것 역시 덩, 장의 1선의 정책결정에 대한 개입은 감소시키고 제도화 수준이 점차 확대되는 요인이 되었다. 따라서 미래 중국 대륙의 정치 운용은 공식 법규가 정책결정에 대해 미치는 영향력이 더욱 높아질 것 이라고 예상할 수 있다.

제6장
당의 전면 통치와 부분 통치

과거 중국 대륙의 당국가체제는 당정일체였고, 심지어는 당이 정부를 대신하는 형태가 만들어졌다. 그러나 개혁개방 이후 이러한 상황에 변화가 있었는가를 확인해 보려 한다.

이 장은 중공 중앙과 국무원의 '위임/대리'관계에서 정책결정의 이익 경로를 결합하여 중국의 정책결정과정을 새로이 검토하고, 당정의 각기 다른 정책결정모델을 발견했다. 당중앙은 당국가 이익과 관련있는 정책결정에 대해 입장이 명확했으며, 부문(부서) 혹은 지방은 의제제출을 하지 못하고, '당이 모든 것을 관할한다.(黨管一切)'라는 정책결정 형태가 주도했다. 그러나 부문 이익과 관련있는 정책결정을 할 때의 결정권은 국무원에게 이전되어 부문이익의 확보에 나선다. 학계가 제기한 권위의 분절화 모델은 현재 오직 당국가 이익과는 관련 없는 정책결정에만 나타날 뿐이다.

제1절 권위의 분절화 논쟁

전체주의(tatalitarianism) 모델은 마오쩌둥 통치하의 중국의 정치발전에 상당한 해석력을 보여주고 있으나,[1] 문혁의 혼란과 무질서는 이 모델로 하여금 중국에 대한 연구분석에 적용하기가 어렵게 만들었다. 1980년대 중국은 경제개혁과 개방에 따라 이미 다른 정치생태계에 진입하면서, 새로운 연구방법이 바로 나타났다.

서구학계는 1970년대부터 시험적으로 중국공산당의 당국가체제가 다원형태로의 발전을 통해 새로운 모델로 변화했다고 제기했는데, 권력모델, 관료정치모델, 이성모델을 포함하는 새로운 모델이 오래되고 낡은 전체주의 모델을 대체했다고 보았다. 1980년대까지 케네스 리버설과 마이클 옥센버그는 '분절화된 권위구조 모델(fragmented authoritarianism model 혹은 fragmented structure of authority)' 혹은 '분절적 권위주의'로 불리는 연구 경로를 제기해왔다.[2] 이는 중공 정치체계의 감독과 통제력이 과거에 미치지 못하고, 피라미드 형태의 최고 권력층 이외에 각기

---

1) A. Doak. Barnett, *Communist China in Perspective*(New York: Praeger. 1962); Michel Oksenberg, "Policy Making Under Mao, 1949-68: An Overview." In John M. H. Lindbeck, ed. *China: Management of a Revolutionary Society.* (Seattle: University of Washington Press. 1971), pp.79-115.

2) Lieberthal and Oksenberg는 '권위의 파편화된 구조(fragmented structure of authority)' 개념을 사용했다. Kenneth Lieberthal and Michel Oksenberg. *Policy Making in China: Leaders, Structures, and Processes* (Princeton, NJ: Princeton University Press. 1988), p.22,을 참조. 그러나 ieberthal and Lampton은 '파편화된 권위주의 모델(fragmented authoritarianism model)' 개념을 사용했다. Kenneth Lieberthal,"Introduction: The Fragmented Authoritarianism Model and Its Limitations." In Kenneth Lieberthal and David M. Lampton, eds. *Bureaucracy, Politics and Decision Making in Post - Mao China* (Berkeley, Cal.: University of California Press, 1992), pp.1-30을 참조. 이밖에 본서의 제1장을 참조.

다른 부서들 사이의 이익경쟁이 출현하여 국무원 각 부서의 자주성을 향상시키도록 작용하지만, 어느 기구도 완전히 정책결정의 전체적인 흐름을 장악하지 못하고, 권위가 분절 또는 파편화되는 경향이 서서히 나타난 것이다.3) 경제정책결정은 점차 국무원으로 이전하여 당은 오직 정책방향만 결정했다.4) 영향력에 관련된 연구는 관료의 최대 예산 추구5) 및 관료의 합리적 정책결정 등에 연이어 나타났다.6)

　분절적 권위는 중공의 정책결정에 관한 토론에서 비록 중국 연구의 시야를 확대시켰으나 두 가지 문제점이 나타났다. 첫째, 분석대상을 오직 중앙과 지방정부에만 집중하고, 당국가체제에서의 당의 지위에 대해서는 소홀했다. 궈쑤젠(郭蘇建)은 중국의 건국 이후 현재까지 전체주의의 전형적인 하드코어(hard core)는 아직 변하지 않았다고 주장했다.7) 엘리자베스 페리는 중공의 오랜 혁명 경험이 '혁명적 권위주의(revolutionary authoritarianism)'를 만들어 일반적인 독재정당보다 훨씬 더 강력한 권력을 갖게끔 했다고 지적했다.8) 우궈광(吳國光)과 천이쯔(陳一咨)는 '분절적 권위'모델이 중앙의 약화를 과대평가했다면서 당의 명령

3) Lieberthal and Lampton, eds. *Bureaucracy, Politics and Decision Making in Post -Mao China*, p.8.
4) Susan L. Shirk, "The Chinese Political System and the Political Strategy of Economic Reform." In Kenneth G. Lieberthal and David M. Lampton, eds. *Bureaucracy, Politics, and Decision Making in Post-Mao China*, p.68.
5) William A. Niskanen, *Bureaucracy and Public Economics* (England, Brookfield, Vt.: E. Elgar Publishing. 1994)
6) Eva Etzioni-halevy, *Bureaucracy and Democracy: A Political Dilemma.* (London, Boston: Routledge & K. Paul, 1983), 이밖에 본서의 제1장을 참조.
7) Sujian Guo, *Post-Mao China: From Totalitarianism to Authoritarianism* (Westport, Conn.: Praeger, 2000), pp.12-22.
8) Elizabeth J. Perry, "Studying Chinese Politics: Farewell to Revolution?" *The China Journal*, no.57 (January 2007), pp.1-22.

은 여전히 중요한 정책결정의 근거이며, 정책에 대한 협상 혹은 파기 모두 당이 조종하는 관료체제에서 진행된다고 주장했다.9) 따라서 '분절적 권위' 이론은 오직 당국가이익과 무관한 조건에서의 정책결정에 사용된다. 이러한 이론을 주장하는 학자들은 중국의 당국가 능력은 현재까지 제한적으로 약화했다고 생각하고, 다원주의(pluralism)관점은 완전하게 중공 정권의 본질을 해석하기 어렵다는 점을 지적하면서, 그들은 정치경제 질서의 빠른 변화 속에서의 당의 주도적인 역할을 직시해야 한다는 주장을 하고,10) '향후 계속하여 당을 중요시해야 한다고(bringing the party backin) 지적했다.11)

다수 학자들은 역사적 맥락,12) 임명제도,13) 중공 중앙의 여러 영도소조의 주도에서 중공의 정치통제능력이 약화되지 않았음을 설명하고,14) '포스트 전체주의 자본주의 발전국가', '약화된 전체주의 정치체제' 등의 개념이 오히려 일정부분 중공정치체계의 속성임을 입증하는 것이라고 보았다.15) 이러한 관점들은 비록 중국대륙의 시장경제 개혁이 사회를

9) Guoguang Wu, "Documentary Politics: Hypotheses, Process, and Case Studies." In Carol Lee Hamrin and Suisheng Zhao, eds. *Decision-making in Deng's China: Perspectives from Insiders* (Armonk, N.Y.: M. E. Sharpe, 1995), pp.24-38.

10) Bruce J. Dickson and Chien-min Chao, "Introduction: Remaking the Chinese State." In Chao and Dickson, eds. *Remaking the Chinese State: Strategies, Society, and Security* (New York: Routledge, 2001), p.2.

11) Kjeld Erik Brodsgaard and Zheng Yongnian. "Introduction: Bringing the Party Back In." In Kjeld Erik Brodsgaard and Zheng Yongnian, eds. *Bringing the Party Back In* (Singapore: Eastern University Press, 2004), pp.1-21.

12) 蕭功秦, 「中國大陸的發展型權威政治演變的過程及其對經濟與社會的影響」, 『中國大陸研究』, 第47卷 第4期(2004年12月), pp.107-118.

13) John p.Burns, "Strengthening Central CCP Control of Leadership Selection: The 1990 Nomenklatura." *The China Quarterly*, no.138 (June 1994), pp.458-491.

14) 邵宗海, 「中共中央工作領導小組的組織定位」, 『中國大陸研究』, 第48卷 第3期(2005年9月), pp.1-23.

더욱 다원화시켜 가지만, 당국가의 역량은 여전히 강대하며 전통적 '당
이 모든 것을 관할하는' 통치방식은 여전히 근본적으로 변하지 않고, 당
의 정책결정 역할은 무시당하지 않고 있음을 설명하고 있다.

둘째, '분절적 권위' 이론은 개혁개방정책의 실시 이후 국무원의 정책
결정의 독립성이 향상되었는데, 특히 경제 관련 의제에서 명확히 나타
났다고 강조한다. 그러나 국가경제발전에 관련된 비경제적 요소에 대해
서는 오히려 구체적이지 못하다. 중국 대륙의 정책결정형태는 도대체
'분절적 권위주의'가 강조하는 '부서정책결정'인가? 혹은 여전히 전체주
의 모델이 주장하는 '당이 모든 것을 관할'하는 것인가? 짜오쑤이성(趙
穗生)은 1990년대 이래 중국의 정책결정은 의제에 따라 변화가 발생하
며, 경제분야에 파급된 관료체계 내부에서 자원 경쟁과 협상에 있어서
정책결정이 분산되고 분절화 되는 특징을 보이지만, 매체, 교육, 문화,
과학기술 등 이데올로기가 비교적 강한 분야는 여전히 소수의 고위 지
도자층이 장악하고 있다고 말했다. 예를 들면 내부의 안전, 군사 등 국
가안보영역의 의제는 정책결정 권한이 여전히 고위층에 집중되어 있다
는 것이다.[16]

본 장은 의제가 정책제정을 결정한다는 화법에 동의한다. 하지만 중
국의 정책결정에 대한 분류를 경제 혹은 비경제로 보는 이분법은 반대
한다. 왜냐하면 경제의제 역시 동일하게 다른 형태의 정책결정이 나타

15) 吳玉山, 「宏觀中國: 後極權資本主義發展國家—蘇東和東亞模式的揉合」, 徐斯
儉·吳玉山編, 『黨國蛻變: 中共政權的菁英與政策』(台北: 五南, 2007年), pp.309-
335; 徐斯儉, 「退化極權政體下的'有限改革'」, 林佳龍編, 『未來中國: 退化的極權
主義』(台北: 時報文化, 2004年), pp.165-207.

16) Suisheng Zhao, "The Structure of Authority and Decision-Making: A Theoretical
Framework," In Carol Lee Hamrin and Suisheng Zhao, eds. *Decision-making in
Deng's China: Perspectives from Insiders*, pp.239-240.

나는 것이 가능하기 때문이다. 본 장은 당정 분업의 시각을 기초로 하여 '의제정책결정' 문제를 심도 있게 분석하며, 향후 정부관료체제 운영을 기초로 한 분절적 권위 이론을 당국가체제의 핵심인 '공산당'과 연결시 킴으로써, 당중앙과 부문간의 정책결정이 불일치하는 원인을 설명할 것 이다.

본 장은 중공의 정책결정체계에 '이원 이익'이 존재한다고 주장한다. 국방안전과 이데올로기 등 하이폴리틱스(high politics) 영역과 정치민감 도가 높은 영역은 당국가 이익(party-state interests)의 정책결정에 속하 며, 공공건설과 경제무역 등 로폴리틱스(low politics)범주나 정치민감도 가 비교적 낮은 영역은 부문 이익(bureaucratic interests) 정책결정에 귀 속된다. 속성측면에서 '부서이익' 정책결정은 '분절적 권위주의' 모델 분 류에 가깝고, 정부 각 부서 혹 지방이 이익을 추구하는 상황은 확실히 존재한다. 그러나 '당국가 이익'의 정책결정은 여전히 당중앙의 영향력 이 고도로 작용하며, 부서와 지방의 공간을 제한하고, 중앙과 지방사이 의 각기 다른 '조괴관계(條塊關係: 부서간 수직·수평관계)'를 보여주고 있다.[17] 이러한 '이원 이익'구조는 정책 속성이 정책 방식과 영역을 결 정하고 있다는 것을 설명한다.

케네스 리버살이 제기한 '분절적 권위주의'는 '결과론'에서 관료부서 가 이익획득을 위해 경쟁한다고 단정한다. 하지만 오히려 부서나 관료 체계가 이익을 추구한다는 전제를 소홀히 한다. 먼저 당중앙이 '당국가 이익'과 직접 관련 없다는 점을 확인한 이후에야 비로소 관료체계의 자 주성과 전문성이 선명하게 드러나고 이익을 추구한다. 바꿔말해서 '부

---

17) 중국대륙의 정치생태에서 조괴의 역할에 대한 설명은 趙建民, 「塊塊壓條條: 中國 大陸中央與地方新關係」, 『中國大陸研究』, 第38卷 第6期(1995年6月), pp.66-80 을 참조.

문정책결정'이 당국가역량의 약화를 의미하는 것은 아니며, 당국가이익
과 관련한 정책결정에 있어서는 여전히 당이 모든 것을 관리하는 특성
을 보여주고 있다.

상기 서술의 주장에 대하여, 본 장은 두 가지 비슷한 속성을 지닌 사
례, 즉 삼협(三峽)댐과 칭장(青藏)철로 건설을 비교함으로써 각기 '부문
이익' 및 '당국가이익'의 차이와 관련된 정책결정을 분석할 것이다. 삼협
댐은 막대한 투자규모로 인하여 세기의 대형건설프로젝트에 비유되었
고, 여러 정부 부서와 성급 지방과의 권력간 상호작용이 존재한 것으로
'부문 이익' 정책결정에 속하는데, 케네스 리버살 등의 관심을 불러 일으
켰다.[18] 그러나 리버살이 사용한 연구 자료는 오래되었고 방법도 정부
부문에 집중되었는데, 본 장에서는 당정 상호작용 모델을 채택하고 최
신 자료를 보충했다. 또 다른 사례인 칭장철로는 '당국가이익'과 관련
있다. 실제로는 뎬장철로(운남 - 티벳)가 공사기간이 길고, 예산규모도
더 크며, 기술적 어려움도 비교적 높지 않기 때문에 철도부의 입장에
더 부합했었다. 만약 순수한 경제적 시각에서 본다면 뎬장(滇藏)노선이 칭
장노선보다 훨씬 더 효율성이 높았으나, 칭장선은 티벳의 독립을 억제하
고 국경 지역의 방어능력을 높일 수 있다는 정치적 고려에 맞춘 것이다.

본 장은 우선 중공의 정책결정에서의 '이익추구' 모델을 제기하고 다
시 삼협댐과 칭장철로 두 가지 사례를 분석했다.

---

18) Lieberthal and Oksenberg. *Policy Making in China: Leaders, Structures, and Processes*, pp. 269-338.

제2절 이익 방향 정책결정 경로

제1장에서 중국 고위층 정책결정이 의제에 따라 방식이 변화할 수 있고, 이익배분과 귀속이 정책결정 방식과 결과에 영향을 미치는 핵심 요인 중의 하나로 언급했다. 이 장에서는 의제가 정책의 제정을 결정하는 것을 인정하고 이러한 개념에서 한층 더 나아가 '위탁/대리'이론과 이익 경로를 결합하여 '당국가 이익'과 '부문 이익'의 분석 구조를 제기하는 것을 통해서 중국 정책결정과정에서의 당정의 인과시스템을 구분하고자 했다.

1. 당중앙과 국무원의 '위탁/대리' 관계

중공의 정책결정체계에 '당국가'와 '부문(부서)'간의 '이원 이익'이 존재하는가? 존재한다면 어떻게 운용하는가? 그리고 당영도의 권력구조에서 국무원과 당중앙은 이익을 어떻게 나누는가?, 어떤 상황에서 부문의 영향력이 발휘되는가? 등 이러한 문제들은 과거의 '당영도' 모델로는 대답할 수 없다.

'이원적 이익' 운영의 제도적 배경은 중공의 정치체제에 당무와 정무라는 이원적 통치(dual rule)로 이루어진 당정 일원적 구조이다.[19] 개혁개방 이전에는 '이원 통치' 구조가 어려움을 조성하지는 않았다. 왜냐하면 당시는 정치우선으로 계급투쟁 강령으로 간부의 혁명에 대한 열정을 강조하고 전문성은 중시하지 않았기 때문으로,[20] 즉 '홍(紅)'이 '전(專)'

---

19) Franz Schurmann, *Ideology and Organization in Communist China*(Berkeley: University of California, 1968). p.191.

을 이기는 상황이다. 따라서 오직 '지도 간부'와 '비지도 간부'의 구분이
있었으며, 비당정간부 혹 전문 간부와 비전문간부의 구별이 있었다. 그
러나 생산력 제고를 목표로 하는 경제개혁은 전문가가 필요했다. 따라
서 1980년대 제기된 '간부 4화(즉 연소화, 전문화, 지식화, 혁명화)'에는
전문화 지표로 '덕재겸비'를 요구했으며,[21] 점차 현대적 관료제도를 수
립하면서 부위(부서와 위원회)의 전문성이 향상되어, 정책결정이 당중
앙과 완전히 일치하지는 않았다.[22]

　중국 대륙의 관료체계에 부문주의(compartmentalization)와 당정이익
분류가 나타난 것은 대환경의 변화와 관련 있다. 수잔 셔크(Susan Shirk)
는 1980년대 이후 공산당이 정책방향을 결정하기만 하고, 경제정책의
결정은 국무원에 이관되었다고 생각했다. 따라서 국무원 상무위원회가
경제정책을 결정하는 주요 기구(장소)가 되었다는 것이다.[23] 바네트(A.
Doak Barnett) 역시 개혁개방 초기에 일반적으로 일상적, 의례적인 정책
결정은 정치국과 상무위원회에서 중앙서기처와 국무원으로 이관되었다
고 보았다.[24] 당중앙과 국무원으로 하여금 '위탁/대리'관계(principal-
agent relationship)가 형성되기 시작했다. 당중앙의 대리인으로서 국무

20) Harry Harding, *Organizing China: The Problem of Bureaucracy, 1949-1976*
　　(Stanford, Cal.: Stanford University Press, 1981), p.4.
21) 4화(四化)는 혁명화, 연소화, 지식화, 전문화를 의미한다. 「黨和國家領導制度的
　　改革」, 『鄧小平文選(1975~1982)(第二卷)』(北京: 人民出版社, 1983年), p.286.
22) 저자가 여기서 말하는 '당중앙(黨中央)'은 중공중앙 총서기, 중공중앙 직속기구,
　　중앙군사위를 의미한다.
23) Susan L. Shirk, "The Chinese Political System and the Political Strategy of Economic
　　Reform." In Kenneth G. Lieberthal and David M. Lampton, eds. *Bureaucracy,
　　Politics, and Decision Making in Post-Mao China*, p.68.
24) A. Doak Barnett, *The Making of Foreign Policy in China: Structure and Process*
　　(Boulder, Colorado: Westview Press, 1985), pp.10, 51.

원은 당중앙의 의지에 반한 결정을 할 수 있는가? 저자는 두 체계가 정책결정에 있어서 양호한 권한배분이 가능하다고 생각한다. 이는 당정간에 '전문성의 비대칭'이 존재하기 때문이다. 즉 국무원 관료는 다수가 재경, 이공, 법률 등 영역에 속해 있으며, 전문화 경향은 조직, 통전, 선전 담당 당무 부서에 비해 훨씬 높다.[25]

당무 계통은 전문성이 비교적 낮기 때문에 당중앙은 전문성이 높은 정책결정은 국무원에 양보하고, 주로 '당국가 이익'위주의 중대 정책에 집중한다. '위탁/대리' 각도에서 보면, 당중앙은 위탁인이며 국무원은 대리인이다. 당국가 체제의 논리에 근거해서 국무원은 전문적인 정책결정을 할 때, 당국가 이익을 해칠 수 없으며, 또한 개별적인 '부문 이익'을 편들 수도 없다. 그러나 실제 정책결정과정에서 국무원 부서는 완전히 전체적인 당국가이익에 굴종하는 것은 아니며, '도덕적 모험(moral hazard)'을 통해 부서 이익을 확대할 수 있다. '이원 이익' 관련한 제도의 구조는 그림 6-1을 참고하시오.

---

25) Xiaowei Zang, *Elite Dualism and Leadership Selection in China* (New York: Routledge Curzon, 2004), p.106.

〈그림 6-1〉 이원이익 제도 구조

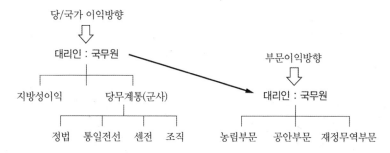

설명: 1. 보다 자세한 설명은 본 서의 '위탁/대리'관계를 참조할 것.
　　　2. 국무원 부위의 선정은 전문적인 기능을 지닌 부위로 범주를 제한함.
자료출처: 저자 작성

'이원 이익' 구조에서 본 장은 다음 문제를 분석할 것이다. 어떤 상황에서 국무원은 하부 부서가 더욱 많은 이익을 얻는 것을 지지하고 싶은가? '위탁인'으로서의 당중앙은 어떤 상황에서 국무원의 '대리인' 기능을 엄격히 통제하며, 부서가 과다하게 이익을 추구하는 것을 막을 수 있는가?

2. 당국가체제의 '이원 이익'

개혁개방 이후 중국의 관료 체계는 분절화 현상이 출현하여, 중국의 당국가체제에서 '당국가이익'과 '부문이익' 사이의 구별이 나타났다. 먼저 무엇이 '이익' 문제인가를 명확히 할 필요성이 있다. 본 장에서 언급한 이익은 하나의 단체가 향유하는 '특수한 혹은 보편적인 특징(a particular or a common characterstic)'을 의미하며,[26] 이러한 이익공유

---

26) W. David Clinton, *The Two Faces of National Interest* (Baton Rouge, La.: Louisiana State University Press, 1994), p.22.

범주가 만약 국가수준에 이르면 바로 '당국가이익'이 되어 부문의 개별적 이익을 압도할 수 있다.[27] 반대로 만약 이익 공유 범주가 부서에 국한되고 국가수준으로 올라가지 못하면 '부문 이익'에 속한다.

'당국가 이익'과 관련된 정책결정은 매우 중대하기 때문에 당은 국가의 총체적 이익에 근거하여 이데올로기 혹은 국가 안보 측면에서 정책결정을 진행하고, 긴밀하게 정책집행을 감독하여, 부서 혹은 지방에 대한 타협가능성은 적다. '부문 이익' 정책결정은 당중앙의 권한을 위임받아 전문 부문이 '부문 중심'과 '전문가주의'에 근거해서 자신들의 이익에 부합하도록 정책결정을 하도록 하여, 부문간 혹은 부문과 지방 사이에 이익을 매개로 서로 의제를 조정할 가능성이 있다. 전체 이익을 고려하는 전제하에서는 국가안보 및 이데올로기와 관련한 '당국가 이익'이 우선함으로써, 전문 부서가 강조하는 전문성 기술이 희생될 가능성이 있다.[28]

본 장은 두 종류의 사례를 선택해 서로 다른 종류의 두 가지 정책결정 모델을 설명했다. '칭장철로'는 티벳독립 방지와 중앙아시아 국경 방어 등 전체적인 국가안보 문제와 관련되어 있기 때문에 '당국가 이익' 정책결정에 속하며, '삼협댐'의 이해관계는 국무원 부문과 해당 성급 지역의 이익과 관련 있고, 전통적 국가안보와는 관계가 비교적 멀기 때문에 '부문 이익' 정책결정에 속한다.[29] (관련 구조은 그림 6-2를 보시오)

---

27) Clinton, *The Two Faces of National Interest*, pp.27-28.

28) 당국가이익과 부문이익의 논쟁은 개혁개방 이전에는 명확하게 드러나지 않으나 사례를 찾아볼 수 있다. 1950년 한국전쟁에서 당중앙과 해방군은 참전에 의견이 엇갈렸다. 당시 중공의 전력은 충분하지 않았기에 군대는 미국과의 전쟁을 낙관할 수 없었고, 당시 해방군 총참모장 녜롱전은 "현대화 전쟁을 하기 위해서는 탱크, 비행기, 포병 등 거의 대부분이 갖추지 못했고, 기본적으로 보병, 소총수 위주이며, 심지어 탄약 공급도 어려운 상태였다."고 밝혔다. 그러나 마오쩌둥을 위시로 한 당중앙은 국가안전을 고려하여 참전을 결정했다. 聶榮臻傳編寫組, 『聶榮臻傳』(北京: 當代中國出版社, 1994年), p.502.

〈그림 6-2〉 중공 정책결정 체계의 위탁 대리 관계

독립변수 : 이의형태	→	중개변수 : 제도 (당중앙, 국무원의 위탁/대리관계)	→	종속변수 : 정책결정형태
당국가 이익		당중앙이 정책결정 독점하여, '대리인'문제는 없음		당이 모든 것을 관할
당국가이익 공석(결원) 부분이익만 존재		국무원에 정책결정권한이 있어 부위가 비교적 많은 이익을 획득 하여, 대리인 문제가 발생		부문이 이익을 획득

당국가 이익은 국가의 중대 정책결정에 관련된 것이 많고 국가안보와 깊은 관련이 있다.[30] 그러나 국가이익을 어떻게 규정하는가는 국제정치 학계는 이에 대해 오랜 기간 토론해 왔으나 결론을 내리지 못하고 있다. 당연히 지도자의 생각 및 의지와 불가분의 관계이다. 따라서 방법상에 있어서 본 장은 중공의 지도자가 국가안보 관련 정책을 판단지표로 인 정하는가 아니면 그렇지 않는가를 다루고 있다. 상대적으로 부문 이익 의 판단은 비교적 명확하여, 주요하게 두 가지 내용을 포함한다.

1. '부문 중심주의(departmentalism)'를 구현하느냐의 문제이다. 부문 주의는 관료조직은 선천적으로 부문 이익을 추구하는 것을 원칙으로 하 며,[31] 본 장에서 분석하는 실제 프로젝트 경우에서 두 가지 경향으로

---

29) 삼협댐 건설방안을 결정할 때 초기에 고려한 것은 군사공격을 받을 수 있는 가능 성 여부였다. 이는 거의 국가안전과 관련된 것처럼 보였다. 그러나 주요하게 고려한 것은 댐건설 이후의 안전성에 대한 고려였다. 이는 본 장에서 토론한 건설목적과 차이가 있다.

30) 관련 토론은 다음을 참조. Hans J. Morgenthau, "Another 'Great Debate': The National Interest of the United State," *American Political Science Review*, vol.46, no.4 (December 1952), pp.961-988.

31) Anthony Downs, *Inside Bureaucracy*(Boston: Little, Brown, 1967), pp.83-84.

표현되었다. (1) 부문은 자금 분배를 최대한 확대하는 경향이 있다. (2) 부문은 통상적으로 공사기간이 길고, 예산이 많이 투여되는 프로젝트를 선호한다.

2. '전문가주의(professionalism)'를 고려하느냐의 문제이다. 부문입장에서 말하자면 정책결정은 반드시 공정기술의 실행가능성과 전문성을 고려해야 한다. 그러나 당국가 이익은 국가안보 등 전반적 이익과 관련이 있기 때문에 정책결정에 있어서 전문가주의는 하위에 위치해 있다. 상이한 이익 특성이 드러난 이후에 본장은 두 종류의 정책결정모델을 제기했다. 하나는 '부문 이익' 정책결정은 당중앙의 적극적 개입을 필요로 하지 않으며, 전문 부문과 지방이 의제설정을 하여 부문 이익을 이끌어낸다. 다른 하나는 '당국가 이익' 정책결정으로 당중앙의 입장은 명확하며, 국가안보는 전문 부서와 이익을 넘어서 고려하며, 부문과 지방은 의제설정에 참여할 수 없고, '당이 모든 것을 관할하는(당 총괄형)' 정책결정형태를 나타낸다. 본 장은 삼협댐과 칭장철로 프로젝트에 대한 정책결정한 주요 이익을 구별하여, 전자는 전형적인 '부문 이익' 정책결정이고, 후자는 '당국가 이익'과 관련된 것으로 보며, 따라서 '당이 모든 것을 관할하는 유형'과 '부문 이익 획득 유형'이라는 두 가지 다른 정책결정유형을 제시했다.(두 종류 모델의 비교는 표6-1을 보시오)

〈표 6-1〉 두 종류 이익의 정책결정모델

사례	이익 유형	주요 이익	정책결정장소	부위와 지방의 결정과정 참여 여부	정책결정 결과
삼협댐	부문 이익	홍수방지, 발전	국무원	참여 가능	부문이익 획득
칭장철로	당국가 이익	국방안전	당중앙	참여 불가능	당이 전권 행사

　삼협댐의 정책결정은 주요하게 경제적 측면을 고려한 것이다. 중공이 정권 수립 이후 최초로 댐건설을 계획한 시기는 1953년에서 1954년 즈음이다. 당시 양자강에는 홍수가 발생하였고 마오쩌둥은 간부들을 소집하여 댐건설 실행가능성을 분석하도록 했고, 1956년 장강유역규획판공실을 설립하여 설계와 공정 등 건설 준비를 하도록 했다.[32] 그러나 당내에서 댐건설에 대한 의견이 나누어졌다. 리루이(李鋭)와 린이산(林一山)은 대규모 댐의 실질적인 경제효율성에 대한 시각이 달랐다. 이를 해결하기 위해 1958년 난닝(南寧)과 청두(成都)에서 댐건설 관련 회의를 개최했다. 청두회의는 〈삼협 수리 센터 및 장강 유역 규획에 관한 의견〉을 통과시켜, 국가의 장기적인 발전과 기술조건이라는 두 가지 측면을 고려한 결론은 삼협 물관리 센터를 설치할 필요성이 있고, 댐건설이 가능하다면서 댐건설과 수몰 면적을 감소시키기 위해서 댐의 고도는 200미터를 초과할 수 없도록 제한했다.[33] 삼협댐의 정책결정에 있어서 경제적 고려를 우선적으로 했음을 알 수 있으며, 그 밖에 다른 목적으로 홍수방지, 발전량 확대, 항운 환경 개선 등도 포함했다. 이는 국가 안보와 이데올로기와 같은 정치적 문제와는 관련이 없었다.

　칭장철로 건설은 비록 경제적 효과와 이익을 배제하지 않았으나, 국가안보라는 정치전략적 측면을 주요하게 고려했다. 중공의 국가 수립 초기에 티벳의 독립 위협에 직면했던 바, 티벳 지역에 대한 교통 연결망을 확충하는 문제는 지속적으로 공산당의 주요한 임무였다. 1954년 칭장(青藏), 촨장(川藏) 도로망이 개통된 이후 중공은 칭장철로의 건설 타당성을 고민하고 있었다. 최초로 칭장철로 건설을 제안한 고위 관료는

---

32)　李鋭, 『論三峽工程』(長沙: 湖南科學技術出版社, 1986年), pp.3-4.
33)　田方, 「關於三峽水利樞紐和長江流域規畫的意見」, 田方, 林發堂主編, 『論三峽工程的宏觀決策』(長沙: 湖南科學技術出版社, 1987年), pp.6-7.

당시 인민해방군의 철도병 부대 사령관이었던 왕전(王震)이었다. 그는 마오쩌둥에게 국경 지역의 철도 건설의 필요성을 강력히 요청했다.[34] 칭장철로 건설의 필요성에는 국방전략상의 고려도 존재했는데, 국경을 사이에 두고 있는 티벳과의 연결 철로는 군사적 배치에 유리한 환경을 제공하고, 중앙아시아와 남아시아 국가들에 대해서도 전략적 우위를 증가하도록 작용했다.[35]

제3절 부문 이익 정책 결정

삼협댐은 중공의 건국 이후 최대 규모의 공공 건설 프로젝트이며, 정책결정과정은 수리, 전기 등 부문의 이익과 관련 있으며, 처음 건설 논의가 시작된 이후 문혁 때까지 논란이 끊이지 않았다. 개혁개방 이후 댐건설 문제가 다시 의사결정과정에 오른 이후 국무원은 1992년 3월 삼협 수리댐 건설안(그림 6-3)을 통과시키고, 4월에 전국인대에서 표결을 통해 정식으로 통과시켰다.

---

34) 江世杰, 「青藏鐵路: 決策出台前的幕後新聞」, 『中國投資』, 第12期(北京, 2001年), pp.37-39.

35) 徐尙禮, 「青藏鐵路通車後戰略地位提升, 中南亞國家緊張」, 『中國時報』, 2006年 7月5日, 13면.

1. 국무원이 주요한 대리인이 되다.

삼협댐은 중대한 국가안보 문제에는 직접적 관련이 없다. 때문에 당
국가 이익 관련 정책결정이 아니고, 또한 당중앙은 과학기술관련 프로
젝트에 대한 전문적인 판단 능력이 부족하기 때문에 명확한 입장을 밝
히지 않았다. 따라서 정책결정과정에서 당은 위탁인 역할을 하였고, 국
무원에 정책결정권한을 하달하여, 국무원이 정책결정 대리인 신분을 획
득했다.

〈그림 6-3〉 삼협댐의 지리적 위치

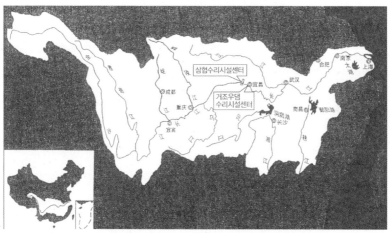

- 출처자료(李鵬, 眾志繪宏圖: 李鵬三峽日記(北京: 中國三峽出版社, 2003年)

1980년대 삼협댐 관련 정책결정에서 고위층의 의견은 통일되지 않았
고, 대략 세 개의 분파로 나뉘었다. 1.소극적 회의론파로 천원과 후야오
방으로 대표되었다. 2.무의견파로 간부의 의견을 존중하여 결정하자는
입장으로 덩샤오핑이 여기에 속한다. 3.적극적 건설론파로 리펑이 대표

자였는데, 리펑과 수리전기부문 사이의 관계가 깊었기 때문에 발언권을 비교적 많이 행사했다.[36]

천윈은 오랫동안 재경 부문의 요직을 담당했기에 삼협댐 건설의 장단점과 이해 득실에 대해 자세히 알았으나, 건설에 대한 태도는 소극적이었다. 비록 건설을 하더라도 공정 규모를 대규모로 할 필요성은 없다고 보았다. 리루이의 회고에 의하면 천윈은 세 차례 언급한 적이 있는데, "삼협이 문제가 발생한다면 당도 국가도 망할 것이다."고 말했다. 또한 리루이는 댐건설 문제에 대해서 두세 차례 의견서를 당에 제출했다.[37] 후야오방의 태도도 적극적이지 않았다. 후야오방의 딸 후만메이(胡滿妹)의 기억에 의하면 "부친은 삼협댐에 대해서는 줄곧 의혹과 우려를 가지고 있었다."고 하였고, 하지만 1954년 리루이가 인민일보에 삼협댐 건설에 대한 비판적인 의견을 보낼 때, 부친은 알 수 없는 이유로 어쩔 수 없이 발표하지 말라는 지시를 했다고 말했다.[38] 후만메이가 이러한 결정을 하게 된 원인에 대해서는 명확히 밝히지 않았으나, 당내 엘리트 간 의견일치가 되지 않았음을 보여주는 사례이다.

중앙의 고위지도자의 두 번째 태도는 불명확한 입장 표명인데, 대표적인 인물이 덩샤오핑이다. 덩의 태도는 시종일관 명확하지 않았다. 한편으로 댐건설이 환경에 미치는 영향은 제한적이지만 홍수 방지와 발전에 따른 이익은 매우 크다고 보았다. 따라서 삼협공정이 나쁘지 않다고 보았다.[39] 그러나 다른 한편으로 덩은 댐의 높이를 어느 정도로 해야

---

36) 王維洛, 「中國防汛決策體制和水災成因分析」, 『當代中國研究』, 總第66期(普林斯頓, 1999年), p.125.

37) 「1984年國務院批准三峽工程方案過程倉促」, 『星島環球網』(2006年6月9日), http://www.singtaonet.com/feitures/sanxia/sanxia8/t20060609_252331.html.

38) 滿妹, 『思念依然無盡: 回憶父親胡耀邦』(北京: 北京出版社, 2005年), pp.4-5.

39) 中共中央文獻硏究室編, 『鄧小平年譜, 1975-1997(上)』(北京: 中央文獻出版社,

하는가 등에 대해서는 구체적인 의견이 없었다. 댐 높이는 수몰지역의
범위와 거주 인구의 이주에 따른 재배치와 관련있고, 홍수 방지와 발전
이익에도 관련되어 있기 때문에, 덩은 1982년 보고를 들었을 때에는
150미터 정도의 낮은 고도를 유지하는 방안에 찬성했다.[40] 이유는 스촨
성 인구의 이주를 최소로 하기 때문이었다. 1984년 4월 국무원은 150미
터 고도 방안을 비준했으나,[41] 1만 톤급의 선박이 운항이 가능할 수 있
는 높이인 180미터 고도를 원하는 인접지역 총칭의 반발에 직면했다.[42]
총칭시가 의견을 제기한 이후 덩샤오핑은 자신의 주장을 견지하지 않고
국무원이 심의하도록 했다. 당중앙의 입장이 불명확한 상황에서 국무원
이 정책결정의 대리인 역할을 획득한 것이다.

2. 리펑이 가장 적극적인 대리인이 되다.

국무원에서는 리펑 총리가 댐건설의 가장 적극적인 역할을 했다.
1984년 2월 중앙재경영도소조는 삼협댐 건설에 대해 원칙적으로 찬성
결정을 내렸는데, 리펑, 송핑, 두싱헝, 첸정잉 등이 준비 업무를 담당했
다. 3월에 국무원의 '삼협공정 준비소조'를 설치하고, 리펑이 조장을 맡
았다.[43] 구체적인 정책결정의 권한이 공정 준비 소조로 이관되면서, 리
펑은 공정 관련 각종 논증과 건설 계획을 총괄적으로 담당했다.(준비소
조의 주요 지도자는 표 6-2를 보시오)

2004年), p.657.

40) 王維洛, 『福兮禍兮: 長江三峽工程的再評價』(台北: 文統圖書, 1993年), p.73.

41) 李鵬, 『眾志繪宏圖: 李鵬三峽日記』(北京: 中國三峽出版社, 2003年), p.6.

42) 鄒家華, 「關於提請審議興建長江三峽工程的議案的說明」, 劉榮波主編, 『中國三
峽建設年鑒』(1994年)(北京: 中國三峽出版社, 1995年), pp.33-38.

43) 李鵬, 『眾志繪宏圖: 李鵬三峽日記』, p.30.

리펑은 1985년 덩샤오핑에 보고할 때, 댐높이를 180미터로 높이는 것에 대한 장점을 설명하고, 이주민들은 농업과 향진기업에서 일할 수 있도록 지원할 수 있다고 생각했다. 리펑의 보고에 대해서 덩샤오핑은 이주민 문제를 해결한다는 전제하에 댐높이를 180미터로 높이면 발전량을 늘리고, 총칭시의 수상교통을 발전시키는데 도움이 될 것이라고 생각하고 동의했다. 덩샤오핑을 중심으로 하는 당중앙은 댐건설 여부 및 댐높이 등 여러 문제에 대한 태도가 명확히 정해지지 않았기 때문에 국무원이 결정할 수 있는 공간이 비교적 컸다. 당중앙은 국무원이 제공하는 자료에 의존했고, 하부 단위는 정보를 부분적으로 제공하면서 부문이익을 확대했다.[44]

〈표 6-2〉 국무원 삼협댐 프로젝트 준비 소조

이름	소조 직책	기타 직책
리펑	조장	국무원 부총리(1983/6~1987/11)
송핑	부조장	국가계획위원회 주임(1983/6~1987/5)
두싱형	부조장	중앙재경영도소조 비서장(1981-?)
첸정잉	부조장	수리전력부 부장(1982/3~1988/4)
황요우뉘	판공실 주임	무(1970년대 중엽 수리전력부 부부장 역임)

자료 출처: 李鵬, 眾志繪宏圖: 李鵬三峽日記(北京: 中國三峽出版社, 2003年), p.30.

3. 수리전기부(水利電力部)의 부문 이익

당중앙의 입장이 일치하지 않은 상황에서 국무원은 정책결정에 대한 증명 권한을 수전부에 넘겨 '삼협공정논증영도소조' 운영을 주도하도록 했다. 건설 여부를 다룬 의제에서 수전부는 필수적으로 전국정협 위주의 반대 의견 중 특히 가장 격렬한 반대 입장을 표명한 정협 부주석 저우페이웬의 의견을 배제하면서, 삼협공정은 투자액수가 많고, 공사기

---

44) Downs, *Inside Bureaucracy*, p.118.

간이 길며, 개발 성과는 서서히 나타나지만, 경제가 '2배 이상' 증가한다는 목표 실현에 분명히 도움이 될 것으로 기대했다.[45] 반대자는 이주문제 외에 댐의 경제적 이익이 좋지 않다면서, 토사의 퇴적, 시공의 기술적 난관, 환경에 미치는 영향 등의 문제가 여전히 존재하기 때문에 댐건설 이외의 다른 선택을 고려해야 한다고 주장했다.

정협의 반대로 인해 중공은 1986년 삼협공정을 다시 심의하기로 결정했다. 6월 중공중앙과 국무원은 '장강 삼협 공정 심의 관련 문제에 대한 통지'(약칭 15호 문건)를 발표하여, 수전부가 '삼협공정심의 영도소조'를 설립하여 관련 의제 심의를 책임지고, 중앙서기처, 국무원, 전국인대 상무위에 보고할 것을 요구했다.[46] '심의영도소조'는 수전부가 구성했기 때문에 당연히 수전부에 유리하도록 제도적 안배를 했으며, 수전부의 전문가주의는 사업 필요성에 대한 회의론자들을 설득하는 도구가 되었다. '심사영도소조' 조장은 수전부 부장 첸정잉이 담당했고, 12명의 조원 가운데 10명이 수전부 관료였으며, 14개 전문의제심사조의 조장 중 절반 이상이 수전부 출신으로 구성되었다. 부문 이익에 근거해 생각하면, 이들 구성원은 자연스럽게 신속한 댐건설을 주장했으며, 기타 항운(수운), 지질, 생태, 기계전력, 재경 등의 부문에서는 심의에 참여한 대표가 없었다.[47] 따라서 이는 '심의영도소조'가 운영에 있어서 수전부의 '일원화 영도' 형태를 띠고 있음이 드러났다.

심의과정에서 수전부도 관련 전문가를 초청하여 토론했는데, 초청 전

---

45) 周培源,「致中央領導同志信: 關於三峽工程的一些問題和建議」, 戴晴編,『長江之死!? 三峽工程能否興建論爭集』(台北: 新風出版社, 1991年), p.4.
46) 楊溢,『論證始末』(北京: 水利電力出版社, 1992年), pp.26-27.
47) 戴晴,「向錢正英請教」, 戴晴·薛煒嘉編,『誰的長江: 發展中的中國能否承擔三峽工程』(香港: 牛津大學出版社, 1996年), p.5.

문가의 입장은 다수가 댐건설을 지지하는 입장에 치우쳤다. 20여명 이상의 특별 고문 가운데 반대 입장을 표명한 사람은 오직 정협 상무위원인 순위에치 한 사람 뿐이었다. 이 외에 수전부는 심의과정 중에 '의제설정(agenda setting)'에서 주도권을 장악하여, 자주 단일 방안을 내놓거나 때로는 아무 의견도 제시하지 않으면서 참여 전문가들에게는 지정된 방안에 대해서만 심의하도록 했다. 댐높이 문제를 놓고 보면, 수전부는 초기에 이미 180미터 방안으로 치우쳐 있었으며, 여러 전문가들은 심의과정 기간에 150미터, 160미터 등의 방안을 제출했지만, 수전부는 모두 고려하지 않고 있었다. 심의 과정에서는 각 전문 과제조를 분산시켜놓고 종합토론을 하지 못하도록 했다.[48] 순위에치 등의 심의 회고를 보면 모두가 일방적으로 삼협공정을 지지하는 입장이었고, 다른 방안을 대신할 수 있는 게 없다고 강조하는 등 수전부의 주관적 입장을 드러냈다.[49]

수전부는 '전문가주의' 주도의 정책결정을 하는 것 이외에 '부문 중심(부서 편향성)'에서 이익을 추구했는데, 댐높이 180미터와 150미터 사이의 논쟁이 가장 대표적이었다. 180미터의 댐높이는 발전과 홍수 방지에 이롭지만, 수몰지역이 확대되며, 이주 인구도 증가한다는 것이었다. 스촨성 완현(萬縣)을 예로 들면 150미터 높이로 하면 50%정도 수몰되지만, 만약 180미터로 높일 경우에는 거의 80% 이상이 수몰되며,[50] 후베이성과 스촨성은 필히 더 많은 이주민 문제를 처리해야 했다. 1988년 조사에서는 150미터 높이에서 총이주 인구는 33.54만 명이지만, 반면에

---

48) 李銳, 「對歷史負責到底: 回憶三峽工程上馬過程的始末」, 『當代中國研究』, 總第66期(普林斯頓, 1999年), pp.102-106.
49) 孫越崎 等, 「關於三峽工程論證的意見和建議」, 戴晴編, 『長江之死!? 三峽工程能否興建論爭集』(台北: 新風出版社, 1991年), p.18.
50) 李鵬, 『眾志繪宏圖: 李鵬三峽日記』, p.49.

180미터 경우에는 이주민 숫자가 79.48만 명으로 2배 이상 증가하는 것이었다.[51] 댐높이에 따른 이해득실은 표 6-3을 보시오.

표 6-3에서 알 수 있듯이 댐높이에 따른 이익의 차이는 분명하게 나타났다. 150미터의 경우 투자액이 상대적으로 적고, 홍수방지량(즉 저수량)이 적어 발전량도 비교적 적어지기 때문에 수전부의 이익에는 어긋났다. 하지만 180미터로 높이면 수전부의 이익에 부합하지만 이주민 숫자가 대량으로 증가하고, 모래와 건설 퇴적량이 대폭 증가하는 단점이 있다. 특히 이주민 숫자가 150미터 방안에 비해 2배 이상 증가했다. 삼협댐 관련 정책결정과정은 그림 6-4를 보시오.

〈표 6-3〉 2가지 댐높이 방안 비교

고도		150m	180m
수리부의 관심 분야의 투자, 발전, 홍수 방지 이익			
총투자액(인민폐, 억원)		214.8	311.4
홍수 방지 정상 저수위(억㎥)		73	249
연 발전량(kw)		677	891
수전부의 부문이익 적합 여부		적합	부적합
총칭시 관심분야의 수상운송 문제			
1만t 선박의 총칭시 운행 가능 여부		불가	가능
총칭시 이익 적합 여부		적합	부적합
후베이성 및 스촨성 관심의 주민 이주 문제			
직접 이주(만명)		33.54	79.48
매몰 경지(만무)		18.00	47.62
후베이성 및 스촨성 이익 적합 여부		적합	부적합
일부 정협 위원이 관심 갖는 환경보호 문제			
담수지역 총 수량(억㎥)	30년	77.82	90.15
	100년	106.70	183.26
정협 위원이 관심 분야 적합 여부		적합	부적합

주: *프로젝트 총투자금액은 1986년을 기준으로 함.
자료 출처: 三峽工程論證領導小組辦公室, 「三峽工程論證專題摘要」, 劉榮波主編, 中國三峽 建設年鑒(1994年), p.276, 292, 318-319.

---

51) 樞紐建築物專題論證專家組, 「樞紐建築物論證報告(摘要)」, 劉榮波主編, 『中國三峽建設年鑒(1994年)』(北京: 中國三峽出版社, 1995年), p.276.

부문이익 획득의 전제는 당중앙과 국무원 사이에 '위탁/대리'관계가 출현한다는 것이며, 일단 국무원이 구체적 정책결정권한을 장악하며 하부 부문이 이익을 추구하는 데 협조할 수 있다. 부문과 지방의 의제선택 과정 중에 수전부와 총칭시의 이익은 서로 들어맞아 모두 높은 높이의 댐건설계획안이 부문이 설정한 발전량과 홍수방지 목표 및 지방의 항운 요구를 충족시켰다.

다른 한편으로 전국 정협과 스촨성, 후베이성은 150미터 높이를 원하고, 심지어는 건설 취소를 원했다. 정협은 환경 오염을 우려했고, 스촨, 후베이는 다수의 이주민의 정착 문제를 해결해야 했기 때문에 적극적인 반응을 보이지 않았다. 그러나 수전부는 '의제설정'권한을 통해서 심의 소조를 장악하고, 당중앙이 180미터 높이의 댐건설을 동의하도록 유도했다. 부문 이익을 충분히 실현하는 정책결정을 했다. 심의과정 중에 당중앙은 명확하게 입장을 밝히지 않고, 수전부가 전문가주의에 입각해 부문이익을 추구했다. 따라서 이러한 공정은 사후에 문제가 있는 정책 결정이라고 생각했다.[52]

---

52) 2006년 5월 철로 준공 기념식에는 중앙의 지도자들이 모두 불참했을 뿐만 아니라, 후베이성과 총칭시의 간부들도 불참하면서 조용히 진행했다. '세기의 건설프로젝트'라는 환호성은 조금도 없었다. 王維洛, 「三峽大壩完工, 中央全體缺席」, 『爭鳴』, 總第344期(香港, 2006年), pp.41-43.

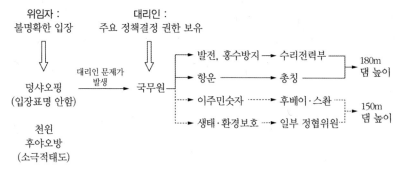

〈그림 6-4〉삼협댐의 정책결정과정

설명: 점선은 이익을 희생한 곳을 표시한 것임.
자료 출처: 저자 작성

제4절 당국가 이익 결정

상대적으로 삼협댐과는 달리 칭장철로(거얼무 - 라싸 노선)의 정책결
정은 티벳의 안정과 국경방어라는 정치안보 측면에서의 중대한 당국가
이익과 관련되어 있었다. 비록 1980년대부터 철로 건설에 대한 논쟁이
계속되어 왔으나 주요한 논쟁점은 노선 선택의 문제로 칭장선으로 할
것이냐 아니면 덴장선(쿤밍 - 라싸 노선)으로 할 것이냐의 문제였다.[53]
이 절에서 논술하는 중점은 두 가지로써, 하나는 덴장선의 경제적 효

---

53) 중공의 정부수립 이후 티벳 진입을 위한 철로는 4가지 계획안, 즉 칭장, 진장,
   천장, 감장이다. 그러나 시공의 기술적 난이도와 투자규모를 놓고 보았을 때,
   칭장과 진장 두 노선이 가장 좋은 평가를 받았다. 때문에 대부분의 논쟁은 칭장선
   지지 입장과 진장선지지 입장사이에서 이루어졌다. 江世杰,「進藏鐵路勘查論證
   緊鑼密鼓」,『人民日報』, (北京, 2000年 12月 11日), 版9.

과가 비록 칭장선보다 훨씬 더 컸으나 정치적 고려에 의해 칭장선이 일찍부터 선택가능성이 높았다. 다른 하나는 뎬장선의 공사 난도가 비교적 낮지만, 반면에 공사기간이 길고, 투자액도 비교적 대규모이기 때문에 철도부의 이익에도 부합했다. 하지만 정치와 국방 측면에서의 전략적 요구를 충족시킬 수 없기 때문에 당중앙은 공사기간이 짧고, 투자액도 비교적 적은 칭장선을 선호했다. 국무원은 정책결정과정에서 주노권을 많이 가지지 못했기 때문에 철도부 역시 부문 이익을 추구하기 어려웠다. 칭장철로의 지리적 위치는 그림 6-5를 보시오.

〈그림 6-5〉 칭장철로 지리적 위치

자료 출처: 「靑藏鐵路沿線城鎭介紹」, 靑藏鐵路網(檢索日期: 2010年2月26日),
http://www.qh.xinhuanet.com/qztlw/czjs.htm.

1. 국가안보형 정책결정과 당국가 입장

티벳으로 들어가는 철도는 당국가이익 정책결정에 속한 국가안보문
제와 관련되어 있기 때문에 중공은 가급적 신속히 건설하여 티벳지역에
대한 통제와 국경방어능력을 강화하기를 희망했다. 일찍이 1974년 마오
쩌둥은 1983-1985년 사이에 건설한다는 계획 초안을 잡기도 했었다. 당
시 국무원 부총리 리셴녠은 "건설 기간이 긴 듯 한데 공기 단축이 가능
한가?"라는 질문을 통해 공사 계획을 수립할 것을 지시했고,[54] 저우언
라이 총리도 "국경을 방어하고, 지역을 개발해야 한다고 하면서, 1980년
에는 기차가 라싸까지 갈 수 있도록 해야 하는데, 늦어도 1982년에는
완공되어야 한다."고 말하기도 했다.[55]

이러한 시각은 개혁개방 이후에도 지속되었다. 장쩌민은 1994년 중앙
제3차 티벳공작회의를 주재하면서 '전체 정세 전략(戰略全局的高度)'에
따른 티벳 공작에 대한 연구를 지시하고, 티벳에 대한 진출은 국가안전
과 발전과 직접 관련된 문제라고 제기하면서, "티벳의 분열은 절대 용인
할 수 없고, 티벳의 장기간의 낙후된 경제상태도 절대 방치하지 않겠
다."고 했다.[56] 티벳자치구 당위원회 제1서기 인파탕과 자치구 주서 듀
어제차이탄은 장쩌민, 후진타오에게 철도의 중요성을 강하게 제기하면
서 권력층의 관심을 유도했다.[57] 제3차 티벳공작회의 이후 당중앙에서

54) 王蒲,「靑藏鐵路建設的歷史考察」,『當代中國史硏究』, 第15卷 第4期(北京, 2008
　　年7月), p.24.

55) 魏碧海,「一種精神超越喜馬拉雅:『老西藏』陰法唐訪談錄」,『軍事歷史』, 第7期
　　(北京, 2006年), p.16.

56) 普布次仁,「中央三代領導指導西藏工作的決策與實踐」,『西藏硏究』, 第3期(拉
　　薩, 1999年), pp.47-48.

57)　王蒲,「靑藏鐵路建設的歷史考察」, p.26.

는 티벳 연결 철로를 신속히 건설하는 요구목소리가 날로 커지면서, 관련 연구도 적극적으로 진행되었다. 중공이 1999년 서부대개발 전략을 추진했지만, 칭장고속도로가 티벳으로의 물자운송을 제대로 소화하지 못하자 철로 증설에 대한 목소리가 커져갔다.[58]

당국가 이익과 관련한 정책결정에서 당중앙의 입장은 일치했다. 덩샤오핑, 후야오방, 장저민 등은 모두 철로의 증설을 지지했다. 장쩌민은 2001년 11월 철도부에 대해 구체적인 지시를 했는데, "티벳연결철로의 증설은 정치군사적으로 매우 시급하다."고 하고 또한 "경제발전, 정치안정, 국방안전 등에 상관없이, 또한 민족단결의 촉진과 달라이라마 세력의 민족분열주의 활동에 대해서 효과적으로 대응하기 위한 필요성을 고려하여, 우리들은 마땅히 신속히 철로 증설 공정의 착공을 위한 결심을 세워야 한다고 했다.[59]

중공이 티벳독립을 억제하지 못할 경우에 대만독립세력과 협력할 수 있다는 우려를 갖고 있으면서 티벳철로 건설은 국가안정과 관련된 중요한 업무가 되었다.[60] 지도자가 열람한 내부문건을 보면, 칭장철로의 운영 초기에는 정치철로, 국방철로의 색깔이 비교적 명확하게 나타났다.[61]

당중앙의 일치된 입장으로 국무원은 '대리인'으로서의 권한이 줄어들면서 대부분 지시에 따라 주로 건설 방안을 마련하는 업무를 하였다.

---

58) 「一個世紀的偉大穿越: 黨中央關心靑藏線建設紀實」, 『新華網』(2006年7月9日), http://big5.xinhuanet.com/gate/big5/news.xinhuanet.com/politics/2006-07/09/content_4810743.htm.

59) 江澤民, 「儘快開工修建進藏鐵路」, 中共中央文獻編輯委員會編, 『江澤民文選(第3卷)』(北京: 人民出版社, 2006 年), p.136.

60) 倪蘭亭, 「加快進藏鐵路建設步伐促進西部區域經濟協調發展」, 『甘肅科技』, 第2期(蘭州,1999年), p.52.

61) 趙英, 「靑藏鐵路對21世紀我國國防安全的影響」, 『領導參閱』, 總第262期(北京, 2003年1月), p.12.

국무원 산하 국가계획위원회가 칭장철로 건설을 총괄하고, 서부대개발,
10차 5개년 계획 등 총체적인 발전방안에 포함시켜 계획을 진행했는데,
핵심 역할을 한 인물은 쩡페이옌이었다. 그는 일찍이 1993-1998년 국가
계획위원회 부주임을 담당했고, 1998년부터는 국가발전계획위원회 주
임에 임명됐으며, 2001년에는 새로이 설치된 국무원 칭장철로 건설 영
도소조 조장을 맡았다.[62] 2000년 12월 국가계획위원회가 국가발전계획
위원회로 조직과 명칭이 변경되면서 주임으로 승진했고, 칭장철로 건설
계획 수립과 보고를 담당하고, 3개월 후에는 국무원에서 계획안을 통과
시켰다.[63] 정책결정과정 동안에 국무원은 신속하고 저렴한 건설비용 방
식으로 건설공정을 완성하기를 주장했는데, 목적은 국가안보 측면에서
티벳에 대한 통제와 중앙아시아 국경의 방어능력 강화를 증진시키기 위
함이었다. 이는 당중앙의 입장과 일치했다.

　칭장철로 건설에 있어서 또 다른 추진 요인은 중앙과 지방 지도자의
업적에 대한 고려였다. 티벳 자치구 당위원회 제1서기인 인파탕은 1981
년 중앙공작회의에 참석하여 칭장철로건설이 정치, 경제, 군사 측면에
서 중대한 의의를 갖고 있음을 제기했다. 그의 주장은 후야오방과 완리
등의 국가지도자로부터 지지를 받아냈다. 티벳자치구의 인서기와 부서
기인 바쌍은 1982년 베이징으로 가서 후야오방, 덩샤오핑, 천원, 예젠
잉, 리셴녠 등에게 보고를 통해, 신속한 철로 건설을 제안했고, 후야오
방 등 당중앙의 좋은 평가를 받으면서, 얼마 안 있어 이 보고서는 철도
부장 천푸루에게 하달되었다.[64]

62)「青藏鐵路建設領導小組成立」, 中華人民共和國中央政府網(2006年1月2日), http://
　　big5.gov.cn/gate/big5/www.gov.cn/ztzl/2006-01/02/content_145415.htm.
63) 江世杰,「青藏鐵路: 決策出台前的幕後新聞」, p.43.
64) 王蒲,「陰法唐談青藏鐵路的決策」,『百年潮』, 第11期(北京, 2006年), p.13.

1983년 7월 인파탕은 베이다이허(北戴河)로 가서 덩샤오핑을 접견하였고, 적은 투자액, 공기단축을 이유로 다시금 철로건설의 필요성을 제기했다.[65] 인은 1991년 중앙에 대한 업무보고에서 "칭장철로의 건설을 결심하면 이는 경제적 작용 뿐만 아니라 더 중요하게는 정치적 의의가 막대하다."고 강조했다.[66] 그가 제안한 정치적 의의는 티벳의 안정에 유리하다는 부분 이외에 티벳 지도자가 중대한 건설 사업을 통한 업적을 획득하는 것도 포함하고 있다.

2000년 10월 중공 중앙은 제15기 5중전회를 개최하여 '십오경제발전계획'을 토론하면서 티벳철로 건설 입장을 더욱 명확히 밝혔다. 보즈환 전철도부장은 회고에서 장쩌민 총서기가 참여한 서남부지역대표들과의 토론에서 티벳철로 건설을 요청했다고 밝혔다. 당시 티벳자치구 서기 궈진룽은 티벳철로 건설을 '십오계획'에 포함시킬 것을 건의하고, 부서기 러디는 "어떤 노선이 티벳 진입에 빠르다면 먼저 그 노선을 건설하자."라고 했다.[67] 중앙과 지방 지도자의 정치적 고려는 건설기간이 짧은 칭장선을 선택하도록 했다. 칭장철로의 성공적인 건설이라는 '위대한 정치공정'은 중공 지도자의 역사적인 성과라는 점에서도 의의를 들 수 있다.

종합적으로 이야기하면, 국가안전이라는 당국가 이익과 관련 있는 경우에 당중앙의 입장이 강력하게 반영되어, 공사기간이 짧고, 건설 금액도 비교적 적은 칭장철로를 요구했다. 당중앙의 정책결정과정 중에 공정의 중시 및 철로 기능의 위상 등은 모두 국가안보 정책결정을 지향한다. 이는 철도부의 부문이익을 축소시켰다.

---

65) 木華,「靑藏鐵路: 圓夢50年」,『黨史縱覽』, 第9期(合肥, 2003年), p.19.
66) 魏碧海,「一種精神超越喜馬拉雅: '老西藏'陰法唐訪談錄」, p.17.
67) 江世杰,「靑藏鐵路: 決策出台前的幕後新聞」, p.42.

2. 전문가주의 및 부문주의의 주변화

국무원은 정책결정을 둘러싼 게임에서 별다른 권한을 갖지 못했기 때문에 철도부 또한 이익을 획득하기가 어려웠다. 칭장철로의 시공기술의 어려움이 비교적 높았고, 철도부의 전문가주의가 있었고, 건설예산은 뎬장선보다 훨씬 더 낮았기 때문에 철도부 중심주의에도 부합되지 않았다.

먼저 칭장선의 시공기술의 어려움은 뎬장선보다 높았기 때문에, 1960년대 초 및 1979년 두 번에 걸쳐 공사가 중단되었는데, 경제적 곤란 이외에 기술상의 어려움을 극복하기 힘들었다는 부분도 주요한 이유였다. 왜냐하면,[68] (1) 칭장선은 4천 미터가 넘는 고원지대가 전체 선로의 86%에 해당하는 965km이고 춥고 공기가 희박해서 시공의 어려움이 증가한다는 점이다. (2) 칭장선의 고원지역 동토구간은 550km인데, 가장 넓은 폭이 500m 이고 일부 지역의 토사 함유량은 불과 30%정도이며, 수량 함량은 70%이기에 일단 기온이 상승한다면 붕괴위험성도 있다는 점이다.[69] (3) 칭장고원은 황하, 장강, 란창강, 누강, 야루장포강 등 5대 강의 발원지이기도 하고, 티벳양, 티벳당나귀 등 야생보호동물의 서식지이다. 그러나 생태환경은 매우 열악하여 식물은 한번 파괴되면 원상회복이 매우 어렵다는 점이다.

상술한 어려움으로 인하여 고원동토에서 난관을 극복하기 힘들기 때문에, 이에 대해 철도부는 1883년 우려를 표시한 바 있다.[70] 2006년 7월

---

68) 「青藏鐵路攻克三大世界性難題」, 青藏鐵路網(2005年11月15日),
   http://www.qh.xinhuanet.com/qztlw/2005-11/15/content_5498765.htm.

69) 傅志寰, 「西部大開發的重大擧措: 開發建設青藏鐵路」, 『交通運輸系統工程與信息』, 第1卷 第2期(北京, 2001年), p.97; 張國寶, 「世上無難事, 只要肯登攀: 記建設青藏鐵路的偉大決策」, 『中共黨史資料』(北京), 第3期(2006年), p.7.

70) 王蒲, 「青藏鐵路建設的歷史考察」, p.13.

개통 이후에 곧바로 동토지구의 콘크리트 구조가 갈라지는 현상이 나타
나는 선로침하문제가 발생했다.[71] 또 다른 더 큰 위협은 지구온난화가
칭장고원 동토층의 용해를 가속화시킬 수 있다는 것이며,[72] 이러한 시
공의 어려움은 오랫동안 철도부의 걱정거리가 되었다. 표 6-4는 칭장선
과 덴장선의 시공환경 비교이다.

〈표 6-4〉 티벳 진입 철로 시공환경 비교

티벳 진입 노선		칭장철로	덴장철로
지형 조건		우수	중급
해발 고도		열세	양호
공정 지질 문제		양호	중급
공정량 및 투자		양호	중급
운행 조건		열세	양호
소계	우수 조건	1	0
	양호 조건	2	2
	중급 조건	0	3
	열세 조건	2	0
철도부의 '전문가주의' 적합 여부		부적합	적합

주: 평가 기준은 우수, 양호, 중급, 열세 4등급임.
자료 출처: 章銘陶, 靑藏高原人口, 資源, 環境與發展綜合硏究初稿(內部印刷) 轉引自成升 魁
　　　等, 關於靑藏高原進藏鐵路建設的重大問題硏究, 資源科學(北京), 第22卷 第4期
　　　(2000年), p.42.

표 6-4에서 알 수 있듯이, 덴장철로의 조건이 칭장철로보다 분명하게
우위에 있다. 칭장선의 해발고도와 운행조건이 열악하며, 시공기술의
어려운 부분도 향후 운행안전을 위협했다. 전문가주의 시각에서 말하자
면 시공의 용이성과 동토의 문제가 없는 덴장선이 철도부의 이해에 더
부합했다. 다음으로 부문중심 입장에서도 철도부는 공사기간이 길고,

---

71) 蔡振源,「靑藏鐵路: 路基沈陷, 橋樑龜裂」,『聯合晩報』, 2006年8月10日, 6면
72) 欣華,「全球氣候變暖致永久凍土層退融, 靑藏鐵路10年後或受威脅」,『南方日
　　報』(廣州, 2006年1月22日), 4면.

예산 소요도 많이 필요한 덴장철로를 기대했다.(두 노선의 공정 예산과
시공 기간은 표 6-5를 보시오)

덴장선은 철도부의 이익에 부합할 뿐만 아니라 윈난성의 경제발전에
도 유리했다. 이 선로는 기온이 온화하고 관광업의 발전을 기대할 수
있고, 수력 발전을 위한 수량도 풍부하여 중국 전체 40%에 육박하며,
야루장푸강의 '대협고 발전소'의 발전량은 3,800만kw에 달하여 삼협댐
발전소보다 1,980kw 더 높아서 지역경제에 미치는 효과는 칭장선에 비
교할 수 없을 만큼 높았다.[73] 다음으로 윈난 서부와 티벳 동부 지역은
중국의 산림 밀집지역으로 덴장선 부근의 삼림 분포량은 18.11억 제곱
미터에 달한다는 사실이 철도부의 제2차 탐사에서 확인되었다.[74]

〈표 6-5〉 티벳 연결 철도 노선의 예산 및 시공기간 비교

티벳 진입 노선	칭장철로	덴장철로
길이(km)	1080	1594
투자금액(억 인민폐)	194	635.91
예상 공사기간	7-8년	10년
철도부의 '부서본위' 적합 여부	부적합	적합

주: 투자액은 1995년의 정태적 예산 산정을 기준.
자료 출처: 江世杰,「進藏鐵路勘查論證緊鑼密鼓」

마지막으로 덴장선의 금속 및 비금속 광물자원의 매장량도 풍부하여,
윈난 서부지역에만 1,400만톤 이상의 아연, 납이 매장되어 있는데, 세계
에서도 손꼽히는 자원매장지역으로 알려져 있다.[75] 두 선로의 지방이익

---

73) 江世杰,「靑藏鐵路: 決策出台前的幕後新聞」, p.42.

74) 胡惠泉,「修建滇藏鐵路是開發西藏的最佳選擇」,『能源基地建設』, 第4期(太原,
1994年), p.48.

75) 楊聰,「西南民族地區鐵路幹線的現狀與發展研究芻議」,『中央民族大學學報(哲
學社會科學版)』, 第2期(北京, 1995年), pp.29-30.

과 관련한 비교는 표 6-6을 보시오.

〈표 6-6〉 티벳 연결 철도 노선의 지방 경제이익 비교

티벳 진입 노선		칭장철로	덴장철로
자원 잠재력		양호	우수
지리적 위치 및 시장		중급	우수
인구 및 경제권역		열세	우수
소계	우수 조건	0	3
	양호 조건	1	0
	중급 조건	1	0
	열세 조건	1	0
지방경제이익에 적합 여부		부적합	적합

자료 출처: 표 6-4 와 동일.표 25

〈그림 6-6〉 칭장철로 정책결정과정

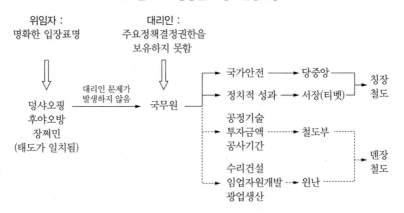

설명: 점선은 이익을 희생한 곳임
자료 출처: 저자 작성

칭장철로의 정책결정과정에서 '대리인문제'는 발생하지 않았으며, 당
중앙의 입장은 고도로 일치된 상태로 정책결정과정에서 유지되었다. 비
록 덴장선이 윈난성의 경제발전에 더 유리하고, 철도부의 전문가주의와

부문 중심 경향에 유리했지만, 원난성과 철도부는 총칭시와 수리전력부
가 삼협댐 정책결정과정에서 행사했던 지위를 향유하지 못했다. 칭장선
은 짧은 공사기간, 적은 예산금액, 단기간에 정치적으로 티벳독립과 군
사안보 측면에서 이익을 획득할 수 있다는 여러 효과로 인하여, 당국가
전체적인 이익에 부합한다는 고려 속에 부문과 지방 이익은 당중앙에
효과적인 의제설정을 통한 국면전환을 할 수 없었고, '당이 모든 것을
관할하는' 정책결정 형태를 보여주었다. 당중앙은 설사 칭장선의 동토
와 환경 문제가 근본적으로 해결하기 어렵다 할 지라도 추진하고자 했
다. 2005년 10월 완공 기념행사에서 후진타오 총서기는 경축 서한을 보내
고, 정치국 상무위원 황쥐가 직접 참석하였는데, 이는 기념식 비중이 삼
협댐 준공기념 행사보다 높았음을 보여준다. 전체적인 정책결정과정을 살
펴보면 당국가 이익은 국가안전을 강조함으로써 전문 부위와 지방 지도자
의 운신의 폭을 제한했다. 칭장철로의 정책결정과정은 그림 6-6을 보시오.

제5절 불균형 상태의 이원 이익

삼협댐과 칭장철로의 각기 다른 정책결정과정은 중국의 정치체계에
'당국가'와 '부문'이라는 이원 이익이 존재함을 설명하고 있다. 당중앙은
이러한 종류의 의제에 대한 입장은 명확한데, 정책결정과정에 의제설정
을 하기가 어렵다하더라도 '당우선주의'형태가 나타나며, 따라서 '대리
인'문제가 출현하기에는 어려우며, 만약 부문 이익이 당국가 이익에 위
배되는 경우가 발생하면, 부문의 전문가주의와 우선주의가 희생된다.
반대로 만약 정책 결정 의제가 국가안보와 직접 관련이 없는 경제무역

정책결정이라면 당국가이익은 모호한 입장을 취하면서, 당중앙은 통상적으로 확실한 입장을 취하지 않고, 국무원이 상대적으로 더 많은 결정권을 행사하도록 함으로써 하부 부문이 용이하게 부문이익을 획득할 수 있었다. 간단히 말해서 당국가 이익과 부문 이익의 위상은 서로 동일하지 않으며, 부문은 마치 정책결정의 잉여권력(resdual power)으로 비춰지며, 당국가와의 사이에는 정책결정에서 불평등한 이원이익의 구도를 형성했다.(표 6-7을 보시오) 당국가 이익과 부문 이익의 본질적인 차이가 불평등한 이원 이익 구조를 형성시키며, 당중앙은 정책결정사례와 관련한 이익의 성격에 따라 정책결정의 귀속을 결정한다. 하지만 이익을 최종적으로 정리하는 사람은 여전히 고위층 지도자이다.

국가의 정치안전의제와 관련된 당국가 이익에 대한 정책결정에 대해서 말하자면, 당중앙은 국가정세와 전체적 이익을 고려하여, 당우선주의 특성을 발휘하며, 부문은 의제토론에 참가가 힘들며, 부문의 전문가주의와 중심주의는 희생될 수 밖에 없으며, 칭장 철로의 정책결정이 이에 해당한다. 당중앙은 정책결정을 고수하여 시공목표를 티벳독립 방지와 주변국가에 대한 확고한 국경의 방어에 두었다. 따라서 부문과 지방은 참여하기 힘들었다.

상대적으로 부문이익은 대부분 단기적이고도 국지적 성격의 정책결정에 참여가 쉬웠다. 국무원 부위의 이익획득은 당국가 이익에 저촉되지 않음을 전제로 이루어졌는데 수전부가 삼협댐 정책결정과정에서 큰 권력을 행사할 수 있었던 것은 당중앙에 댐건설의 정보를 제공하는 역할을 했을 뿐만 아니라 이 건설공정이 초래하는 문제점과 이주민의 이주대책과 관련한 문제점을 은폐할 수 있었기 때문이다. 결국 정부 부문이 당중앙의 건설 승인 결정이 나오도록 상황을 유도함으로써 댐건설을 통한 부문이익의 구현을 강력히 주장할 수 있었다.

〈표 6-7〉 불평등한 쌍원 이익

사례 특징		삼협댐	칭장철로
당국가 이익		불분명	분명
부서 이익		분명	불분명
전제	당중앙의 명확한 입장 유무	무	유
잉여권력	국무원의 잉여권력 유무	유	무
대리인 문제 발생 여부		발생	미발생
부문/지방 협상		협상 참여 가능	협상 참여 불가능
정책결정 형태		부문 이익 획득	당 전담

자료 출처: 저자 정리

어느 학자는 '불평등한 이원이익'이 '시장경제'와 '공산당의 영도적 지위'가 병존한다는 이중의 논리와 관련이 있다고 했다.[76] 시장경제 도입 이후에 중공은 한편으로 부문이 이익을 추구하는 것을 용인하면서 효율성과 전문성을 높이고자 했다. 그러나 중대한 당국가 이익과 관련한 의제에는 여전히 '당이 모든 것을 관할하는' 입장을 유지했기 때문에 부문의 전문가주의와 부문중심주의는 후퇴할 수밖에 없었다. 위와 같이 이익개념으로 정책결정을 규정하는 것은 앤드류 나단(Andrew J. Nathan)이 제기한 '권위주의 탄력성(authoritarian resilience)' 개념에 부합하는 것으로서,[77] 중공의 통치 유연성의 근원 중의 하나가 되었다.

전술한 사례에서도 설명했듯이 학계는 중국 대륙의 '국가자주성(state autonomy)'에 대한 연구를 진행할 수 있는 공간을 가지게 되었다.[78] 과거에는 많은 경우 중국대륙의 당국가를 강철대오(鐵板一塊)와 같은 행

76) 寇健文,「既重用又防範的菁英甄補: 中共海歸派高官的仕途發展與侷限」,『中國大陸研究』, 第50卷 第3期(2007年9月), pp.16-19.
77) Andrew Nathan, "China's Changing of the Guard: Authoritarian Resilience." *Journal of Democracy* vol.14, no.1 (January 2003), pp.6-17.
78) '국가자주성'에 대한 주목할만한 문헌은 다음을 참조. Theda Skocpol, "Bringing the State Back In: Current Research." In Peter B. Evens, et al, eds. *Bringing the State Back In* (New York: Cambridge University Press, 1985), pp.11-14.

위자(action being)로 간주했으나,[79] 하지만 실제에 있어서 당국가 이익
과 부문 이익이 완전히 서로 일치하지는 않다. 케네스 리버살이 제기한
'분절적 권위주의'의 의미가 바로 여기에 있다. 즉 중공은 국가행위를
전체로 보지 않고, '조괴' 사이의 상호작용으로 정책결정을 해석한다. 대
만학자는 더 나아가 국가부문과 사회조직 사이의 이익연계에서 '자체
이익을 추구하는 관료의 경쟁'이라는 관점으로 국가부문의 '분절' 과정
을 설명하기도 한다.[80]

제6절 결론

　본 장은 중공의 당중앙과 국무원의 '위탁/대리'관계에서 정책결정의
'이익경로'를 결합하여 중국 대륙의 2가지 각기 다른 정책결정모델을 분
석하여 당국가 이익과 관련한 정책결정은 '당이 모든 것을 관할'하는 형
태로 나타나고, 부문 이익과 관련한 정책결정은 '부문이 이익을 획득하
는' 형태를 조성하는 것을 발견했다. 이러한 당정 이원적 정책결정모델
은 역사제도주의의 논리에 기반하고 있다. 다시 말해서 중공의 정책결

---

79) 예를 들면 노딩거(Eric A. Nordinger)는 국가와 사회가 바라보는 정책결정의 우선
　　순위가 일치하지 않는 정도에 따라 국가자주성을 세 가지로 분류했다. 국가가
　　사회를 강제하는 경우, 국가가 사회를 설득하는 경우, 국가와 사회가 상호일치
　　하는 경우이다. 이러한 분류의 기초는 국가가 바로 이익이 일치된 사회적 총체이
　　기 때문이다. Eric A. Nordlinger, *On the Autonomy of the Democratic State.*
　　(Cambridge: Harvard University Press, 1981), p.29.
80) 王信賢, 『爭辯中的中國社會組織研究: '國家—社會'關係的視角』(台北: 韋伯出版
　　社, 2006年), pp.46-51.

정은 여전히 구체제의 유산에서 완전히 벗어나지 못하고 있다. 학계가 제기하고 있는 '분절적 권위주의'는 당국가 이익과 관련이 없는 정책결정만을 설명할 뿐이다.

본 장에서는 삼협댐과 칭장철로의 정책결정으로 각기 다른 이익 유형이 정책결정에 영향을 미치는 것을 설명했다. 삼협댐의 정책결정은 부문이익과 관련되어 있어, 당중앙은 정책결정과정에서 명확한 입장을 나타내지 않고, 정책결정권을 국무원에 내려보내어 수리전력부가 비교적 큰 결정권을 갖도록 했다. 이는 전문가주의와 부문주의가 구현됨으로써 부문이익이 획득된 것이다. 그러나 칭장철로는 국가안전 등 당국가이익과 관련되어 있기 때문에 당중앙의 입장이 일치했다. 국무원과 철도부의 운용 공간이 제약을 받아 철도부는 정책결정과정에서 이득을 취할 수 없는 '당이 모든 것을 관할하는' 결과가 나타났다.

사실 이러한 두 종류의 이익이 정책결정에 미치는 영향은 동일하지 않다. 당국가 이익은 국방, 외교, 이데올로기와 관련되어 있기에 비교적 장기적이고 국가 전체의 이익을 중시한다. 반면에 부문 이익은 경제무역, 대형 건설프로젝트와 같이 비교적 영역구분이 쉽고 명확하게 드러나는 사업과 관련되어 있기에, 단기, 전문, 부문, 개별적 이익을 중시한다. 그러나 당국가 이익을 침해하지 않는다는 전제조건을 충족해야 되기에 두 가지 이익은 서열관계가 존재한다.

본 장에서 분석한 두 사례(삼협댐과 칭장철로)는 중공의 정책결정모델의 전형적인 형태(ideal type)이며, 중국 대륙의 정책결정연구에 또 하나의 분석틀을 제공했다. 하지만 더 많은 사례들이 '부문이익 획득'과 '당의 전체 관할' 사이의 모호한 중간지대에 있을 수 있으며, 특히 국방, 외교 영역에서 부문 이익과 당국가 이익은 자주 중첩되기 때문에 명확한 구분이 힘든 경우도 있다.

마지막으로 본 장은 중국 연구에서 부족한 당정 관계 연구를 보충하였다. 외부에서 자주 보는 '당중앙과 국무원'의 연합 발표는 실제로 양 기관의 이유와 입장이 완전히 일치하는 것을 의미하지는 않으며, '위탁/대리' 관계는 양자간의 여러 관계 가운데 한 종류이다. 당국가 이익과 관련이 없는 영역의 정책결정에서 국무원은 대리인이 될 수 있으며, 하부단위가 소속부서의 이익을 추구하는 것을 허용할 수 있다. 하지만 당중앙이 이러한 정책결정이 당국가 이익과 관련 있다고 결정한다면, 국무원은 곧바로 대리인 지위를 상실한다.

제7장
당 영도 혹은 정부 영도

과거 중국의 정치제도에서 가장 문제점이 되는 부분은 '당정불분리'의 문제 즉 '당이 정부를 대체하는 형태'의 문제이다. 그러나 중공의 정권 수립 초기에는 그렇지 않았다. 당시 매우 특수한 '내성형' 당정관계를 구축하였는데, 공산당이 직접 정무원을 영도하지 않고, 정무원에 있는 '당조'를 통해서 간접적으로 감독하고, 정부 업무를 지도했다.

'국무원 당조'는 내용은 갖추고 있으나 비교적 규모가 작은 당중앙으로 구성원은 당정부문의 요직을 동시에 담당하여, 당정이 밀접하게 교차융합하는 형태를 띠고 있다. 이러한 종류의 '정부가 주체, 당은 보조'하는 특수한 '정(부)당일체' 모델은 건국 이후 나타났다. 정무원이 경제발전과 대중동원이라는 두 가지 중요과제를 동시에 책임지는 형태로써, 이러한 모델은 미래 중국대륙의 당국가체제의 개혁에 대한 시사점을 제공해 준다.

제1절 정치개혁의 중요 과제

1980년대 이래 학계의 중국 연구 중점은 개혁개방 과정 중의 정부 (state)역할의 붕괴에 편중되면서, 일부 학자들은 '당을 다시 불러들이라 (bring the party back in)'고 호소하기도 했다.[1] 당정관계는 중공의 당국 가체제의 가장 핵심이자 동시에 가장 견고하게 형성된 구조이다. 정권 수립 이래 중공은 '분권 균형' 개념을 배제하고 '당을 통해 정부를 통제' 하는 운영원칙을 수행했다. 그러나 당정일체 체제는 권한 및 책임의 불 명확성, 감독의 어려움, 법치의 실종 등의 폐단이 나타나면서 현재 중국 정치개혁에서 가장 시급한 문제로 대두되고 있다.

과거의 학계는 대체적으로 마오쩌둥 통치 시기의 정치운영을 전체주 의 모델로 바라보는 경향이 있었는데, 관방이데올로기, 일당독재, 계획 경제, 비밀경찰, 언론독점, 국가의 무장역량 독점 등을 정권의 기본적인 특징으로 정리했다.[2] 이러한 특징은 권력에 의해 도전받지 않는 정당에 도 일관되게 적용되는 것이었다.[3] 따라서 당의 권위를 어떻게 적절하게 규정하는가의 문제가 정부로 하여금 전문성과 법치의 기초 위에서 장점 을 발휘하도록 하는가와 함께 현재 중국 정치체제의 최대 도전이 될 것 임은 의심의 여지가 없다.

1) Kjeld Erik Brodsgaard and Zheng Yongnian. "Introduction: Bringing the Party Back In." In Kjeld Erik Brodsgaard and Zheng Yongnian, eds. *Bringing the Party Back In* (Singapore: Eastern University Press, 2004), pp.1-21.
2) Carl J. Friedrich and Zbigniew K. Brzezinski, *Totalitarian Dictatorship and Autocracy* (Cambridge: Harvard University Press, 1956).
3) Franz Schurmann, *Ideology and Organization in Communist China*(Berkeley: University of California, 1968)

사실 정부 수립 초기에 중공은 이미 참고할 가치가 있는 모범사례를 수집했다. 당시는 아직 '신(新)민주주의' 시기에 위치해 있었고, 정권의 성격은 노동자계급, 농민계급, 도시소자산계급 및 민족자산계급 등 '4대 계급의 연합독재정권'이었다.4) 이는 사회주의 개조의 완성 이후 나타난 '무산계급독재'와는 성격이 다른데, 당시 민주당파는 정치활동에서의 일 정정도의 지분을 갖고 있었다.5)

당국가체제는 아직 공고하게 구축되지 못했다. 따라서 전체주의 모델 의 '일당독재론'이 당시의 정치현상을 설명하기에 적절한가를 판단하는 것은 학자별로 시각이 나뉘어졌다. 다수 학자는 '당정일원론' 관점을 유 지하면서, 전쟁 시기의 당정구조가 지속되면서, 당이 사상, 조직, 정책 등의 방식을 통해 정부에 대해 '일원화 영도'를 실시함으로써 정권을 공 고히 구축했다고 보았다. 그러나 일부 학자들은 '당정이원론' 입장을 보 이고 있는데, 경제발전과 대중동원이라는 주요 과제에 대해 각기 다른 논리로 대처했으며, 정부와 정당이 각자 독립적인 운영공간을 가지고 있 었으며, 정부의 고유한 직능을 당조직이 대신할 수 없었다는 시각이다.6)

개혁개방정책의 실시와 시장경제의 발전에 따라 1980년대 이후는 피 라미드 구조의 중국 정치체계에서 최상층을 제외한 나머지 부분에서

4) 毛澤東, 「論民主專政」, 『毛澤東選集　第四卷』(北京: 人民出版社, 1960年), pp.13-64.
5) 건국 초기 중앙인민정부 부주석 6명 가운데, 중국공산당원과 비공산당원이 각각 절반이었으며, 56명의 위원 중 중공이 29명, 비공산당이 27명이었다. 정무원 부총 리 4명도 공산당과 비공산당이 절반씩 분포되었으며, 15명의 정무위원은 6명이 공산당원, 9명이 비당원이었다. 정무원 소속 34개 부회 가운데 정부급 지도자 직무 인사 중 중공이 20, 비당원이 14명을 차지했다. 姜義華, 「論五十年代黨對國 家領導方式的演變」, 『開放時代』, 第2期(廣州, 1998年3月), p.5.
6) 관련 연구는 다음을 참조. 田湘波, 「近年來關於我黨黨政關係問題的研究」, 『當 代中國史研究』, 第9卷　第3期(北京, 2002年5月), pp.111-114.

'권위의 분절화' 경향이 출현하면서, 어느 기구도 정책결정의 전체적인
흐름과 과정을 통제하지 못했고, 또한 재정 부문의 새 개혁인 분세제도
의 시행이 지방에 안정적으로 제도적 재정지원을 보장해 주면서 국무원
부문과 지방의 자주성이 크게 증가했다.[7] 이로써 중국의 경제정책의 결
정권한이 국무원으로 이관되고, 당은 오로지 정책방향의 설계와 결정만
을 관할했다. 따라서 국무원 상무위원회가 경제정책의 중요 결정 단위
가 되었다.[8] 이 책 앞부분에 제기한 바 있지만, 개혁개방 이후 중국의
정책결정체계는 당정 이원 경향이 출현하여, 당국가 이익에 관련된 정
책결정은 당중앙이 적극 주도했으나, 일반적인 경제의제는 국무원이 당
의 위임을 받아 보다 많은 결정권한을 행사하는 '부문정책결정' 상황이
발생했다. 하지만 정부 부문의 정책결정의 자주성은 여전히 충분치 않
은 상태이다. 본 장은 중공의 정부 수립 초기의 당정관계와 상술한 부분
이 같지 않다고 생각한다. 당시 실행한 특수한 '정부에 의한 당 지도'
모델은 정무원이 정책결정의 자주권을 갖고 있었기 때문에, 이후의 국
무원에 비하여 훨씬 더 많은 권한을 갖고 있었으며, 경제발전 혹은 대중
동원에 있어서 정부가 주요한 책임을 담당했다. 이는 중공의 정부 수립
이후 정부권력(군사권한은 미포함)이 가장 완전한 시기였다. 본 장은 당
국가 체제의 중핵(hard core)에 대해 제도와 조직 측면에서 정부 수립
초기의 당정운영에 대한 제도적 설계를 통해 미래 중국 대륙의 당국가
체제의 개혁에 대한 제언을 제출했다.

---

7) Kenneth Lieberthal and David M. Lampton, eds. *Bureaucracy, Politics and Decision Making in Post - Mao China* (Berkeley, Cal.: University of California Press, 1992), p.8. 이밖에 본 서의 제1장, 제6장을 참조.

8) Susan L. Shirk, "The Chinese Political System and the Political Strategy of Economic Reform." In Kenneth G. Lieberthal and David M. Lampton, eds. *Bureaucracy, Politics, and Decision Making in Post-Mao China*, p.68.

당연히 정무원의 직권에는 군권을 포함하지 않으며, 따라서 본장에서 논하는 특수한 당정관계에서 군사안전 영역은 배제했다. 본 장은 1951-1952년의 '삼반(三反)운동'을 예시로 이러한 특수한 당정 합작모델을 설명했다.

'삼반운동'의 순조로운 추진을 위하여 중공은 '중앙인민정부 절약검사위원회'(이하 절약검사위로 약칭)와 '중공중앙 1급기관 총당위원회'(이하 총당위로 약칭)라는 두 기구를 신설하여 대중동원을 쉽게 하고자 했다. 양자는 기능상 분리되어 있으나 조직면에서 상호 교차 중첩되어 있고, 당정이 서로 지원하는 특수한 형태의 친밀관계가 형성되었다.

본 장은 먼저 학계의 정부 수립 초기 당정관계 연구를 회고하고, 다음으로 삼반운동을 통해 당정기관이 정부와 대중동원을 추진하면서 나타나는 협력 형태를 설명하고, 마지막에 '당이 정부를 지도하는' 형태의 보편적 모델을 통해 중공이 지향하는 당국가 체제를 간략히 설명할 것이다.

제2절 당정 일원론 혹은 이원론

그동안 학계에서는 중국대륙의 정부 수립 초기의 당정관계를 깊이 연구하면서 '당정일원론'과 '당정이원론' 사이의 논쟁이 벌어지기도 했다.

1. 당정일원론

당정일원론과 전체주의는 상호 보완적 관계로써, 중공의 초기 혁명기의 역사적 경험에서 당정이 하나가 된 배경을 찾을 수 있다. 1942년 9월 중공 중앙정치국은 '항일근거지 당의 영도 통일 및 조직간의 관계 조정에 대한 결정에 관하여'를 발표하면서 일원화 영도와 삼삼제(三三制)를 전쟁 시기 중공이 통치하는 변구(공산당의 통치지역) 정부의 조직원칙으로 사용했다.[9] 당시 각 혁명근거지에서는 비록 임시 참의회와 변구정부를 설치했으나, 공식적인 중앙정부 체계는 존재하지 않았다. 때문에 당에 의한 일원화 영도원칙이 관철되었다.

여러 학자들은 정부 수립 이후 중공은 전쟁시기의 당 일원화 체제를 지속하기 위하여 일체의 국가활동과 국가기관, 경제실체, 사회조직과 군중 단체 등의 조직은 필수적으로 각급 당위원회의 영도를 받아야 한다고 생각했다.[10] 팡송(龐松)은 정부 수립 초기의 정권기관은 아직 건립 초창기에 처해 있기 때문에, 어떻게 정책을 추진해야 하느냐에 대한 아무런 생각이 없었던 것에 비해, 전쟁시기에 발전된 당조직은 이미 매우 잘 정비되어 있는 상태였으며, 따라서 전쟁시기의 당의 일원화 정책결정체제를 채택하는 것이 정권 안정의 핵심이라고 생각했다는 것이다. 즉 공산당이 정부 부문의 운영을 엄밀하게 감시할 수 있을 뿐만 아니라, 국민경제를 신속하게 회복시키도록 대중을 동원할 수 있었기 때문이라고 주장했다.[11]

---

9) 당의 '일원화 영도(一元化領導)'는 당위원회가 최고영도기관임을 의미하며, 반드시 당, 정, 군 3 부분의 간부를 포함하고, 중공중앙 및 지역 당위원의 결정은 반드시 무조건 복종해야 하며, 정부 및 기타 단체의 정책결정도 반드시 동급 당위원회의 비준을 받아야 한다. '삼삼제(三三制)'는 공산당, 민주당파, 무당파 인사가 각각 1/3의 비율로 한다는 정권기관의 인사배분 원칙이다. 당의 정부에 대한 영도는 오로지 원칙적인 영도이며, 당위와 정권기관의 관계는 반드시 명확히 규정하고, 당정일체 상황은 반드시 피해야 한다는 등의 내용을 포함하고 있다.
10) 蔣金暉,「從堅持黨的'一元化'領導到依法治國: 建國以來黨的領導方式演進的戰略性轉換」,『黨史研究與教學』, 第1期(福建, 2000年2月), p.30.

적지 않은 학자들이 정무원에 대한 당의 전면적인 통제를 긍정적으로
평가했다. 예를 들어 우자칭(吳家慶)과 펑정더(彭正德)는 정부 수립 초
기의 정치체제는 무장투쟁을 통한 혁명이라는 배경과 계획경제 및 소련
공산당 그리고 중국의 전통적 정치문화의 영향을 받음으로써, 당정간에
상하급의 계층적 관계가 존재하도록 하고, 당이 권력핵심이 되어 직접
국가정권기관을 지휘하도록 했다고 지적했다.12) 머라이스 메이스너
(Maurice Meisner)는 중국은 정부 수립 초기에 비군사 업무와 군사관리
가 일체화된 중앙집권체제를 실시했으며, 특히 정부 수립 초기 5년 동
안은 중앙정부도 당의 엄격한 통제를 받았고, 지방정부는 군사부문이
조직건설을 책임 맡았기에 당과 정부 사이의 차이가 존재하지 않았다고
평가했다.13)

2. 당정이원론

리차드 로벤탈(Richard Lowenthal)은 전체주의적 동원형 정권(tatalita-
rian mobilization regimes)은 수립 이후 혁명 이상과 집권 현실, 도덕과
물질의 유혹 및 혁명의 지속 여부 등 세 종류의 각기 다른 가치관의
충돌에 직면할 것이라고 지적했다. 따라서 정치제도는 반드시 중대한

11) 龐松,「中華人民共和國政治體制的建立」, 郭德宏·王海光·韓鋼主編,『中華人
民共和國專題史(1949-1956)』(成都: 四川人民出版社, 2004年), pp.33-38; Avery
Goldstein, *From Bandwagon to Balance-of-Power Politics: Structure Constrains and
Politics in China, 1949-1978,* (California: Stanford University, 1991), p.66.
12) 吳家慶, 彭正德,「中國共産黨執政方式的歷史考察與思考」,『當代世界與社會主
義』, 第2期(北京, 2004年4月), pp.107-109.
13) Maurice Meisner著, 杜蒲譯,『毛澤東的中國及其後: 中華人民共和國史』(香港: 中
文大學出版社, 1999年), pp.59-60.

334 중국의 정책결정 _ 지도자, 구조, 기제, 과정

조정을 거칠 것이라고 했다.[14] 폴 레비스(Paul G. Lewis)는 로벤탈 (Lowenthal)의 시각에 동조하면서, 정부 수립 초기 혁명정당은 정치통합, 영도집단의 재구성, 사회통제 시스템 및 새로운 발전목표의 설정 등의 문제에 직면할 것이라고 예측했다.[15]

여기에서 볼 수 있듯이 중공은 정부수립 이후에는 혁명시기의 동원체제를 계속 사용할 수 없었고, 경제발전을 위한 정책 추진은 집정자로하여금 필수적으로 상응하는 조정을 거쳐야 했다. 특히 정권 수립초기 관리자와 제도 및 구조가 서로 적응할 시간이 필요하기 때문에 당의 감독 시스템이 아직 정돈되지 못했고, 따라서 정부 기관은 약간의 독립적인 운영공간을 가질 수 있었다. 프란츠 셔만(Franz Schurmann)이 언급한 바와 같이 중공은 소련이 수립한 관료통제모델을 모방하여, 1954-55년 사이에 권력구조를 완성하고 일당독재의 제도적 기초를 구축했다.[16] 여기서 추론할 수 있는데, 1950년대 중엽에 당국가체제가 아직 완전히 구축되기 이전에는 중앙인민정부가 독립적인 운용공간을 상당한 정도로 보유하고 있었다. 1949년 10월 30일 중공 중선부와 신화사가 '범정부 범위 내의 사정업무를 정부가 공포하는 것에 관한 통지'를 발표하여, 정부 권한의 독립성을 명확하게 인정했는데, 무릇 정부 직무권한 범위 이내 업무는 정부가 결정하여 실행 내용을 발표하고, 공산당의 명의로는 발표하지 않는다는 것이 포함되었다.

---

14) Richard Lowenthal, "Development vs. Utopia in Communist Policy." In Chalmers Johnson, ed., *Change in Communist Systems* (Stanford, Cal.: Stanford University Press, 1970), pp.33-116.

15) Paul G. Lewis, "Party States and State Parties." In Richard S. Katz and William Crotty, eds. *Handbook of Party Politics* (London: Sage Publications, 2006), pp.472, 474.

16) Schurmann, *Ideology and Organization in Communist China*, p.314.

이상의 논의에 근거하여 학자들은 정부 수립 초기의 당정이원론을 제기했다. 바이구이이(白貴一)는 당시 당과 정부가 두 개의 각기 다른 성격의 시스템으로 '당정분리'의 정치체제를 실시하여 양자의 직권범위가 다르며, 공산당이 비록 국가영도 핵심이지만 정부를 대신하여 지시나 명령을 하달할 수 없었다고 분석했다. 예를 들어 인사에 따른 임명과 사퇴 절차는 여전히 법과 제도의 규범에 따라 진행하여 1953년 '1차 경제개발 5개년 계획'이 제기된 이후에는 당정 비분리 경향이 점차 확산되어갔다고 생각했다.[17] 셰칭쿠이(謝慶奎)는 공공 업무관리에서 당과 국가가 공동으로 영도 지위를 형성하는 '이원 관리' 체제를 형성했고, 이러한 이원관리 구조는 정책기원의 혼란, 관리효율성의 저하, 책임주체의 불명확 등의 결점이 있다는 것을 지적했다.[18] 정스핑(鄭世平)은 정부 수립 이후의 중국의 정치체제는 당국가 체제라는 용어로만 정의할 수 없으며, 정당과 정부는 두 개의 각기 다른 제도로써 피차간에 합법성의 기초, 조직의 구조, 미래 목표 라는 세 가지 모순관계가 존재했기 때문에, 정무원이 자주권한을 가지면서, 당은 직접적으로 정무 운영에 간섭할 수 없으며, 더 나아가 정무원 기능을 완전히 대신하지 않았다고 보았다.[19]

---

17) 白貴一, 「對過渡時期我國黨政關係演變的歷史考察」, 『河南大學學報(社會科學版)』, 第38卷 第5期(開封, 1998年9月), pp.55-56.
18) 謝慶奎, 楊鳳春, 燕繼榮, 『中國大陸政府與政治』(台北: 五南, 2005年), pp.56-57.
19) Shiping Zheng, *Party vs. State in Post-1949 China: The Institutional Dilemma* (Cambridge: Cambridge University Press, 1997), pp.79-105.

제3절 내생적(內生式, endogenetic) 당정모델 분석구조

당정일원론은 비록 중공 정부수립 초기 당정관계를 분석하는 주류 입장이지만 정부 역할을 지나치게 경시했기에 마오쩌둥 시기의 당정관계의 변화를 충분히 설명할 수 없다. 예를 들어 1953년부터 중공은 당조직을 통해 정부에 대한 통제를 강화하고, 1950년대 중반 이후 군중운동이 점차 확대되고 급진화되면서 정부기능 역시 점진적으로 비정상화 되어 갔다. 1958년 국무원에 대한 대구(對口, contra-aperture)제도가 수립되었는데, 이러한 현상은 당정관계에 어떤 영향을 미쳤는가? 일원론자는 이러한 변화를 설명하기 힘들다. 일원론자 역시 정무원이 어떻게 하여 정무 추진을 유지하도록 상대적 자주성을 유지할 수 있었는가, 그리고 중공이 군중운동을 발동할 때 안정적인 경제성장을 유지하려 했는가에 대해서 설명하기 힘들다. 일원론은 정부수립 초기가 상대적으로 다원적 정치구조였음을 소홀히 간주하는데 사실 당시 중앙인민정부의 인사구성은 다당제적 경향을 갖고 있었으며, 만약 당이 일원화 영도를 강행했더라도 쉽사리 추진하기는 힘들었을 것이다.

줄리아 스트라우스(Julia Strauss)는 1949년에서 1956년 사이의 군중운동은 단지 당정관계가 정권안정의 도구에 불과하며, 심지어는 제도화 진전에 유리하게 작용했고, 정부기능은 별다르게 손상을 입지 않았다고 분석했다.[20]

당정이원론은 비록 정무시스템의 자주성을 강조하지만, 중공의 '당이 정부를 영도하는' 관행과는 배치되었다. 우위산(吳玉山)은 당정교차임

---

[20] Julia Strauss, "Morality, Coercion and State Building by Campaign in the Early PRC: Regime Consolidation and After, 1949-1956." *The China Quarterly*, vol.188, no.1(December 2006), pp.896-897.

직, 각종 중앙영도소조, 당조 등의 시스템을 통해 중공은 자주 정부활동
에 개입할 수 있다고 보았다. 따라서 당정간의 경계를 명확히 설명하기
힘들며, 과거 여러 번 있었던 대중운동의 원인을 설명할 때, 당정이원론
을 기초로 하는 관료모델을 통해 분석하는 것은 '마오 중심' 혹은 '파벌
모델'에 훨씬 더 미치지 못한다고 주장했다.[21]

일원론 또는 이원론과 관련한 논쟁에서 학자들은 절충주의적 시각을
제기했다. 천타이홍(陳太紅)은 정부 수립 초기의 당정관계를 '정부에 의
지하는 당'으로 표현하여, 이후의 '당이 정부를 대체하는', '당정분리', '당
이 정부를 통솔하는'의 형태와 구별하였다. 그 특징은 공산당만이 기본
방침 또는 강령성 정책 방향을 결정하고, 구체적인 국가 및 사회 관련
사무관리는 정권 기관의 당조와 책임 당원이 정책 집행 행위를 통해 실
현하고, 당은 국가사무를 직접 관리하지 않는다고 보았다.[22] 허이종(何
益忠)은 이런 시각에 동조하여, 정부 수립 초기에 당은 직접 정부의 업
무 실행에 관여하지 않고, 중앙인민정부와 정무원 각 기구 내부의 당조
를 통해서 '간접 영도'를 했다고 보았다. 1952년 8월 중공 중앙이 '정무
원 당조 간사회'를 폐지하고 정무원의 각 당조를 직접 영도하면서, 당정
간은 간접 영도에서 직접 영도로 전환하였다.[23]

상술한 두 학자의 연구 의의는 존재하였지만, 당시 당정간의 구체적
인 활동은 설명하지 않고 있으며, 당의 정부 내부의 파견 기구 역할도
설명하지 않았다. 또한 '당조'가 왜 당의 통제력 강화 목적에 도달하지

---

21) Yu-Shan Wu, "Book Review: Party vs. State in Post-1949 China." *American Political Science Review*, vol.92, no.2(June 1998), pp.495-496.

22) 陳紅太, 「從黨政關係的歷史變遷看中國政治體制變革的階段特徵」, 『浙江學刊』, 第6期(杭州, 2003年11月), pp.79-89.

23) 何益忠, 「我國黨政關係體制的回顧與反思」, 『華東政法學院學報』, 第6期(上海, 2004年11月), pp.88-90.

못했는가에 대해서 설명하지 않고 있으며, 왜 당의 간접영도가 1950년 대 초기 군중동원과 경제발전이라는 이중 목표를 달성할 수 있었던 배경이 되었는가에 대해서도 설명하지 않고 있다.

본 장은 중공 정부 수립 초기의 당정 일원화 주장에 동의한다. 그러나 일원론이 제기하는 전체주의적 모델인 '당이 정부를 통제'하는 '억제론' 과는 전혀 반대이다. 동시에 이원론자들이 제기하는 일부 논점, 즉 당국 가체제가 완전히 구축되기 이전에 정부에게 많은 자주성이 있었다는 주장도 동의한다. 하지만 당정 균형식 이원발전론에는 동의하지 않는데, 양자는 상당히 긴밀한 조합이 되어야 하며, 이러한 긴밀한 조합은 당정 두 기관의 연결(통합)이 아니며, 더 나아가 '당이 정부를 대신'하는 것도 아니고, 정부 내에 존재하는 '당조'와 정부간의 밀접한 협력이다. 이러한 논리에 따라 본 장은 조직과 제도 측면에서 당시의 당정 활동 모델을 분석했다. 본 장에서 제기하는 '내생적 당정' 협력 관계는 다음과 같은 특징을 지닌다.

(1) 당은 정무원에 대해 직접적인 '상하' 지휘영도관계가 아니다. 정부 체제 내부의 '당조'를 통한 간접 영도를 진행하고, '당조' 성원은 모두 정부 고위관료이자 동시에 당내의 중요한 직무를 담당하고 있기 때문에, 구조상 이를 '내생적 정당'이라고 할 수 있다. 이는 '당국가체제'의 '당이 정부를 지도'하는 형태의 당과는 조금 차이가 있다. '정무원 당조'는 당 중앙이 설립했기 때문에 권력 역시 당중앙에서 나오며, 그러나 중공 중앙의 정무원과 관련한 지령은 모두 '당조'가 발표하며, 당위원회는 감독 책임을 담당한다.

(2) 당정 지도자는 '당조'에서 교차 중복직위를 통해 공동책임을 지기 때문에 두 조직은 밀접하게 결합되어 경계가 불분명하다. 정무원의 '정무회의'(정부조직)와 '정무원 당조간사회'(당조직)의 인원은 중복되어 있

다. 예를 들어 저우언라이는 정무원 총리이면서, 정무원 당조 책임자이기도 했다. 또한 새로이 설치된 '삼반운동' 군중동원기구 책임자였다. 교차 중복의 정치구조는 경제발전과 조직동원 등 양대 시정 목표를 시행하기 위한 제도적 배경으로 제공되었다.

(3) 지도자는 당정분리에 대해 명확한 신념을 갖고 있기 때문에, 당정이 서로 정상적인 활동을 유지할 수 있도록 했다.

(4) 정무원 '당조'와 비정부 체계의 '당위'의 업무 분담은 특수하여, 각 국별로 업무를 담당했고, '당조' 임무는 상급 당위만의 영도를 받는 것이 아니라, 정무의 지속 추진을 확보하는 것도 있었기에, '당조'와 '당위'는 각각 자기 역할을 하면서 당정 사이는 정상적으로 운영되었다.

당중앙과 정무원은 상하간의 영도와 피영도의 관계가 아니라, 특수한 '내생적' 협력관계이며, 핵심은 '당위'와 '당조' 간의 상호작용에 있었다. 1949년 11월 9일 중공 중앙은 '중앙인민정부 내부의 중국공산당 당조 조직에 관한 결정'을 발표하여, 중앙인민정부위원회, 군사위원회와 정협에 당조를 설치하지 않고, 중앙 정치국이 직접 영도한다고 규정했다. 그러나 정무원에는 당조를 설립하고, 최고인민법원과 최고 인민검찰원에 연합 당조를 설립했다. 정무원 당조는 3개 층급으로 나뉘는데, 정무원 지도 간부가 조직하는 '당조 간사회', 재정경제위원회, 문화교육위원회, 정치법률위원회, 인민감찰위원회 및 소속 부문이 결성한 '분당조 간사회', 부, 위, 회, 원, 서, 행 등의 기구는 개별적으로 별도의 '당조소조'를 설립했다.[24]

---

24) 中共中央組織部主編, 『中國共産黨組織史資料(第九卷)』(北京: 中共黨史出版社, 2000年), pp.9-10; 林尚立, 『當代中國政治形態研究』(天津: 天津人民出版社, 2003年), p.319; 李格, 「1949-1954年中央人民政府組織機構設置及其變化(下)」, 『黨的文獻』, 第6期(北京, 2001年11月), pp.58-60.

1949년 10월 30일 정치국은 '중앙인민정부 내부의 중국 공산당 당조 조직에 관한 결정'을 통과시켜, 무릇 중앙인민정부에서 일하는 당원은 반드시 당지부 조직에 참가하도록 규정했으며, 중앙인민정부 직속 기관 당위원회에 6개 분당위를 설치했는데, 정치법률 분당위, 재정경제위원회 분당위, 문화교육위원회 분당위, 최고인민법원 및 최고인민검찰서 분당위, 정무원 직속기관 및 인민감찰위원회 분당위, 중국인민대학 분당위를 포함했다. 그리고 각 기관 당조에는 총지부 및 지부를 설립하고, 당위원회에 분당위의 인사는 모두 중공 중앙이 직접 임명했다.[25]

'당조'와 '당위' 모두 중공이 '당이 정부를 영도한다'는 목표를 수행하기 위해 설치한 이중의 제도적 보장이다. 그러나 양자의 역할과 업무는 구별된다. (1) 임무의 구별: 당위는 주요하게 당원의 단결과 감독을 포함하는 당무 업무를 책임맡고, 또한 선봉대로서의 당의 역할을 통해 정무 협력을 추진한다. 당조는 바로 당과 정부 기관 사이의 다리로써 실제 정부 업무에 참여하여, 당의 생각이 정부 정책에 관철될 수 있도록 확보하고, 정부 업무의 중대한 결의와 인사 임명에 대한 결정권을 가진다. (2) 대상의 구별: 당위는 조직, 사상 등에 따라서 당원의 응집력을 제고하는데, 당조의 업무 대상은 당원 이외에 단위 내부의 (비당원인) 당외부 인사도 반드시 지도한다. (3) 관할 범위 구별: 당위는 하급 당위를 관할하지만, 당조는 관할 단위 내부 사무를 관할한다. (4) 조직 구성 구별: 정부에서 일하는 중공 당원은 필수적으로 당지부에 참가해야 하며, 당지부는 각 부문 당위가 영도하고, 부문별 당위는 직접 중앙조직부의 영도를 받는다. 당조는 정부 내부에서 업무를 책임진 중공 당원으로 구성되며, 정무원 '당조 간사회'가 영도한다.[26]

---

25) 中共中央組織部主編, 『中國共産黨組織史資料(第九卷)』, pp.3-4.

본 장은 '삼반운동'을 사례로 비록 대규모 군중동원시기에도 이러한 '내생적' 당정협력 모델이 여전히 계속 운영되고, 정무는 과도한 간섭을 받지 않고 추진되고 있음을 설명하고 있다. '삼반 운동'은 1951년 12월 1일 시작되어 1952년 6월 15일 종료되었는데, 대략 383만 명의 간부가 참여하였으며, 17만 명의 간부가 징계 처분을 받았다. '반혁명 진압 운동'과 함께 정권 안정을 확보하기 위한 중요한 운동이었다.[27]

'탐오 반대, 낭비 반대, 관료주의 반대'를 구호로 삼아 시작한 삼반운동은 탐오 부패의 척결과 관료주의 풍조의 타파를 정치적 목표로 삼았으며, 법·제도 정비와 정풍운동 방식을 통해 간부대오를 정돈하고, 동시에 한국전쟁으로 인해 소요된 막대한 국방비 부담을 줄이고, 증산과 절약을 통해 재정부담을 해소하려는 경제적 목적 또한 내포하고 있었다.[28]

제4절 '정부가 당을 영도'하는 형태의 조직 및 운영

정부 수립 초기 공산당은 정무원을 직접 영도한 것이 아니라, 정부 내의 당조직인 '정무원 당조'를 통한 간접 영도를 실행했다. 이는 당정

26) 中共中央組織部研究室與組織局主編, 『黨的組織工作問答』(北京: 人民出版社, 1983年), pp.159-184; 李格, 「建國初期『政務院黨組幹事會』的演變及中央人民政府調整的原因」, 中共中央黨史研究室·中央檔案館主編, 『中共黨史資料(總第69輯)』(北京: 中共黨史出版社, 1999年), p.124.

27) Harry Harding, *Organizing China: The Problem of Bureaucracy, 1949-1976* (Stanford, Cal.: Stanford University Press, 1981), p.54.

28) 楊奎松, 「毛澤東與『三反』運動」, 『史林』, 第4期(上海, 2006年8月), pp.51-69; 劉德軍, 「對中共發動『三反』運動的考察」, 『二十一世紀網路版』, 2008年1月號, http://www.cuhk.edu.hk/ics/21c/supplem/essay/0709083.htm.

기관을 각각 대표하는 정무원 당조와 정무회의 두 조직이 상당한 정도의 자주성을 보유할 수 있도록 했다. 생산 및 법제 건설을 추진하고 군중동원 임무에 참여를 추진함으로써 일상적인 정무가 지체되지 않도록 하였으며, 관련 정책, 즉 토지개혁, 반혁명 진압, 삼반오반운동, 국민경제회복 등 경제적 임무가 순조롭게 완성될 수 있도록 했다.[29] '삼반운동' 기간 정무원 당조는 정상적으로 활동하고, 중공 중앙은 '정무원 당조 간사회'를 통해 '정무회의'를 지도하여 정부 업무를 관리했다. 군중 동원 사업에서는 1951년 12월 7일 '정무회의'에서 '중앙인민정부 절약검사위원회' 신설 안건을 통과시켜, 정부 내부의 '삼반운동'을 감독하는 조직으로 구성했다. 동시에 '중공 중앙 1급 기관 총당위'를 신설하여 당이 군중 동원 임무를 감독하는 핵심조직으로 삼았다. 기본적으로 정무 수행 혹은 군중 동원 모두 다 당정 두 기관이 똑같이 상당한 정도로 간여했는데, 관련 정책 제정에 있어서는 정무원이 주도적 지위를 차지하여, '정부가 주체, 당이 보조' 형태의 협력관계이고, 당의 대리인으로서 정무원 '당조'는 군림하는 것이 아니라 정무 시스템에 의지하는 형태였다. '내생적' 당정 모델의 조직구조는 그림 7-1을 보시오.

---

29) 何益忠, 「我國黨政關係體制的回顧與反思」, pp.88-89.

〈그림 7-1〉 삼반운동의 조직활동

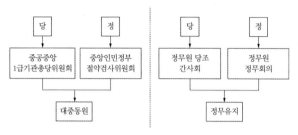

자료 출처: 저자 정리

정부 수립 초기의 특수한 당정관계는 정무 계통에 상당한 자주성을 주었다. 이러한 특수한 체제는 기본적으로 정무원 '당조 간사회'와 '정무회의' 사이의 협력을 기초로 하여 정무활동에서 '정부가 주도, 당은 보조' 체제를 형성했는데, 다음과 같은 특징을 보여준다.

(1) 정무원 고위층 인사 중 민주당파가 상당한 비중과 분량을 점유하여, 22명의 정무회의 구성원 중 절반(표 7-1 참조)이고, 당정 관계는 공산당과 정무원 사이에 국한되지 않았는데, 이러한 다당제 구조는 상당한 정도로 중공 중앙의 직접적 간여를 제한하였으며, 정무원의 '내생적 당조'의 기능을 증가시켰다. (2) 당조직이 정부 기관 내에 의탁하는 것은 정무회의에 상당히 중요한 중공 대표가 있다는 것 뿐만 아니라 당은 '당조 간사회'에 3명의 정치국원과 2명의 서기처 서기를 포함한 핵심인사를 보내고, 그밖에 통전부, 중선부, 정보부 부장, 부부장 및 중앙 재경위원회와 문교위원회의 책임자 등이 있다.(표 7-2 참조) 구체적으로 말하면 당중앙은 정무원과의 교차중복직위를 통하여 당정일체를 이루지만, 상하간의 영도와 지시복종관계를 형성하는 것은 아니다. (3) 정무원의 지도자는 당정 제도의 핵심으로 당의 과도한 간여를 방지하는 안전판이 되었다. (4) 정무원은 생산과 법제 규범 등 정무의 실행을 주도했다.

1. 당정 교차 임직

1954년 중국대륙에 국무원을 설치하기 이전까지 정무원이 최고 행정 기관으로서 총리(1명), 부총리(4명), 비서장(1명), 정무위원(15명) 등 총 21명으로 구성된 정무회의가 주요한 정책결정시스템이며, 모든 행정 법령 또는 명령은 '정무회의'를 경유해 비로소 공표되는데, 1950년 4월 리푸춘(李富春)을 정무위원으로 추가 임명했다. 정무원 확대회의는 정무원 소속 위원회, 부, 회, 원, 서, 행 등 부서의 주요 책임자급 40여명을 포함했다.[30]

정무회의가 실질적으로 영향력을 발휘할 수 있었던 선결조건은 당이 필수적으로 권력을 내려놓고 간여하는 것도 줄인 것이다. 이는 물론 정무회의에서의 과반수 이상의 대표가 민주당파 인사인 것과 관련 있다. 그러나 제도 설계에서 정무원 '당조 간사회의' 역할은 결코 무시할 수 없었다. '정무회의'와 '당조간사회' 구성원의 교차중첩인데, 당초 간사회 구성원 11명은 총리, 부총리, 정무원 위원 및 주요 부문 책임자를 포함하며, 이 중 6명은 동시에 정무회의 구성원이기도 했다. 저우언라이 총리는 당조서기이면서, 행정체계의 실질적 최고 영도자이며, 동시에 정부 당조의 최고 책임자이기도 했다. 동비우와 천윈은 부총리이면서 동시에 중앙정치국원으로 각각 당조간사회의 제1, 제2 부서기였다.(표 7-2 참조) 바꿔 말하면 정무회의의 다수는 공산당원 신분의 위원이고, 동시에 '당조간사회'의 구성원이다. 당조의 기타 구성원 역시 정무원과 동시에 당중앙에서도 중요 업무를 담당하였다.[31] '내생적' 당조로써 정책결

---

30) 馬永順, 『周恩來組建與管理政府實錄』(北京: 中央文獻出版社, 1996年), pp.4-7.
31) 李格, 「1949-1954年中央人民政府組織機構設置及其變化(下)」, p.60.

정에 있어서 자연스럽게 비교적 정무원의 시각에서 생각하고, 두 기관
은 밀접하게 협력하여 상호 대립하지 않고 공동으로 정책 집행을 제도
적으로 보장하는 시스템을 구축했다.

〈표 7-1〉 정무원 정무회의 구성원

이름	당적	정무원 직무	중공중앙 직무
저우언라이	중공	정무원 총리, 외교부장	정치국 위원, 중앙서기처 서기
동비우	중공	정무원 부총리, 정치법률위원회 주임	정치국 위원
천윈	중공	정무원 부총리, 재정경제위원회 주임, 중공업부 부장겸 당조서기	정치국 위원, 중앙서기처 서기(1950), 중앙재경위원회 주석
궈모로우	무	정무원 부총리, 문화교육위원회 주임, 중국과학원 원장	
황옌페이	민건, 민맹	정무원 부총리, 경공업부 부장	
탄핑산	민혁	정무위원, 인민감찰위원회 주임	
셰쟈오자이	중공	정무위원, 정치법률위원회 위원, 내무부 부장	중앙기율위원회 위원
뤄루이칭	중공	정무위원, 정치법률위원회 부주임, 공안부 부장	무
보이보	중공	정무위원, 재정경제위원회 부주임, 재정부장	중앙재경위원회 부주석
쩡산	중공	정무위원, 재정경제위원회 부주임, 방직공업부 부장	중앙재경위원회 부주석
텅다이웬	중공	정무위원, 재정경제위원회 위원, 철도부 부장	무
장보쥔	농공, 민맹	정무위원, 재정경제위원회 위원, 교통부 부장	
리리산	중공	정무위원, 재정경제위원회 위원, 노동부 부장 겸 당조서기	중앙직공운동위원회(즉 중화전국총공회당조) 서기
마쉬룬	민촉	정무위원, 문화교육위원회 부주임, 교육부 부장, 고등교육부 부장(1952. 11)	

이름	당적	정무원 직무	중공중앙 직무
저우언라이	중공	정무원 총리, 외교부장	정치국 위원, 중앙서기처 서기
천샤오센	민혁	정무위원	
왕쿤룬	민혁	정무위원	
뤄롱지	민맹	정무위원	
장나이치	민건	정무위원, 양식부 부장(1952. 8)	
샤오리즈	민혁	성무위원	
황샤오훙	민혁	정무위원	
리웨이한	중공	정무위원, 정무원 비서장, 민족사무위원회 주임, 정법위원회 위원	중앙통일전선공작부 부장
리푸춘*	중공	정무위원(1950. 4), 재정경제위원회 부주임, 중공업부 부장(1951)	중공중앙 부비서장

주: *1950년 4월 정무회의에서 리푸춘을 정무위원으로 추가함.
설명: 괄호 안의 연도는 직무 임명 시기
자료 출처: 저자 정리

〈표 7-2〉 정무원 당조간사회 구성원

이름	정무원 직무	중공중앙 직무
저우언라이* (서기)	정무원 총리와 당조서기, 외교부장 겸 당조서기	정치국 위원, 서기처 서기
동비우* (제1부서기)	정무원 부총리, 정법위원회 주임 겸 당조서기	정치국 위원
천윈* (제2부서기)	부총리, 재정경제위원회 주임 겸 당조서기, 중공업부 부장 겸 당조서기	정치국 위원, 서기처 서기(1950), 중앙재경위원회 주석
뤄루이칭*	정무위원, 정법위원회 부주임, 공안부 부장 겸 당조서기	
보이보*	정무위원, 재정위원회 부주임, 재정부장 겸 당조서기	중앙재경위원회 부주석, 중공중앙 화북국 제1서기
후챠오무	문교위원회 비서장, 신문총서 서장 겸 당조서기	중선부 상무부부장, 인민일보사 사장, 신화통신사 사장
루딩이	문교위원회 부주임 겸 당조서기	중선부 부장, 중공중앙 문화교육위원회 부주임
류징판	인민감찰위원회 부주임 겸 당조서기	중앙기율검사위원회 위원, 중앙인민정부 직속기관위원회 제2서기(1950. 12)

이름	정무원 직무	중공중앙 직무
리커농	외교부 부부장	중앙정보위원회 서기, 중앙정보부 부장
리웨이한*	비서장, 민족사무위원회 주임 겸 당조서기, 정법위원회 위원	중앙통일전선공작부 부장
치옌밍	부비서장, 비서청 주임	중앙통일전선공작부 부장

2. 내생적 당조가 당의 대리인이 되다.

정무원 '당조간사회' 직속의 중앙정치국과 서기처는 중공이 정무원을 영도하고 감독하는 시스템이며, 또한 중공중앙과 정무원 사이의 소통과 협력의 교량이다.[32] 이렇듯이 당조를 통해 간접 통치하는 방식은 구체적으로 다음 두 가지 측면이다. 첫째, 최고 행정기관의 책임자로 모든 정치부문 및 당조는 중공중앙의 지시를 받아야 하는 보고는 모두 먼저 정무원 총리 저우언라이의 사무실로 보내어 사전심사를 한 다음 중공중앙의 비준을 받은 후 정무원 명의로 명령과 법령을 공포하는데, 반드시 저우언라이의 서명이 있도록 했다. 저우언라이는 정무원 총리 겸 '당조간사회'의 서기라는 두 가지 신분으로 당정 업무를 충분히 장악할 수 있었다. 둘째, 정무회의는 매주 정기적으로 개최되며, 각 부위의 업무총괄과 보고는 먼저 '당조간사회'의 토론을 거쳐 통과되어야만 비로소 의사일정에 참가할 수 있었으며, 중공중앙의 비준은 필수적이지 않다. 그러나 1953년 정무원 당조를 폐지한 이후 모든 정부 문건은 먼저 중공중앙에서 통과되어야 정무원의 의사일정에 배정될 수 있으며, 정무회의는 의사일정이 통과되지 않으면 정기적으로 진행되지 못했다.[33]

---

32) 何益忠, 「我國黨政關係體制的回顧與反思」, pp.88-90.

정부 수립 초기의 '당조'는 중공 역사상 가장 특수한 제도 설계로써 핵심은 '당조'와 '당위'의 관계에 있다. 제7대 당장의 제61조 조항에 의하면 "당조간사회 및 서기는 소속 당위가 지정한다."로 되어있으며, 제62조 조항은 "각급 비당조직 내부의 당조는 해당 직급의 당위원회의 영도에 복종하며, 결정사항을 집행하고, 각급 당위의 회의에 중요 당조의 책임자를 참가시켜야 한다."고 되어 있다. 여기서 '당조' 권력은 당의 위원회에서 나온 것임을 알 수 있는데, 반드시 '당위'의 결의를 존중하고, 당위의 영도에 복종해야 한다. '정무원 당조'는 중공 중앙이 직접 파견하지만 중공 중앙의 관련 지령은 '당조'가 발표하며, 행정 중의 중대 문제는 모두 '당조'를 통해 직접 중공중앙에 보고하고 지시를 받는다. 당조는 당의 대리인으로써 정무활동에 중요한 역할을 담당했다.[34]

삼반운동을 예시로 들면, '중앙, 대구(大區), 성시(省市) 3급의 모든 업무 부서가 중공중앙 주석과 군위원회 주석에게 보내는 삼반보고에 관한 중앙의 지시'를 제기하자면, 정부 내에서 당외인사와 협력하는 부문을 영도할 때 당조의 명의로 보고하도록 하였다. 이러한 보고는 각급 당위가 마땅히 독촉해야 할 책임을 지녔다.[35]

---

33) 吳群敢, 「在西花廳周總理身邊工作」, 『人物abc』, http://www.rwabc.com/diqurenwu/rw_detail.asp?people_id=4838&id=7985.

34) 林毅明, 『中共黨政關係: 黨對國務院領導之研究』, 台北: 國立政治大學政治學研究所碩士論文, 1995年, p.27.

35) 毛澤東, 「中央關於中央·大區·省市三級一切工作部門向中央主席和軍委主席作三反報告的指示」, 中共中央文獻研究室主編, 『建國以來毛澤東文稿(二)』(北京: 中央文獻出版社, 1987年), pp.653-654.

3. 정무원 지도자의 역할 인식

'정무원 당조간사회'는 당의 영도 권한에 있어서 정무원에게 상당한 자율공간을 주었는데, 그 중 핵심요소는 즉 정부 지도자의 당정활동에 대한 인식을 당정융합적인 제도설계에 유리하도록 했기 때문에, 당의 과도한 간섭을 피할 수 있었다. 저우언라이가 1950년 3월 16일 '당조간사회'를 주재하면서 이러한 업무분담에 대한 협력의 기본원칙을 확인했다. 당외인사와의 긴밀한 협력, 당조회의로 행정회의 대체 금지, 정무원 각 부문 행정회의, 사무제도, 보고제도 활성화 등이 포함되었다.[36] 부총리 겸 당조간사회 제1부서기인 동비우는 정부수립 후 중공의 역할은 반드시 혁명당에서 집정당으로 변화해야 하고, 당이 정권기관을 직접 통제하는 것이 아니며, 정확한 지시, 정책실천 감독, 우수간부 발탁 등 세 가지 방식으로 간접 영도를 하는 것이라고 지적했다. 또한 당이 만든 법률, 명령 초안은 필히 국가기관의 토론을 경유하고, 다시 정부위원회 혹 정무원의 토론을 거친 다음 통과시켜야 한다고 주장했다.[37]

정부의 자율성은 정무원에만 국한되지 않고 지방에도 이어졌다. 1951년 10월 18일 동비우는 (기층 정부인) 현향(縣鄕)급의 정권문제와 관련하여 화동국(상해, 절강, 강소를 담당하던 중공 중앙 산하 지방국) 제1서기 라오수스(饒漱石)에게 서한을 보내어, 당조의 기능은 지방에도 동일하게 적용되어야 한다고 지적하면서, "각급 당위가 각급 정권기관을 영도할 때에는 정권 기관 내부에서 일하는 당원을 통해 실현해야 하며,

36) 何家棟, 「黨政分開再探」, 『燕南評論』, http://www.chinaelections.org/NewsInfo.asp?NewsID=57043.
37) 李紹鵬, 「建國初期董必武對黨的執政能力建設的探索」, 『毛澤東思想研究』, 第22卷 第2期(成都, 2005年3月), pp.8-9.

이 중 만약 당원이 3명 이상이면 당연히 당조를 구성하여 당의 영도를 보장해야 하며, 당이 직접 정권기관의 업무를 수행하는 것은 좋지 않다."고 지적했다.[38]

당조간사회가 당정 협력의 제도적 보장이 되어, 정무원이 상당한 정도의 정책결정의 자주성을 부여받고, 여러 정부 부문의 업무가 중공중앙으로 보고되지 않으면서, 마오쩌둥의 불만을 초래하였는데,[39] 여기에서 '당조간사회'의 권력을 능히 짐작할 수 있었다. 이와 같은 내생적 당정관계는 당기구의 직접 간섭을 피할 수 있게 되면서, 이후에 나타나는 '당이 정부를 영도하는' 즉 '당이 정부를 대체하는' 모델과는 실질적인 차이가 있다.

정부 수립 초기 당정 부문의 정책발표 비율을 보면 어렵지 않게 정무원의 주도경향을 찾아볼 수 있다. 1949~1954년 기간 동안 당정 명의로 공포한 381개 조항에 걸친 법령과 결정을 보면, 정무원이 초기 3년 동안 총 344개 조항을 공포하여 90%를 차지했다. 그러나 1952년 8월 중공중앙이 '정무원 당조간사회'를 폐지한 이후에는 정무원이 발표한 법령 또는 결정이 급속히 감소하여 37개 조항으로 12%에 불과하면서 정무원의 자주성의 약화 추세를 나타냈다.[40]

이밖에 정스핑(鄭世平)은 중앙의 명령 발표 통계에서 유사한 사례를

---

38)「給董必武的信」, 中共中央文獻硏究室主編, 『建國以來毛澤東文稿(二)』, pp.540-541.

39) 마오쩌둥은 일찍이 "정치계통 각 부문은 리웨이한(李維漢)이 관할하는 민족사무위원회와 중앙이 접촉하는 것을 제외하고는, 기타 다른 부문은 지난 1년 동안 무슨 일을 했으며, 어떤 방침, 정책을 추진했는가를 누구도 모르고 있다. (왜 그렇게 됐는가) 어떤 원인인가를 조사하기 바란다."라고 말한 적이 있다. 中共中央文獻硏究室主編, 『建國以來毛澤東文稿(一)』, p.513.

40) 李格,「1949-1954年中央人民政府組織機構設置及其變化(下)」, p.63.

발견했다. 1950~1951년 정부가 공표한 지시가 당중앙보다 조금 더 많다
는 것을 발견했는데, 이 중 오직 하나의 명령만이 공동 명의로 발표되었
다. 1952년 '당에 의한 정부 통제'가 점차 확대되면서, 다수의 명령이 중
공중앙의 명의로 발표되었고, 1958년 이후 모든 명령이 모두 중공중앙
혹은 공동 명의로 발표되어, '당이 정부를 대체'하는 추세가 명확해졌
다.[41] (표 7-3 참조)

〈표 7-3〉 1950~1959년 명령 발표 통계

연도	1950	1951	1952	1953	1954	1955	1956	1957	1958	1959
중공	10	8	17	13	11	12	9	42	26	23
정부	14	12	4	2	1	5	4	1	0	0
공동	0	1	0	0	0	1	4	7	18	12

자료 출처: 中國共産黨執政四十年(北京: 中央黨校出版社, 1988年), Shiping Zheng, Party vs.
State in Post-1949: The Institutional Dilemma(Cambridge: Cambridge university Press,
1997), p.90.에서 인용.

4. 정무원이 생산과 법제 규범 제정을 주도하다.

'삼반운동'관련 정책을 좀더 살펴보면 정무원은 경제건설 및 법제 업
무에서 보여준 역할이 가장 특별하다. 먼저 1952년 1월 재정부 당조 및
중남국(中南局: 중남부 6성을 관할하는 중공의 대행정구 단위)이 중공
중앙에 보낸 보고에서 기관 생산 문제를 제기했는데, 마오쩌둥의 관심
을 이끌어 냈다. 이후 정무원이 2차례 회의를 개최하여 토론을 진행했
고, 생산기관 종사자에 대한 생활 보조금을 통일적으로 증가시키는 것
에 대해 동의하고, 토론 결과를 당중앙에 보내 통과시킨 후에 3월 12일
'정무원 기관 생산 처리에 관한 결정'을 공포하고, 기관 생산을 종결하는

---

41) Shiping Zheng, *Party vs. State in Post-1949 China*, p.90.

구체적인 방법을 제안했다.[42)]

이러한 정책 결정과정에서 정책 제안 혹은 연구 입안 모두 정무원 및 부문 당조가 책임을 담당하여 중공중앙의 동의를 획득한 후에 다시 정무원 명의로 공포하였는데, 이는 정무원이 정책결정과정에서 주요한 지위를 차지하고 있었음을 보여준 것이다.

봄철 농사 업무와 관련한 정책결정에서도 정부원이 주도적인 역할을 담당했다. 1952년 2월 8일 정무원은 '군중동원을 통한 가뭄 극복 운동을 적극 개진하는 것에 관한 결정'을 통과하여, 춘경(春耕)사업의 중요성을 강조하고, '삼반운동'에 대한 군중동원을 완화시키는 효과를 유도했다. 또한 2월 9일에는 마오쩌둥이 중공중앙에 '중앙인민정부 정무원의 가뭄 방지 집행 보장 지시에 관하여'를 작성했다. 이 두 문건은 2월 13일 '인민일보' 1면에 함께 게재되었고, 2월 9일 중공중앙은 '춘경업무에 관한 중앙의 지시'를 발표하면서, 춘경기에 구와 향은 삼반투쟁을 중단하라는 명령을 내리고, 반드시 춘경 업무를 중심으로 해야 한다고 하며, '삼반운동'이 춘경업무에 영향을 주어서는 안된다는 원칙을 확인했다.[43)]

1952년 2월 15일 저우언라이는 마오쩌둥에게 서신을 보내 정무회의에서 일찍이 삼반운동이 업무의 공백을 초래한 것에 대해 토론했다고 설명하고, 반드시 1/2 혹은 1/4의 인력은 일상적인 업무를 수행하도록 했는데, 마오는 이러한 의견을 받아들였다.[44)] '선 정부, 후 당'의 명령

---

42) 기관 생산 문제는 국가 혹은 지방 기관이 불법적으로 공용자원을 사용하여 투자 혹은 생산하는 문제를 의미한다. 구체적으로 관료가 민간기업가와 결탁하는 행위, 공공 재산을 유용·횡령하는 행위, 심사비준과정에서 불공정대우하는 행위 등 3종류를 의미한다. 龐松, 「『三反』, 『五反』運動」, 郭德宏, 王海光, 韓鋼主編, 『中華人民共和國專題史稿(1949-1956)』(成都: 四川人民出版社, 2004年), pp.306-308.

43) 「中央關於春耕工作的指示」, 中共中央文獻研究室主編, 『建國以來毛澤東文稿(三)』, p.173.

발표 형식은 당이 경제정책 결정과정에서 정책에 대한 서명이나 비창조적 역할을 담당했음을 보여준 것인데, 이는 설사 군중운동과정이라 할지라도 정무원이 여전히 정책 결정을 주도한 것을 증명했다.

정무원은 생산업무를 유지했을 뿐만 아니라 법규도 제정하여, 군중동원의 확대화와 과격화를 억제했다. 탐오범의 처리과정을 예시로 들면, 1952년 2월 정무원은 '절약검사위원회' 산하에 탐관오리 범죄자 심판위원회를 설치했는데, 우가이즈를 주임으로 공쯔롱을 부주임으로 하여 심판 업무를 통일 지도하도록 하고, 과도한 심판을 방지했다.[45]

정무원은 3단계 과정을 통해서 탐오범 징계 처분위원회 제도화 과정을 수립했는데, 첫째, '중앙절약위원회'는 탐오금액의 규모에 따라 징계 기준을 세웠고,[46] 뇌물 및 장물을 추적, 회수하는 절차도 정했다.[47] 둘째, 심사과정은 반드시 인민법원의 심리를 거쳐서 하고, 군중대회를 통한 심판을 진행하는 것을 금지했다.[48] 마지막으로 이러한 탐오범 징계의 규정을 법률 형태로 확립하여, 3월 28일 정무회의는 '중화인민공화국 탐오범 징계 조례', '삼반운동과정 인민법정 설립에 관한 결정', '탐오분자 뇌물, 장물 회수에 관한 결정'을 통과시키고, 4월 21일 정식으로 '중화인민공화국 탐오 징계 조례'를 공포했다.[49]

---

44) 「對周恩來關於解決三反中業務停頓問題的意見的批語」, 中共中央文獻研究室主編, 『建國以來毛澤東文稿(三)』, p.216.

45) 「對中央節約檢查委員會黨組擴大會議幾項決議的報告的批語」, 中共中央文獻研究室主編, 『建國以來毛澤東文稿(三)』, pp.201-202.

46) 「中央節約檢查委員會關於處理貪污·浪費及克服官僚主義錯誤的若干規定」, 中共中央文獻研究室主編, 『建國以來毛澤東文稿(三)』, pp.107-116.

47) 「關於三反運動中成立人民法庭的規定」, 中共中央文獻研究室主編, 『建國以來毛澤東文稿(三)』, pp.131-133.

48) 「中央節約檢查委員會關於追繳追繳貪污分子贓款贓物的規定」, 中共中央文獻研究室主編, 『建國以來毛澤東文稿(三)』, pp.134-138.

제5절 내생적 당정모델과 군중동원

1950년대 초기의 '내생적' 당정관계 모델은 군중동원 측면에서 여전히 당정협력 원칙을 유지하면서 '총당위'와 '절약검사위원회'가 당정기관 '삼반운동' 추진과 감독을 책임 맡았는데, 이 두 동원기관의 주요 책임자는 모두 정무원 구성원이 담당하면서 정부가 주도적인 역할을 담당했다. 그러나 특수한 것은 마오쩌둥의 역할이었는데, 그는 책임자였을 뿐만 아니라 운동의 진행과정도 직접 보고를 받았다.

1. 새로운 동원기구의 설치

1951년 12월 1일 중앙정치국 회의는 '기구축소, 증산절약 및 탐오, 낭비, 관료주의 반대에 관한 결정'을 발표하면서 정식으로 삼반운동을 시작했다. 구체적 내용은 당파, 단체, 정부, 군대 내부에 각 급별로 절약검사위원회를 설치하여 운동의 전담책임기구로 하고, 당 기율검사위원회, 인민정부 감찰위원회, 검찰기관과 사법기관, 군대 정치공작 및 기율검사위원회가 모두 운동 추진에 동참하고, 아래로는 성급, 시급, 구급 당위와 군대 성군구 당위까지 필수적으로 '삼반운동' 관련 자료에 대한 학습 회의를 조직하면서 전체 삼반운동의 중요성을 교육하였다. 1952년에는 2개월마다 한번씩 중앙직속기관은 '총당위'를 단위로, 지방은 중앙국, 중앙분국을 단위로, 정부는 정무원 및 당조를 단위로, 군대는 총정비부 및 당위를 단위로 하여, 중공중앙에 운동진행 상황에 대한 보고를 진행

---

49) 「中華人民共和國懲治貪汚條例」, 中共中央文獻研究室主編, 『建國以來毛澤東文稿(三)』, pp.155-159.

했다.[50]

이 명령에 따라 1951년 12월 7일 정무원 회의는 '절약검사위원회'를 설치하여 경제와 감찰 부문 최고 지도자를 모아서 정부 계통의 주요한 동원기구로 삼았다. 당시 정무원 재정경제위원회 부주임이던 보이보가 주임을, 펑전, 리푸춘, 셴쥔루, 탄핑산 등 4명이 부주임을, 류징판이 비서장에 임명되었다. 위원회 직속으로 정무원의 주요 기관의 책임자 30여명으로 구성된 사무기구를 설치하여 매주 3~4차례 회의를 개최했다. '절검회' 산하에는 지역별 각급 인민정부 절약검사위원회를 설립했다.[51]

그밖에 중공중앙은 1951년 12월 22일 '중공중앙 1급기관 총당위'를 구성하여 당무계통의 군중동원을 감독하는 핵심조직으로 역할을 설정했는데, 저우언라이, 안즈원, 양상쿤, 샤오화를 각각 제1, 2, 3, 4서기로 임명하여 중앙직속기관, 군사위 직속기관, 중앙인민정부 직속기관 그리고 중앙 1급 민중단체의 당위 계통에서 '삼반운동'을 전개하고 각 계통의 당조직에 필요한 조정을 하도록 했다. 가장 특수한 것은 정무원 '당조간사회' 서기를 정무원 총리 저우언라이가 '총당위' 제1서기를 겸직하면서 담당한 경우이다. 즉 군중동원 업무라 하더라도 정무계통이 여전히 중요한 역할을 담당한 것이다. 저우언라이는 마오쩌둥과 중공중앙에 보낸 보고에서 "총당위의 중심 업무는 현재 중앙 1급 기관(당, 정, 군, 민 포괄)의 정병간정(精兵簡政: 군대 정예화와 행정기구 간소화)과 탐오, 낭비, 관료주의에 대한 반대투쟁을 집중하는 것이며, 이 투쟁이 개별 단위의 규모에 따라 널리 퍼져 반드시 성과를 거두어야 한다."고 주장했다. 이는 당정이 협력하여 공동으로 군중동원을 추진하는 국정 운영 모델로

---

50) 「中共中央關於實行精兵簡政·增產節約·反對貪污和反對官僚主義的決定」, 中共中央組織部主編, 『中國共產黨組織史資料(第九卷)』, pp.111-113.

51) 王順生·李軍, 『'三反'運動研究』(北京: 中共黨史出版社, 2006年), p.30.

표현되었다.[52]

표7-4는 당정 동원기구의 구성인원을 비교했다. 2명이 교차 임명된 것을 제외하고 정무원이 여전히 상당한 정도로 활약하고 있다. '절약검사위원회'의 구성원은 30명에 달하고 있으며, 정무원을 위주로 재경위원회, 법정위원회, 인민감찰위원회 등 정무원 고위층과 각 부회 주관 및 최고인민법원 원장을 포괄했다.[53]

총당위 역시 정무원 총리 저우언라이를 사령탑으로 하여, 구성원은 당내 당, 정, 군(중공중앙, 중앙인민정부, 중앙군사위)의 직속기관 당위의 책임자를 포함하고 있으며, 이밖에 총정치부가 군사계통의 '삼반운동' 관련 문제를 처리하는 책임을 맡았고,[54] 공안부는 '삼반운동'에 적극 참여하는 것과 함께 삼반투쟁을 집행하는, 예를 들어 탐오분자를 체포하는 등 중요한 기능을 보유하고 있었다. 따라서 '총당위' 구성원은 중앙기율검사위원회 주임을 포함하고 도이에 중앙군사위 총정치부 부주임 샤오화, 공안부장 겸 당조서기 뤄루이칭을 포함했다.

---

52) 毛澤東,「中央關於批准和轉發中央一級機關總黨委報告的批語」, 中共中央文獻 研究室主編,『建國以來毛澤東文稿(二)』, pp.610-611; 蘇維民,「楊尚昆憶兼任中 直機關黨委書紀」, 中國共産黨新聞網, http://dangshi.people.com.cn/BIG5/144956/ 8826009.html.

53) 절약검사위원회의 위원으로는 吳溉之, 藍公武, 陳劭先, 章乃器, 彭澤民, 馬敍倫, 劉景范, 安子文, 劉瀾濤, 羅瑞卿, 史良, 滕代遠, 章伯鈞, 陳郁, 博作義, 李德全, 南漢宸, 戎子和, 姚依林, 許德珩, 劉格平, 賴若愚, 帥孟奇, 馮文彬, 齊燕銘, 孫起 孟, 屈武, 陶希晉, 周榮鑫, 邵荃麟 등이 있다.『人民日報』(北京), 1951年12月15 日, 1면.

54) 毛澤東,「關於軍事系統三反報告一般由總政處理的批語」, 中共中央文獻研究室 主編,『建國以來毛澤東文稿(三)』, p.29.

〈표 7-4〉 삼반운동 동원기구 구성

기구 명칭	구성원	직무
중앙인민정부 절약검사위원회	보이보(주임)	재정경제위원회 부주임
	펑전(부주임)	정치법률위원회 부주임
	리푸춘(부주임)	재정경제위원회 부주임
	션쥔루(부주임)	최고인민법원 원장
	탄핑산(부주임)	인민감찰위원회 주임
	류징판(비서장)	인민감찰위원회 부주임
	순치밍(부비서장)	정무원 부비서장, 인사부 부부장
	저우룽신(부비서장)	재정경제위원회 부비서장
중공중앙 1급기관 총당위	저우언라이(제1서기)	정무원당조간사회 서기
	안즈원(제2서기)*	중공중앙인민정부 직속기관위원회 서기
	양상쿤(제3서기)	중공중앙 직속기관위원회 서기
	샤오화(제4서기)	중공중앙 기율검사위원회 부주임, 중앙군위총정치부 부주임
	뤄루이칭*	공안부 부장 겸 당조서기
	장징우	중앙군위 직속기관위원회 당위서기
	쉬리칭	중앙군위 직속기관위원회 당위 상무위원
	공즈룽	중공중앙인민정부 직속기관위원회 부서기
	쩡산	중공중앙 직속기관위원회 부서기

주: *절약검사위원회와 총당위 동시 겸직 인사
자료 출처: 저자 정리

　본 장은 삼반운동 기간 발표된 중요 지시와 명령에 대한 통계를 조사
했다. 1951년 8월 31일 동북국 제1서기 가오강은 동북국 직속기관 간부
대회에서 한국전쟁 발발에 대응하기 위해 '애국증산절약운동'을 제기하
면서 탐오와 관료주의 반대를 호소한 '삼반운동'부터 시작하여, 1952년
6월 15일 중공중앙이 '삼반운동을 성공리에 완수하기 위한 약간의 문제
에 관한 결의'를 발표할 때까지 진행했고, 이 기간 1951년 12월 1일 '정
병간정, 증산절약 실시, 탐오, 낭비, 관료주의 반대에 관한 결정'과 1952
년 2월 8일 '가뭄 대비 극복을 위한 대중운동을 적극 개진하는 것에 관

한 결정'이라는 2개의 결정까지 향후 전체 운동의 단계를 발동, 전개, 종결 3 시기로 분류하고, 다시 삼반운동의 중요 지시와 명령을 3단계에 따라 수량 분석을 했다.(부록 참고)

〈표 7-5〉 삼반운동 기관동원 관련 지시와 명령

	발족시기	전개시기	종결시기
중공중앙	2	14	11
인민정부 혹 정무원	0	1	7
총계	2	15	18

자료 출처: 中共中央文獻研究室主編, 建國以來重要文獻選編(二), (三)(北京: 中央文獻出 版社, 1993年)

표7-5는 당의 군중동원에 대한 관심을 표시한 것인데, 운동 발발과 전개 두 단계에서 중공 중앙은 모두 16개의 중요 지시와 명령을 발표하고, 인민정부 혹은 정무원 명의로 발표한 것은 단 1건에 불과했다. 삼반 운동이 종결할 때까지 중공중앙은 11개의 지시와 명령을 발표했는데, 비율적으로는 비록 이전 단계보다 감소했지만 여전히 정부가 공표한 지시와 명령보다 더욱 많았다.[55]

2. 절약검사위원회가 실제 업무를 담당하다

총당위와 절약검사위원회는 각각 당정 양쪽의 공통 책임으로 '삼반운동'을 추진했다. 그러나 정부 부문의 '절약검사위원회'의 지위는 보다 특이했다. 이는 1951년 12월 마오쩌둥이 지방 중앙국 책임자에게 보낸 전보에서 증명되었다. 그 내용은 "탐오 문제의 심각성을 인식하여 대규모

---

55) 자세한 지시과 명령은 부록을 참조.

로 탐오분자를 처벌한 운동은 동북지방에서 시작했는데, 가오강 동지가 직접 한 것이다. 중앙에서는 보이보 동지를 총책임자로 임명했고, 베이 징시는 펑전 동지가 책임을 맡아서, 현재 모두가 움직이기 시작했다.”라 는 것이었다.[56]

또한 ‘절검회’는 탐오 범죄인을 처벌하는 중점 업무 이외에 필수적으 로 관료와 군중의 참여를 적극 독려했다. 우선 각급 절약검사위원회는 각 기관의 동원 현황을 감독하고, 관료 내부의 상호 검사 또는 민중의 고발 형식을 동원하여 탐오분자를 체포, 검거했다.[57] 다음으로 절검회 가 운동에 대한 선전 책임을 담당했다. 예를 들어 1952년 1월 9일 인민 정부 고급간부회의에서 저우언라이는 중앙인민정부 각 부문, 민주당파, 인민단체, 화베이, 베이징, 텐진 지역의 고위 간부를 소집하여 회의를 개최했는데, 총 2,000여명이 참가했다. 절검회 주임 보이보가 운동에 대 해 보고하고, ‘삼반운동’ 결의문을 선언했다.[58] 마지막으로 절검회 구성 원이 직접 삼반운동의 각 지방 배치에 참여했다. 펑전과 뤄루이칭은 1952년 2월 상하이와 광저우에서 관련 업무에 대해 협력했다.[59]

보이보는 원래 ‘정무회의’와 ‘당조간사회’의 구성원이고, 또한 정무위 원이자 재정경제위원회 부주임, 그리고 재정부장 직책을 담당했다. 그 러나 그는 절검회 주임으로서 반드시 전국의 삼반운동 정세를 통합하고 정리해야 했다. 중공중앙의 ‘삼반투쟁의 즉각적이고도 철저한 진행에

56) 薄一波, 『若干重大問題決策與事件的回顧(上冊)』(北京: 中共中央黨校出版社, 1991年), p.144.
57) 「中共中央關於實行精兵簡政·增產節約·反對貪汚和反對官僚主義的決定」, 中 共中央組織部主編, 『中國共産黨組織史資料(第九卷)』, pp.111-113.
58) 『人民日報』(北京), 1952年2月2日, 1면.
59) 「中央關於派彭眞·羅瑞卿去華東·中南幫助三反五反運動的電報」, 中共中央文 獻硏究室主編, 『建國以來毛澤東文稿(三)』, p.153.

관한지시'에서 "중앙은 이미 보이보 동지가 전화로 전국의 대구역 책임 자에게 연락을 취하도록 지정했다. 현재는 삼반의 중요한 시기이며 3~5 일에 한 번씩 통화하여 각 지역의 삼반운동의 전개 정도를 조사할 것이 다."라고 표현했다. 여기에서 볼 수 있듯이 보이보는 전체 삼반운동에서 주도적인 역할을 담당했다. 그러나 반드시 정기적으로 마오쩌둥과 중공 중앙에 보고해야 했다.[60]

절검회는 당파, 단체, 정부와 군대에 대부분 설치되었으나, 실질적으 로 임무형 정부 기구에 속하며, 필히 정기적으로 중앙정부 및 정무원에 상황을 보고해야 했고, 발표한 명령도 반드시 먼저 정무회의에서 통과 해야 했다. 예를 들어 1952년 1월 11일 정무원은 제119차 확대정무회의 를 개최하여, 정협, 군사위, 인민법원, 인민검찰서, 정무원 산하 위원회, 부, 회, 원, 서, 행의 정부 책임자, 중앙인민정부 절약검사위원회 및 베이 징시 절약검사위원회 책임자, 당파 및 단체 책임자 등 총 100여명을 소 집하였는데, 보이보의 중앙인민정부 직속 각 단위의 '삼반운동' 보고를 청취했다. 저우언라이는 회의에서 삼반의 정책과 순서를 공개적으로 밝 혔다. 2월 1일 정무회의는 베이징 시장 펑전이 베이징시의 삼반운동 진 행을 보고하는 것을 들었다.[61] 1952년 5월 30일 정무회의는 정법위원회 의 하반기 업무 중점과 절약검사위원회 주임 보이보의 오반운동 관련 보고를 비준, 통과시켰다.[62]

내생적 당정관계의 특이점은 정부 내부에 존재하는 '당조'가 당정 정

---

60) 「中央關於立即抓緊三反鬪爭的指示」, 中共中央文獻硏究室主編, 『建國以來毛澤 東文稿(三)』, pp.12-14; 「中央對薄一波關於中央各機關三反運動狀況及今後意見 報告的批語和修改」, 中共中央文獻硏究室主編, 『建國以來毛澤東文稿(三)』, pp.73-75.

61) 馬永順, 周恩來組建與管理政府實錄, pp.284-291.

62) 洪承華·郭秀芝等編, 『中華人民共和國政治體制沿革大事紀(1949-1978)』(北京: 春秋出版社, 1987年).

책결정의 소통 통로라는 것이다. 당조의 권력은 당의 위원회에서 나오
고, 반드시 당위의 결의를 준수해야 하고, 당의 영도에 복종해야 한다.
그러나 실제로 정무원 각 부문의 당조가 당위 계통으로부터 받는 제약
은 강력하지 않다. 이는 대부분의 당조 구성원이 정무원 부문의 정부
책임자이며, 동시에 중공 중앙의 주요 리더이기 때문이다. 행정상의 중
대문제는 모두 당조계통이 중공중앙에 보고하고 지시를 받기 때문이며,
당조와 당위 사이의 관계는 모호했다. 이는 당조에게 정무활동을 주도
할 수 있는 공간을 제공했다.[63]

삼반운동은 '정무원 당조'가 정기적으로 중공중앙에 보고하고 '총당
위'는 각 단위의 관련보고를 재촉하는 것을 담당하고 있다.[64] 1951년
12월 중공 중앙은 지시를 통해 당, 정, 군 계통의 각급 직속 당위원회가
삼반투쟁을 추진하라고 통지하고, 각급 당위원회는 매년 최소 1회 이상
대표회의를 개최하여 당의 업무와 당위원회 선거를 심사했다.[65]

12월 31일 '총당위' 확대회의는 당, 정, 군, 단체, 군중 담당 부장에서
처장까지의 당위가 참가했다. 절약검사위 주임 보이보와 '총당위' 제2서
기 안즈원이 함께 중공 중앙의 정책을 발표했는데, 회의에서 10일간 자
기 고백과 비판을 실행할 것을 지시하고, 각각의 위, 부, 회, 원, 서 등
모든 조직은 필히 1월 11일까지 보고를 해야 하고, 위반자는 직위 해제
및 철저한 조사를 받아야 한다고 공포했다. 이 회의 정신은 '삼반투쟁을
즉각적, 철저한 실시에 관한 지시'를 통해 1월 4일 중공 중앙이 전국 각

---

63) 林毅明, 『中共黨政關係: 黨對國務院領導之硏究』, p.27.
64) "정부에서 당외인사와 영도공작에서 협력하는 부문은 모두 당조의 명의를 사용하
     여 보고한다. … 이러한 보고는 각급별 당위가 독촉하는 책임을 진다. 「中央關於
     中央·大區·省市三級一切工作部門向中央主席和軍委主席作三反報告的指示」,
     中共中央文獻硏究室主編, 『建國以來毛澤東文稿(二)』, pp.653-654.
65) 中共中央組織部主編, 『中國共産黨組織史資料(第九卷)』, p.113.

지에 전달했다.[66)

1952년 1월 11일 총당위는 '삼반운동' 중 영도강화 지시를 공포하고, 1월 19일 총당위 고급간부회의를 소집하여 '탐오사범 집중 타격'을 선포했다. '총당위'가 삼반운동의 추진을 감독, 지휘하는 책임을 맡았기에 정부 부문은 운동 진행에 대한 보고를 필히 '총당위'로 넘겨야 했다. 뤄루이칭은 1952년 1월 8일 공안부의 삼반투쟁 진행 보고를 예시로 하여, 총당위와 절검위에 동시에 보내고, 마오쩌둥과 중공중앙에도 보고했다.[67) 다시 말해서 절검회는 정부 부문의 삼반운동에 대한 감독 책임을 담당하고, 총당위는 당 계통에서 삼반운동을 추진하여, 두 기구가 공동으로 운동에 대한 동원과 추진을 책임졌다.

3. 마오쩌둥이 직접 감독하다

마오쩌둥은 삼반운동에 대해서 적극적으로 개입하는 태도를 보였는데, 초기부터 주도적으로 추진하고 운동의 진행상황도 자세하게 듣고자 했다. 사실 마오쩌둥은 건국 초기에는 탐오 반대운동을 준비하지 않았다. 1951년 8월 가오강이 당중앙에 보낸 보고가 마오의 관심을 이끌어냈고, 11월 20일 중공 중앙은 가오강에게 보고서를 전국 각지로 보내라고 했다. 마오는 보고서에 보충 설명을 추가하여, 전국 각지에 '탐오, 낭비, 관료주의에 대한 반대 투쟁을 견결하게 진행하자'고 호소하였고, 이로부터 삼반운동이라는 명칭이 유래했다. 이후 전국의 여러 가지 형

---

66)「中央關於立即抓緊三反鬪爭的指示」, 中共中央文獻硏究室主編,『建國以來毛澤東文稿(三)』, pp.12-14.

67)「轉發羅瑞卿關於公安部三反情況報告的批語」, 中共中央文獻硏究室主編,『建國以來毛澤東文稿(三)』, pp.32-33.

태의 탐모 부패 문제와 관련한 보고가 올라오면서 마오의 근심은 배가
되었다. 11월 29일 화북국은 중앙에 톈진 지역위원회의 류칭산, 장즈산
의 중대한 탐오 범죄안에 대한 서면보고를 제출했고, 마오로 하여금 더
욱 관료 계통에 대한 탐오 부패 문제의 심각성을 체감하면서 '삼반운동'
의 정식적인 실시를 요구하도록 작용했다.

　운동 진행 과정에서 마오는 탐오 범죄인의 검거수량, 운동보고서 직
접 열람, 보이보와의 정기 만남 등의 방식을 통해 운동과정을 가까이서
파악했다.[68] 보이보는 "마오쩌둥이 관심을 둔 사업은 한번 추진하기로
결심하면, 매우 집요하게 추진하여 절대로 용두사미가 되는 것을 허용
하지 않고, 본인이 직접 무대에서도 절대 퇴장하지 않는다. 마오는 방침
을 제기하는데만 머무르지 않고, 직접 나서서 감독도 하는데, 임무 제기
뿐만 아니라 구체적인 방법까지 제시한다. 삼반운동이 긴급하게 진행되
는 시기에 그는 거의 매일 저녁 내가 하는 보고를 기다리고, 직접 세세
한 부분까지 지시를 내렸다."고 회고에서 밝히기도 했다.[69]

　마오는 비록 탐오반대를 적극적으로 추진했으나 1952년 2월 하순 운
동의 종결 시기에 접어들자, 이미 운동과정에서 수많은 과장 보고와 잔
인한 고문, 강제적인 자백 압박 등의 폐단이 발생한 것을 알고 있었다.
따라서 전국의 각 단위의 지도자들에게 과격한 행위를 중단시킬 것을
당부하고, 절약검사위원회가 탐오문제 처리에 대한 통일적 기준을 책임
지고 완성하여, 군중운동에 대한 부정적 영향을 축소시키려 했는데,[70]
삼반운동에 대한 마오의 관심이 매우 세심했다고 볼 수 있다.

---

68) 楊奎松, 「毛澤東與『三反』運動」.
69) 薄一波, 『若干重大問題決策與事件的回顧(上)』, p.148.
70) 楊奎松, 「毛澤東與『三反』運動」, p.67.

제6절 당이 정부를 영도하는 형태와 당국가 체제

표 7-6의 '정무회의' 조직을 새로이 조사할 때 만약 민주당파 혹은 무당파 인사를 제외하면 이 회의는 당중앙의 대표 뿐만 아니라 당조 간사회 및 심반운동을 추진하기 위해서 특별히 설립한 당정의 두 기구, 총정위와 절검위가 있다. 이러한 교차임명의 '내생적' 당정결합 모델은 상반운동 종결 이후 변화가 발생했다. 1952년 말부터 1953년 세제개혁 사건까지 마오쩌둥은 정부에 대한 당의 영도를 강화하기 시작했다.[71]

정무원은 정무를 추진하는 데 있어서 상대적인 자율성을 지니고 있기 때문에 재경위원회가 주도했다. 세제개혁 사건에서 저우언라이 총리는 직접 세제개혁안을 심의했다. 그러나 즉시 마오쩌둥에게 보고할 수 없었다. 1952년 12월 31일 보이보가 인민일보 시론 '세제 수정을 적극 추진하자'에 '공적/사적 영역의 일률적 평등 납세'라는 단지 한 문장을 추가한 것에 불과했으나, 마오의 분노를 초래했다. 이는 사회주의의 기본 원칙을 위배했다고 생각했기 때문이다. 그 결과 세 차례에 걸쳐 엄중한 비판을 당하고, 결국 이 정책은 분열주의적 오류를 범했다고 비판받고 반드시 당의 영도를 강화해야 된다고 생각하도록 작용했다.[72]

---

71) 武力,「一九五三年的『修正稅制』及其影響」,『中國社會科學』, 第5期(北京, 2005年9月), pp.189-208.

72) 제1차는 마오쩌둥이 1953년 1월 15일 저우언라이 등에게 보낸 편지에서 새로운 세수제도를 성급하게 발표한 것을 비판하고, 중공중앙이 전혀 준비가 없었기 때문에 더 나은 보고를 할 것을 요구했다. 제2차는 재정부문의 간부들이 마오쩌둥과 정치국에 대해 한 보고를 놓고, 마오는 일률적 평등납세가 7기 2중전회 결의를 위반하여, 자본가와 타협하는 '우경기회주의'를 범했다고 첨예하게 비판했다. 제3차는 1953년 6-8월 개최된 전국재경공작회의에서 세제 수정안에 대한 전면적인 검토 문제를 놓고, 보이보에게 자아비판을 하도록 강요했다. 薄一波,『若干重大問題決策與事件的回顧(上冊)』, pp.238-262; 任曉偉,「論1953年修正稅制問題的

〈표 7-6〉 정무회의, 당조, 삼반기관 교차임직 현황

이름	당적 / 당내직무	교차임직 현황
저우언라이	중공(정치국위원, 중앙서기처 서기)	정무원 총리, 당조간사회 서기
동비우	중공(중앙서기처 서기)	정무원 부총리, 당조간사회 제1부서기
천윈	중공(정치국위원, 중앙서기처 서기, 중앙재경위 주석)	정무원 부총리, 당조간사회 제2부서기
궈모로우	무	정무원 부총리
황옌페이	민건, 민맹	정무원 부총리
탄핑산	민혁	정무위원, 절약검사위원회
셰쟈오자이	중공	정무위원
뤄루이칭	중공	정무위원, 총당위, 당조간사회
보이보	중공	정무위원, 당조간사회, 절약검사위원회
쩡산	중공	정무위원, 총당위
텅다이웬	중공	정무위원
장보쥔	농공, 민맹	정무위원
리리산	중공	정무위원
마쉬룬	민촉	정무위원
천샤오셴	민혁	정무위원
왕쿤룬	민혁	정무위원
뤄룽지	민맹	정무위원
장나이치	민건	정무위원
샤오리즈	민혁	정무위원
황샤오훙	민혁	정무위원
리웨이한	중공	정무원 비서장, 당조간사회
리푸춘*	중공	정무위원, 절약검사위원회

주: * 1950년 4월 정무위원으로 새로 추가함.
자료 출처: 저자 정리

이름	당적	정무원 직무	중공중앙 직무
저우언라이	중공	정무원 총리, 외교부장	정치국 위원, 중앙서기처 서기
동비우	중공	정무원 부총리, 정치법률위원회 주임	정치국 위원
천윈	중공	정무원 부총리, 재정경제위원회 주임, 중공업부 부장겸 당조서기	정치국 위원, 중앙서기처 서기(1950), 중앙재경위원회 주석

由來及其歷史實質」, 『黨史硏究與敎學』, 第1期 (福建, 2005年2月), pp.37-38.

이름	당적	정무원 직무	중공중앙 직무
궈모로우	무	정무원 부총리, 문화교육위원회 주임, 중국 과학원 원장	
황옌페이	민건, 민맹	정무원 부총리, 경공업부 부장	
탄핑산	민혁	정무위원, 인민감찰위원회 주임	
셰쟈오자이	중공	정무위원, 정치법률위원회 위원, 내무부 부장	중앙기율위원회 위원
뤄루이징	중공	정무위원, 정치법률위원회 부주임, 공안부 부장	무
보이보	중공	정무위원, 재정경제위원회 부주임, 재정부장	중앙재경위원회 부주석
쩡산	중공	정무위원, 재정경제위원회 부주임, 방직공업부 부장	중앙재경위원회 부주석
텅다이웬	중공	정무위원, 재정경제위원회 위원, 철도부 부장	무
장보쥔	농공, 민맹	정무위원, 재정경제위원회 위원, 교통부 부장	
리리산	중공	정무위원, 재정경제위원회 위원, 노동부 부장 겸 당조서기	중앙직공운동위원회 (즉 중화 전국총공회당조) 서기
마쉬룬	민촉	정무위원, 문화교육위원회 부주임, 교육부 부장, 고등교육부 부장(1952. 11)	
천샤오센	민혁	정무위원	
왕쿤룬	민혁	정무위원	
뤄롱지	민맹	정무위원	
장나이치	민건	정무위원, 양식부 부장(1952. 8)	
샤오리즈	민혁	정무위원	
황샤오훙	민혁	정무위원	
리웨이한	중공	정무위원, 정무원 비서장, 민족사무위원회 주임, 정법위원회 위원	중앙통일전선공작부 부장
리푸춘*	중공	정무위원(1950.4), 재정경제위원회 부주임, 중공업부 부장(1951)	중공중앙 부비서장

1952년 8월 중공중앙은 '정무원 당조 간사회'를 '중앙인민정부 당조 간사회'로 확대하여, 구성원을 11명에서 25명으로 증가하고, 저우언라 이가 서기를, 천원과 덩샤오핑이 각각 제1, 2 부서기를 담당했다. 원래 '당조 간사회'의 제1서기이던 동비우가 중공 중앙 서남국 제1서기 였던 덩샤오핑으로 대체된 것이다. 비록 새로 증원된 구성원 모두 정무원 소

속이었으나, 당의 영향력이 대폭 강화되어, 2명의 정치국 위원(중앙인
민정부 비서장 린보취와 정무원 정법위 부주임 펑전)이 새로이 포함되
었다. 게다가 서남국 제1서기 덩샤오핑과 중공중앙 부비서장 리푸춘도
포함되어, 마오쩌둥의 당중앙이 정부의 당조계통에 대한 통제를 확고히
하려는 결심을 보여주었다.[73]

1953년 3월 10일 중공중앙이 '중앙인민정부계통 각 부문의 당에 대한
보고지시요청제도의 강화와 당중앙의 정부업무 직접 영도 결정'을 발표
하고, 새로 개편된 '중앙인민정부 당조간사회'는 폐지했다. 정무원은 비
록 여전히 정무회의를 유지했으나 당조 공작은 당중앙이 직접 지도하
고, 당정간과 정부 부문간은 수직적 영도체계로 바꾸고 수평관계로는
다시 환원되지 않았기에 정부 업무는 국가계획, 정법, 재경, 문교, 외교,
기타 등으로 구분되어, 지시요청보고제도를 수립하여, 각 부문 책임자
가 정책층위 결정과 처리절차 채택을 결정했다.[74]

분구, 분급, 분부는 대구 영도 제도의 완결판으로써 정부 체제에 대한
당조직의 통제를 더욱 강화했다.[75] 1953년 4월 중공중앙은 '중앙인민정
부 재정경제 부문 업무 영도 강화에 관한 결정'을 발표하여, 정무원의
계획, 재정 업무에 대한 영도를 강화할 것을 결정하고, 향후 이를 국가
계획, 공업, 재정금융, 무역, 철로교통우정, 농림수리협력, 노동과 급여
문제 등 5개 분구로 나누고, 간부의 각 부문 활동 영도를 지정했다.[76]

73) 李格, 「建國初期『政務院黨組幹事會』的演變及中央人民政府調整的原因」, pp.129-130.
74) 「加強中央人民政府系統各部門向中央的請示報告制度和黨中央對政府工作的
直接領導的決定(草案)」, 中共中央文獻研究室主編, 『建國以來毛澤東文稿(四)』,
pp.67-72.
75) 龐松·韓鋼, 「黨和國家領導體制的歷史考察與改革展望」, 『中國社會科學』, 第6
期 (北京, 1987年11月), pp.14-15.
76) 「中央關於加強對中央人民政府財政經濟部門工作領導的決定」, 『中共中央文獻

1953년 11월 '중공중앙 간부관리업무 강화에 관한 결정'은 분부, 분급 관리 간부제도를 수립했다.[77]

지방정부 부분에서 1953년 '큰 권력은 독립시키고, 작은 권력은 분산 시키는' 형태의 정책결정원칙을 세우고, 동시에 지방 당위 영도체제를 강화했는데, 지방이 주요 권력을 당위에 집중하고 지방 당위의 '대구' 영도체제를 수립했다.[78] 일부 지역에서는 심지어 직접 정부 당소를 해산했는데, 베이징 시정부 당조는 1953년 8월 해산조치를 당하고, 일부 지역에서는 당위 서기가 당조 서기를 겸임하기도 했다. 허베이성 당위 서기 린티에는 1952년 12월 전 인민정부 위원회 주석 겸 당조서기 양슈펑을 대신하여 성정부주석, 정부 당조서기, 성당위서기 등 3권을 모두 다 차지했던 적도 있으나, 1954년 대행정구 제도가 폐지되면서 중앙의 지방 통제는 더욱 강화되었다.[79]

분부 및 분급 관리제도의 시행에 따라, 1954년 중국 대륙의 첫 번째 헌법에 의해 설립된 국무원이 더욱 엄밀한 행정 영도 체계를 확립했다. 하부조직으로 정법, 문교, 중공업, 경공업, 재정금융무역, 교통, 농림수

研究室主編』, 『建國以來毛澤東文稿(四)』, pp.180-182.

77) 분부(分部)관리제도는 소련이 모든 간부를 군대, 문교, 계획, 공업, 재정과 무역, 교통과 운수, 농림수리, 소수민족, 정법, 당군중 등 9대 분류를 모방한 것이다. 중공중앙 관련 부문이 책임 관리하며, 특히 재경부문은 반드시 '정치' 보좌직(副職)을 설치하여 당의 영도를 강화했다. 분급(分級)관리간부제도는 소련공간당의 간부직무명단표를 수립한 방법을 모방한 것으로 모든 간부를 직급표에 따라 분류하고, 중공중앙과 성급중앙위원회는 '하관양급(下管兩級)'의 원칙에 따라 관리했다. 「中共中央關於加强幹部管理工作的決定」, 中共中央文獻研究室主編, 『建國以來重要文獻選編(四)』, pp.572-577; 王勁松, 『中華人民共和國政府與政治』(北京: 中共中央黨校出版社, 1995年), pp.358-362.

78) 「工作方法六十條」, 中共中央文獻研究室主編, 『建國以來毛澤東文稿(七)』, pp.42-65; 中共中央組織部主編, 『中國共産黨組織史資料(第五卷)』, p.13.

79) 관련 명단은 中共中央組織部主編, 『中國共産黨組織史資料(第五卷)』; 李格, 「簡述當代中國地方政府制度沿革」, 『黨的文獻』, 第6期(北京, 2005年11月), p.70. 참조.

리, 사적소유 개조 등 8개 사무처를 설립했는데, 이는 1953년 중공 분부 관리의 구조 설계에 부합했다.[80) 1955년 8월 중공 중앙은 조직부가 제안한 업무보고를 비준하여, 다음해 1월에 당중앙은 공업교통공작부(11월에 다시 공업공작부와 교통공작부로 분리)와 재정무역공작부를 설치하고, 1958년 6월 중공중앙은 다시 정법, 재경, 과학, 문교, 외사 등 소조를 구성하고, 직접 중앙정치국과 서기처에 예속시키고, 국무원에 대해서는 '대구 통제를 진행했는데,[81) 이로 인해 '당을 통해 정부를 통제'하는 형태의 경로의존성(path-dependency)에 빠져들었다.

'당을 통해 정부를 통제하는 형태'는 중공중앙의 통제력을 강화시키고, 강제적 조치를 채택함으로써 경제발전을 촉진했다. 그러나 당정관계에 있어서 당의 과도한 간여가 사회경제의 활력을 상실하도록 했다. 1953년 6월 중앙정치국은 사회주의 과도기 총노선의 시행을 결의했다. 1화(산업화)와 3개(농업, 수공업, 자본주의 공상업) 개조를 추진하고, 제1기 경제발전 5개년 계획에 맞춰 정치동원이 가져온 경제확장시기로 들어가며,[82) 그러나[83) 대륙경제가 정체되면서, 개혁개방으로 전환되는 단초가 마련되었다.

---

80) 龐松, 「中華人民共和國政治體制的建立」, pp.58-60.
81) 「中共中央批准中央組織部1955年8月1日給中央的工作報告」, 『中國共產黨組織史資料(第九卷)』, pp.319-343.
82) 胡鞍鋼, 「中國政策週期與經濟週期」, 『中國社會科學季刊』, 第8期(香港, 1994年 夏季), pp.85-100.
83) 胡鞍鋼, 『中國政治經濟史論(1949-1976)』(北京: 淸華大學出版社, 2007年), pp.139-296.

368 중국의 정책결정 _ 지도자, 구조, 기제, 과정

제7절 결론

중공의 당국가체제는 '권력 비대화(頂點化)' 경향이 출현하기가 용이하다. 권력자원이 빈번히 과도하게 공산당에 집중되면서, 다시 소수의 정치국 상무위 엘리트에게로 집중되거나, 어떤 때는 한 사람이 독점하기도 한다. 따라서 당정관계를 어떻게 적절하게 구축하여, 양자로 하여금 권한을 분담하고, 각자 자기일을 수행하도록 하는 것이 중국 대륙 정치개혁의 가장 주요한 과제이다. 일반적으로 '당이 정부를 통치하는 형태' 모델과 비교하면 중공의 정부 수립 초기의 당정관계는 마치 '정부가 당을 영도하는 형태'의 다른 경험을 실현하려는 것과 같으며, 미래 개혁에 있어서 유리한 제도적인 경험을 참고적으로 제공한다.

본 장에서 제기한 '내생적' 당정관계는 중공의 정부 수립 이후 여러 당정 모델 가운데 가장 특수하고 가장 합리적인 모델이다. 경제건설이나 군중동원에 있어서 정부가 상당한 자주권한을 보유하고 있다. 이러한 특수한 당정관계의 운용은 여전히 특수한 제도적 기초 위에서 수립되어 있다. 정부 내부의 주요 지도자로 구성되는 '당조'를 통해 중공이 정무원 업무를 영도하도록 하며, 그러나 당정간 관계가 명확하게 구분되지 않는 상태의 교차침투 및 자연융합적 관계이다. '당조'와 '당위'는 적절한 역할 분담을 통해 군중동원과 경제발전이라는 양대 목표를 수행했다.

삼반운동을 사례로 본 장에서는 '정무원 당조 간사회'가 비록 당의 대리인 신분으로 정책결정에 참여했으나, '정무회의' 구성원과 높은 비율로 중복되어 정책 공감대가 용이하게 형성되어, 당정간의 긴밀한 배합이 정무 발전을 확보하고 군중운동의 영향을 받지 않았음을 발견했다.

설사 '삼반운동' 기간이라 하더라도 정무원은 여전히 상당한 정책결정권을 장악하여 생산과 법치 규범 제정을 주도하고 군중운동의 폭력적 경향을 억제했다. 군중동원 방면에서 당정 부문은 각자 '절약검사위원회'와 '총당위'를 설치했는데, 두 기관 모두 정무원 고위 인사가 공동으로 운동을 추진하면서 당중앙과 당주석에 보고를 했다.

1952년 8월 중공중앙은 '정무원 당조 간사회'를 '중앙인민정부 당조간사회'로 확대하였으나, 곧이어 중공중앙이 직접 정부를 지휘하는 것으로 바뀌면서 바로 폐지되었다. 이후 중공은 국무원을 수평적으로 통제하는 '대구 제도'를 수립하여, 이 때부터 '당이 정부를 지도하는 형태'의 경로 의존성이 강화되었다. 본 장에서 중공의 정부 수립 초기 일시적으로 출현했던 '정부가 당을 지도하는 형태' 모델이 국정운영의 귀중한 경험이라고 생각했다. 불행히도 '당위'의 집권 추세가 강화하면서, '당조'의 정부 운용 기능도 점차 약화되어가고, 중국 대륙의 정치체제의 활력도 사라져 갔다. 개혁개방 이후 중공은 당정관계를 수정했는데, 그러나 아직 합리적으로 제도 배치가 이루어지지는 않고 있다. 변화의 요구 목소리가 들릴 때 정부 수립 초기의 경험은 모델로 삼을만한 충분한 가치가 있을 것이다.

부록: 삼반운동 관련 지시와 명령

■ 발족시기
중공 중앙 공장, 광산, 교통 등 기업의 반혁명분자의 청산과 이들 기업의 민주개혁의 전개에 관한 지시
중공 중앙 화북국의 류칭산, 장즈산 대형 탐오사건 조사 처리 상황 보고에 대한 지시 및 전달

■ 전개시기
중공 중앙 정병간정, 증산절약, 탐오 반대, 낭비 반대, 관료주의 반대에 관한 결정
중공 중앙 베이징시당위 반탐오 투쟁 전개의 보고에 대한 지시 및 전달
중공 중앙 '삼반' 투쟁의 대대적 전개에 관한 지시
중공 중앙 군중의 중앙에 대한 존경, 감사, 편지, 전보, 선물 제한에 관한 지시
중공 중앙 정당 학습과 삼반운동 총력 투입 중지에 관한 지시
중공 중앙 즉각 삼반투쟁 철저 수행에 관한 지시
중공 중앙 삼반투쟁 중 법을 위반한 개인 상공업자 처벌과 자산계급의 반발을 격퇴하는 것에 관한 지시

중공 중앙 선전문교 부문의 예외없는 '삼반'운동 진행에 관한 지시

마오쩌둥의 삼반투쟁 전개 이후 중점 타도 대상을 '호랑이(고위직 범죄자)'색출로 바꿔야 한다는 전보

중공 중앙 우선 대중소 도시에서의 '오반' 투쟁 전개에 관한 지시

중앙인민정부 정무원 구 근거지 공작의 강화에 관한 지시

중공 중앙 '삼반' 운동과 정당운동 통합 진행에 관한 지시

중공 중앙 공장, 광산, 기업에서 어떻게 '삼반' 운동을 진행할 것인가에 관한 지시

마오쩌둥의 호랑이 사냥 예산과 현시구향 단위의 삼반운동 전개 및 제한 기관에 대하여 중앙에 보내는 전보

중공 중앙 중소규모 탐오분자 분리처벌에 대한 보충 지시

■ 종결시기

- 중앙인민정부 정무원 1952년 농업생산에 관한 결정
- 중공 중앙 중남국의 '오반' 투쟁 책략과 배치에 관한 보고 전달에 관한 지시
- 정무원 기관 생산의 통일적 처리에 관한 결정
- 중공 중앙 '오반' 운동 중 공상호 분류 처리의 기준과 방법에 관하여
- 중앙절약검사위원회 탐오, 낭비 처리와 관료주의 오류 극복에 관한 약간의 결정
- 중공 중앙 고등교육기관 '삼반' 운동 진행에 관한 지시
- 중공 중앙 삼반 운동 중 당원의 탐오, 낭비, 관료주의 오류에 대한 당내 처분에 관한 결정
- '오반' 운동 중 인민법정 설립에 관한 규정
- 중공 중앙 오반 투쟁 기간 및 투쟁 이후 8가지 필수 목표에 관한

지시

- 삼반 운동 중 인민법정 설립에 관한 규정
- 중앙절약검사위원회 탐오분자 은닉자금, 장물 추적에 관한 규정
- 중화인민공화국 탐오 처벌 조례
- 중공 중앙 고등교육기관에서의 자산계급 비판 및 '중층' 청산에 관한 지시
- 중공 중앙 '오반' 위반규정, 보안, 후퇴 업무에 관한 지시
- 중공 중앙 '오반' 투쟁 성공적 종결 및 종결 이후 몇 가지 문제 해결에 관한 지시
- 중공 중앙 현향구 단위의 '삼반' 및 중소형 도시의 '오반' 연기에 관한 지시
- 중공 중앙 삼반운동의 기초 위에 당 정비와 구축 업무 진행에 관한 지시
- 중공 중앙 삼반운동 성공적 종결 과정 몇 가지 문제에 관한 지시

제8장
결론

　본 장은 최고 지도자의 권위, 제도 속성 및 국가 자주성 세 가지 측면에서 중국 대륙의 정부 수립 이래 고위층 정책결정 기제를 패권영도형, 원로과두형 및 집체영도형 세 가지 형태로 분류했다. '유한패권형' 정책결정체제에서 최고 지도자는 지고무상의 제도적 권력과 비제도적 권력을 보유하고 있으나, 여전히 제도를 존중하면서 정책결정을 진행한다. 반면에 '무한패권형지도자'는 권한 행사에 구속받지 않고, 제도를 주인이 없다고 보거나 심지어는 주도적으로 체제를 파괴하기도 했다. 과두원로형 통치에서는 '2선'에 있는 원로에 의한 정치간섭이 심각했고, 집체영도형 체제하에서 최고 지도자의 권력은 법규와 제도에서 유래하고, 제도의 속성이 먼저 개인 권위를 초월하여 엘리트 운용의 근거가 되면서, 정책결정 체계에 전문가주의적 분업이 출현하고, 국가에 더 많은 자주권이 부여되었다.

과거 학계는 전체주의 모델로 마오쩌둥에 의한 정권 장악 시기의 중국 대륙의 정치 운용을 묘사하면서 당국가체제를 강대한 결단력을 지닌 도구라고 표현했다. 이러한 일체화의 관리통제 기제가 영향력을 미치지 않는 곳이 없었다. 그러나 실제로 마오 시기의 정책결정은 한번 만들어지면 절대 변하지 않는 단순한 영도 - 피영도 관계가 아니라, 어떤 시기는 '일원화' 패권 통치(Mao in command)가 출현하여, 중앙의 통제력이 강대하지만 최고 지도자의 호령이 엄격하고, 지위에 대한 도전을 허용하지 않지만, 어떤 시기는 '통제하의 제한적인 다원현상'이 출현하여, 중앙 혹은 지방 당정 부문이 일정한 발언권과 정책결정권을 보유했다.

1980년대의 개혁개방은 본래의 당국가체제의 딱딱한 제도와 문화기초로 하여금 시장의 충격을 받도록 하면서, 정치적 혹은 사회적으로 과거의 다원적 발전과는 다른 추세가 나타났다. 먼저 권력분산과 이익분할 정책은 지방에 더 많은 정책결정의 자주권을 부여했다. 권위가 다시금 단순한 상명하달식이 되지 않았고, 각기 다른 성격의 사회단체가 연이어 출현하면서 시민사회가 성장하는 기초를 조성했다. 다음으로 국제공간에서의 참여의 증가는 더욱 많은 정부 부문이 정책결정에 참여하도록 작용했으며, 정보혁명도 네티즌의 정치참여를 점차 활발하게 할 수 있는 요인이 되었다. 그 결과 당국가의 통치 기능은 약화하고 관료 체계의 권위도 해체되어 정책결정과정에서 합의에 대한 요구가 더욱 시급해졌다. 셋째, 시민사회의 성장은 원래의 국가 사회관계 및 정책결정 방식과 과정을 변화시켰다. 수평적 정책결정이 객관적 시대 요구에 따라 나타나면서 중앙과 지방의 '계통관계'에 변화가 출현하고, 지방 정권 차원의 계통관계도 새로운 방향으로 발전되었다.

1980년대 이래 중국 연구는 비교적 미시적 측면과 부차적 계통(次系統)에 대한 깊은 토론을 중시했으나, 체제 전체성에 대한 사고가 부족하고, 중앙 영도 엘리트에 대한 관심도 상대적으로 부족했다. 본 서는 중 공의 '포스트 당국가 체제'의 거시적 구조에 대해 '정태적 정책결정모델' 을 제기했다. 공식제도와 비공식 제도간, 당정간의 상이한 의제 및 상이 한 시기의 지도자의 역할 변화를 통합적으로 조정하여 중국 대륙의 고 위지도자의 정책결정과정과 기제를 깊이 연구하여, 최근 중국 연구의 부족한 부분을 보충하고자 했다.

본 서의 제4장은 구조 면에서 중국 대륙의 고위층 엘리트의 권력 기 원 및 엘리트와 최고 지도자의 관계에 근거하여, 마오쩌둥 시기의 정치 엘리트를 패권형, 2선형, 관료법제형, 시종형 등 4종류로 구분했는데, 관료형 엘리트의 권력기초는 공식 제도이고, 시종형 엘리트의 권력기초 는 패권형 영수(지도자)와의 특수한 관계에 있다. 제5장은 공식, 비공식 제도의 측면에서 중국 대륙의 고위층 엘리트가 중요한 공식적 직위 및 개인 권위를 구비했는가에 주목했는데, 정책결정을 패권형, 공식 법규, 명망, 지위 등 4가지 유형으로 분류하여 마오 시기의 권력 구조 및 정책 결정 과정을 분석했다. 이러한 분석들은 최고 지도자의 역할, 고위층 엘리트의 권력 기원 및 최고 권력자와의 관계를 설명하며, 중국 대륙의 정책결정에 영향을 미치는 핵심요소이다.

이밖에 학자들은 구소련 공산당의 정치발전을 연구하여, 공산주의적 당국가 체제가 설정한 혁명이상과 (경제)발전이라는 두 가지 목표가 상 호 모순적인 것에 주목했다. 따라서 점차 '동원 해제(demobilization)'가 (경제)발전을 강조하는 권위주의 정권으로 전환되고, 정권의 포용성이 확장되면서,[1] 필연적으로 권위의 약화 및 정부 자주성의 증가를 유인했 다. 본 장은 전술한 각 장의 중국 대륙의 정책결정에 영향을 미치는 주

---

1) 趙建民, 『威權政治』(台北: 幼獅文化事業公司, 1994年), pp.94-95.

요 변수를 종합하고, 당국가 체제 전환 이론을 참조하여, 최고 지도자의 권위, 제도 속성 및 국가 자주성 세 측면에서, 중국 대륙의 정부 수립 이래의 고위층의 정책결정기제를 패권영도형, 원로과두형, 집체영도형 세 종류로 구분했다. 또한 각 유형에는 부차적 유형이 나타날 수 있다. (표 8-1 참조) 세 가지 주요 요인 중 최고 지도자 권위 및 권력 행사에 대한 욕구와 인식이 가장 핵심으로서 직접 제도 운용과 국가 자주성의 강약에 영향을 미쳤다.

제1절 유한패권형 정책결정

전술한 지표에 근거해 표8-1은 중국 대륙의 중앙 정책 결정 체제를
패권영도형, 원로과두형 및 집체영도형 세 가지 형태로 분류했다. 또한
패권영도형은 1958년을 경계로 유한형과 무한형 두 종류로 분류된다.
중공 당내 고위층이 1958년 바로 이 시기를 마오 시기 통치와 정책결정
의 핵심 시기라고 간주했기 때문이다. 예를 들어 덩샤오핑은 1980년 대
약진 운동의 잘못을 아래와 같이 종합했다. "1958년의 무모한 진행에
대한 반대와 1959년 우경 반대 이래 당과 국가의 민주생활은 점차 비정
상이 되고, 일언당(최고지도자의 말 한마디로 모든 것이 결정되는 형태)
문제, 개인이 중대문제 결정하기, 개인숭배, 개인이 조직을 능가하는 '가
장제'적 현상이 지속적으로 증가했다.[2]

후챠오무의 회고에 의하면 1958년부터 마오는 중앙정치국 회의를 직
접 주재하지 않았다. "위원들이 다 집합하면 마오가 방에서 나와 자신의
의견을 말한 다음, 다시 방으로 들어가 자기 일을 했다. 모두는 그의
지시에 대해 토론할 뿐이다. 이때 이후 중앙정치국은 회의를 개최해도
다른 의견제시는 없었고, 거수 표결을 통해 소수가 다수에 복종하는 형
태였다. 모든 사항에 대해서 마오가 결론을 내리고 의사봉을 두드려 안
건을 결정했다."[3]라는 언급에서 1958년의 중요성을 볼 수 있을 것이다.
다음은 표 8-1에서 제시한 세 가지 지표에 근거해 중공의 정부 수립 이
래의 네 가지 정책결정 유형을 검토할 것이다.

---

2) 鄧小平,「黨和國家領導制度的改革」,『鄧小平文選, 1975-1982年』(北京: 人民出
版社, 1983年), p.290.
3) 楊尙昆等著,『我所知道的胡喬木』(北京: 當代中國出版社, 1997年), pp.164-165.

〈표 8-1〉 중국 대륙 정책 결정 형태

	최고지도자 개인권력	제도 속성	국가 자주성
패권형 영도	무한형 (1958년 이후의 마오쩌둥)	유한형 (1958년 이전의 마오쩌둥)	정권 수립 초기
원로 과두	1987년 이전의 덩샤오핑	1987년 이후의 덩샤오핑	덩샤오핑 시기
집체 영도	?	15대 이후	15대 이후

자료 출처: 저자 정리

유한패권영도형 정책결정체제에서 최고 지도자는 최고의 제도적, 비제도적 권력을 보유하지만, 여전히 제도를 통해 정책결정을 집행하기를 원한다. 마오쩌둥은 1943년 3월 중앙정치국의 동의로 주석 신분을 획득한 이후, 정치국과 서기처가 토론한 문제에 대한 '최종 결정권한'을 보유했다.[4] 제7기 1중전회에서 중앙위원회, 중앙정치국, 중앙서기처 3개 기관의 주석이라는 제도적 권력을 부여했다. 당의 8대 이후 마오는 당내부의 중대 정책에 대한 안건 제시 및 조직과 인사에 대한 결정권 대부분을 차지했다. 하지만 당내 중대 정책 결정에 있어서 기본적으로 많은 부분을 체제내에서 진행했으며, 정책 제정 이전의 합리적 토론과 조사역시 비교적 충분하게 이루어졌다.

최고 지도자로서 마오쩌둥은 정권 초기에 제도를 존중하여, 당 주석과 중앙인민정부 주석(즉 이후의 국가주석) 등 체제 내 직위로 정책결정에 참여하면서, 전쟁시기의 고도 집권 체제에서도 분권 형태를 경험하기도 했다. 정치국과 서기처의 일원화 구조를 2원 구조로 바꿔 정치국 상무위원회를 회복하거나, 서기처의 지위를 낮추면서 총서기를 회복시

---

4) 席宣, 金春明,『"文化大革命"簡史』(北京: 中共黨史出版社, 1996年), pp.27-28. 그러나 楊中美와 Barnett는 1945년 6월 13일 거행된 중공 7기 1중전회에서 마오는 중국 당내 중대문제의 최종 결정권한을 획득했다고 본다. A. Doak Barnett, The Making of Foreign Policy in China: Structure and Process (Boulder, Colorado: Westview Press, 1985), p.7; 楊中美,『新紅太陽 : 中共第五代領袖』(台北: 時報文化, 2008年), p.28.

키기도 하면서, 정치국 상무위원회가 최고 권력기구라는 인식을 확립시켰다. 먼저 정치국, 정치국 상무위, 서기처 등 정책결정기관의 직책을 합리적으로 조정하고, 최고 정책결정기관을 '1선, 2선'으로 분류하고 직접 정치국과 상무위를 주관했는데, 모두 제도를 중시한 결정이었다. 이 시기 패권형 지도자는 권력에 대한 절제와 통치자가 가져야 하는 겸손을 보여주었다. 1955년에서 1958년까지 마오의 권력은 정점에 도달했지만, 정책결정은 여전히 엄격한 자세로 대처했다. 비록 여러 가지 중대 문제와 당내 관련 업무 책임자(류샤오치, 덩쯔후이)와 의견의 불일치가 있었으나 여전히 합리적으로 논쟁하기를 원했다.

체제유지에 대한 패권형 영도의 태도는 새로 조성된 제도를 통해 특성이 나타났다. 그 중 하나의 지표가 바로 당내 정치생활의 정상화이다. 정치국 및 상무위 모두 정기적 회의를 소집할 수 있었고, 출석하는 구성원도 모두 체제 내에서 합법적으로 선출된 인원이었다. 비록 최종적으로 마오가 중앙 부문의 사상을 통제했지만 지방과 소통하는 과정을 통하여 성급 당위 공작회의가 가장 중요한 정책결정기관이 되도록 했다. 반드시 제도적 정책결정 시스템에 따른 절차를 통해 추인받도록 했다. 예를 들어 1950년대 후반 마오는 성·시·자치구 당위원회 서기 회의에 대한 편애를 명확히 드러냈다. 수많은 중대한 정책노선은 모두 지방당위 회의의 산물이었으며, 하나의 정책은 항상 여러 대규모 지방 지도자 회의를 거치도록 한 다음, 다시 중앙위원회를 경유하도록 하여 합법성을 부여했다. 농업합작화 운동을 사례로 들면 마오와 중공중앙 농촌공작부 부장겸 국무원 부총리였던 덩쯔후이 사이에 운동 진행속도를 놓고서 심각한 의견 차이가 발생했는데, 이 논쟁은 '대약진 반대'(즉 덩쯔후이는 농업의 사회주의 집단화가 약진에 적합하지 않다고 생각)와 '말에서 내리는 것 반대'(마오는 덩의 주장이 말에서 내리자는 것으로 생각)

라는 논쟁으로 확대 되었다.[5] 마오는 1955년 3개 지역에서 지방 최고지
도자 회의를 연속으로 개최하여 농촌이 새로운 사회주의 운동의 고조
시기에 곧 직면할 것이라고 주장하면서, 덩쯔후이를 가리켜 "전족한 여
인처럼 길을 걸으면서, 이리저리 비틀거린다."고 조롱했고, 이어 개최된
제7기 6중전회에서 농업합작화 결의를 통과시켰다.[6]

　최고지도자의 시정이념 및 방대한 관료체계의 출현은 국가에 약간의
자주성을 부여했다. 모리스 메이스너(Maurice Meisner)는 정부 수립 초
기에 중공이 점진적으로 강력한 중앙집권체제 및 방대한 관료체계를 발
전시키면서 농공업의 집단화와 국유화를 추진했고, 자본가계급의 청산,
공업의 현대화 추진과 사회전환 정치공정의 완성을 통해 이루어 냈다.
그 결과 국가가 사회경제를 지배할 뿐만 아니라 점차 사회와 분리되기
시작하여, 통치자와 피통치자와의 간격이 더욱 확대되었다라고 평가했
다.[7]

　국가자주성은 아직 소멸되지 않았음을 알 수 있다. 이는 정부 수립
초기 더욱 명확해졌는데, 본 서의 제7장에서 제기한 '내생적' 당정관계
는 긍정할 만한 가치가 있는 모델이며, 공산당이 정무원 운용에 직접
간여하지 않고, 정부 체계 내부의 당조를 통하여 간접 영도를 하는 것이
다. 당정 구조의 결합은 당국가 체제에서 '당이 정부를 대체하는 형태'의
정무 간섭이 아니며, 정무원은 정무 제정, 인사 임용 및 군중운동 전개
등에 있어서 모두 상당한 자주권을 향유하고 있었다.

5) 薄一波, 『若干重大問題決策與事件的回顧(上冊)』(北京: 中共中央黨校出版社,
　　1991年), p.337.
6) 薄一波, 『若干重大問題決策與事件的回顧(上冊)』, pp.326-337.
7) Maurice Meisner, *Mao's China and After: A History of the People's Republic* (NY:
　　The Free Press, 1999), pp.421-422.

제2절 무한패권형 정책결정

'무한패권형 지도자'는 방대한 공식 권력과 명성을 보유하고 있다. 그러나 자의적으로 권력을 행사하면서, 오히려 구속받지 않으려 하고, 제도를 없는 것처럼 간주하거나 심지어 이미 존재한 체제도 무시한다. 때문에 적극적으로 기존 체제를 파괴하는 역할로 인식되며, 게다가 '시종형' 엘리트의 선동이 부채질 역할을 하면서 이 시기의 중국대륙은 법치의 부재, 제도의 사망, 국가의 자주성도 거의 없는 상태라고 말할 수 있다.

1956년 이후 마오는 정치국과 정치국 상무위 등 공식 체제 내의 정책결정 시스템을 회피하고 무시했다. 오히려 두 기관의 확대회의를 자주 소집했다. 1958년 당내에서 마오에 대한 개인숭배현상이 출현하면서 마오의 권력은 당중앙을 능가하여, 무엇에도 구속받지 않는 '무한패권형 지도자'가 되었다.

제도적 측면에서 말하자면 마오쩌둥의 제2단계 통치는 암흑기와도 같다. 1959년 8월 뤼산회의에서부터 마오쩌둥이 사망한 1976년까지 17년 동안 당장(당헌)에 당대회 폐회 기간 중 최고권력기관으로 규정되어 있는 중앙위원회는 불과 9차례 개최되는 정도에 불과했다. 무한패권형 지도자는 기존 제도에 대한 증오를 문화대혁명 10년 동란 기간 내내 유지하면서 마오는 기존 제도를 전복시킬 것을 독려했다. "천하의 커다란 혼란이 종식되고 안정을 이루기 위해서는 현재의 임무를 전당 전국가가 기본적으로 우파를 타도해야 하고, 또한 7-8년 이후 다시 한 번 사회에서의 추악한 인물을 청소하는 운동을 해야하고, 이후에도 여러 번 제거해야 한다."[8]라고 희망을 표현했다. 이는 (기존) 체제에 대한 선전포고

였다. 마오는 베이징에 '두 개의 독립왕국'이 있다고 비판하면서, 지방당
위 제1서기들에게 "만일 중앙에 수정주의가 출현하면, 너희들이 반란을
일으켜야 된다"라고 말했다.9) 또한 군대와 지방지도자에게는 "만약 베
이징에 정변이 발생한다면, 너희들은 어떻게 할 것인가"라고 묻기도 했
다.10) 이러한 언급 모두가 기존 체제에 대한 마오의 인내심이 상실되고
있으며, 전복하겠다는 결심을 갖고 있었음을 보여주었다.

　자기주장이 강하고 제도를 경시하는 패권형영수의 도전에 직면하고
게다가 국수주의 사고에 빠진 대중의 협공을 받으면서, 1선의 지도자는
바로 제도를 바꿔 활로를 찾으려 했다. 크고 상대적으로 느슨한 중앙공
작회의를 중대한 정책결정 장소로 삼아 위험을 분산시키고 정치적 흐름
을 변화시키고자 했다. 실제로 중앙공작회의가 정치국 및 상무회의의
확대회의가 되었고, 1960년대 상반기에만 19회에 걸쳐 개최되었는데,
결국 이는 제도를 약화시키는 요인으로 작용했다.

　문혁기간 당정의 구체제는 무자비하게 파괴되었고, 새로운 제도가 마
치 비온 뒤 죽순이 나오듯이 연속적으로 등장했다. 중앙문혁소조와 각
지방의 혁명위원회가 구체적인 사례이다. 그러나 이 시기 격정적인 국
수주의를 바탕으로 형성된 급진적 조직은 다양성을 담보하지 못했다.
따라서 혁명위원회 형태의 조직은 잠깐 나타났다가 곧 사라지고, 문혁
소조의 핵심 구성원도 문혁운동이 종결된 이후에 곧바로 체포되었다.

　국가자주성 측면에서 1958년 6월 중공중앙은 정법, 재경, 과학, 문교,

---

8) 「毛澤東給江靑的一封信」, 『中共機密文件彙編』(台北: 國立政治大學國際關係研
　究中心, 1978年), pp.38-40.
9) 席宣, 金春明, 『'文化大革命'簡史』, p.55.
10) 王年一, 『1949-1989年的中國: 大動亂的年代』(鄭州: 河南人民出版社, 1996年),
　　p.14.

외사 등 부문에서 소조를 설립하고, 중앙정치국과 서기처를 직접 산하 기관으로 귀속시킴으로써 국무원에 대한 '직접 통제' 시스템을 형성했다. 중국 대륙은 이때부터 '당이 정부를 지도하는 형태'의 당국가체제로 변질되면서 정부 자주성은 점차 소멸되고, 문혁 시기의 당정기관은 이름만 유지한 채 실제 활동은 중단되었다.

제3절 과두원로형 통치

'과두원로형 정치'의 가장 큰 특징은 정권의 과도기적 성격이다. 당내에서 법적으로 최고 지도자가 겸직여부와 상관없이 당중앙군사위를 장악하지 못하면 실제로는 최고 지도자가 아니다. 세 종류의 체제에서 권력이 가장 작고, 제도 속성과 국가 자주성이 비록 증가하지만 체제 외부에서 오는 간섭도 적지 않다. 이러한 특수한 구조를 조성하는 요인은 원로의 정치적 간섭에 있다. 이들 원로들은 비록 1선의 지도자는 아니지만 2선의 직위로 공식, 비공식 제도적 권력을 결합하여 1선 지도자를 지휘한다. 과두원로형통치 형태는 한번 만들어지면 절대로 변하지 않는 것은 아니다. 일정 부분은 생략하고, 제도적 속성이 과다하게 많을 수 있다. 1987년을 경계로 두 단계로 구분하는데, 이전 시기는 체제에 대한 충격이 비교적 큰 상태이고, 이후 시기는 제도적 운용기제가 점진적으로 확립된 상태이다.

'과두원로형 통치'는 파벌정치의 산물이다. 예젠잉, 덩샤오핑, 천윈, 리셴녠 등을 중심으로 구성된 원로들은 모두 정치국 상무위 출신이고, 동시에 중앙군사위 주석(덩샤오핑)과 부주석(예젠잉)을 겸직했다. 그러나 개혁개방 정책에 대해서는 각자 생각이 다르기 때문에, 체제내부의 정책결정과 집행은 저항에 부닥쳤다. 1선 업무를 담당하는 2명의 젊은 상무위원인 후야오방과 자오쯔양은 권력이 확고하지 못했기 때문에 파벌과 이데올로기 투쟁에서 희생양이 되었다.

파벌원로 가운데 덩샤오핑의 역할이 가장 핵심적이었다. 그는 당내 서열은 후야오방, 자오쯔양 다음으로 세 번째에 위치해 있으나 중앙군사위원회 주석신분을 지녔기 때문에, 정치국 상무위원회를 소집할 수 있었으며, 상무위는 중대 문제에 직면하면 반드시 덩에게 지시를 받아야 했다.[11]

덩샤오핑은 중대한 인사와 정책에 대한 결정권과 부결권을 가지고 있으며, 후계자를 실각시키기도 하면서 정치국과 상무위를 능가하는 권력을 행사했다. 이는 마오가 1943년 정치국으로부터 '최종결정권한'을 획득한 것과 방법은 다르지만 동일한 효과를 갖기 때문에 실질적인 최고 지도자가 되었다. 1987년 1월 덩은 자택에서 정치국 상무회의를 소집하였고, 후야오방을 총서기 직위에서 축출할 것을 결정했다. 그러나 출석자 가운데 다수는 상무위원은 아니었으며, 후야오방도 초청받지 못했지만, 덩은 회의에서 '중앙정치국 집체영도의 대표'라는 직함을 얻었다.[12]

원로과두형 통치는 '포스트 마오 시기'에 발생한 것으로 제도상의 신구교체를 내포하는데 권력의 기원은 개인과 제도 둘 다라고 할 수 있다. 당중앙의 권위 행사에 대한 저항이 점증하면서 계층적 권위(hierarchical line of authority)가 출현하였고, 중요정책에 대한 결정은 반드시 원로간의 협상을 통해 이루어졌다. 그러나 비교적 중요성이 덜한 낮은 단계의

---

11) 張良, 『中國「六四」真相(上)(下)』(香港: 明鏡出版社, 2001年), p.424.
12) 阮銘, 『中共人物論』(美國紐澤西: 八方文化企業公司, 1993年), p.167.

일상적, 기술적 정책의 결정은 제도가 처리했다. 전자는 독재와 과두정
치 순환을 발생시키고, 후자는 점차 제도적 정책결정을 지향한다.[13]

　덩샤오핑은 비록 혁신에 뜻을 두었으나 파벌의 영향, 역사적 유산과
정서, 제도적 속성의 취약에 따라 일정정도 제약을 받았기 때문에 균형
적으로 운영하기 쉽지 않았다. 서기처를 회복시킨 목적이 바로 제도적
측면에서 중앙정책결정기관의 법적 위상을 구축하기 위한 것이다. 1982
년 제12기 공산당 전국대표대회에서는 권력독점을 방지하기 위해서 당
주석직을 폐지하고 당장에 총서기, 중집위 제1서기, 중앙고문위 주임,
중앙군사위 주석은 모두 반드시 정치국 상무위원이 담당하도록 하여,
향후의 상무위 중심의 '업무분담' 조직 구조를 확립 했다. 또한 국무원
총리와 총서기의 직무 분할이라는 선례도 수립했다. 예를 들어 자오쯔
양은 경제문제를 처리하고, 후야오방은 전면적으로 당무, 정치, 이론,
이데올로기 등을 책임맡도록 한 것이다. 이는 모두 제도적 권위를 공고
히 하는데 유리하게 작용했다.

　그러나 다른 한편으로 1980년대에 제기된 여러 방안 혹은 제도는 모
두 1956년의 제8차 당대회의 결정을 모방한 것이다. 예를 들면 덩이 제
11기 5중전회에서 서기처를 회복시킨 의미는 당·정·군·민을 영도하기
위해서이며, 제12차 당대회의 당장 규정에 "중앙서기처의 임무는 중앙
정치국과 상무위원회의 영도하에 중앙의 일상업무 처리"라고 한 것 역
시 모두 제8차 당대회에서의 규정과 동일하다. 덩은 정치국 상무위를
1선과 2선으로 구분하고, 후야오방과 자오쯔양은 1선으로, 덩샤오핑, 리
셴녠, 예젠잉, 천윈 등 4명의 원로는 2선으로 배치했는데 마오 시기와

---

13) Carol Lee Hamrin and Suisheng Zhao, "Introduction: Core Issues in Understanding
　　the Decision Process," In Hamrin and Zhao, eds. *Decision-making in Deng's China:*
　　Perspectives from Insiders (Armonk, N.Y.: M. E. Sharpe, 1995), p.xxxvi.

큰 차이가 없다. 상무위는 자주 열리지 않았고, 정치국 회의도 중대한 문제가 발생했을 때만 비로소 개최되었으며, 서기처의 실제 지위는 정치국 상무위를 능가한 최고 정책 결정 기관이 되었다. 하지만 중요한 정책결정은 원로들의 협상을 통해서 이루어졌다. 이는 제도적 속성의 구축과는 거리가 먼 것이다.

국가의 자주성과 관련해서는 본 서의 제1장에서 학계의 연구가 1980년대 이후 중국 대륙의 경제정책 결정권은 국무원이 처리하는 것으로 바뀌고, 당은 오직 정책방향의 설정만 관리하는 것이라고 보았다. 따라서 국무원 상무위가 경제정책의 주요 결정기구가 되었다. 관료의 계층별 구조에서 정책형성은 1인이 독점 결정하는 것이 아닌 '관료 분절화' 상황이 나타났다. 다시 말해서 관료체계 각 기관사이의 연결이 느슨해졌다. 그러나 정책 결정은 협력 및 경쟁과 관련되어 있기에 반드시 각 기관 사이 공감대가 형성되어야 비로소 정책으로 구현되고, 정책 자주성도 분명하게 향상되었다. 경제개혁 및 분권과정을 통해 형성된 결과는 지방자원 및 조건을 충실하게 했고, 자주성을 증가시켰다.

제4절 집체영도형 체제

집체영도형은 공산당의 당국가체제가 개인독재를 피하기 위한 설계 가운데 하나이다. 그러나 실제 운용에 있어서 '집체'는 '집중'을 극복하지 못했다. 민주와 서로 어긋나면서 집체영도는 유명무실해졌다. 소련의 혁명전쟁기간에 민주집중제는 이미 운영상의 어려움이 나타났는데, 레닌은 한편으로 '집체영도가 필요하다'고 강조하면서 당내비판 등 개인

독재를 방지하기 위한 제도로서 확립시켰다. 그러나 다른 한편으로는 '전투명령체계'라는 고도의 집중을 강조하는 체제도 구축했다.[14] 패권형통치와 원로과두형정치가 종결된 이후 중국대륙은 마침내 집체영도형으로 바뀌어 가고 있는데, 총서기가 명실상부한 최고지도자가 되었고, 그 권력의 합법성은 법규 및 제도에서 출발했다. 제도 속성이 처음으로 개인 권위를 초월하여, 고위급 엘리트 운용의 주요 근거가 되면서 비공식 제도의 영향은 큰 폭으로 감소하고, 정책결정 체계에 전문화 역할분담이 나타나면서 국가에 더 많은 자주권이 부여되었다.

제13차 당대회에서는 중공 당내 고위층 정책결정의 제도화에 대한 매우 중요한 의의를 지니고 있다. 비록 집체영도는 원로정치로 인해 제대로 실현되지 못했지만, '포스트과두정치'의 기초를 다졌다. 13대 이후 통과된 정치국, 정치국 상무위 및 서기처 등의 업무규칙은 최고 정책 결정 체제가 처음으로 법규화된 것으로, 3개 최고 영도 기관 사이의 기능과 위상이 명확해졌다. 예를 들어 최고정책결정기관의 정기회의, 총서기의 상무위에 대한 정기보고, 공통된 인식에 따른 결정을 통하여 총서기의 권한을 축소하고, 정치국 상무위가 정치국에 대한 정기 보고 업무, 정치국의 중앙위원회에 정기보고 업무, 정치국에 처음으로 4명의 지방지도자의 참여와 해방군세력의 퇴출 등은 모두 집체영도형 체제의 발전에 유리하게 작용했다.

1989년 6월 장쩌민이 총서기에 선출된 이후, 정책결정권이 정치국 상무위원회에 집중되었는데, 서기처의 권력이 비대해지는 것을 피하기 위해서, 바로 정치국 상무위 직속의 위원회와 영도소조의 권한과 편제를 확대했다. 이에 따라 중앙군사위, 중앙정법위, 중앙외사영도소조, 중앙

---

14) 趙建民, 「權力結構」, 『當代中共政治分析』(台北: 五南, 1997年), pp.12-13.

재경영도소조 등이 포함되었으며,[15] 정치국, 정치국 상무위, 서기처의 제도화가 점차적으로 이루어졌다. 13대 이후 원로들은 당의 최고 정책 결정기구에서 퇴임하였고, 제14차 당대회에서 중앙고문위원회가 폐지 되었는데, 이 모든 것이 총서기의 권한을 제도화하는데 유리하게 작용 했다. 원로들이 단계적으로 정치 1선에서 은퇴한 이후 정치국 및 정치 국 상무위와 서기처가 당장 및 당내 법규에 따라 운용되면서, 상쩌빈 총서기가 각종 직권을 수행할 수 있게 되어 실질적인 최고 지도자가 되 면서 중공 당내 고위층 권력구조가 정상적으로 운영되기 시작했다. '집 체영도, 책임의 분담' 및 '지도자의 책임, 역할의 분담' 등의 민주집중제 운용 방식이 이루어지면서,[16] 총서기는 여러 정책결정자 가운데 한 사 람으로 위상이 확립되었다.

2002년 제16차 당대회에서 후진타오가 권력을 장악한 이후, 중공 최 고정책결정기관의 제도화가 다시 진전을 이루었다. 총서기 권한은 한층 더 축소되었고, 정치국 체제의 대표(서기처, 중공중앙 부문, 국무원, 군 대, 전국인대 계통)의 정형화, 해방군 대표의 인원수 고정, 최고 지도자 를 '영도 핵심'으로 호칭하지 않는 등, 이 모든 것이 집체영도형 체제의 확립에 유리하게 작용했다.[17] 2012년 제18차 당대회에서 선출된 새로 운 영도계층 가운데 기술관료 비율이 감소하고, 경력제(資深制) 추세가 명료해 진 가운데, 후진타오 총서기와 중앙군사위 주석에서 동시 퇴임 함으로써 시진핑으로 하여금 40년 이래 첫 번째로 당정 최고 직책을 동

---

15) 林和立, 「中共'十八大'後的派系平衡與改革展望」, 中共'十八大'精英甄補與政治 繼承之變遷·政策與挑戰國際學術研討會, 2012年4月21日, 國立政治大學國際關係研 究中心,

16) 본 서의 제3장 참조.

17) Alice Miller, "The New Party Politburo Leadership," *China Leadership Monitor*, no. 40(2013), p. 10.

시에 담당한 지도자가 되도록 했다.

국가 자주성 측면에서 대륙의 정책결정환경에 다원화, 전문화, 분권화 경향이 출현하여,[18] 고위층 정책결정 기제 뿐만 아니라 정부 부문 내의 전문화와 전담화(專職化) 추세가 매우 명확해지면서, 정책결정도 의제에 따라 변화해 가는데, 이 모든 것이 국가에 비교적 많은 자주성 공간을 부여했다. 예를 들어 경제영역은 관료 체계 내부의 자원 획득과 협상에 관련되어 있는데, 정책결정은 분산되고 분절화되었다. 그러나 미디어, 교육, 문화, 과학기술 등 비교적 이데올로기 성격이 강한 영역은 여전히 소수의 고위층 지도자가 장악하고 있다. 외교영역으로 말하자면 내부의 안전과 군사 등 중대한 전략적 국가안보 의제와 관련되어 있기에, 정책결정 권한은 여전히 고도로 집중되어 있다. 층위가 낮은 양자관계, 대외경제, 문화 관계 등은 분권을 통해서 하위 직급에서 제도를 통한 정책결정이 이루어지기도 했다.[19] 예를 들어 과학기술, 경제, 지방, 대만 및 글로벌 사무 등의 외교정책과 관련된 영역은 종종 외교부문 한 부서가 독자적인 결정을 내릴 수 없다. 인원 및 기관의 전문성에 따른 역할분담은 국제경제무역과 금융 방면에서 특히 명확히 나타난다. 정책형성과정에 참여하는 조직, 단체와 개인도 모두 증가하면서, 거의 모든 중앙 부회(부서 및 위원회)가 의견을 제출하는 권한을 지녔다. 때문에 협력 부서간 협력을 조정하는 부처가 이끄는 소조의 숫자로 증가

---

18) David M. Lampton, "China's Foreign and National Security Policy-Making Process: Is It Changing and Does It Matter?" In David M. Lampton, ed. *The Making of Chinese Foreign and Security Policy in the Era of Reform, 1978-2000.* (Stanford, Cal.: Stanford University Press 2001), pp.9-10.

19) Suisheng Zhao, "The Structure of Authority and Decision-Making: A Theoretical Framework." In Hamrin and Zhao, eds. *Decision-making in Deng's China: Perspectives from Insiders*, p.240.

했다.

정책결정의 분권화는 국제경제영역에서 가장 명확하게 나타났다. 외교정책에 참여하는 성급 지방이 증가하고, '권력분산과 이익분점' 정책이 서로 다른 정부 부문 및 지방정권에 더욱 많은 운동 공간을 부여하면서, 과거 중앙에 예속돼 있던 수많은 권한이 점진적으로 지방으로 이전되었고,[20] 지방의 자주성이 대폭 증가했다.

본 서의 제6장은 중공정책결정 체계 내부에 '이원 이익'이라는 다른 경향이 존재한다는 점을 주장했다. 국방안전과 이데올로기 등의 '높은 정치(high politics)' 영역과 같은 정책 민감성이 높은 것은 '당국가 이익(party-state interests)' 정책결정에 귀속되고, 공공건설과 경제무역 등의 '낮은 정치(low politics)' 범주에 속한 정치 민감성이 비교적 낮은 것은 '부문 이익(bureaucratic interests)' 정책결정으로 귀속된다. 속성상 '부문 이익' 정책결정은 '분절적 권위주의' 모델에 매우 접근해 있고, 정부의 다른 부문 혹은 지방의 이익추구경향이 확실히 존재한다. 그러나 '당국가 이익'정책결정에서 당중앙은 여전히 높은 정도로 결정권한을 행사하며, 부문과 지방의 공간은 크지 않다. 이는 중앙과 지방의 각기 다른 '수평수직관계'를 형성하고 있음을 보여주고 있다.[21] 이러한 '이원 이익' 구조에서는 정책의 속성이 정책결정의 방식과 결정권자를 설명하고 있다.

개혁개방 이래 중국 대륙의 정치 생태계는 거대한 변화가 발생했다. 사회자주성의 증가, 다원화 경향의 농후, 정책결정 전문성의 향상, 결정

---

20) Jae Ho Chung, "Reappraising Central-local Relations in Deng's China: Decentralization, Dilemmas of Control, and Diluted Effects or Reform." In Chien-min Chao and Bruce Dickson, eds. *Remaking the Chinese State*. (New York: Routledge, 2001), pp.46-75.

21) 趙建民, 「塊塊壓條條: 中國大陸中央與地方新關係」, 『中國大陸研究』, 第38卷 第6期(1995年6月), pp.66-80.

영역과 상황의 복잡화 등의 요인으로 인해 이제는 단일 모델로 설명할 수 없다.

　본 서는 서로 다른 상황 및 사례를 통해 중국 대륙의 정책결정의 생태변화 및 관련된 요인과 과정을 분석했다. 그러나 단지 좁은 문을 여는 것에 불과하며, 미래에 더 많은 연구가 필요하다. 이는 '상황정책결정모델'의 내용을 더욱 풍부하게 해 줄 것으로 기대한다.

▌ 참고문헌

중문 참고문헌

「1984年國務院批准三峽工程方案過程倉促」, 星島環球網(2006年6月9日), http://
　　　www.singtaonet.com/feitures/sanxia/sanxia8/t20060609_252331.html.
「一個世紀的偉大穿越: 黨中央關心青藏線建設紀實」, 新華網(2006年7月9日),
　　　http://big5.xinhuanet.com/gate/big5/news.xinhuanet.com/politics/2006
　　　-07/09/content_4810743.htm.
「青藏鐵路有隱憂」, 星島日報, (香港, 2008年11月17)日, 版E1.
「青藏鐵路攻克三大世界性難題」, 青藏鐵路網(2005年11月15日),
http://www.qh.xinhuanet.com/qztlw/2005-11/15/content_5498765.htm.
「青藏鐵路沿線城鎮介紹」, 青藏鐵路網(檢索日期: 2010年2月26日), http://
　　　www.qh.xinhuanet.com/qztlw/czjs.htm.
「青藏鐵路建設領導小組成立」, 中華人民共和國中央政府網(2006年1月2日), http://
　　　big5.gov.cn/gate/big5/www.gov.cn/ztzl/2006-01/02/content_145415.htm.
「青藏鐵路環保弊病浮現」, 新報(香港, 2006年11月2日), 版A15, http://www.
　　　voanews.com/chinese/archive/2006-07/w2006-07-02-voa39.cfm.
丁望, 『中共「文革」運動中的組織與人事問題』(香港: 當代中國研究所, 1970年).
三峽工程論證領導小組辦公室, 「三峽工程論證專題摘要」, 劉榮波主編, 『中
　　　國三峽建設年鑒』(1994 年)(北京: 中國三峽出版社, 1995 年).
千龍新聞網編, 「毛澤東主持起草中華人民共和國第一部憲法」, 中國網(北京:
　　　2003年10月22日), http://big5.china.com.cn/chinese/zhuanti/qdxxlfchx/
　　　463953.htm.

〈B〉

包淳亮, 『中國大陸國家主席的職權演變』, 未出版.

白貴一, 「對過渡時期我國黨政關係演變的歷史考察」, 『河南大學學報』(社會
　　　科學版), 第38卷 第5期(開封, 1998年9月) 頁55-58.

本書編寫組, 『黨內監督條例和紀律處分條例解讀』(北京: 硏究出版社, 2004
　　　年).

薄一波, 『若干重大問題決策與事件的回顧』(上冊)(北京: 中共中央黨校出版
　　　社, 1991年).

薄一波, 『若干重大問題決策與事件的回顧』(下冊)(北京: 中共中央黨校出版
　　　社, 1993年).

〈C〉

蔡振源, 「靑藏鐵路: 路基沈陷, 橋樑龜裂」, 『聯合晩報』, 2006年8月10日, 版6.

遲福林·田夫主編, 『中華人民共和國政治體制史』(北京: 中共中央黨校出版
　　　社, 1998年).

陳力生, 「中共『十三大』後的權力結構與運作之硏析」, 『中國大陸硏究』, 第30
　　　卷 第6期(1987年12月), 頁18-23.

陳永發, 『中國共產革命七十年』(上·下)(台北聯經出版社, 1998年).

陳伯達, 「中央工作會議上的講話(1966年10月25日)」, 中文出版物服務中心,
　　　『中共重要歷史文獻資料彙編』, 第二輯(鄧小平專輯)第九分冊(洛杉磯:
　　　中文出版物服務中心, 1998年).

陳伯達·陳曉農, 『陳伯達遺稿: 獄中自述及其他』(香港: 天地圖書有限公司,
　　　2000年).

陳柏秀, 「俄共中央權力結構與領導型態之硏究」, 台北: 國立政治大學東亞硏
　　　究所碩士論文, 1987年.

陳紅太, 「從黨政關係的歷史變遷看中國政治體制變革的階段特徵」, 『浙江學
　　　刊』, 第6期(杭州, 2003年11月), 頁79-89.

陳雲, 「建設規模要和國力相適應(1957年1月18日)」, 中共中央文獻編輯委員
　　會, 『陳雲文選』(一九五六~一九五八年) (北京: 人民出版社, 1986年).

陳瑞生・龐元正・朱滿良主編, 『中國改革全書(1978-1991): 政治體制改革卷』
　　(大連: 大連出版社, 1992年).

叢進, 『1949-1989年的中國: 曲折發展的歲月』(鄭州: 河南人民出版社, 1989年).

〈D〉

戴晴, 「向錢正英請教」, 戴晴・薛煒嘉編, 『誰的長江: 發展中的中國能否承擔
　　三峽工程』(香港: 牛津大學出版社, 1996年).

鄧小平, 「怎樣恢復農業生產(1962年7月7日)」, 中共中央文獻編輯委員會, 『鄧
　　小平文選』(第一卷)(北京: 人民出版社, 2002年).

鄧小平, 「第三代領導集體的當務之急(1989年6月16日)」, 中共中央文獻編輯
　　委員會, 『鄧小平文選』(第三卷)(北京: 人民出版社, 1993年).

鄧小平, 「對起草『關於建國以來黨的若干歷史問題的決議』的意見(1980年3月
　　至1981年6月)」, 中共中央文獻編輯委員會, 『鄧小平文選』(第二卷)(北
　　京: 人民出版社, 2002年).

鄧小平, 「黨和國家領導制度的改革(1980年8月18日)」, 中共中央文獻編輯委
　　員會, 『鄧小平文選』(第二卷)(北京: 人民出版社, 1983年).

鄧小平, 『鄧小平文選, 1938-1965年』(北京: 人民出版社, 1983年).

鄧小平, 『鄧小平文選, 1975-1982年』(北京: 人民出版社, 1983年).

鄧小平, 『鄧小平文選』(第三卷)(北京: 人民出版社, 1993年).

〈F〉

方君歸, 「九屆中央委員會及政治局成員的分析」, 『匪情研究』, 第12卷 第5期
　　(1969年5月)

方雪純, 「中共十三大'人事部署分析」, 『中國大陸研究』, 第30卷 第5期(1987年
　　11月)

方雪純, 「重建中央書記處及高層人事的變動」, 『匪情月報』, 第22卷 第9期 (1980年3月)

傅志寰, 「西部大開發的重大擧措: 開發建設靑藏鐵路」, 『交通運輸系統工程 與信息』, 第1卷 第2期(北京, 2001年)

〈G〉

高華, 『紅太陽是怎樣升起的: 延安整風運動的來龍去脈』(香港: 中文大學出 版社, 2000年).

國防部總政治作戰部編印, 『中共歷次會議紀要』(台北: 國防部總政治作戰部, 1983年).

郭華倫, 『中共問題論集』(台北: 國立政治大學國際關係研究中心, 1976年).

郭瑞華, 「中共十六大之人事布局分析」, 『展望與探索』, 第1卷 第1期(2003年1 月)

〈H〉

韓山碧, 『鄧小平評傳: 文革時期(1960-1977)』(香港: 東西文化事業公司, 1987 年).

韓文甫, 『鄧小平傳』(台北: 時報文化, 1993年).

韓冰潔, 「中央一號文件的回歸」, 『瞭望』, 第2期(北京, 2004年1月)

韓泰華主編, 『中國共產黨: 從一大到十五大』(下冊)(北京: 北京出版社, 1998 年).

郝雨凡·林甦編, 『中國外交政策: 開放與多元的社會因素分析』(北京: 社會科 學文獻出版社, 2007年).

何虎生, 『中華人民共和國職官志』, 修訂版(北京: 中國社會出版社, 2003年).

何虎生·李耀東·向常福主編, 『中華人民共和國職官志』(北京: 中國社會出版 社, 1993年).

何家棟, 「黨政分開再探」, 『燕南評論』, http://www.chinaelections.org/NewsInfo.

asp?NewsID=57043.

何益忠, 「我國黨政關係體制的回顧與反思」, 『華東政法學院學報』, 第6期(上海, 2004年11月)

洪承華, 郭秀芝等編, 『中華人民共和國政治體制沿革大事紀(1949-1978)』(北京: 春秋出版社, 1987年).

胡天楚, 唐昕主編, 『黨的代表大會知識通覽』(北京: 中國政法大學出版社, 1993年).

胡偉, 『政府過程』(杭州: 浙江人民出版社, 1998年).

胡惠泉, 「修建滇藏鐵路是開發西藏的最佳選擇」, 『能源基地建設』, 第4期(太原, 1994年)

胡鞍鋼, 「中國政策週期與經濟週期」, 『中國社會科學季刊』, 第8期(香港, 1994年夏季)

胡鞍鋼, 『中國政治經濟史論』(1949-1976)(北京: 清華大學出版社, 2007年).

黃梅, 「遺範永懷—記父親黃克誠二三事」, 黃克誠紀念文集編委會, 『黃克誠紀念文集』(長沙: 湖南人民出版社, 2002年).

〈J〉

江世杰, 「青藏鐵路: 決策出台前的幕後新聞」, 『中國投資』, 第12期(北京, 2001年)

江世杰, 「進藏鐵路勘查論證緊鑼密鼓」, 『人民日報』, (北京, 2000年12月11日), 版9.

江渭清, 『七十年征程: 江渭清回憶錄』(南京: 江蘇人民出版社, 1996年).

江澤民, 「儘快開工修建進藏鐵路」, 中共中央文獻編輯委員會編, 『江澤民文選』(第3卷)(北京: 人民出版社, 2006年).

姜華宣, 張蔚萍, 蕭甡主編, 『中國共產黨會議概要』(瀋陽: 瀋陽出版社, 1991年).

姜義華, 「論五十年代黨對國家領導方式的演變」, 『開放時代』, 第2期(廣州,

1998年3月)

蔣金暉,「從堅持黨的‘一元化’領導到依法治國: 建國以來黨的領導方式演進的
　　　戰略性轉換」,『黨史研究與教學』, 第1期(福建, 2000年2月)

金鐘,「曾慶紅躍升二把手」,『開放雜誌』, 總第195期(香港, 2003年3月), 頁
　　　11-12.

景衫主編,『中國共產黨大辭典』(北京: 中國國際廣播出版社, 1991年)

〈K〉

寇健文,「中共菁英政治的研究途徑與發展」,『中國大陸研究』, 第47卷 第3期
　　　(2004年9月)

寇健文,「中國政治情勢: 高層政局的演變」, 丁樹範編,『中國大趨勢: 2003-
　　　2004』(台北: 新新聞文化, 2004年).

寇健文, 「既重用又防範的菁英甄補: 中共海歸派高官的仕途發展與侷限」,
　　　『中國大陸研究』, 第50卷 第3期(2007年9月)

寇健文,『中共菁英政治的演變: 制度化與權力轉移1978-2004』(台北: 五南,
　　　2005年).

〈L〉

李久義,「中共中央書記處組織人事述評」,『中國大陸研究』, 第28卷 第5期
　　　(1985年11月)

李久義,「中共中央辦公廳沿革及溫家寶其人」,『中國大陸研究』, 第30卷 第6
　　　期(1987年12月)

李凡編,『中國基層民主發展報告』(北京: 世界與中國研究所, 2011年).

李天民,『評周恩來』(香港: 明報出版社, 1994年).

李志綏,『毛澤東私人醫生回憶錄』(台北: 時報文化, 1994年).

李谷城,『中共黨政軍結構』(香港: 明報出版社, 1989年).

李尚志·何平, 「點亮十年航程的燈塔—十年規劃和「八五」計劃綱要誕生記」,

『人民日報』(北京, 1991年4月7日)

李林, 「中共中央書記處組織沿革與功能變遷」, 『中共黨史研究』, 第3期(2007年)

李林, 「最高國務會議組織結構及其功能探析」, 『中共黨史研究』, 第1期(2005年)

李英明, 『閱讀中國: 政策·權力與意識型態的辯證』(台北: 生智文化, 2003年).

李格, 「1949-1954年中央人民政府組織機構設置及其變化」(下), 『黨的文獻』, 第6期(北京, 2001年11月)

李格, 「建國初期政務院黨組幹事會的演變及中央人民政府調整的原因」, 中共中央黨史研究室·中央檔案館主編, 『中共黨史資料』(總第69輯)(北京: 中共黨史出版社, 1999年)

李格, 「簡述當代中國地方政府制度沿革」, 『黨的文獻』, 第6期(北京, 2005年11月)

李格, 「關於1949-1954年中央人民政府的若干問題」, 『黨的文獻』, 第4期(北京, 1996年7月)

李格, 從「共同綱領'到'中華人民共和國憲法'」, 『黨的文獻』, 第4期(2003年)

李紹鵬, 「建國初期董必武對黨的執政能力建設的探索」, 『毛澤東思想研究』, 第22卷 第2期(成都, 2005年3月)

李雪峰, 『回憶鄧小平』(上冊)(北京: 中央文獻出版社, 1998年).

李銳, 「對歷史負責到底: 回憶三峽工程上馬過程的始末」, 『當代中國研究』, 總第66期(普林斯頓, 1999年)

李銳, 「耀邦去世前的談話」, 『當代中國研究』, 總75期(普林斯頓, 2001年12月)

李銳, 『毛澤東的早年與晚年』(貴州: 人民出版社, 1992年).

李銳, 『論三峽工程』(長沙: 湖南科學技術出版社, 1986年).

李銳, 『廬山會議實錄』(增訂本)(鄭州: 河南省人民出版社, 1995年).

李穎·程美東主編, 『與鄧小平一起親歷歷史』(武漢: 湖北人民出版社, 2005年).

李鵬, 『眾志繪宏圖: 李鵬三峽日記』(北京: 中國三峽出版社, 2003年).

林和立, 「中共'十八大'後的派系平衡與改革展望」, 中共十八大精英甄補與政治繼承之變遷·政策與挑戰國際學術研討會(台北: 國立政治大學國際關係硏究中心, 2012年.)

林尚立, 『當代中國政治形態硏究』(天津: 天津人民出版社, 2003年).

林南, 張磊, 『社會資本─關於社會結構與行動的理論(Social Capital - A Theory of Social Structure and Action)』(上海: 上海人民出版社, 2005年).

林振芬, 「靑藏鐵路全線鋪通慶祝會, 胡錦濤致賀信黃菊出席」, 『新華網』, 2005 年10月15日, http://big5.xinhuanet.com/gate/big5/news.xinhuanet.com/ politics/2005-10/15/content_3619492.htm.

林毅明, 『中共黨政關係: 黨對國務院領導之硏究』, 台北: 國立政治大學政治 學硏究所碩士論文, 1995年.

林蘊暉, 范守信, 張弓, 『1949-1989年的中國: 凱歌行進的時期』(河南: 人民出 版社, 1989年).

廖蓋隆, 張品興, 劉佑生主編, 『現代中國政界要人傳略大全』(北京: 中國廣 播電視出版社, 1993年).

劉少奇, 「在擴大的中央工作會議上的講話(1962年1月27日)」, 中共中央文獻 編輯委員會, 『劉少奇選集』(下卷)(北京: 人民出版社, 1985年).

劉松福, 『中共最高領導制度之硏究』(台北: 國立政治大學政治學系碩士論文, 1999年).

劉德軍, 「對中共發動'三反'運動的考察」, 二十一世紀網路版, 2008年1月號, http://www.cuhk.edu.hk/ics/21c/supplem/essay/0709083.htm.

劉躍進, 『毛澤東著作版本導論』(北京: 燕山出版社, 1999年).

魯競, 「中共中央領導機構人事佈局分析」, 『中共硏究』, 第31卷 第11期(1977 年11月), 頁61-74.

欒雪飛·張東旺, 「中共中央書記處的沿革」, 『東北師大學報』(哲學社會科學 版), 第169期(長春, 1997年5月), 頁71-75.

〈M〉

馬永順, 『周恩來組建與管理政府實錄』(北京: 中央文獻出版社, 1996年).

馬立誠·凌志軍, 『交鋒: 當代中國三次思想解放實錄』(北京: 今日出版社, 1998年).

馬娟編, 「新一屆中共中央政治局會議匯總」, 新華網(北京, 2005年7月25日),
        http://news.xinhuanet.com/zhengfu/2003-08/14/content_1026586.htm.

馬齊彬等編寫, 『中國共產黨執政四十年(1949-1989)』(北京: 中共黨史出版社,
        1991年).

滿妹, 『思念依然無盡: 回憶父親胡耀邦』(北京: 北京出版社, 2005年).

毛毛(鄧榕), 『我的父親鄧小平』(台北: 地球出版社, 1993年).

毛澤東, 「工作方法六十條(草案)(1958年1月)」, 中共中央文獻研究室, 『建國以
        來毛澤東文稿』(第七冊)(北京: 中央文獻出版社, 1992年).

「毛澤東在外地巡視期間同沿途各地負責同志的談話紀要」, 『中共機密文件彙
        編』(台北: 國立政治大學國際關係研究中心, 1978年).

「毛澤東給江青的一封信」, 『中共機密文件彙編』(台北: 國立政治大學國際關
        係研究中心, 1978年).

毛澤東, 「在八屆十一中全會上的講話」, 『毛澤東思想萬歲』(第一輯)(台北: 中
        華民國國際關係研究所, 1974年複印出版)

毛澤東, 「在中央工作會議上的講話(1966年8月23日)」, 『毛澤東思想萬歲』(第
        一輯)(台北: 中華民國國際關係研究所, 1974年複印出版).

毛澤東, 「在鄭州會議上的講話」, 『毛澤東思想萬歲』(第二輯)(台北: 中華民國
        國際關係研究所, 1974年複印出版).

毛澤東, 「會見斯諾的談話紀要(1970年12月18日)」, 『中共中央文獻研究室, 建
        國以來毛澤東文稿』(第十三冊)(北京: 中央文獻出版社, 1998年).

毛澤東, 「對中央決定成立財經·政法·外事·文教各小組的通知稿的批語和修
        改(1958年6月8日)」, 『建國以來毛澤東文稿』(第七冊)(北京: 中共中央
        文獻工作室, 1992年).

毛澤東, 「對中共八大政治報告稿的批語與修改(1956年8月31日)·(1956年9月7
        日)」, 中共中央文獻研究室, 『建國以來毛澤東文稿』(第六冊)(北京: 中
        央文獻出版社, 1992年).

毛澤東, 「對同意毛澤東不作下屆國家主席候選人的決定稿的批語和修改(1958

年 12月8,9日)」, 『建國以來毛澤東文稿』(第七冊)(北京: 中共中央文獻
　　　工作室, 1992年).

毛澤東, 「對陸定一在全國人代會的發言稿『敎育必須改革』的評語(1960年4月7
　　　日)」, 『建國以來毛澤東文稿』(第九冊)(北京: 中央文獻出版社, 1996年).

毛澤東, 「轉發胡喬木關於湖南調査來信的批語(1961年5月9日)」, 『建國以來
　　　毛澤東文稿』(第九冊)(北京: 中央文獻出版社, 1996年).

毛澤東, 「關於四淸運動的一次講話(1965年1月3日)」, 『毛澤東思想萬歲』(第一
　　　輯)(台北: 中華民國國際關係硏究所, 1974年複印出版).

毛澤東, 『毛澤東選集』(第四卷)(北京: 人民出版社, 1968年).

莫凡編, 「中央政治局集體學習內容一覽」, 南方網(廣州, 2005年6月29日),
　　　http://www.southcn.com/nflr/llzhuanti/zhengzxuex/200507080542.htm.

木華, 「靑藏鐵路: 圓夢50年」, 『黨史縱覽』, 第9期(合肥, 2003年).

〈N〉

倪蘭亭, 「加快進藏鐵路建設步伐促進西部區域經濟協調發展」, 『甘肅科技』,
　　　第2期(蘭州, 1999年), 頁51-53.

聶榮臻傳編寫組, 『聶榮臻傳』(北京: 當代中國出版社, 1994年).

〈P〉

龐松, 「『三反』·『五反』運動」, 郭德宏·王海光·韓鋼主編, 『中華人民共和國專
　　　題史稿(1949-1956)』(成都: 四川人民出版社, 2004年)

龐松, 「中華人民共和國政治體制的建立」, 郭德宏·王海光·韓鋼主編, 『中華
　　　人民共和國專題史(1949-1956)』(成都: 四川人民出版社, 2004年)

龐松·韓鋼, 「黨和國家領導體制的歷史考察與改革展望」, 『中國社會科學』,
　　　第6期(北京, 1987年11月)

逄先知, 「毛澤東和他的祕書田家英」, 收錄於董邊·譚德山·曾自編, 『毛澤東
　　　和他的祕書田家英』(北京: 新華書店, 1990年).

馮健・曾建徽,「中南海的春天」,『瞭望』, 第1期(北京, 1981年)

浦興祖,『中華人民共和國政治制度』(上海: 上海人民出版社, 1999年).

普布次仁,「中央三代領導指導西藏工作的決策與實踐」,『西藏研究』, 第3期
　　　(拉薩, 1999年)

〈Q〉

邱鑫,「江澤民名字仍在黨中央之列」, 2005年12月20日, 亞洲時報在線(香港),
　　　http://202.82.86.100/index.php?option=com_content&task=view&id=11
　　　560&Itemid=28.

〈R〉

任曉偉,「論1953年修正稅制問題的由來及其歷史實質」,『黨史研究與教學』,
　　　第1期(福建, 2005年2月)

榮敬本等,『從壓力型體制向民主合作體制的轉變: 縣鄉兩級政治體制改革』
　　　(北京: 中央編譯出版社, 1998年)

阮銘,『中共人物論』(美國紐澤西: 八方文化企業公司, 1993年).

阮銘,『鄧小平帝國』(台北: 時報文化, 1992年).

〈S〉

司馬璐,「閒話中共的總書記」,『九十年代』(香港, 1989年8月)

矢板明夫著, 黃怡筠譯,『習近平: 共產中國最弱勢的領導』(台北: 天下, 2012
　　　年).

宋春・劉志強編,『民主黨派與中共合作史』(遼寧: 遼寧大學出版社, 1991年).

邵宗海,「中共中央工作領導小組的組織定位」,『中國大陸研究』, 第48卷 第3
　　　期(2005年9月)

施九青,『當代中國政治運行機制』(濟南: 山東人民出版社, 2002年).

施九青, 倪家泰,『當代中國政治運行機制』(濟南: 山東人民出版社, 1993年).

樞紐建築物專題論證專家組,「樞紐建築物論證報告(摘要)」, 劉榮波主編,『中國三峽建設年鑑(1994年)』(北京: 中國三峽出版社, 1995年).

蘇紹智,『中國大陸政治體制改革研究』(台北: 中國文化大學出版部, 2001年).

蘇維民,「楊尚昆憶兼任中直機關黨委書紀」, 中國共產黨新聞網, http://dangshi.people.com.cn/BIG5/144956/8826009.html.

孫越崎等,「關於三峽工程論證的意見和建議」, 戴晴編,『長江之死!? 三峽工程能否興建論爭集』(台北: 新風出版社, 1991年).

〈T〉

田方,「關於三峽水利樞紐和長江流域規畫的意見」, 田方·林發堂主編,『論三峽工程的宏觀決策』(長沙: 湖南科學技術出版社, 1987年).

田湘波,「近年來關於我黨黨政關係問題的研究」,『當代中國史研究』, 第9卷第3期(北京, 2002年5月)

〈W〉

王年一,『1949-1989年的中國: 大動亂的年代』(鄭州: 河南人民出版社, 1996年).

王信賢,『爭辯中的中國社會組織研究:「國家—社會」關係的視角』(台北: 韋伯出版社, 2006年).

王勁松,『中華人民共和國政府與政治』(北京: 中共中央黨校出版社, 1995年).

王健英,『中共黨史風雲人物』(廣州: 廣東人民出版社, 2002年).

王健英,『中國共產黨組織史資料匯編—領導機構沿革和成員名錄』(北京: 紅旗出版社, 1983年).

王健英,『中國共產黨組織史資料匯編—領導機構沿革和成員名錄: 一大至十四大』(北京: 中共中央黨校出版社, 1994年).

王貴秀,『論民主和民主集中制』(北京: 中國社會科學出版社, 1995年).

王順生·李軍,『「三反」運動研究』(北京: 中共黨史出版社, 2006年).

王勁松,『中華人民共和國政府與政治』(北京: 中共中央黨校出版社, 1995年).

王維洛, 「三峽大壩完工, 中央全體缺席」, 『爭鳴』, 總第344期(香港, 2006年), 頁41-43.

王維洛, 「中國防汛決策體制和水災成因分析」, 『當代中國研究』, 總第66期(普林斯頓, 1999年)

王維洛, 『福兮禍兮: 長江三峽工程的再評價』(台北: 文統圖書, 1993年).

王蒲, 「青藏鐵路建設的歷史考察」, 『當代中國史研究』, 第15卷 第4 期(北京, 2008年7月)

王蒲, 「陰法唐談青藏鐵路的決策」, 『百年潮』, 第11期(北京, 2006年)

王鶴濱, 『在偉人身邊的日子: 毛澤東的保健醫生兼生活祕書的回憶』(北京: 中國青年出版社, 2003年).

魏碧海, 「一種精神超越喜馬拉雅: ‘老西藏’陰法唐訪談錄」, 『軍事歷史』, 第7期(北京, 2006年)

翁松燃, 「國務院的角色」, 翁松燃編, 『中華人民共和國憲法論文集』(香港: 中文大學出版社, 1984年).

吳玉山, 「宏觀中國: 後極權資本主義發展國家—蘇東和東亞模式的揉合」, 徐斯儉·吳玉山編, 『黨國蛻變: 中共政權的菁英與政策』(台北: 五南, 2007年).

吳玉山, 『抗衡或扈從: 兩岸關係新詮』(台北: 正中書局, 1997年).

吳安家, 「中共‘十四大’後的政治動向」, 『中國大陸研究』, 第35卷 第12期(1992年12月)

吳家慶·彭正德, 「中國共產黨執政方式的歷史考察與思考」, 『當代世界與社會主義』, 第2期(北京, 2004年4月)

吳國光, 『趙紫陽與政治改革』(香港: 太平洋世紀研究所, 1997年).

吳群致, 「在西花廳周總理身邊工作」, 人物abc, http://www.rwabc.com/diqurenwu/rw_detail.asp?people_id=4838&id=7985.

武力, 「一九五三年的修正稅制及其影響」, 『中國社會科學』, 第5期(北京, 2005年9月), 頁189-208.

韋伯(Max Weber), 康樂, 『支配的類型: 韋伯選集Ⅲ』(台北: 遠流出版社, 1996
　　年).

〈X〉

蕭功秦, 「中國大陸的發展型權威政治演變的過程及其對經濟與社會的影響」,
　　『中國大陸硏究』, 第47卷 第4期(2004年12月)

欣華, 「全球氣候變暖致永久凍土層退融, 靑藏鐵路10年後或受威脅」, 『南方
　　日報』(廣州, 2006年1月22日), 版4.

夏林·張宿堂·孫承斌, 「馬克思主義的綱領性文獻: 黨的十六大報告誕生記」,
　　2002年11月20日, 人民網(北京), http://www.people.com.cn/BIG5/shizheng/
　　19/20021120/870242.html.

席宣, 金春明, 『「文化大革命」簡史』(北京: 中共黨史出版社, 1996年).

徐尚禮, 「靑藏鐵路通車後戰略地位提升, 中南亞國家緊張」, 『中國時報』, 2006
　　年7月5日

徐勇, 『鄕村治理與中國政治』(北京: 中國社會出版社, 2003年).

徐斯儉, 「退化極權政體下的'有限改革'」, 林佳龍編, 『未來中國: 退化的極權
　　主義』(台北: 時報文化, 2004年).

薛慶超, 『革故與鼎新: 紅牆決策』(北京: 中共中央黨校出版社, 2006年).

謝慶奎·楊鳳春·燕繼榮, 『中國大陸政府與政治』(台北: 五南, 2005年).

新華社, 「經中共中央批准中央軍委發布命令調整海軍軍政主官」, 『人民日報』
　　(北京, 2003年6月13日)

新華社, 「黨的十六屆一中全會產生中央領導機構」, 『人民日報』(北京, 2002年
　　11月16日)

新華網編, 「中共中央政治局召開會議硏究明年經濟工作」, 『新華網』(北京, 2002
　　年12月2日), http://news.xinhuanet.com/newscenter/2002-12/02/ content_
　　647086.htm.

新華網編, 「中共中央政治局常委硏究解決困難群眾生產生活問題」, 『新華網』

(北京, 2002年12月13日), http://news.xinhuanet.com/zhengfu/2002-12/13/content_658673.htm.

〈Y〉

閻淮, 「中國大陸政治體制淺論」, 『中國大陸研究』, 第34卷 第8期(1991年8月)

閻淮, 「中國祕密文件槪要」, 當代中國硏究中心論文, 第4卷 第12期(美國普林斯頓, 1993年12月)

楊中美, 『新紅太陽: 中共第五代領袖』(台北: 時報文化, 2008年).

楊光斌, 『中國政府與政治導論』(北京: 中國人民大學出版社, 2003年).

楊尙昆, 『楊尙昆日記』(下卷)(北京: 中央文獻出版社, 2001年).

楊尙昆等著, 『我所知道的胡喬木』(北京: 當代中國出版社, 1997年).

楊奎松, 「毛澤東與'三反'運動」, 『史林』, 第4期(上海, 2006年8月)

楊開煌, 「中共四代領導集體決策運作之分析」, 徐斯儉·吳玉山編, 『黨國蛻變: 中共政權的菁英與政策』(台北: 五南, 2007年).

楊溢, 『論證始末』(北京: 水利電力出版社, 1992年).

楊鳳春, 『中國政府槪要』(北京: 北京大學出版社, 2002年).

楊聰, 「西南民族地區鐵路幹線的現狀與發展研究芻議」, 『中央民族大學學報』(哲學社會科學版), 第2期(北京, 1995年)

葉永烈, 『毛澤東的祕書們』(上海: 上海人民出版社, 1994年).

葉非比, 「硏判報告─壹·政治」, 『大陸情勢』, (2003年1月)

葉啟政, 『進出「結構─行動」的困境』(台北: 三民書局, 2000年).

葉劍英, 「在黨的十一屆五中全會第一次會議上的講話(1980年2月24日)」, 中共中央文獻研究室, 『三中全會以來重要文獻選編』(上冊)(吉林: 人民出版社, 1982年).

尹冬華編, 『從管理到治理: 中國地方治理現況』(北京: 中央編譯出版社, 2006年).

〈Z〉

張文正主編, 『黨的領導槪論』(北京: 中共中央黨校出版社, 1991年).

張全景主編, 『中國共産黨組織工作敎程』(北京: 黨建讀物出版社, 1997年).

張良, 『中國「六四」眞相』(上)(下)(香港: 明鏡出版社, 2001年).

張所鵬, 「中共高層人事安排潛伏不安定變數」, 『中國時報』, 1992年10月19日

張素華, 「六十年代的社會主義敎育運動」, 『當代中國史硏究』, 第8卷 第1期 (北京, 2001年1月)

張執中, 「中共民主集中制的實施與『黨內民主』的前景」, 『中國事務』, 第10卷 (2002年10月)

張宿堂・孫承斌・鄒聲文, 「科學發展的行動綱領: 十一五規劃建議誕生記」, 2005/ 10/26, 人民網(北京), http://gov.people.com.cn/GB/46728/53739/53743/ 3802427.html.

張敬文編, 『中共政治問題論集』(台北: 中華民國國際關係硏究所, 1975年).

張鎭邦, 「中共第十二次全國代表大會分析」, 『匪情月報』, 第25卷 第3期(1982 年9月)

趙生暉, 『中國共産黨組織史綱要』(合肥: 安徽人民出版社, 1988年).

趙建民, 「中共黨國體制下立法機關的制度化」, 『中國大陸硏究』, 第45卷 第5 期(1992年9・10月)

趙建民, 「中共權力轉移與未來政治民主化問題」, 曾建元編, 『東亞自由化・民 主化與區域和平: 中國民運民主台灣之旅紀實』(台北: 唐山出版社, 2004 年).

趙建民, 「台灣對中國大陸政治硏究之回顧」, 『95年中國硏究硏討會論文集』, 台北: 國立政治大學中國大陸硏究中心(2007年12月)

趙建民, 「塊塊壓條條: 中國大陸中央與地方新關係」, 『中國大陸硏究』, 第38 卷 第6期(1995年6月)

趙建民, 『威權政治』(台北: 幼獅文化事業公司, 1994年).

趙建民, 『當代中共政治分析』(台北: 五南, 1997年).

趙建民·劉松福,「中共中央總書記地位演變」,『共黨問題研究』, 第23卷(1997
　　　年8月)

趙建民·劉松福,「改革開放以來中共中央最高領導及決策體制之變遷」,『遠
　　　景基金會季刊』, 第8卷 第1期(2007年1月)

趙建民·蔡文軒,「毛澤東時期二線分工的運作及其對決策過程的意涵」,『中
　　　國大陸研究』, 第48卷 第2期(2005年6月)

趙英,「青藏鐵路對21 世紀我國國防安全的影響」,『領導參閱』, 總第262期(北
　　　京, 2003年1月)

曾建徽,「一項重要決策的誕生: 對外開放的新步驟」,『瞭望』, 第24期(北京,
　　　1984年6月)

周培源,「致中央領導同志信: 關於三峽工程的一些問題和建議」, 戴晴編,『長
　　　江之死!? 三峽工程能否興建論爭集』(台北: 新風出版社, 1991年).

周雪光,『組織社會學十講』(北京: 社會科學文獻出版社, 2003年).

宗海仁,「胡錦濤·江澤民的互動與權力消長」,『中國戰略』, 第2期(美國, 2004
　　　年4月)

宗海仁,『第四代』(香港: 明鏡出版社, 2002年).

鄒家華,「關於提請審議興建長江三峽工程的議案的說明」, 劉榮波主編,『中
　　　國三峽建設年鑒』(1994年)(北京: 中國三峽出版社, 1995 年).

鄒讜,『中國革命再闡釋』(香港: 牛津大學出版社, 2002年).

鐘延麟,『重重帷幕後的總書記: 鄧小平與文革前的中共政治(1956-1966)』, 台
　　　北: 國立政治大學博士論文, 2009年.

中央黨校黨史教研部,『中國共產黨重大歷史問題評價』(第三冊)(呼和浩特: 內
　　　蒙古人民出版社, 2001年).

中共中央文獻研究室,『周恩來傳』(下)(北京: 中央文獻出版社, 1998年).

中共中央文獻研究室,『劉少奇傳』(下)(北京: 中央文獻出版社, 1998年).

中共中央文獻研究室主編, 『建國以來毛澤東文稿』(北京: 中央文獻出版社,
　　　1987年).

中共中央文獻硏究室主編,『建國以來重要文獻選編』(北京: 中央文獻出版社, 1993年).

中共中央文獻硏究室編,『毛澤東傳, 1949-1976』(下)(北京: 中央文獻出版社, 2003年).

中共中央文獻硏究室編,『鄧小平年譜, 1975-1997』(上冊)(北京 : 中央文獻出版社, 2004年).

中共中央文獻硏究室編,『鄧小平年譜, 1975-1997』(下冊)(北京 : 中央文獻出版社, 2004年).

「中共中央委員會五 · 一六通知」, 中共機密文件彙編(台北: 國立政治大學國際關係研究中心, 1978年).

中共中央政策硏究室綜合組編,『改革開放二十年大事記』(1978.12-1998.3)(北京: 中國人民大學出版社, 1999年).

中共中央組織部 · 中共中央黨史硏究室 · 中央檔案館編,『中國共產黨組織史資料』(附卷一)(上)(北京: 中共黨史出版社, 2000年).

中共中央組織部 · 中共中央黨史硏究室 · 中央檔案館,『中國共產黨組織史資料』(第五卷)(北京: 中共黨史出版社, 2000年).

中共中央組織部 · 中共中央黨史硏究室 · 中央檔案館編,「中央決定成立財經 · 政法 · 外事 · 文教各小組的通知(1958年6月10日)」,『中國共產黨組織史資料』(第九卷)(北京: 中共黨史出版社, 2000年).

中共中央組織部研究室與組織局主編,『黨的組織工作問答』(北京: 人民出版社, 1983年).

中共中央辦公廳,「中共中央辦公廳關於企業女職工工作問題的覆函」, 中國婦女網(北京, 1991年6月29日), http://www.women.org.cn/allnews/110302/20.html.

中共中央黨史硏究室,『十二大以來重要文獻選編』(上)(北京: 人民出版社, 1986年).

中共中央黨校黨章硏究課題組編著,『中國共產黨章程編介: 從一大到十六大』

(北京: 黨建讀物出版社, 2004年).

中共原始資料編輯委員會, 『中共憲法』(台北: 國防部情報局, 1983年).

「中國共產黨第十一屆中央委員會第五次全體會議關於成立中央書記處的決議」, 三聯書店香港分店編輯部編, 『中國共產黨第十一屆中央委員會第五次全體會議公報』(香港: 三聯書店香港分店, 1980年).

中國科學技術協會, 『關於認真學習貫徹「中央書記處關於科協工作的幾點意見」精神的通知』, 深圳市科學技術協會(深圳, 2003年4月17日), http://www.21c888.com/big5/www.szsta.org/index.asp?bianhao=632.

「互聯網發展研究基礎數據」, 中國互聯網絡信息中心, http://www.cnnic.cn/hlwfzyj/jcsj/

Charles E. Lindblom著, 劉明德譯, 『政策制定過程』(台北: 桂冠出版社, 1991年).

Douglass C. North著, 劉瑞華譯, 『制度·制度變遷與經濟成就』(台北: 時報文化, 1994年).

John Byron and Robert Pack著, 顧兆敏等譯, 『龍爪: 毛澤東背後的邪惡天才康生』(台北: 時報文化, 1998年).

Kuhn, Robert L.著, 談崢·于海江等譯, 『他改變了中國: 江澤民傳(The Man Who Changed China: The Life and Legacy of Jiang Zemin)』(上海: 上海譯文出版社, 2005年).

Maurice Meisner著, 杜蒲譯, 『毛澤東的中國及其後: 中華人民共和國史』(香港: 中文大學出版社, 1999年).

Roderick MacFarquhar著, 文化大革命的起源翻譯組譯, 『文化大革命的起源: 第一卷—人民內部的矛盾1956-1957』(石家莊: 河北人民出版社, 1989年).

영문 참고문헌

〈A〉

Allison, Graham T. 1971. *Essence of Decision: Explaining the Cuban Missile Crisis.* Boston: Little, Brown and Company.

Allison, Graham and Philip Zelikow. 1999. *Essence of Decision: Explaining the Cuban Missile Crisis,* 2nd edition. New York: Longman.

〈B〉

Bachman, David. 1991. *Bureaucracy, Economy, and Leadership in China: The Institutional Origins of the Great Leap Forward.* Cambridge: Cambridge University Press.

Bachman, David. 1993. "Response to Teiwes." *Pacific Affairs* 66, no.2: 254-259.

Barnett, A. Doak. 1962. *Communist China in Perspective.* New York: Praeger.

Barnett, A. Doak. 1967. *Cadres, Bureaucracy, and Political Power in China.* New York: Columbia University Press.

Barnett, A. Doak. 1974. *Uncertain Passage.* Washington, D.C.: Brookings Institution Press.

Barnett, A. Doak. 1985. *The Making of Foreign Policy in China: Structure and Process.* Boulder, Colorado: Westview Press.

Baum, Richard D. 1964. "Red and Expert: The Politico-Ideological Foundations of China's Great Leap Forward." *Asian Survey* 4, no.9: 1048-1057.

Baum, Richard. 1994. *Burying Mao: Chinese Politics in the Age of Deng Xiaoping.* Princeton, NJ: Princeton University Press.

Blondel, Jean. 1992. "Dual Leadership in the Contemporary World." In Arend Lijphart, ed. *Parliamentary Versus Presidential Government.* Oxford: Oxford University Press.

Bo, Zhiyue. 2002. *Chinese Provincial Leaders: Economic Performance and Political Mobility since 1949.* Armonk, NY: M.E. Sharpe.

Bo, Zhiyue. 2010. *China's Elite Politics: Governance and Democratization.* Singapore: World Scientific Publishing Co.

Brodsgaard, Kjeld Erik and Zheng Yongnian. 2004. "Introduction: Bringing the Party Back In." In Kjeld Erik Brodsgaard and Zheng Yongnian, eds. *Bringing the Party Back In.* Singapore: Eastern University Press.

Brook, Timothy, and B. Michael Frolic, eds. 1997. *Civil Society in China.* Armonk, NY: Sharpe.

Bullard, Monte Ray. 1979. "People's Republic of China Elite Studies: A Review of the Literature." *Asian Survey* 19, no.8: 789-800.

Burns, John p.1994. "Strengthening Central CCP Control of Leadership Selection: The 1990 Nomenklatura." *The China Quarterly*, no.138: 458-491.

Burrell, Gibson, and Gareth Morgan. 1979. *Sociological Paradigms and Organisational Analysis: Elements of the Sociology of Corporate Life.* London: Heinemann.

Burt, Ronald S. 1992. *Structural Holes: the Social Structure of Competition.* Cambridge, Mass: Harvard University Press.

Byron, John, and Robert Pack. 1992. *The Claws of the Dragon: Kang Sheng, the Evil Genius Behind Mao and His Legacy of Terror in People's China.* New York: Simon and Schuster.

〈C〉

Chan, Alfred L. 1995. "Leaders, Coalition Politics, and Policy-Forward in China: The Great Leap Forward Revisited." *The Journal of Contemporary China* (Winter/ Spring): 57-78.

Chang, Jung, and Jon Halliday. 2005. *Mao: The Unknown Story.* London:

Jonathan Cape.

Chang, Parris H. 1970. "Research Notes on the Changing Loci of Decision in the Chinese Communist Party." *The China Quarterly*, no.44: 169-194.

Chang, Parris H. 1978. *Power and Policy in China*. University Park: Pennsylvania State University.

Chao, Chien-min. 1986. "A Critique of the 'Interest Group Approach' to Communist Chinese Studies." *Issues and Studies* 2: 12-18.

Chao, Chien-min. 1992. "T'iao-t'iao versus K'uai-k'uai: A Perennial Dispute Between the Central and Local Governments in Mainland China." In Bih-Jaw Lin and James T. Myers, eds. *Forces for Change in Contemporary China*. Taipei: Institute of International Relations.

Chao, Chien-min, and Bruce J. Dickson. 2001. "Introduction: Remaking the Chinese State." In Chao and Dickson, eds. *Remaking the Chinese State: Strategies, Society, and Security*. New York: Routledge.

Chao, Chien-min. 2003. "The National People's Congress Oversight Power and the Role of the CCP." *The Copenhagen Journal of Asian Studies*, no.17: 6-30.

Chao, Chien-min, and Chun-Chih Chang. 2012. "Specialization, Autonomy and Legislative Capacity in a Rubber Stamp Legislature: The Case of China," paper delivered at the 22nd World Congress of Political Science held by the International Political Science Association, July 8-12, Madrid, Spain.

Cheek, Timothy. 1988. "The 'Genius' Mao: A Treasure Trove of 23 Newly Available Volumes of Post-1949 Mao Zedong Texts." *The Australian Journal of Chinese Affairs*, no.19-20: 311-344.

Cheung, Peter T.Y., Jae Ho Chung, and Zhimin Lin, eds. 1998. *Provincial Strategies of Economic Reform in Post-Mao China*. Armonk, NY:

Sharpe.

Cheung, Peter, and James Tang. 2001. "The External Relations of China's Provinces." In David M. Lampton, ed. *The Making of Chinese Foreign and Security Policy in the Era of Reform, 1978-2000.* Stanford, Cal.: Stanford University Press.

Chung, Jae Ho. 2001. "Reappraising Central-local Relations in Deng's China: Decentralization, Dilemmas of Control, and Diluted Effects or Reform." In Chien-min Chao and Bruce Dickson, eds. *Remaking the Chinese State.* New York: Routledge.

Clinton, W. David, 1994. *The Two Faces of National Interest.* Baton Rouge, La.: Louisiana State University Press.

〈D〉

Dittmer, Lowell. 1990. "Patterns of Elite Strife and Succession in Chinese Politics." *The China Quarterly*, no.123: 405-430.

Dittmer, Lowell. 1995. "Chinese Informal Politics." *The China Journal*, no.34: 1-34.

Dittmer, Lowell. 2001. "The Changing Shape of Elite Power Politics." *The China Journal*, no.45: 53-67.

Dittmer, Lowell and William Hurst. 2006. "Analysis in Limbo? Contemporary Chinese Politics amid the Maturation of Reform." In Lowell Dittmer and Guoli Liu, eds. *Domestic Politics in Transition: China's Deep Reform.* Lanham, Md.: Rowman & Littlefield Publishers.

Dittmer, Lowell and Yu-shan Wu. 1995. "Modernization of Factionalism in Chinese Politics." *World Politics* 47: 467-494.

Dittmer, Lowell and Yu-Shan Wu. 2006. "Leadership Coalitions and Economic Transformation in Reform China: Revisiting the Political Business

Circle." In Lowell Dittmer and Guoli Liu, eds. *Domestic Politics in Transition: China's Deep Reform.* Lanham, Md.: Rowman & Littlefield Publishers.

Dougherty, James. E. and Robert L. Pfaltzgraff, Jr. 2001. *Contending Theories of International Relations: A Comprehensive Survey*, 5th edition. New York: Addison Wesley Longman, Inc.

Downs, Anthony. 1967. *Inside Bureaucracy.* Boston: Little, Brown.

〈E〉

Eckholm, Erik. 2002. "China's New Leader Promises Not to Sever Tether to Jiang." *The New York Times.* November 21: A16.

Etzioni-halevy, Eva. 1983. *Bureaucracy and Democracy: A Political Dilemma.* London, Boston: Routledge & K. Paul.

〈F〉

Fewsmith, Joseph. 2003. "The Sixteenth National Party Congress: The Succession that Didn't Happen." *The China Quarterly*, no.173: 3-16.

Fewsmith, Joseph. 2008. "The 17th Party Congress: Informal Politics and Formal Politics." *China Leadership Monitor*, no.23: 1-11.

Fewsmith, Joseph. 2013. "The 18th Party Congress: Testing the Limits of Institutionalization." *China Leadership Monitor*, no.40: 1-9.

Friedrich, Carl J., and Zbigniew K. Brzezinski. 1956. *Totalitarian Dictatorship and Autocracy.* Cambridge: Harvard University Press.

〈G〉

Gerring, John. 2001. *Social Science Methodology: A Criterial Framework.* New York: Cambridge University Press.

Giddens, Anthony. 1986. *The Constitution of Society.* Cambridge, England: Polity Press.

Goldstein, Avery. 1991. *From Bandwagon to Balance-of-Power Politics: Structure Constrains and Politics in China, 1949-1978.* Stanford, Cal.: Stanford University Press.

Guo, Sujian. 2000. *Post-Mao China: From Totalitarianism to Authoritarianism.* Westport, Conn.: Praeger.

Guo, Xuezhi. 2001. "Dimensions of Guanxi in Chinese Elite Politics." *The China Journal*, no.46: 69-90.

〈H〉

Hamrin, Carol Lee and Suisheng Zhao. eds. 1995. *Decision-making in Deng's China: Perspectives from Insiders.* Armonk, NY: M.E. Sharpe.

Hamrin, Carol Lee and Suisheng Zhao. 1995. "Introduction: Core Issues in Understanding the Decision Process." In Hamrin and Zhao. eds. *Decision-making in Deng's China: Perspectives from Insiders.* Armonk, NY: M.E. Sharpe.

Harding, Harry. 1981. *Organizing China: The Problem of Bureaucracy, 1949-1976.* Stanford, Cal.: Stanford University Press.

Hoffmann, Ursula. 1987. "Surveying National Elites in the Federal Republic of Germany." In George Moyser and Margaret Wagstaffe, eds. *Research Methods for Elite Studies.* London: Allen and Urwin.

Huang, Jing. 2000. *Factionalism in Chinese Communist Politics.* New York: Cambridge University Press.

Hughes, Thomas L. 1969. "On the Causes of Our Discontents." *Foreign Affairs* 47, no.4: 653-667.

Huang, Jing. 2008. "Institutionalization of Political Succession in China: Progress and Implications." In Cheng Li, ed. *China's Changing Political Landscape: Prospects for Democracy.* Washington, D.C.: Brookings Institution Press.

⟨I⟩

Ikenberry, John. 1989. "Rethinking the Origins of American Hegemony." *Political Science Quarterly* 104, no.3: 375-400.

⟨J⟩

Jakobson, Linda and Dean Knox. 2012. *New Foreign Policy Actors in China,* SIPRI Policy Paper 26: 51pp.

⟨K⟩

Kelly, Trish. 1998. "Ability and Willingness to Pay in the Age of Pax Britannica, 1890-1914." *Explorations in Economic History* 35, no.1: 31-58.

Knoke, David. 1990. *Political Networks: The Structure Perspective.* Cambridge: Cambridge University Press.

Knoke, David. 1994. "Networks of Elite Structure and Decision Making." In Stanley Wasserman, Joseph Galaskiewicz and Thousand Oaks, eds. *Advances in Social Network Analysis: Research in the Social and Behavioral Sciences.* Cal.: Sage Publications.

⟨L⟩

Lam, Willy Wo-Lap.1999. *The Era of Jiang Zemin.* Singapore: Prentice Hall.

Lampton, David M. 1986. *Paths to Power: Elite Mobility in Contemporary China.* Ann Arbor: Center for Chinese Studies, University of Michigan.

Lampton, David M. 1992. "A Plum for Peach: Bargaining, Interest, and

Bureaucratic Politics in China." In Kenneth Lieberthal and David M. Lampton, eds. *Bureaucracy, Politics and Decision Making in Post -Mao China*. Oxford, England: University of California Press.

Lampton, David M. 2001. "China's Foreign and National Security Policy-Making Process: Is It Changing and Does It Matter?" In David M. Lampton, ed. *The Making of Chinese Foreign and Security Policy in the Era of Reform, 1978-2000*. Stanford, Cal.: Stanford University Press.

Laumann, Edward O. and David Knoke. 1987. *The Organizational State: Social Choice in National Policy Domains*. Madison, Wis.: University of Wisconsin Press.

Lee, Hong Yung. 1991. *From Revolutionary Cadres to Party Technocrats in Socialist China*. Berkeley, Cal.: University of California Press.

Lewis, John. W. 1963. *Leadership in Communist China*. Ithaca: Cornell University Press.

Lewis, Paul G. 2006. "Party States and State Parties." In Richard S. Katz and William Crotty, eds. *Handbook of Party Politics*. London: Sage Publications.

Li, Cheng. 2001. *China's Leaders: The New Generation*. Lanham, Md.: Rowman & Littlefield Publishers.

Li, Cheng. 2008. "Will China's 'Lost Generation' Find a Path to Democracy?" In Cheng Li, ed. *China's Changing Political Landscape: Prospects for Democracy*. Washington, D.C.: Brookings Institution Press.

Li, Cheng, and Lynn White. 2006. "The Sixteenth Central Committee of the Chinese Communist Party: Emerging Patterns of Power Sharing." In Lowell Dittmer and Guoli Liu, eds. *Domestic Politics Transition: China's Deep Reform*. Lanham, Md.: Rowman & Littlefield Publishers.

Li, Wei and Lucian W. Pye. 1992. "The Ubiquitous Role of the Mishu in

Chinese Politics." *The China Quarterly*, no.132: 913-936.

Liberthal, Kenneth. 1995. *Governing China: From Revolution Through Reform*. New York: W. W. Norton.

Lieberthal, Kenneth and David Lampton, eds. 1992. *Bureaucracy, Politics, and Decision Making in Post-Mao China*. Berkeley, Cal.: University of California Press.

Lieberthal, Kenneth and Michel Oksenberg. 1988. *Policy Making in China: Leaders, Structures, and Processes*. Princeton, NJ: Princeton University Press.

Lieberthal, Kenneth. 1992. "Introduction: The Fragmented Authoritarianism Model and Its Limitations." In Kenneth Lieberthal and David M. Lampton, eds. *Bureaucracy, Politics and Decision Making in Post -Mao China*. Berkeley, Cal.: University of California Press.

Lieberthal, Kenneth. 1997. "The Great Leap Forward and the Split in the Yan'an Leadership, 1958-65." In Roderick MacFarquhar, ed. *The Politics of China: The Eras of Mao and Deng*. New York: Cambridge University Press.

Lowenthal, Richard. 1970. "Development vs. Utopia in Communist Policy." In Chalmers Johnson, ed., *Change in Communist Systems*. Stanford, Cal.: Stanford University Press.

〈M〉

MacFarquhar, Roderick. 1958. "Communist China's Intra-Party Dispute." *Pacific Affairs* 31, no.4: 323-335.

MacFarquhar, Roderick. 1974. *The Origins of Cultural Revolution*, 2. New York: Columbia University Press.

Miller, Alice. 2008. "Institutionalization and the Changing Dynamics of Chinese Leadership Politics." In Cheng Li, ed. *China's Changing Political Landscape, Prospects for Democracy*. Washington, D.C.: Brookings Institution Press.

Miller, Alice. 2013. "The New Party Politburo Leadership." *China Leadership Monitor*, no. 40: 1 15.

Moore, Rebecca R. 2001. "China's Fledging Civil Society: A Force for Democratization?" *World Policy Journal* 18, no. 1: 56-66.

Morgenthau, Hans J. 1952. "Another 'Great Debate': The National Interest of the United State." *American Political Science Review* 46, no. 4: 48-52.

⟨N⟩

Nathan, Andrew J. 1973. "A Factionalism Model for CCP Politics." *The China Quarterly*, no. 53: 34-66.

Nathan, Andrew. 2003. "China's Changing of the Guard: Authoritarian Resilience." *Journal of Democracy* 14, no. 1: 6-17.

Nathan, Andrew J. and Kellee S. Tsai. 1995. "Factionalism: A New Institutionalist Restatement." *The China Journal*, no. 34: 157-192.

Niskanen, William A. 1994. *Bureaucracy and Public Economics*. England, Brookfield, Vt.: E. Elgar Publishing.

Nordlinger, Eric A. 1981. *On the Autonomy of the Democratic State*. Cambridge: Harvard University Press.

Norris, Pippa. 1996. "Legislative Recruitment." In Lawrence LeDuc, Richard G. Niemi and Pippa Norris, eds. *Comparing Democracies*. Thousand Oaks, CA: Sage.

〈O〉

Oi, Jean C. 1999. *Rural China Takes Off: Institutional Foundations of Economic Reform*. Berkeley, Cal.: University of California Press.

Oi, Jean C. and Andrew G. Walder, eds. 1999. *Property Rights and Economic Reform in China*. Stanford, Cal.: University Press.

Oksenberg, Michel. 1979. "Mao's Policy Commitments, 1921-1976." *Problems of Communism* 15: 1-26.

Oksenberg, Michel. 1971. "Policy Making Under Mao, 1949-68: An Overview." In John M. H.Lindbeck, ed. *China: Management of a Revolutionary Society*. Seattle: University of Washington Press.

〈P〉

Perry, Elizabeth J. 2007. "Studying Chinese Politics: Farewell to Revolution?" *The China Journal*, no.57: 1-22.

Putnam, Robert D. 1976. *The Comparative Study of Political Elites*. Englewood Cliffs, N.J.: Prentice-Hall.

Pye, Lucian. 1968. *The Spirit of Chinese Politics*. Cambridge, Mass: MIT Press.

Pye, Lucian. 1981. *The Dynamics of Chinese Politics*. Cambridge: Oelgeschlager, Gunn, and Hain.

〈Q〉

Qian, Yingyi. 2006. "The Process of China's Market Transition, 1978-1998: The Evolutionary, Historical, and Comparative Perspectives." In Lowell Dittmer and Guoli Liu. eds. *China's Deep Reform*. Lanham, Md.: Rowman and Littlefield Publishers.

〈R〉

Russett, M. Bruce. 1963. "The Calculus of Deterrence." *Journal of Conflict Resolution* VII: 97-109.

〈S〉

Schurmann, Franz. 1966. *Ideology and Organization in Communist China*, 1st edition. Berkeley, Cal.: University of California Press.

Seawright, Jason and John Gerring. 2008. "Case Selection Techniques in Case Study Research: A Menu of Qualitative and Quantitative Options." *Political Research Quarterly* 61, no.2: 294-308.

Segal, Gerald. 1984. "The Military as a Group in Chinese Politics." In David S. G. Goodman, ed. *Groups and Politics in the People's Republic of China*. Armonk, New York: N. E. Sharpe.

Sejna, Jan and Joseph D. Douglass. 1986. *Decision-Making in Communist Countries: An Inside View*. Washington: Pergamon-Brassey's.

Shambaugh, David. 1993. "Introduction." In David Shambaugh, ed. *American Studies of Contemporary China*. Armonk, New York: M. E. Sharpe.

Shambaugh, David. 2008. *China's Communist Party: Atrophy and Adaptation*. Washington, D.C.: Woodrow Wilson Center Press.

Shelling, T. C. 1963. *The Strategy of Conflict*. New York: Oxford University Press.

Shirk, Susan L. 1992. "The Chinese Political System and the Political Strategy of Economic Reform." In Kenneth G. Lieberthal and David M. Lampton, eds. *Bureaucracy, Politics, and Decision Making in Post-Mao China*. Berkeley, CA: University of California Press.

Short, Philip.1999. *Mao: A Life*. London: Hodder and Stoughton.

Singer, David. 1963. "Inter-nation Influence: A Formal Model." *American*

Political Science Review 57: 420-430.

Skocpol, Theda. 1985. "Bringing the State Back In: Current Research." In Peter B. Evens, et al, eds. *Bringing the State Back In*. New York: Cambridge University Press.

Solomon, R. 1971. *Mao's Revolution and the Chinese Political Culture*. Berkeley, Cal.: University of California Press.

Strauss, Julia. 2006. "Morality, Coercion and State Building by Campaign in the Early PRC: Regime Consolidation and After, 1949-1956." *The China Quarterly*, no.1: 891-912.

⟨T⟩

Teiwes, Frederick C. 1993. "Leaders, Institutions, and the Origins of the Great Leap Forward." *Pacific Affairs 66*, no.2: 244-253.

Teiwes, Frederick C. 1995. "The Paradoxical Post-Mao Transition: From Obeying the Leader to 'Normal Politics'." *The China Journal*, no.34: 55-94.

Teiwes, Frederick C. and Warren Sun. 1999. *China's Road to Disaster: Mao, Central Politicians , and Provincial Leaders in the Unfolding of the Great Leap Forward 1955-1959*. Armonk, New York: M. E. Sharpe.

Townsend, James R. and Brantly Womack. 1986. *Politics in China*. Boston: Little, Brown.

Tsou, Tang. 1976. "Prolegomenon to the Study of Informal Groups." *The China Quarterly*, no.65: 98-114.

Tsou, Tang. 1995. "Chinese Politics at the Top: Factionalism or Informal Politics? Balance-of-Power Politics or a Game to Win All?" *The China Journal*, no.34: 95-156.

〈W〉

Waltz, Kenneth N. 1979. *Theory of International Politics*. Reading, Mass.: Addison-Wesley Publishing Co.

Wasserman, Stanley and Katherine Faust. 1994. *Social Network Analysis: Methods and Applications*. New York: Cambridge University Press.

Welch, David. A. 1992. "The Organizational Process and Bureaucratic Politics Paradigms: Retrospect and Prospect." *International Security* 17, no.2: 112-146.

Williams, P., Donald M. Goldstein, and Jay M. Shafritz. 1999. *Classic Readings of International Relation*, 2nd edition. Belmont, CA: Thomson Wadsworth.

Wu, Eugene. 1989. "Contemporary China Studies: The Question of Sources." In Roderick MachFarquhar, ed. *The Secret Speeches of Chairman Mao: From the Hundred Flowers to the Great Leap Forward*. Cambridge, Mass.: Harvard University Press.

Wu, Guoguang. 1995. "Documentary Politics: Hypotheses, Process, and Case Studies." In Carol Lee Hamrin and Suisheng Zhao, eds. *Decision-making in Deng's China: Perspectives from Insiders*. Armonk, N.Y.: M. E. Sharpe.

Wu, Yu-Shan. 1998. "Book Review: Party vs. State in Post-1949 China." *American Political Science Review 92*, no.2: 495-496.

〈Y〉

Yan, Jiaqi. 1995. "The Nature of Chinese Authoritarianism." In Carol Lee Hamrin and Suisheng Zhao, eds. *Decision-making in Deng's China: Perspectives from Insiders*. Armonk, NY: M.E. Sharpe.

Yang, Dali L. 2004. *Remaking the Chinese Leviathan: Market Transition and the*

Politics of Governance in China. Stanford, Cal.: Standford University Press.

Yang, Guobin. 2006. "The Internet and Civil Society in China: Coevolutionary Dynamics and Digital Formations." In Lowell Dittmer and Guoli Liu, eds. *Domestic Politics in Transition: China's Deep Reform*. Oxford: Rowman and Littlefield.

〈Z〉

Zang, Xiaowei. 2004. *Elite Dualism and Leadership Selection in China*. New York: Routledge Curzon.

Zhao, Suisheng. 1995. "The Structure of Authority and Decision-Making: A Theoretical Framework." In Carol Lee Hamrin and Suisheng Zhao, eds. *Decision-making in Deng's China: Perspectives from Insiders*. New York: M. E. Sharpe.

Zheng, Shiping. 1997. *Party vs. State in Post-1949 China: The Institutional Dilemma*. Cambridge: Cambridge University Press.

저자소개

자오젠민 趙建民

현재 대만 중국문화대학사회과학원(中國文化大學社會科學院) 원장, 중국문화대학 중산 및 중국대륙연구소(中國文化大學中山與中國大陸研究所) 소장으로 재직 중이다. 대만 행정원 대륙위원회 부주임위원(行政院 大陸委員會 副主任委員)과 국립정치대학국가발전연구소 소장(國立政治大學國家發展研究所所長) 등을 역임했으며, 또한 미국 조지워싱턴 대학(George Washington University), 위스컨신 메디슨 대학(University of Wisconsin-Madison) 객원교수, Journal of Chinese Law and Government, Journal of Contemporary China 객원편집인, 미국 Hoover Institution, Stanford University, Duke University, University of Michigan, 싱가폴 EastAsian Institute, National University of Singapore, 독일 University of Tuebingen 방문학자, 중국의 베이징대학(北京大學), 샤먼(廈門大學)에서의 강의 경력 등 국제학계에서 다양한 경력을 지니고 있다.

자오젠민 교수는 中國大陸政治發展 및 兩岸關係 문제 연구에 치중해 온 대만의 중국전문가이며, 대표적인 저서로는 趙建民, 郭國興 편저『兩岸關係與台灣經濟:發展及策略』(台北: 雙葉書廊, 2015), 『中國大陸高層菁英決策 : 領導菁英·結構·過程』(五南, 2014), Remaking the Chinese State: Strategies, Society, and Security(Routledge, 2001), 『當代中共政治分析』(五南, 1997), 『威權政治』(幼獅, 1994) 등의 단행본을 비롯하여 SSCI급 영문논문 21편, TSSCI 우수 중문논문 40편을 포함하여 학술논문으로 총 237편 있고, 각종 국제학술회의에 100여 차례 이상 참가하여 논문을 발표하는 등 저명한 대만의 대표적 중국연구 전문가이다.

역자소개

서상민

고려대학교 정치외교학과를 졸업하고 고려대학교 대학원에서 중국정치로 석·박사학위를 취득하였다. 동아시아연구원(EAI) 중국연구센타 부소장을 거쳐 현재 국민대학교 중국인문사회연구소 HK연구교수로 재직 중이다. 주요 관심 연구영역은 중국정치과정 중 권력관계, 정치엘리트, 관료제와 관료정치 그리고 외교안보 분야 정책결정과정 분석 등과 관련된 주제들이며, 최근에는 사회연결망분석(SNA) 방법을 활용한 중국의 정책지식과 정책행위자 네트워크 분석하고 관련 데이터를 구축하여 중국의 정치사회 구조와 행위자 간 다양한 다이나믹스를 추적하고 분석하고 있다. 주요 논문으로는 「시진핑 1기 중국인민해방군 상장(上將) 네트워크: '제도제약 네트워크모델'의 탐색적 분석」(2018), 「중국의 강대국화와 시진핑 시기 사회관리」(2017), 「중국의 "한중관계" 연구동향 분석 – 장쩌민 시기와 후진타오 시기의 저자 키워드연결망 비교」(2017), 「중국 외교엘리트 네트워크 분석: 후진타오와 시진핑 시기 비교」(2017) 등이 있으며, 저서로는 『중국의 꿈: 중국이 지향하는 강대국 초상』(공저, 2018), 『중국의 지역연구와 글로컬리티』(공저, 2017), 『중국연구 동향과 쟁점』(공저, 2016), 『얘들아 이젠 중국이야』(공저, 2016) 등 다수가 있다.

이광수

숭실대학교 정치외교학과를 졸업하고, 숭실대학교 대학원에서 국제정치로 석사학위를 취득하고, 중국인민대학에서 중국정치로 박사학위를 취득하였다. 숭실대, 국민대에서 동아시아 관계와 중국정치에 대해서 강의해오고 있다, 국민대학교 중국인문사회연구소에서 HK연구교수로 재직하면서 중국과 대만의 지식네트워크와 정치체제에 대해서 연구하고 있으며, 근래에는 양안관계와 통일모델에 대해 주로 관심을 갖고 있다. 연구 성과로 「중국 정치학자의 지식네트워크 분석」(2013), 「중국 공공지식인의 활동과 영향력」(2013), 「중국 공산당의 정치선전과 홍색문화열」(2013), 「대만 사회운동에 관한 연구」(2015), 「대만의 '중국유학생 유치정책'의 특징과 영향」(2016), 「2016년 대만 선거와 양안관계」(2016), 「대만의 탈중국화 배경과 특징」(2016), 「한·중 신문 보도 프레임 연구」(2016), 「양안의 민족주의 정서 고양과 양안관계」(2017), 「대만의 인정투쟁 연구: 정당의 통독 입장 변화를 중심으로」(2017) 등이 있으며, 역서로는 『중국 정책결정과정과 전문가 참여』(공역, 2013)가 있다.

국민대학교 중국인문사회연구소 번역총서 7

중국의 정책결정
－지도자, 구조, 기제, 과정

초판 인쇄 2018년 8월 20일
초판 발행 2018년 8월 30일

저   자 | 자오젠민 趙建民
역   자 | 서상민·이광수
펴 낸 이 | 하운근
펴 낸 곳 | 學古房

주   소 | 경기도 고양시 덕양구 통일로 140 삼송테크노밸리 A동 B224
전   화 | (02)353-9908   편집부(02)356-9903
팩   스 | (02)6959-8234
홈페이지 | http://hakgobang.co.kr/
전자우편 | hakgobang@naver.com, hakgobang@chol.com
등록번호 | 제311-1994-000001호

ISBN   978-89-6071-777-0   94300
          978-89-6071-406-9   (세트)

값 : 33,000원

이 도서의 국립중앙도서관 출판시도서목록(CIP)은 서지정보유통지원시스템 홈페이지(http://seoji.
nl.go.kr)와 국가자료공동목록시스템(http://www.nl.go.kr/kolisnet)에서 이용하실 수 있습니다.
(CIP제어번호 : CIP2018029825)

■ 파본은 교환해 드립니다.